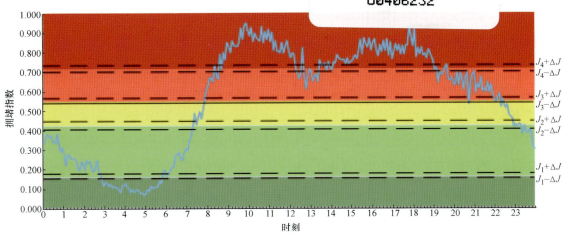

彩图 1　图 3-14　交通状态判别

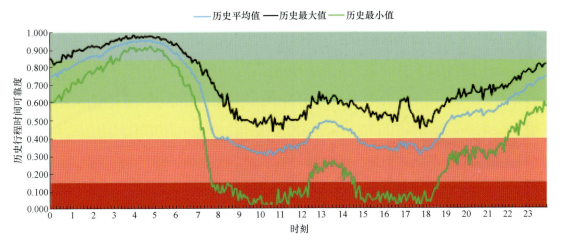

彩图 2　图 3-16　历史行程时间可靠度时间变化图

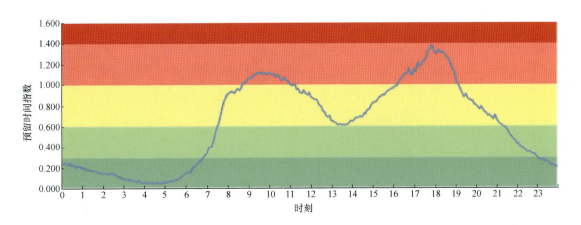

彩图 3　图 3-17　预留时间指数分时变化图

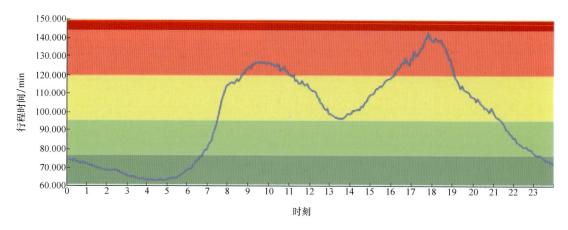

彩图 4　图 3-18 考虑预留时间时行程时间分时变化图

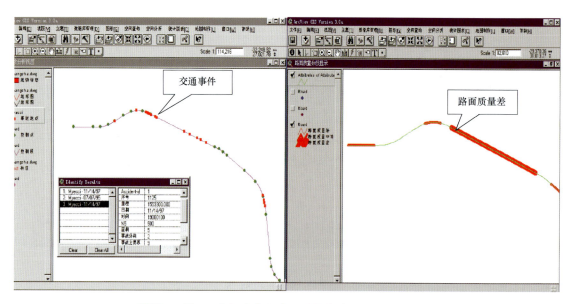

彩图 5　图 4-2 交通事件和路面质量的动态分段显示示意图

彩图 6　图 4-3 道路网交通饱和状态图

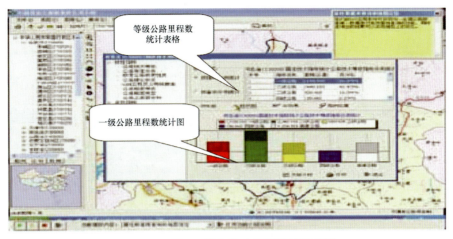

彩图 7　图 4-4 某省公路里程统计柱状图

彩图 8　图 4-5 道路线路编辑

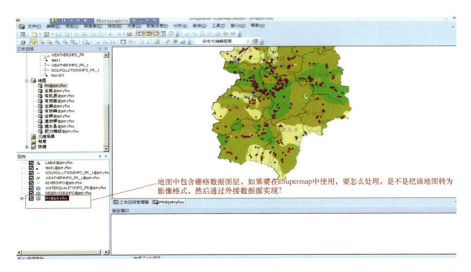

彩图 9　图 4-6 栅格功能示例

彩图 10　图 4-10 车辆实时监控

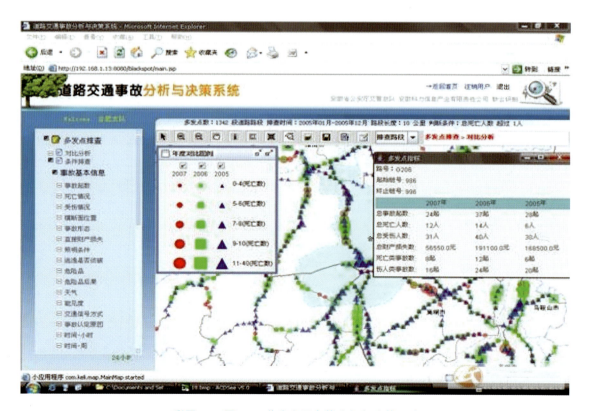

彩图 11　图 4-11 道路交通事故分析与决策系统

"十二五"普通高等教育本科国家级规划教材

智能交通系统及其技术应用

第 3 版

曲大义　陈秀锋　魏金丽　编著
邴其春　贾彦峰　王　韬
李　斌　主审

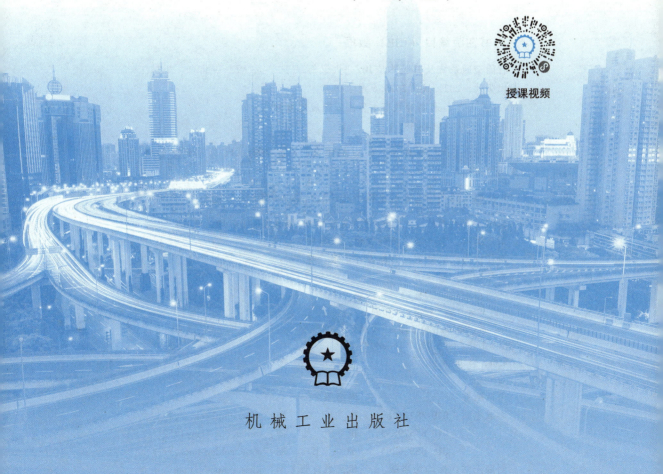

机械工业出版社

本书主要介绍了智能交通系统及其技术应用案例。本书共十二章，主要内容包括智能交通系统概述、智能交通系统的体系结构、智能交通技术、GIS-T 与出行者信息系统、城市智能交通管控系统、车载导航与自动驾驶、智能公共交通、智能交通安全保障系统、智能车路协同系统、智能高速公路管理与服务系统、智能交通系统评价、智能交通系统的标准化。

本书为普通高等院校交通工程、交通运输专业本科教材，也可供交通运输行业专业技术人员、从业人员、管理工作者参考使用。

本书配有PPT课件，可免费赠送给采用本书作为教材的教师，可登录 www.cmpedu.com 注册下载。本书还配有部分知识点的授课视频，读者可扫描对应章节处的二维码进行观看。

图书在版编目（CIP）数据

智能交通系统及其技术应用/曲大义等编著. —3版. —北京：机械工业出版社，2021.10（2025.6重印）
"十二五"普通高等教育本科国家级规划教材
ISBN 978-7-111-69387-1

Ⅰ.①智⋯ Ⅱ.①曲⋯ Ⅲ.①城市交通系统-智能系统-高等学校-教材 Ⅳ.①U491.2

中国版本图书馆 CIP 数据核字（2021）第 209810 号

机械工业出版社（北京市百万庄大街22号　邮政编码100037）
策划编辑：宋学敏　责任编辑：宋学敏
责任校对：樊钟英　封面设计：张　静
责任印制：邰　敏
三河市宏达印刷有限公司印刷
2025年6月第3版第7次印刷
184mm×260mm・20.5印张・2插页・504千字
标准书号：ISBN 978-7-111-69387-1
定价：65.00元

电话服务　　　　　　　　　网络服务
客服电话：010-88361066　　机　工　官　网：www.cmpbook.com
　　　　　010-88379833　　机　工　官　博：weibo.com/cmp1952
　　　　　010-68326294　　金　书　网：www.golden-book.com
封底无防伪标均为盗版　　　机工教育服务网：www.cmpedu.com

前　言

　　智能交通系统（intelligent transportation system，ITS）是将先进的信息技术、数据通信技术、计算机处理技术、传感器检测技术和电子自动控制技术进行有效集成，通过先进的交通信息采集与融合技术、交通对象交互以及智能化交通控制与管理等专有技术而建立的一个高效、便捷、安全、环保、舒适的交通体系。该系统加强了载运工具、载体和用户之间的联系，可提高交通系统的运行效率，减少交通事故，降低环境污染。

　　ITS 使交通系统各要素之间形成有机联系，除了提高交通系统的运行效率和交通安全外，还使交通系统的时间资源和空间资源得到最佳利用，环境影响得到有效控制，因而成为交通运输与信息技术范畴内科技竞争最激烈的领域之一。社会信息化的逐步提高，智能交通系统研究的深入，以及项目和产品的开发，对解决现代交通问题具有重要的经济价值与现实意义，同时也为培养智能交通科技和工程技术人才，满足现代交通的社会需求提供了条件。

　　为响应党的二十大报告中提出的建设交通强国的号召，本书在《智能交通技术及其应用》的基础上，结合课程教学需求，吸纳了当前智能交通研究成果，几经修改、补充而成。书中还纳入了编著者几年来的科研成果和示范工程实践经验总结与体会。全书侧重智能交通运输与信息技术，结合当前信息技术的迅速发展和智慧城市建设的需求，紧贴普通高等教育交通运输工程专业要求，系统全面地阐述交通学科专业课程要求掌握的智能交通技术及其工程示范应用。本书立足于智能交通技术、交通信息控制、道路交通运营安全以及智慧城市建设，特色鲜明地介绍了智能交通运输与信息技术，既有理论与方法，也有实践，在编写过程中准确把握了系统性、实用性以及当前最新工程技术案例。

　　本书包含了编著者多年来对智能交通技术的理论研究和示范工程的应用成果，在城市交通智能管控系统、路线导航系统、交通异常（突发、偶发）事件检测系统、智能公交系统、电子收付费系统、综合交通信息服务系统、智能车路协同与控制系统等方面，建立了特色鲜明的智能交通管理的成套技术及示范案例。

　　本书由曲大义、陈秀锋、魏金丽、邴其春、贾彦峰、王韬编著，由李斌主审。同时，特别感谢管德永先生、刘遵民先生和张晓靖女士对书稿的校对。本书的编写得到了青岛海信网络科技有限公司智能交通事业部、国家智能交通系统工程技术研究中心等单位的大力支持，在此表示深深的谢意！

　　智能交通系统伴随信息化、大数据和云计算技术的实施，以及智慧城市建设的推进，新技术、新方法、新手段不断升级，智能交通技术研究成果及其应用案例层出不穷，百家纷呈，但由于作者才疏学浅，尽管倍加努力，仍然难免挂一漏万，出现不当之处，敬请广大读者批评指正。

曲大义

目 录

前言
第一章 智能交通系统概述 ……………… 1
第一节 智能交通系统的概念与特征 ……………………………… 1
第二节 智能交通系统的开发领域 …… 2
第三节 智能交通系统的理论基础 …… 4
第四节 智能交通系统的发展概况 … 11

第二章 智能交通系统的体系结构 …… 17
第一节 智能交通系统体系结构和内容 ………………………… 17
第二节 美国、日本等国家智能交通体系结构简介 …………… 22
第三节 中国智能交通系统体系结构 ………………………… 30

第三章 智能交通技术 ………………… 37
第一节 通信技术 …………………… 37
第二节 计算机网络 ………………… 42
第三节 传感器技术 ………………… 48
第四节 车辆自动驾驶技术 ………… 54
第五节 交通流态势分析技术 ……… 57

第四章 GIS-T 与出行者信息系统 …… 66
第一节 GIS-T 概述 ………………… 66
第二节 基于 GIS-T 的城市交通网络 ……………………… 73
第三节 基于 GIS-T 的交通管理 …… 77
第四节 基于 GIS-T 的交通安全与控制 …………………… 82
第五节 出行者信息系统 …………… 87
第六节 ATIS 服务内容 ……………… 97
第七节 ATIS 技术应用 ……………… 104

第五章 城市智能交通管控系统 ……… 109
第一节 交通需求和系统管理 ……… 109
第二节 城市交通监控系统 ………… 113
第三节 城市交通诱导系统 ………… 119
第四节 城市交通管理和指挥调度系统 …………………… 124
第五节 智能交通信息服务系统 …… 132

第六章 车载导航与自动驾驶 ………… 141
第一节 车载设备系统 ……………… 141
第二节 车辆导航系统 ……………… 147
第三节 车载导航 5G 技术 ………… 153
第四节 自动驾驶系统 ……………… 158

第七章 智能公共交通 ………………… 166
第一节 先进的公共交通系统 ……… 166
第二节 公共交通信息系统 ………… 169
第三节 公共交通智能调度管理系统 …………………… 174
第四节 公共交通服务系统 ………… 178
第五节 公交优先系统 ……………… 181
第六节 快速公交系统 ……………… 186
第七节 公交智能优化评价系统 …… 189
第八节 青岛市公交智能调度系统 …………………… 192

第八章 智能交通安全保障系统 ……… 195
第一节 系统概述 …………………… 195
第二节 交通安全的 ITS 技术 ……… 196
第三节 政策与建议 ………………… 216

第九章 智能车路协同系统 …………… 219
第一节 概述 ………………………… 219
第二节 车路协同系统功能与架构 ………………………… 221
第三节 车路协同关键技术 ………… 227

目录

第十章 智能高速公路管理与服务系统 ………… 241
- 第一节 高速公路通信系统理论及应用 ………… 241
- 第二节 高速公路收费系统理论及应用 ………… 253
- 第三节 高速公路监控系统理论及应用 ………… 260
- 第四节 高速公路信息服务系统 …… 264
- 第五节 中国路网交通信息服务体系 ………… 269
- 第六节 交通服务体系问题分析与展望 ………… 277

第十一章 智能交通系统评价 ………… 282
- 第一节 智能交通系统评价概述 …… 282
- 第二节 技术评价 ………… 284
- 第三节 经济评价 ………… 288
- 第四节 社会和环境评价 ………… 292
- 第五节 智能公交系统实施效果评价 ………… 296

第十二章 智能交通系统的标准化 ………… 303
- 第一节 智能交通系统标准化的功能 ………… 303
- 第二节 国际上制定智能交通系统标准的组织 ………… 304
- 第三节 美、日、欧智能交通标准化的进展 ………… 306
- 第四节 中国 ITS 标准化体系研究 ………… 309
- 第五节 智能交通系统标准化需求分析 ………… 315
- 第六节 中国 ITS 标准化工作重点 ………… 316

参考文献 ………… 318

第一章

智能交通系统概述

第一节 智能交通系统的概念与特征

授课视频

智能交通系统（intelligent transportation system，ITS）是指在较完善的交通基础设施之上，将先进的信息技术、数据通信技术、计算机处理技术和电子自动控制技术进行有效集成，通过先进的交通信息采集与融合技术、交通对象交互以及智能化交通控制与管理等专有技术，加强载运工具、载体和用户之间的联系，提高交通系统的运行效率，减少交通事故，降低环境污染，从而建立一个高效、便捷、安全、环保、舒适的交通体系。ITS 是当代信息社会的产物，它的产生极大地提高了人们的出行效率和安全性，也提高了社会效益。智能交通系统的含义有广义和狭义之分。广义的智能交通系统是指交通系统的规划、设计、实施与运行管理都实现智能化；而狭义的智能交通系统则主要指交通系统的管理与组织的智能化。其实质上就是利用高新技术对传统的交通运输系统进行改造而形成的一种信息化、智能化、社会化的新型现代交通系统。

美国交通工程师协会（Institute of Transportation Engineer，ITE）认为 ITS 是由信息处理技术、通信技术、控制技术和电子技术组成的，它可以通过这些新技术和交通运输系统的结合从而实现人和货物更安全、更有效的位移。他们给出的定义为：智能交通系统是把先进的检测、通信和计算机技术综合应用于汽车和道路而形成的道路交通系统。

欧洲道路运输通信技术实用化促进组织认为智能交通系统或信息技术在运输上的应用能够减少城市道路和城际干道的交通拥挤，增加运输安全性，给旅行者提供可靠的动态交通信息服务，并且能够有效改善路网的可达性和运行舒适性。

日本的道路、交通、车辆智能化协会（Vehicle, Road and Traffic Intelligence Society，VERTIS）认为：ITS 是运用最先进的信息、通信和控制技术，即运用"信息化""智能化"解决道路交通中的事故、堵塞、环境破坏等各种问题的系统，是人、车辆、道路之间接收和发送信息的系统。通过实现交通的最优化，达到消除事故及堵塞现象、节约能源、保护环境的目的。

我国交通工程学者给出的定义为：智能交通系统是在关键基础理论研究的前提下，把先进的信息技术、通信技术、电子控制技术及计算机处理技术等有效地综合运用于地面交通运输系统，从而建立起一种大范围、全方位发挥作用，实时、准确、高效的交通运输系统。

ITS 是当前世界交通运输发展的热点和前沿之一，虽然关于 ITS 概念的理解各有差异，但共同点是主要的。ITS 能使交通基础设施发挥最大的效能，提高服务质量，使社会能够高效地使用现有交通设施，从而获得巨大的社会经济效益，主要体现在以下方面：

1）提高交通运输系统的安全水平，减少阻塞。

2）增加交通运输的机动性。

3）降低交通运输对环境的影响。

4）提高交通运输的通行能力和机车车辆、飞机运输生产率及经济效益。

目前从世界范围来看，上述四个领域都在逐步走向智能化，特别是在交通运输系统的组织管理方面实现智能化则更加急切。

智能交通组织管理系统的内容是将交通运输设施，包括车辆系统和道路系统（含轨道交通），通过高科技的融合，应用计算机和通信技术以及传感器技术与系统工程技术等硬、软件技术的合成，使智能交通系统的组织管理实现信息化、智能化，提高智能交通系统的安全性、快速性和可靠性，提高交通设施的利用率和效益。具体内容包括建立交通安全系统，旅客出行和货物集、装、运、卸、散的信息系统，交通控制系统，车辆运行系统，道路（包括轨道）的引导系统等。其主要目的是改善交通安全，减少道路拥堵，提高道路的通过能力，方便旅客旅行和货物运输，提高交通设施的利用率和效率，创造一个良好的运输环境。

智能交通系统具有以下特征：

1）智能交通系统的形成源于知识工程，通过知识工程进行科学、技术和方法的综合，解决知识的获取、形式化和计算机实现。

2）智能交通系统至少应具有判断能力、推理能力和学习能力，并应具有辅助决策的作用。

3）智能交通系统由机器感知、机器学习、机器识别和知识库、模型库等部分组成。

授课视频

第二节　智能交通系统的开发领域

智能交通系统的研究和开发是指将智能工程与交通运输系统结合起来，其主要包括以下领域：

1. 居民出行智能信息系统与货物运输需求智能诱导系统

居民出行智能信息系统是建立在居民出行数据库的基础上，对居民出行结构、出行方式的选择进行智能化的诱导，包括出行动态演示系统、出行方案决策支持系统等。货物运输需求智能诱导系统包括建立货物运输数据库、货物运输方式选择、货物运输结构、货物运输方案决策支持系统等。

2. 运输组织智能化系统

运输组织智能化系统是在客货运输数据库的基础上，智能化编制列车运行图和运输组织方案，并动态自动化调整组织方案的系统。组织方案要在编制列车运行图的基础上进行，并结合线路运输能力合理地进行调整。

3. 综合交通枢纽协调、疏导信息服务系统

给枢纽用户提供各种运输工具（包括铁路、公路、水运、航空等），静态的出行信息（车次、航班、线路、时刻表、客票等），货运信息（运价、车次、货物、班轮配载中心等）；同时还能够提供动态交通信息，包括车、货流量，运行速度，车船定位及时刻表的变动等；同时还提供最优出行方案或换乘模式、时间等供用户选择。

4. 先进的交通管理系统

先进的交通管理系统（advanced traffic management system，ATMS）的主要特征是系统的

高集成化。它利用先进的通信、计算机、自动控制、视频监控技术，按照系统工程的原理进行集成，通过计算机网络系统实现对交通的实时控制与指挥管理。该系统在交通控制和信息处理技术的基础上保证列车、车辆的行驶安全，使轨道、道路状况与司机或驾驶人之间建立通信联系，将控制中心接收到的各种信息，经过智能器的处理（包括对设备系统的处理）向道路使用者和道路交通管理者实时提供，从而使列车、车辆始终能安全畅通地运行，发挥交通网的最大承载能力。目前，ATMS研究的主要方向有以下方面：

1）城市道路中心式的交通信号控制系统。
2）高速公路管理系统。
3）事故管理系统。
4）车辆排放检测和管理。

5. 实时诱导系统

实时诱导系统以驾驶人为服务对象，通过值班室、办公室及家庭计算机终端、线路等信息传播手段，向驾驶人提供实时的路况信息、列车和车辆位置、行驶信息以及天气变化，通过自动导驶系统（path finds），使对道路环境陌生的驾驶人往来自如，列车和汽车会自动选择最佳路线驶向预定目的地；而自动路径诱导系统（route guidance）则根据控制中心发出的阻塞、事故和路况等实时信息，"诱导"列车、汽车始终行驶在最佳路线上。

6. 车辆运营智能调度系统

车辆运营智能调度系统是专为运输企业提高盈利而开发的智能型运营管理技术，目的在于提高车辆的利用效率。企业的车辆调度中心通过卫星和路边信号装置对车辆进行定位，并通过自动识别和动态称重等设备对运营车辆进行调度管理。

7. 智能公共交通系统

智能公共交通系统（intelligent public transport system）是通过信息技术落实公共交通优先发展的战略，实现公共交通在城市客运交通中占有较大的运量比例，达到城市土地空间资源、能源的高效利用。它依据公路自身采集的信息、信息网及线路上反馈的交通流状况进行调度，使系统保持最佳状态，并保证交通安全畅通。智能公共交通管理系统包括车辆定位和跟踪系统、语音和数据传输系统、安全监视与报警系统、车辆运行调度系统、为用户提供各种服务的信息系统及各项自动化系统等。

智能公共交通系统的主要服务功能包括：

（1）公共运输辅助管理 利用计算机技术对公交车辆及其公共设施的技术状况和服务水平进行实时分析，实现公交系统规划、运营及管理功能的自动化。

（2）公共运输信息服务 为公共交通运输方式的出行者提供实时的中转和换乘服务信息，帮助出行者在途中根据需要做出合适的换乘决定并调整行程计划。

8. 智能货物配载系统

智能货物配载系统根据货主和用户的要求，对运输货物的车辆、船舶、飞机进行合理装载，并根据用户的要求组织发送，确保用户的实时需要，这个系统是对货主、货场、仓库、车辆、列车编组运行、航班调度、卸货送到用户的全过程都进行智能化管理。目前已在我国深圳盐田港研制使用。

9. 先进的车辆控制和安全系统

该系统应用先进的传感、通信和自动控制技术，给驾驶人提供各种形式的安全保障措施。系统具有自动识别和报警、自动转向、制动、保持安全间距等避撞功能，有效提高了行车安全性，进一步提高了道路的通行能力和运输效益。整个系统可分为7个子系统：

1）纵向避撞系统。
2）侧向避撞系统。
3）交叉口避撞系统。
4）视觉强化避撞系统。
5）事故前乘员安全保护系统。
6）危险预警系统。
7）自动公路系统。

授课视频

第三节 智能交通系统的理论基础

ITS理论与研究的发展与多个学科息息相关，它涉及通信、信息、计算机软件、人工智能、管理科学、行为科学、控制科学、交通运输以及系统科学等，这些学科构成其发展的理论框架，一并称为理论基础。ITS是一种开放的综合技术，它总是不停地吸收其他学科的营养。一般来说，只要能面向计算机，并且给组织管理人员提供辅助决策功能，ITS都可以把它们转换为运输组织管理与经营决策服务。下面介绍其中重要的几门相关学科技术。

一、信息论与信息技术

狭义信息论主要研究有关通信的问题，属于物理学科的范畴。因为控制论中指出了在动物和机器中的通信和控制有着共同的规律，所以狭义信息论很快就发展为广义信息论。广义信息论的研究除了通信外，还包括心理学、语言学、遗传学、神经生理学等方面的内容。信息论成了探索生物世界和物理世界共同规律的一门综合性新科学，并且很快扩展到社会科学领域。

信息技术是指为实现信息的获取、识别、发送、显示、变换、传输、处理、存储、提取及控制等作业所需要的工具设备以及有关的技能和方法的总称。简言之，凡是应用信息科学的原理和方法从事与信息有关作业的技术都是信息技术。现代意义上的信息技术，是随着20世纪30年代通信技术的发展而逐步发展起来的。电报、电话的发明，表示人类第一次掌握了通信技术。通信理论与工程实践提出了通信理论的基本问题，即信息传输的效率与准确性、信源与信道的匹配、编码和译码、信道频率特性及噪声问题，进而提出了信息的概念和信息度量问题，并产生了信息论。

信息技术是以现代科学的重要分支——信息论为理论基础的。有了信息论的指导，信息技术从定性走向了定量，从经验走向了科学。电子计算机的发展又使信息技术获得了强大的物质技术基础。信息技术由此获得了空前的发展。早期的信息技术主要是通信技术，现在则是信息获取（测量与传感技术）。系统的物质基础就是与交通运输相关的信息的采集、传输、加工、显示相关技术和设施。为此，信息论与信息技术是智能交通发展的重要基础。

信息的感测技术和显示技术是信息技术的重要组成部分。人类最先只靠自身的信息器官来获取信息，这有很大的局限性，即空间的局限性、实践的局限性、环境的局限性、信息物理的局限性等。人的信息器官在分辨能力、感测精度等方面也是有局限的。克服这些限制，借助物质手段扩大获取信息的范围、精度和种类，就产生了信息获取技术。

信息获取技术还包括信息传感技术。现代社会各种大型、复杂的生产、科研、军事活动以及智能交通等工程要求高精度、高效率、高可靠性地获取各种形式的信息和发展各种类型的传感器。所谓传感器，是指能够灵敏地感受人体器官无法直接接收的信号，并把它们转换为便于接收、显示、加工和传送的信号形式（多为电信号）的功能器件。包括热敏传感器、声敏传感器、光传感器、压力传感器、红外线传感器以及各种智能传感器，它们构成了现代技术的重要一支——传感技术。发展传感技术取决于传感原理、功能材料和加工制造三要素。传感原理是指传感器工作过程中所依据的物理效应、化学效应和生物反应机理。另外，遥感遥测技术的特点，是不与控制目标直接接触，就可以远距离感知目标的性质。把多功能传感器与微处理机结合起来，就出现了智能传感器。这需要发展传感器与计算机的接口技术。另一途径是将航天技术与遥感技术结合起来，从卫星上遥测地球。

信息显示技术是指对人即操作人员的显示，把仪器的测量结果，用人的感官能感受的信号形式显示出来，以便操作人员正确而及时地采取控制措施，完成自己的信息作业。信息显示包括发信号、显示、记录三个方面。综上所述，信息论和信息技术是当今社会发展的重要内容，而智能交通系统的发展，实质上是以信息技术为基础的。

二、通信技术

人类在生产活动中将带有信息的信号，通过某种系统由发送者传送给接收者，这种信息的传输过程就是通信。任何通信系统都是由发射机、接收机和信道三个基本部分组成的。在发送端，发信者发出的载带信息的物理信号（如打电话人的话音）一般不能直接在信道（如电话线）中传送，必须把持发的消息转换为信号，再通过发射机将信号送入信道。信道指的是信号传输的通道，在有线电话系统中信道就是导线电缆，在无线电通信系统中信道就是大气空间。在接收端，把接收到的信号进行放大处理，最后转换为消息。

现代通信的内容很丰富，主要包括以下方面。

1. 多媒体通信

多媒体通信是指人与人、人与机器、机器与机器之间互通信息的技术。现代通信已将表示和传播信息的载体（或称媒体）发展成为多种多样，如语言、文字、数据、图像等，这种通信方式就称为多媒体通信。当前，多媒体通信是利用计算机网和数字通信网技术来对多媒体上的信息进行处理和控制的。这种系统称为多媒体系统。

2. 计算机通信网络

建立计算机通信网络主要是传输数据信息，即将远方的数据终端设备与计算机相连接，进行信息处理与资源共享。与一般通信相比，这种通信网络具有容量大、速度快、远程且面广的优点，要求用户具有个人计算机等联网所需设备。

3. 个人通信

个人通信的方式不是"通信到户"，而是"通信到人"，可实现语言、数据、视频等各种通信业务，故而称为个人通信（personal communication，PC），它既可以是移动的，也可以是固定的。

4. 数字图像通信

图像通信与语音通信（即电话）相比，信息量大得多，因此传输信道要宽得多。近年来已发展了成熟的数字图像压缩技术，解决了传输模拟图像所遇到的问题，即减少了传输信道的宽带。当前，数字图像通信又促使电视、通信、计算机结亲，孕育了多媒体技术，如图像、语言、数据、文字综合在一起，形成了一个完整的信息世界，可以帮助人们超越空间的限制。

5. 移动卫星通信

移动卫星通信通常是指利用卫星中继站实现地面、空中、海上的移动用户间或移动用户与固定用户间的相互通话。较早成功的移动卫星系统是国际海事卫星系统，自1979年投入使用以来，服务范围已逐步扩展到空中和陆地。该系统于1995年改名为国际移动卫星通信组织，目前已拥有106个成员国。目前世界一些国家已把它用到汽车定位系统中。北京公交智能化调度系统工程中也使用了卫星定位系统。

6. 程控交换

程控交换是指由程序控制的信息交换。这是一项信息交换和计算机技术相结合的信息交换新技术，包括电话交换、报文交换和分机交换三种基本形式。

智能交通系统主要由交通信息采集、交通状况监视、交通控制、信息发布和通信五大子系统组成。其工作流程可概述为：ITS首先利用检测和监视系统采集各种交通设施（如道路、隧道和桥梁）、交通状况及有关服务的信息，然后经通信系统送至交通管理中心集中处理，再利用通信系统和信息发布系统将这些信息传输到ITS的各个用户（如驾驶人、居民、交通管理单位、停车场、运输公司、医院、救护排障等部门），供他们根据自己的具体情况做出相应的反应。例如，出行者可实时选择交通方式和交通路线；交通管理部门利用控制系统自动进行合理的交通疏导、控制和事故处理；运输部门合理调度，从而使路网上的交通流运行处于最佳状态，改善交通拥挤和阻塞，最大限度地提高路网的通行能力，提高整个公路运输系统的机动性、安全性、生产效率和人们出行的舒适度。由此可见，各种信息的传输是ITS的运行基础，而以传输信息为目的的通信系统就像人体内的神经系统一样在ITS中起着关键的作用。

根据通信对象的不同，可以把通信系统分为以下三大部分：

一是以路网基础设施为主的信息传输系统，它是利用沿高速公路或者城市道路铺设的电缆或光纤，将沿线的收费站、管理站、货运站、客运站、交叉路口等基础设施连接而成的一个通信网。

二是上述网与车辆之间的通信RVC（road vehicle communication），它主要是利用无线通信技术（如广播或专用短距离通信等方式）完成路车之间的信息交换。

三是车辆之间的通信IVC（inter vehicle communication），它是利用无线电或红外线完成车与车之间的信息传输。图1-1所示为ITS通信系统示意图。

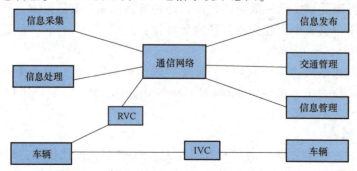

图1-1　ITS通信系统示意图

从信息形式上看，ITS 拥有目前所能见到的所有信息形式，即语言信息、活动图像信息、图片信息、文字信息和数据信息等。从中可以看到 ITS 中的通信业务复杂，种类繁多，单一的通信技术无法满足 ITS 的业务需求。因此，各种通信技术和手段在 ITS 中都有用武之地。

三、计算机管理技术与计算机网络技术

1. 计算机管理技术

世界上最古老的"计算机"是中国的算盘，它也是最早用于经济管理的计算工具。自 1946 年第一台数字电子计算机诞生以来，人们就在寻求利用计算机来模拟、延伸、扩展人类的智能，把计算机引入到管理领域，从而产生了计算机管理系统。

随着计算机管理水平的提高，客观上对计算机管理系统提出了更高、更新的要求。研制、开发智能管理系统已成为计算机管理系统发展的一种必然趋势。1954 年，美国商业界首先把计算机应用到管理领域进行工资管理。随着计算机科学技术的飞速发展，计算机在各行各业的管理中得到了广泛应用。到目前为止，计算机已经成为现代科学管理中不可缺少的先进工具和技术手段。纵观计算机管理系统的发展过程，可分为三个阶段。

（1）**计算机管理的初级阶段**（第一代） 计算机管理的初级阶段出现在 20 世纪 50~60 年代，以电子数据处理（electronic data processing，EDP）和事务处理系统（transaction processing system，TPS）为代表，主要进行工资管理、数据统计、账目计算及报表登记等数据处理和事务信息服务。这一阶段计算机管理系统的特点如下：

1）单项性。通常是单项数据处理任务的专用计算机程序。

2）小范围。使用范围较小，主要运用在商业、银行、仓库管理等部门的低层次，面向低层次的管理事务信息处理和辅助性服务工作。

（2）**计算机管理的开发阶段**（第二代） 该阶段出现在 20 世纪 60~70 年代，以管理信息系统（management information system，MIS）和办公自动化系统（office automation system，OAS）或办公信息系统（office information system，OIS）为代表。MIS 是电子数据处理 EDP 的发展结果，主要面向企业的经营管理，如生产调度计划优化、财务管理、人事管理、设备管理、能源管理、销售管理、市场管理等，应用运筹学方法和数据库技术进行综合、全面的计算机辅助管理。OAS 是事务处理系统的发展结果，主要面向办公事务处理和信息服务，是层次较低、范围较小的事务性管理系统。如复印机、打字机、电传机等办公设备的自动化操作和计算机管理，以及有关秘书事务和办公信息处理，提高办公效率，改善办公环境。这时期的管理信息系统的特点主要表现为：

1）中层次。主要面向企业经营管理的中层次信息处理，如生产计划优化、综合调度管理、日常信息处理等。

2）综合性。包括人事、财务、物资、生产、设备、销售及市场等综合、全面的计算机辅助管理。

3）高技术。采用了统计学、运筹学模型、优化方法及数据库等计算机软件工程技术。

4）结构化。基于数学模型用于处理确定性的结构化管理信息问题。

（3）**计算机管理的提高阶段**（第三代） 该阶段出现在 20 世纪 70~80 年代，以决策支持系统（decision support system，DSS）为代表，主要面向高层次、战略性、大范围的管理

决策，应用决策分析方法、数据库、模型库和人机交互技术，求解非结构化、未结构化的信息处理问题，以弥补 MIS 和 OAS 的不足，进一步提高计算机的管理水平。

20 世纪 90 年代，计算机管理向智能化决策支持方向发展，特别是随着智能化计算机、计算机网络和现代通信技术的发展，智能化管理得到了发展。通过先进的通信手段，包括 GPS 卫星定位技术，特别是随着计算机智能软件的开发，从而推动了智能化交通的发展。

为了解决计算机管理系统存在的问题，从 20 世纪 80 年代初期开始，科技部门致力于系统科学与计算机科学、通信科学的结合，探讨了大系统理论、复杂性理论、控制理论、运筹学、系统工程与人工智能、专家系统及知识工程的相互结合，相互渗透，推动计算机科学朝着新的目标发展。

2. 计算机网络技术

计算机网络是计算机科学技术与通信科学技术相结合的产物。所谓计算机网络，就是把分布在不同地理区域的计算机与专门的外部设备用通信线路互联成一个规模大、功能强的网络系统，从而使众多的计算机可以方便地互相传递信息，共享硬件、软件、数据信息等资源。

随着社会及科学技术的发展，对计算机网络的发展提出了更高的要求，同时也为其发展提供了更加有利的条件。计算机网络与通信网的结合，可以使众多的个人计算机不仅能够同时处理文字、数据、图像、声音等信息，还可以使这些信息的传播变得四通八达，及时地与全国乃至全世界的信息进行交换。

计算机网络的发展，像电子计算机的发展一样，历史不长，但发展速度很快，它主要经历了以下三个发展阶段。

（1）**第一阶段是面向终端的计算机网络** 这一阶段出现在 20 世纪 50 年代。最初就是一台计算机通过通信线路与若干终端直接相连。当通信线路增长时，线路费用比例增大，于是出现若干终端共享通信线路的应用。为了有选择地与某一终端通信，以及解决多个终端同时要求与主机通信时的争用问题，主机要求增加相应的设备和软件，完成相应的通信协议。这就增加了主机的负担。为此，在 20 世纪 60 年代出现了传递机构，即增加了集中器，它实际上是设在远程终端的通信处理机。多路器是一个按时分或频分原理构成的多路开关，它们的作用都是实现多个终端共享同一通信线路。集中器还可以连接其他集中器或多路器，然后再与终端相连，从而构成多级的树形网络。

（2）**第二阶段是资源共享网络的产生** 20 世纪 60 年代末，出现了多台分散的计算机经通信网络互联而形成的网络系统，即所谓的计算机网络。互联于网络中的各个用户可以共享网络中的各种设备、软件及数据，因此这种网络也称为资源共享网络。最有代表性的是美国国防部高级研究计划局（Advanced Research Projects Agency，ARPA）的网络，它连接了美国东西部的许多高校和科研单位，并通过通信卫星与美国大陆以外相连。

（3）**第三阶段是局域网络和 OSI/RM 的出现** 1973 年，Robert 和 David 提出了 Ethernet，它是一种总线型的局域网。1980 年，Intel、DEC 及 Xerox 三个公司联合公布了 Ethernet 规范，奠定了总线型局域网络的基础。同年，电气与电子工程师协会（Institute of Electrical and Electronics Engineers，IEEE）在总结各国局域网技术的基础上，制定了符合 OSI/RM 的局域网络体系结构，公布了总线网、令牌环形网及令牌总线网的局域网规范，即 IEEE 802 标准，这一标准后来为国际标准化组织所采用，成为局域网的公共标准。这两项国际标准现已被世界各国承认。原来的网络体系结构 SNA 及 DNA 等也在逐步向它靠拢，或增加与其相容的接口。计算机网络工程是实施智能交通的基础和保障。

四、GPS 和 GIS 技术

1. GPS 技术

GPS（global position system）技术，即全球卫星定位系统技术，是利用分布在高空的多颗人造卫星对地面上的目标进行测定并进行定位和导航。它用于对船舶和飞机及其他飞行物的导航、对地面目标的精确定时和定位、地面和空中的交通管制以及空间和地面的灾害监测等。

GPS 主要由空间部分、地面部分和用户部分组成。其中空间部分主要由 24 颗（其中 3 颗备用）距离地面约 20200km 的卫星组成，均匀分布在 6 个轨道面上，这些轨道面相对赤道面的倾角为 55°，每个轨道面都有 3 颗卫星，卫星间隔 120°（图 1-2）；GPS 卫星运行的轨道为近圆形，大约 12 个恒星时（11h58min）绕地球一周，这种布局可以保证在地球的任何一点、任何时刻均能收到 4 颗以上的卫星信息。从 1979 年 2 月第一颗 GPS 卫星进入轨道到 1993 年 6 月为止，24 颗卫星均已到位，整个 GPS 中的各卫星都能在轨道上正常运行。

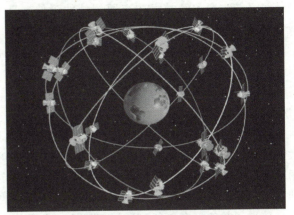

图 1-2　GPS 卫星分布图

在每颗卫星上都安装有轻巧的频标原子钟、微型计算机、电文存储器和信号接收与发送设备，并由太阳能电池提供电源，在卫星上带有少量的燃料，用以调节卫星的轨道位置与姿态。在星体上装有多波束定向天线，这是一种由 12 个单元构成的成形波束螺旋天线阵，能发射 L_1 和 L_2 波段的信号，L_1 = 1575.42MHz，L_2 = 1227.60MHz，其波束方向图能覆盖半个地球。在星体两端面上装有全向遥测、遥控天线，用于与地面监控网通信。卫星上还装有姿态控制系统和轨道控制系统。另外，当某卫星发生故障时，备用卫星则会根据地面控制站的指令，立即飞往指定的地点，替代故障卫星，以保证整个星座的正常工作。

GPS 技术由于为车辆的立即寻址提供了一种经济可靠的手段而在 ITS 中得到广泛的应用。GPS 用于车辆导航系统，采用车载的全球卫星定位系统装置来获取车辆的行驶位置，然后通过与预先描绘好的电子地图数据库实行地图匹配，得出车辆在路网结构中的位置，动态显示车辆在路网中的行驶状况，并给出车辆到达目的地的行驶路径以及到达相应路段后的路径诱导，将这些信息反馈给驾驶人。GPS 用于车辆运营管理，该系统主要是让运营管理部门、安全保卫部门及时掌握部门所有的运输车辆的运行状况，以便对车辆进行集中的指挥和调度，从而提高运输效率，保证运输的安全。目前这类系统在公安、运钞以及公交调度等部门得到了广泛使用。

2. GIS 技术

GIS（geographic information system），即地理信息系统，是用来描述现实世界中地物在空间上的分布及其属性的一个信息系统。它利用计算机建立地理数据库，将地理环境的各种要素包括地理空间分布状况和所具有的属性资料进行数字存储，利用计算机分析和处理功能，建立起一套有效的数据管理系统。系统通过对多要素的综合分析，可以方便迅速地获取信息，满足应用研究的需要，并能以图形和数字元两种方式来表示结果。

由于交通信息与地理空间资料密切相关，而地理信息系统集成了计算机数据库技术和计算机图形处理技术，具有强大的数据管理和空间分析功能，因此交通运输也是地理信息系统的重点应用领域，两者结合便产生了交通地理信息系统 GIS-T（geographic information system for transportation）。

简言之，交通地理信息系统是收集、存储、管理、综合分析和处理空间信息及交通信息的信息系统，是 GIS 技术在交通领域的延伸，是 GIS 与多种交通信息分析和处理技术的集成。具体说来，它的应用体现在电子地图的应用、公路网规划、道路设计和维护、运输企业运营管理等方面，为智能交通系统提供数字化平台。

五、控制理论与技术

1. 经典控制论

自 1948 年以来，控制论自身的发展也相当迅速，从经典理论到现代控制论，并发展到大系统理论。经典控制理论是初期理论，这一时期大约在 20 世纪 40~50 年代。该理论主要用于单输入和单输出的线性常系数系统（或线性定常系统）。经典控制理论对线性定常系统动态系统的研究，常常采用传递函数来描述系统的输入和输出之间的关系。

传递函数的概念一般只适用于线性定常系统，然而它也可以扩展到一些非线性系统中。输出就是系统使环境产生某种变化，输入就是环境对系统的影响和作用。因此，传递函数这一概念的建立和应用，可以说是采用了广义行为定义来研究系统与环境之间的关系在控制论中的具体化。而经典控制论的特殊之处也在于此，它是建立在系统的输入和输出关系基础上，并建立在传递函数的基础上的。它主要考虑的也只是系统的输入、输出和误差信号，控制系统的分析和设计也不外是使用传递函数及各种图解的方法。

对系统的动态特性一般使用传递函数来描述，当然也可以用微分方程来描述，这种方法虽然有定量、准确和直观等优点，但需要进行复杂的微分方程求解工作，在使用上很不方便。人们可以通过拉普拉斯变换，先将其变为时间的微分方程，然后转换成拉普拉斯算子为变量的代数方程。用解代数方程的方法取代了微分方程的求解，从而使计算工作大大减少。

传递函数的建立，给人们进一步研究控制链、并联、反馈等耦合关系带来极大的方便。综上所述，一个复杂的控制系统，若由不同连接方式的多环节构成，在系统分析时，常常需要对子系统的结构图进行一定的变换和简化，进行这种变换和简化就需以传递函数为依据。因此，函数传递法的应用对简化复杂系统，分析复杂系统以及研究各种输入对系统性态的影响都有重要作用。

2. 现代控制论

随着现代工业朝着大型化、连续化和自动化的方向发展，工程系统由于复杂和高精度要求，其趋势也朝着更加复杂的方向发展。而复杂系统可能是多输出的，也可能是时变的。对于这类形态指标要求严格的复杂系统，经典控制理论就无能为力了。于是，在 1960 年前后发起了一种新的理论和方法，即现代控制理论。

第一章　智能交通系统概述

现代控制理论不同于经典控制理论，后者只能适应于线性定常、单输入单输出的系统。而现代控制理论却可用于多输入多输出的系统，系统本身可以是线性的或非线性的、定常的或时变的。该理论中描述系统的基本方法是状态空间法，描述系统的数学模型是状态方程。在控制系统中，状态随时间变化是有一定规律的，描述状态变量随时间变化规律的状态方程，一般写成一阶矩阵微分方程的形式。在现代控制理论中，为了充分描述系统的行为和性能，就需要状态方程（即输入对状态变量的作用关系式）和输出方程（即输出和状态变量的关系式）。由于现代控制理论建立在状态概念的基础上，并运用状态方程来描述系统，应用状态空间法来分析系统，所以它克服了经典控制论的局限性。它不仅适用于多输入多输出系统，适应于非线性系统和时变系统，而且还为最佳控制问题的研究带来了方便。

随着科学技术的迅速发展和相互渗透，控制理论的应用范围越来越广，在其研究对象中，出现了一些规模庞大、结构复杂、目标多样、功能综合、因素众多的大系统。研究各种大系统的控制和信息过程的共同规律的理论，就是大系统理论。大系统理论是控制论发展的一个崭新阶段，是20世纪70年代才建立起来的理论。它是控制和信息科学、社会经济科学、生物生态科学相互渗透的产物。大系统是系统理论的研究对象，其控制方式大致可分为以下三类：

（1）**集中控制**　由中央控制室对被控制过程或对象进行集中控制，所有信息都集中到中央控制室，作为决策和控制的基础，所有控制指令也都由中央控制室直接发出。

（2）**分散控制**　如果一些系统缺乏集中全部信息的条件或缺乏集中计算的能力，就不宜采用集中控制而宜采用分散控制的方式。所谓分散控制方式是由若干控制器来共同完成大系统的总任务。每个分散控制器只需获得大系统的部分信息，对系统的各个组成部分和过程进行局部控制。例如城市交通管理就是由分散的交通岗来管理各个路口的行人和车辆。一般来说，对于庞大的分散系统不适于采取完全集中控制，有时采取完全分散控制，能达到比完全集中控制更高的效率和可能性。分散控制实际上是集中与分散相结合的控制方法。

（3）**多级递阶控制**　多级递阶控制是一种既能兼顾集中控制方式和分散控制的优点，又能克服两者缺点的新型控制方式。多级递阶控制系统可以是两级的，必要时也可以是三级、四级甚至更多级的控制系统。在多级递阶控制系统中，第一级是直接作用于被控对象或过程的局部控制器，它所进行的是"下级的"、第一线的"基层"决策，完成的是相应的局部控制任务。第二级是对第一级各控制器进行协调工作的"协调器"。它执行"上一级"的决策，完成较大范围的决策与控制。第三、第四等各级控制器也完成类似任务。

基于近20年来关于控制系统理论的研究，人们相继提出"灰色系统控制""混沌与反混沌控制"等非线性控制理论。

 第四节　智能交通系统的发展概况

一、智能交通系统的研究与开发

ITS起源于汽车和公路交通运输的发展。早在20世纪30年代，美国通用汽车公司和福特汽车公司就倡导和推广"现代化公路网"的构想。20世纪60年代末，美国开始智能交通系统方面的研究，此时出现的计算机交通控制技术可谓是ITS的基本雏形，不过当时其重要

授课视频

11

性并不明显，没有受到足够的重视。进入20世纪80年代，计算机技术、信息技术、通信和电子控制技术等有了飞速的发展，人们意识到利用新技术解决交通问题的可行性和有效性。近来，ITS以惊人的速度发展，世界上许多发达国家争先恐后地进行开发研究，出现了激烈竞争的场面，并形成了美国、欧洲和日本三大体系。

20世纪60年代末，美国就开始了智能交通系统方面的研究，之后，欧洲、日本也相继加入这一行列。美国开始的第一个ITS项目——电子路径引导系统（electronic route guidance system，ERGS），可能是世界上最早的ITS研发项目。20世纪80年代，加利福尼亚交通部门成功研发了驾驶人寻路系统（path finder）。进入20世纪90年代，进行了"智能车辆-公路系统"（intelligent vehicle-highway system）的开发，1990年8月成立了专门的全国性组织IVHS American，为政府出谋划策并直接组织活动。从此在全美开始了协调、统一的智能车辆-公路系统的研究、开发和部署。目前成员单位多达300多个，从1992年其大幅度提高投资额度，1997年投资达8亿美元。美国的ITS开发在短短的数年里得到迅速发展，开发范围也扩展到整个系统，包括铁路与公路混合运输。因此，美国运输部于1994年年底将"智能车辆-公路系统"（IVHS）易名为"智能交通系统"（ITS）。从1992年起，ITS开发进入实地试验阶段，先后在美国进行的大规模试验达20余次，其中包括：

1）交通诱导。交通诱导是先进的驾驶人信息系统（advanced driver information system，ADIS）的核心技术，该技术旨在以动态交通信息引导道路使用者及时、准确地选择出行方式、出行路线以及出行时间等。

2）交通信息系统。自1992年3月起，在佛罗里达州对100辆汽车进行车载通信和导驶设备试验，耗资802万美元，历时1年。之后在芝加哥地区对5000辆汽车进行试验，为期5年，耗资4000万美元。

3）重车电子牌照。这是先进的交通管理系统（advanced traffic management system，ATMS）中的项目，耗资2500万美元，已在美国西部6个州的35个试验场地对2000余辆汽车进行自动识别、称重和交费试验，此后又对2万辆汽车进行了为期一年的试验研究。

欧洲最早的ITS项目是20世纪70年代初期进行的科技研究领域的合作项目COST30（cooperation in the field of scientific and technical research）。1986年，欧洲19国政府和企业界在时任法国总统密特朗的提议下，开始了一项名为"尤里卡"（EUREKA）的联合研究计划，其中PROMETHEUS子项目是最高效能和空前安全的欧洲交通计划，提出了安全、经济、效率、便利和环境保护五个发展目标。此子项目耗资8亿美元，1987年10月进入研究开发阶段，历时8年；"自动道路和驾驶系统"耗资1.5亿美元，历时7年；"跨欧道路交通系统"耗资270万美元。计划中包括许多具体项目，如完善道路设施并提高服务水平的"Drive计划"和建立全欧洲"交通服务无数据通信网"。值得一提的是，强调国际（主要是洲际）合作和标准化、强调综合运输系统智能化是欧洲ITS发展的主要特点。

日本ITS的发展几乎与欧洲同时起步。1973年，由日本通商产业省投资80亿日元，进行了日本第一个ITS项目——机动车综合控制系统（comprehensive automobile control system，CACS），重点研究车载动态路线指示系统。20世纪80年代后期开始，由运输省等政府部门组织上百家企业，会同大学和研究机构进行大规模的联合开发，已形成了官、民、学的协调体制，这对日本ITS的发展起到了很大的推动作用。日本特别重视ITS技术产品化发展，进入20世纪90年代，在政府、产业界、学术界进行研究、开发的基础上，ITS活动进入实用阶段，其主要项目有"先进的动态交通信息系统""超智能汽车系统"（1991 年开始）以及"路车通信系统"等。

发达国家如此竞争开发 ITS 的原因有很多，主要包括以下几点。

1) 交通需求日益增加，供需矛盾日益突出，对环境的影响也日益严重。交通拥堵、事故、环境污染已经成为现代社会的公害。改善交通的研究越来越受到各国政府的重视与民众的关心。面临日益严重的交通问题，人们曾以各种手段解决交通供需矛盾，概括起来主要有规划手段、工程技术手段、传统管理手段。这些手段或受到投资及其他资源的制约，或受到见效期短等的局限。特别是在城市建成区难以靠大量拆迁来增建、拓建交通设施。为此，在摸索缓解交通困境方法的几十年中，随着科学技术的发展，从 20 世纪 80 年代开始，发达国家纷纷大量投资，集中大量人力研究智能交通系统，其基本着眼点是通过高新技术的应用，来充分提高原有道路交通设施的运输能力与交通安全。

2) 道路交通阻塞日益严重。据统计，美国主要城市由于交通阻塞造成的经济损失每年达 420 亿美元，全美国每年因此造成延误达 20 亿车时，车速不到 15km/h。这些国家的公路网早已建成，不可能再靠多修路来解决问题，因此采用高科技是唯一的途径。20 世纪 80 年代以来，信息、通信、自动化技术的飞速发展为建设智能交通提供了有利条件。

3) 巨大的经济效益。ITS 的技术竞争实际上就是经济竞争，各发达国家对此不甘落后，今天的竞争是为了争夺明天的市场。美国运输部在向国会的报告中指出，在未来的 20 年里，美国 ITS 开发的总投资（包括地面设施在内）将超过 2000 亿美元，这无疑会极大地刺激美国工商业的发展。至于开发的成果将在国际市场上带来的经济效益，则很难估算。这是发达国家竞相开发 ITS 的根本原因。

从 1994 年欧共体在法国召开了第一届 ITS 国际会议开始，发达国家纷纷争开国际会议，以显示自己的研究地位。1995 年在日本召开第二届国际会议，1996 年在美国召开第三届国际会议，1997 年在德国召开第四届国际会议，到 2019 年已成功举办了 26 届，举办国家涉及近 20 个。由此可见世界范围内对 ITS 研究之热与竞争之激烈。

我国从 20 世纪 80 年代初开始重视运用高科技来发展交通运输系统。从城市交通管理入手，在广泛开展城市交通调查、规划、治理的同时，开始城市交通控制技术的研究尝试，这些研究主要借鉴了英、美和澳大利亚等国的先进控制系统（如 TRANSYT、SCOOT、SCATS 等）的理论和思想，并在北京、上海、南京等城市进行了试点。与此同时，北京、上海、沈阳、杭州等城市先后从美国、澳大利亚等国引进了 SCOOT 或 SCATS。这些研究和实践开拓了我国交通研究的新领域，也取得了一定的实际效果，在一定程度上缓和了当地的交通紧张矛盾。但是，由于我国城市交通流的特性、道路条件和市民的交通法规意识等方面与发达国家有很大差异，难以充分发挥这些先进交通控制、诱导系统的作用。

在"九五"期间，交通部提出"加强智能公路运输系统的研究与发展"，指出应结合我国实际情况，分阶段地开展交通控制系统、驾驶人信息系统、车辆调度与导驶系统、车辆安全系统及收费管理系统五个领域的研究开发、工程化和系统集成，在此基础上，使成熟的科技成果转化为可供使用的技术和产品。"十五"期间，在国家科技重大专项的基础上，开展了重要技术研究和重点产品开发。同时在 13 个城市进行了应用示范，取得了一定的效果。"十一五"期间，根据国民经济和人民群众的重大需求，开展了一系列综合服务和大众应用示范，取得了显著成效。政府和社区对智能交通在提高管理水平、服务质量和新兴产业方面的作用有了更深入的了解。"十二五"期间，随着工业化和信息化的深度融合，新一代宽带移动通信、云计算等现代技术快速发展。在"十四五"规划中更是提出建设交通强国，而智能交通是交通强国的重要内容，要发展先进智能交通，通过集成应用先进的信息、通信、传感、控制等技术，使人-车-路相互作用关系以新的方式呈现，从而实现实时、准确、高效、安全、节能的目标，为加快建设交通强国提供有力支撑。

我国铁路运输部门从20世纪50年代起就开始运用计算机进行货流组织工作，但ITS前期工作是从"八五"开始，即"八五"期间就开始了全国货车运营管理系统（TMIS）的研究和实施，把全国60000km铁路和40多万辆货车的信息采集起来，进行加工处理，使全国铁路货车的传统人工管理方法进入到一个计算机管理的新阶段，它为实现全国铁路运营智能化打下基础。同时还进行了"铁路列车运行图自动化编制""京九铁路编组站车辆实时跟踪系统""高速铁路车站到车控制系统""智能化铁路运营信息系统""铁路运输智能型网络结构研究"等工作。同时，北方交通大学（现更名为北京交通大学）国家"211工程"项目开始组建智能交通实验室。2019年底，中国国家铁路集团有限公司对铁路的列控系统智能化提出了新的要求，新型智能列控系统将利用北斗卫星导航技术、5G通信技术等构成空、天、地一体化的列控系统。与传统列控技术相比，实现了轨旁电子设备从多到少、从有到无的转变，是列控技术领域里程碑式的技术创新，需要攻克列车精确定位、多元融合测速、列车完整性检查、移动闭塞等关键技术难题。

我国公路系统也开始了智能化研究，如高速公路的监控系统、高速公路自动收费系统等，汽车工业部门正在进行自动驾驶系统、多功能显示系统、诱导系统、防撞系统等方面的工作，有的已有自己的成果，有的正在进行研究。但目前缺乏统一的总体规划，尚未提高到"智能化"的高度。

总之，智能交通系统是新一代交通运输系统。通过对ITS技术的研究和应用，将目前单独存在的车辆、道路、环境、信息融合，然后进一步将各种交通运输手段融合。通过这些步骤，逐渐使交通运输系统化。面对世界智能交通研究的热潮，以下两点值得深思：

1）向高科技和现代化管理要效益，对老企业实行技术改造，已是国家发展的必然趋势。

顺应新一轮技术革命和产业变革趋势，5G通信和自动驾驶技术迅速发展，道路交通将向智能化、网联化、高效率和高安全的方向迈进；智能网联交通系统建设迎来自动驾驶技术、道路条件、交通环境和管控技术等因素的变化，交通系统将长期呈现智能网联汽车和传统人工驾驶车辆混合共存的状况，并在整体上涌现出新的道路服务功能和新的交通行为特性。国家交通网的"硬件"建成之后，特别是当道路交通网（包括铁路网）达到一定的密度和等级时，要提高运输效率和效益，必须在完善大系统的交通管理"软件"上下功夫。将车辆和道路统一在一个系统里，通过高科技和现代化的管理促进交通业的发展，也应该成为我国交通事业的长期战略思想。

2）发展自主的ITS。进入21世纪后，我国经济发展迅速，交通运输业会遇到严重的挑战。发达国家遇到的问题，各行各业必须未雨绸缪，提早准备，开发适合我国国情的ITS系统。目前应开展ITS的总体框架的构思和研究，同时应积极组织各种运输方式的ITS的研究，应特别重视铁路运输、公路运输、城市运输以及综合交通枢纽的研究，面对各国争相占领 ITS 技术制高点的严峻形势，必须立刻行动起来，走出自己的路。

二、我国研究开发 ITS 要解决的问题

我国是一个幅员辽阔、人口众多的大国，客货运输不仅数量大，而且空间分布广，单一的交通方式是不行的，只有走综合交通之路，为此 ITS 发展必须建立在发展综合交通的基础上。从欧盟各国来看，他们也采取了发展综合交通智能化的道路，很值得我们借鉴。我国 ITS 的发展要解决以下几个问题。

1. 制订我国 ITS 计划，应分层次并有所侧重

根据我国的实际情况，可将我国智能交通规划的开发研究分成几个层次进行。

第一层次是编制我国 ITS 的总体框架。因为 ITS 是一个巨大的系统工程，要实现它的功能必须要服从总体要求，发挥单项作用，才能避免浪费和低效。总体框架包括总目标、交通运输网的构想、相互联系与协调、重要综合交通枢纽的协调、客货运输的协调等。

在总体框架指导下，应加强以下三个方面的研究：

1）提高路网（包括综合枢纽部分）通过能力（或通行能力）、利用效率和以合理交通结构为中心的近期 ITS 项目研究，包括铁路线、枢纽、干线公路、长江沿海航行及航空港等，以及它们的环境、设备、使用情况等信息管理与处理系统。

2）机车车辆、机动车辆、船舶等监控系统，包括车船利用、调度、指挥、运行等方面的智能化方面的研究。

3）车路综合和交通运输智能化管理系统，把路网信息与车辆信息结合起来，实现交通运输的智能化。

第二层次是编制分运输方式的 ITS 发展规划。它包括铁路、公路、水运、民航和城市交通，特别是铁路、公路、民航和城市交通系统的 ITS 开发设想。这几个部门目前都进行了多项 ITS 相关的开发研究。如铁道部门正在建设的六个管理信息系统，包括铁路货车计算机管理系统（TIMS）、调度指挥系统（DMS）、客票发售系统（PSMS）、办公自动化系统（OAS）、集装箱管理系统（CMIS）、机车车辆检修系统（RIMS）等，它们都是铁路智能化运输的基础，同时铁路运输部门又是具有多种通信载体的运输部门，几万辆机车都已配有机车自动信号装置，并具有无线与有线通信设备，这些硬件条件都为实现 ITS 提供了基础，铁路通过发展 ITS 可以提高铁路运输效率和保证铁路运输安全。

对于公路运输 ITS，我国交通运输部正在研究开发之中。随着我国高速公路的增加和公路网的发展，发展公路汽车运输 ITS 已刻不容缓。城市交通，特别是特大城市的交通拥堵、事故频发，发展 ITS 已迫在眉睫。综上所述，在国家 ITS 发展总框架指导下，编制部门的总体计划也是十分必要的。

第三层次是重点实施 ITS 工程项目计划。它将成为我国 ITS 发展的起步工程，发挥带动作用。

2. 大城市公共交通 ITS 的开发研究

城市交通中，优先发展公共交通是我国发展城市交通的基本政策，为此发展城市公共交通 ITS 是城市交通建设的重点。要充分利用高新技术提高公共交通的服务水平，促进交通结构的合理化，在交通控制管理、道路政策等方面切实实现公共交通优先政策，研究公共汽车

专用车道、优先车道、有线信号及公共交通信息服务系统等。

3. 开展城市交通车路综合管理的 ITS

城市交通主要是解决人、车、路的合理结合，在有限的道路条件下，如何发挥其最大的作用，出路在于城市交通管理实现 ITS，这方面在国外的实践中已得到了证明。中国城市交通 ITS 的管理不能照搬国外经验，由于中国人口多、自行车多，为此结合国外经验，建立中国自己的城市交通管理更是亟待解决的问题。

第二章

智能交通系统的体系结构

对于ITS的总体规划和设计来说,最重要的任务就是ITS的系统体系结构开发。从1994年第一届至1999年第六届ITS世界大会,"系统体系结构"均是大会研讨的一个重要专题。美国1994—1995年ITS优先项目中排第一位的便是系统体系结构开发;美国国家IVHS/ITS体系结构开发从1993年9月到1996年7月历时近3年,耗资2500万美元,此后多次修订,于1999年末完成了其第3版。在2004年4月颁布了第5版。日本也于1998年在5个省厅的联合支持下,开始其系统体系结构的开发计划,并于1999年完成。欧盟的T-TAP计划(1994—1998年)已经开始系统体系结构的研究与实践。但在1998年4月之前还没有像美国那样全面、完整的系统体系结构研究。1998年4月,经欧盟委员会批准,欧盟的系统体系结构开发项目KAREN正式启动,从而揭开了欧盟ITS研究的新的一页。这些足以说明系统体系结构开发在ITS中的重要地位。

第一节 智能交通系统体系结构和内容

授课视频

一、系统体系结构

目前,对于系统体系结构,多数学者认同的定义为:"一个体系结构是一个有用的和可用的系统的稳定的基础"。这里有5个关键词:系统的、有用的、可用的、基础和稳定的。

首先是"系统的",它是由相互作用和相互依赖的若干组成部分结合而成的、具有特定功能的有机整体。系统的每个组成部分有其自身的功能,而系统的功能不是等于而是大于各组成部分功能的简单和。ITS是许多子系统的有机集成,如果只是简单地把各子系统结合起来,可能会导致一个无效的系统。

其次是"有用的"系统,即预定功能都具备的系统。系统的子系统都能完成其功能,各子系统能够按其功能彼此很好地协调,使得整体功能可以达到最优化。

"可用的"系统是指在实际中可以按预定目标运行的系统。"有用的"不一定是"可用的"。可用性要求系统除了具备各种功能外,还要有可维护性、柔性、可扩充性、有效性和安全可靠性等性能。

系统的"基础"就是系统的基本组成框架。它不仅包括组成系统的硬件设施和硬件设施如何去实现其功能,也包括系统的软件部分。这种软件有技术的,如怎样进行信息交换;也有公众认识的,如系统的目标、维护系统所需的规则和协议等。

当一个系统有几十年的期望寿命时,选择的基础必须是"稳定的",或者至少是不需要有重大改变的。ITS的开发周期一般较长,是以分布扩展和升级为特征的。在每一个实施阶段,都有新的技术可以利用,有新的应用领域被开拓,因而有改变现存系统的必要性。然而

17

一个系统的基本构架是不允许总在变化的。因此，在一开始对于系统应确定一个稳定的基础，而同时又要考虑到系统的开放性、可扩充性和柔性，即系统的基本要素是不随时间推移而变化的，但具体的实现是可以逐步扩展和升级的。

当开发了一个高速公路收费站的电子收费系统或一个运输公司的 GPS 车辆定位和监控系统时，当然可以说是实现了一个 ITS，但是这种局部的智能，也许能够局部地缓解交通拥堵问题，然而对于解决交通问题则根本无济于事。因而 ITS 通常是复杂的大系统，美、日、欧的主导性 ITS 项目均是国家性、洲际性的项目。这种耗资相当巨大、开发周期相当长、涉及的范围相当广的系统工程项目，若事先没有充分的系统体系结构研究和开发，则很难想象它能是一个各部分协调统一的、有效的、有机的整体。因此，任何一个 ITS 在开发之前首先要进行总体规划研究，而总体规划的重要内容之一就是进行系统体系结构的研究。

二、智能交通系统体系结构开发的内容

如上所述，系统体系结构开发的目的是给出系统的一个稳定的基础，即给出系统的组成部分和它们的功能、各部分的关系，为进一步的系统设计和产品开发提供所必需的框架和重要指南。

为了把它描述得透彻清晰，便于理解和讨论，往往是从各种不同的侧面（子体系结构）来勾画系统的基本框架。例如在有的项目中将系统体系结构分成逻辑体系结构、技术体系结构和组织体系结构，在有的项目中将它分为参考模型、信息体系结构、功能体系结构、数据通信体系结构和物理体系结构。在此我们推荐后者，并对这些子体系结构给予说明。

总而言之，参考模型描述系统的整体视图；信息体系结构描述在系统各部分中广泛引用的信息；功能体系结构描述系统的功能要素以及各功能要素之间的逻辑信息流；数据通信体系结构是一个通信协议的综合结构；物理体系结构描述系统的构筑蓝图。

1. 参考模型

参考模型的重要性在于它提供一个系统所包含的主要部分的整体框架，一般可以用一个水平的或竖直的层次结构图来描述。例如一个城市中道路交通管理系统的参考模型可以是一个由上到下，由"国家网络、区域网络、链路、路段、节点、数据"构成的竖直结构；一个由多个交通控制/管理系统集成的城市交通管理系统的参考模型可以是一个由若干重要集成原则构成的逻辑描述；一个交通信息服务系统的参考模型可以通过它提供的一般服务项目（用户服务）来描述。

2. 信息体系结构

建立信息体系结构的目的是识别系统中广泛使用的数据和信息的内容和性质，常常用一个公共的数据字典来表达系统信息体系结构。系统体系结构对于需要在各部分进行信息交换的系统显得尤为重要。例如一个道路交通信息交换网系统的信息体系结构应包含道路网络信息、监控设施安装位置信息、实时交通条件、道路条件和环境条件等动态信息以及独立的静态信息。

3. 功能体系结构

建立功能体系结构是为了回答系统能做什么，它将参考模型分解、细化，并发展为一个系统，用功能处理模块以及各处理模块之间的逻辑数据交换来描述其结构。功能体系结构是独立于特定的硬件和软件技术的，这使得功能体系结构在技术的进步过程中始终是一个稳定

的结构。要关注功能体系结构的柔性,即不破坏现有结构去组合成新功能的性质。

4. 数据通信体系结构

数据通信体系结构是一个通信协议的集合,这些协议通过不同的网络拓扑结构提供对各种应用的透明通信。一个 ITS 往往要考虑固定设备间、移动设备间、固定设备与移动设备间的通信,如交通中心之间、路边设备和中心之间、移动车辆之间、中心和移动车辆之间、路边设备和车辆之间的通信等,还要考虑公有网络与私有网络之间的连接,所以其数据通信体系结构是很复杂的。

5. 物理体系结构

建立系统物理体系结构是为了回答系统准备怎样做的问题。物理体系结构将功能、信息和数据通信体系结构投影到一个物理基础设施集合上,它通过所选择的通用结构中的独立组件以及它们之间的接口来描述系统,为下一步系统的工程实现绘制框架蓝图。

由于一个国家的 ITS 可以看成一个大规模的信息系统,故它的参考模型一般都是以用户服务的方式给出。而信息体系结构、功能体系结构和数据通信体系结构常被称为逻辑体系结构。因此,系统体系结构也可以归纳为用户服务、逻辑体系结构和物理体系结构三大部分。

三、智能交通系统体系结构开发的方法

因为 ITS 实际上也是复杂的信息系统,所以信息系统的系统分析方法便可以作为 ITS 的系统结构开发方法。最常用的是面向过程的分析方法和面向对象的分析方法。

面向过程的分析方法是从用户对系统功能的需求出发,使其结构化、模块化,自上向下对信息系统进行分析。常用的工具有数据流程图、数据字典等。

面向对象的分析方法是从用户需求出发,将系统的基本要素看成许多对象,每个对象包含它的数据和操作,共享的对象构成对象类,对对象、对象类及其关系进行分析。后者的起步更难些,但易于以后的修改与扩充。面向过程方法和面向对象方法在 ITS 体系结构建设中的特点见表 2-1。

表 2-1 面向过程和面向对象的研究方法对比

比较因素	面向过程方法	面向对象方法	比较
思维方式	从功能进程的角度对 ITS 各项服务进行分析,它认为 ITS 由各功能共同作用完成	从 ITS 涉及的对象的角度分析认为 ITS 可由对象及其间关系组成	前者分析起来较为简单;后者则较符合人类认识世界的习惯
更新维护	当修改、新增服务时,需要按照框架开发步骤进行一遍操作,并要与已有内容相融合	当修改、新增服务时,找出相关的对象类型,对其中的内容进行修改	前者更新需要涉及整个框架内容的更新,容易遗漏;后者则是针对相关的对象类更改相关内容。相比之下,后者具有一定的优势
逻辑结构部分建模简易程度	主要通过数据流图表现其逻辑功能元素及其关系	需要建立对象模型、动态模型、功能模型才可对逻辑功能元素描述清楚	前者较为简单,只相当于后者模型之一(功能模型);后者逻辑建模相对复杂
模块化便利性	针对层次清晰的逻辑功能元素进行评价时,需要考虑所对应的用户服务	针对每项用户服务对应的逻辑功能元素进行分析,分析量很大	对逻辑功能元素进行模块化,需要对各逻辑功能元素的物理实现进行多方面的分析。工作量上后者较大些
物理结构方面	—	—	两者在物理结构构建上影响不大

当要开发 ITS 的系统体系结构时，首先应该认真研究世界上该项技术领先的国家的 ITS 体系结构，在研究方法和研究结果上都可借鉴他们的经验。

具体开发时，第一步是进行用户需求分析，确定用户希望从系统中得到的服务。第二步才是依次开发系统的功能、信息、通信和物理体系结构。此时的开发工作不应是开发队伍关起门来做，而应是和社会的各有关方面经常地交流和研讨，使开发的系统体系结构能够得到社会广泛的理解和支持。为了实现体系结构，应该进行哪些标准化工作的问题也要在这时回答。通常，一开始提出的体系结构是多方案的，要在进行评价之后确定最后的方案。确定体系结构的过程可能是反复的，在确定体系结构的基础上，就比较容易明确哪些标准化工作是必须优先展开的和如何分步开发作为实体的物理系统。系统体系结构、标准化和系统开发计划最后都要形成标准文档。这些文档给出的系统体系结构并非绝对不变的，它可以随着系统的开发进行必要的调整和扩充。系统体系结构开发的一般步骤如图 2-1 所示。

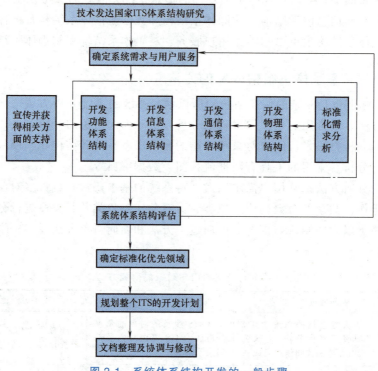

图 2-1　系统体系结构开发的一般步骤

ITS 体系结构的开发是一种复杂的系统工程总体规划项目，它的成功取决于诸多因素，其中最重要的是对以下问题的正确处理。

1. 开发途径问题

在技术发达国家的 ITS 体系结构的开发过程中，主要有以下两种模式。

（1）**自上而下模式**　所谓自上而下模式大致包括以下特点：

1）研究开发的组织形式由政府有关部门（如运输部）决定，并确定管理方式及政策条件。

2）研究开发的项目一般条件由该政府部门申请并确立，并分解为若干子题交各组织去完成。

3）整个研究开发计划由该部门统一制订，由各组织参与，组织间是竞争与协作的关系。

美国的国家 ITS 体系结构的开发主要采取自上而下的模式。1993 年 9 月，美国政府与 4 个研究机构（Hughes Aircraft，Loral Federal Systems，Rockwell International 和 Westinghouse Electric）签署了协议，决定开发 ITS 体系结构。每个研究机构的成员结构比较合理，既有政府部门，又有企业联合会和学院的科研机构。这种组合使得政府、企业、学者能够紧密合作，各自发挥其优势，相互促进，取长补短，有利于 ITS 这样一个跨学科的综合性高科技领域的研究开发及应用。该模式现在仍被广泛采用

（2）自下而上模式 所谓自下而上模式包括以下特点：

1）研究开发的组织形式基本上是独立的实体，缺乏政府部门或更高层次的直接指导。

2）研究开发的项目一般由各组织或团体自己确立，并筹集资金，研究成果一般只是用于其内部。

3）研究计划与方法由各组织或团体独立确定，团体之间缺乏统一的目标，其联系十分松散。

欧盟先前对 ITS 及其体系结构的研究开发，主要采取自下而上的模式。这与它的政治体制是分不开的。由于欧盟是一个相对松散的主权国家联合体，因而 ITS 的研究一般是由各个国家独立承担，欧盟只能提出一些不具有约束力的构想，各个具体项目由开发组织独立地开发其系统体系结构。当然，ITS 交通运输发展的希望所在，这在欧盟各国已成共识，因此，欧盟内部对 ITS 的研究也同样取得了辉煌的成就。

无论是自上而下还是自下而上，都有其相应的优缺点。

自上而下由政府部门指导，统一规划，这样使得各研究子项目具有较强的统一性和协调性。ITS 是综合性很强，规模极为庞大的复杂性系统，其子系统数目极多。要使这些子系统运作时的行为相互协调，目标统一，就需要在研究的开始阶段，进行统一的规划，使得各子系统一开始就是相互协调的，有利于实现 ITS 所要达到的目标。自上而下恰恰符合这一要求。但是，由于信息的不完全性和计划实施的相对稳定性，使得这样一种指导不一定符合现实情况的需求。当然，每个项目的开始都要有一个需求分析与效益分析，但这种预测性研究很难保障其准确性，因此，就不可避免地存在指导失误的可能。另外，这种模式很容易给政府带来很大的财政压力。ITS 研究与开发的投资规模巨大，自上而下的模式意味着，政府部门要拿出相当一部分资金来进行研究。尽管可以从企业与地方政府筹资，但这毕竟只能解决一部分问题。

自下而上的优点在于其研究开发的工作是由各团体独立进行的。它们掌握的信息比较全面，决策及时，灵活性比较大，这样有利于在不断变化的环境中开展研究。由于其范围较小，效益比较明显，这样资金问题相对容易解决，而且高一层次的部门没有太大的财政压力。但其缺点也很明显，即子系统间的协调十分困难，然而运输本身又是一个连续的过程，因此不利于 ITS 向更高、更完善的层次发展。正由于此，欧盟在经过了 DEIVE Ⅰ 之后，不得不以加强各国间的协调，制定统一的规范和协议为主导方向，启动了 DEIVE Ⅱ 计划，1998 年又开始了全欧的 ITS 体系结构项目 KAREN。

2. 开发队伍的组织问题

ITS 通常是跨部门、跨行业、跨地区的大规模工程项目，其体系结构的开发队伍就应由政府、企业、研究机构和院校的多部门领导者、管理者、多企业经营者、设计者、多学科专家学者联合组成。

例如，美国 IVHS/ITS 的体系结构开发项目，其队伍组织分为以下层次：
1）USDOT 的体系结构组——由各运输部门的代表组成，负责体系结构开发的领导工作。
2）USDOT 的技术管理组——由 Jet Propulsion 实验室承担，负责 4 支开发队伍的日常管理。
3）USDOT 和 IVHS America 的舆论工作组——由 40 个来自公共财团、私人财团和特别感兴趣的投资团体的志愿者组成，负责组织各种公共活动，建立对于系统体系结构的社会舆论。
4）USDOT 技术评价组——由专家学者组成，负责对各种结构方案进行技术评价。
5）USDOT 的体系结构开发组——由 Hughes Aircraft、Loral Federal Systems、Rockwell International 和 Westinghouse Electric 分别牵头组成 4 支开发队伍，负责体系结构方案的制定。

3. 系统体系结构的开放性问题

ITS 的系统体系结构及其开发过程不能是封闭的，而应该是开放的。系统的集成是建立在系统开放的基础上的。开放并不是指特定的系统实现具体的互连的技术和手段，而是对可使用的标准的共同认识和支持。在系统体系结构开发过程中，不仅项目的投资者应尽早参与体系结构方案的制定，而且项目的建设者、使用者也应及时参与进来。ITS 只有得到公众的理解、认可和接受，才会有生命力。例如，美国 IVHS/ITS 的系统体系结构开发，在第一阶段中期，关键财团便参与进来；舆论工作组组织了 10 个区域会议，定期对结构方案进行讨论，会议组织者将公众意见及时反馈给开发小组。

4. 方案的评价问题

体系结构方案的好坏不是取决于其技术的先进性，而是取决于它的可行性。对于方案的评价应包括通信负载分析、实现和效益分析、可行性和风险分析、费用和经济分析、开发策略评价。美国 IVHS/ITS 体系结构的评价是由技术评价组和公共舆论做的，开发小组提供 5 千多页的体系结构文件，技术评价小组要提供几百页的评价报告。

评价方法除一般性定量分析外，还应通过实施示范工程，展开调查和野外测量、野外运行试验，或进行计算机模拟，检验系统的性能和效果。

授课视频

第二节　美国、日本等国家智能交通体系结构简介

一、美国的国家 ITS 体系结构

美国的国家 ITS 体系结构的研究始于 1992 年，由 IVHS American（ITS American 的前称）向美国运输部正式推荐了一套调动多家国有、私立机构联合攻关的 ITS 体系结构开发方法，该项目是美国联邦运输部咨询机构向运输部提出的第一个正式建议。1993 年，美国运输部正式启动了 ITS 体系结构开发计划，其目的是开发一个经过详细规划的国家 ITS 体系结构，用来指导 ITS 产品和服务的配置，同时在保持地区特色和灵活性的基础上为全国范围内的兼容和协调提供保证。其开发分为两个阶段：第一阶段主要由结构开发组的 4 家公司分别给出体系结构的初步开发方案；第二阶段则在上述 4 家公司基础上选择两家公司合作进行美国国家 ITS 体系结构的开发。1995 年 2 月，美国开始开发统一的国家 ITS 体系结构；1996 年 7 月该项目的第二阶段工作全部完成，总计包括 16 个报告，共 5500 页；1997 年 1 月，美国运输部公布了美国国家 ITS 体系结构的第 1 版；1998 年又公布了修订后的第 2 版国家 ITS 体系结构；1999 年公布了第 3 版国家 ITS 体系框架；在 2004 年 4 月又颁布了第 5 版。整个计划的

成本约 3 千万美元，均由联邦政府出资。最后，体系结构建立了一个基于用户需求与目标的框架结构，确定了系统包括的子系统，定义了各个子系统的功能及各子系统间的数据流。更重要的是，系统体系结构为各个子系统之间的通信标准与协议的发展提供了基础。整个系统体系结构为 ITS 奠定了一个良好的基础，但它并不是具体的系统设计。美国 ITS 体系结构的目标是支持投资者、建设者、使用者、管理者等多种用户主体，包括 8 类服务领域、33 项用户服务（表 2-2）。这些用户服务并不是固定不变的，随着 ITS 与社会的发展，越来越多的用户服务将会被增加到里面去。2020 年 3 月，美国交通部发布《智能交通系统战略规划 2020—2025》，其中提到加速 ITS 的部署，包括对 ITS 体系架构和标准的更新。

表 2-2 美国国家 ITS 体系结构的用户服务

研究领域	用户服务项目
1. 出行和交通管理	(1) 出行前信息 (2) 途中驾驶人信息 (3) 路径导航 (4) 合乘与预约 (5) 出行者服务信息 (6) 交通控制 (7) 事件管理 (8) 出行需求管理 (9) 公路、铁路交叉口控制 (10) 排放物检测与控制
2. 公共交通管理	(1) 公共交通管理 (2) 在途公交信息 (3) 个性化公共交通管理 (4) 公共出行安全
3. 电子付费	电子付费
4. 商业车辆运营	(1) 商用车电子通关 (2) 自动路侧安全检查 (3) 商用车辆管理 (4) 车辆行驶安全监视 (5) 危险物品事件响应 (6) 商用车队管理
5. 紧急事件管理	(1) 紧急通知与个人安全 (2) 紧急车辆管理 (3) 事故的响应和评估
6. 先进的车辆安全系统	(1) 纵向防撞 (2) 横向防撞 (3) 交叉口防撞 (4) 视野扩展 (5) 车辆安全准备 (6) 碰撞前措施实施 (7) 自动车辆控制
7. 信息管理	存档数据管理
8. 维护和建设管理	维护和建设运营管理

该系统体系结构按照逻辑体系结构与物理体系结构以及它们之间的关系来描述，如图 2-2 所示。

图 2-3 所示为美国国家 ITS 的物理体系结构。物理体系结构是根据逻辑体系结构发展而

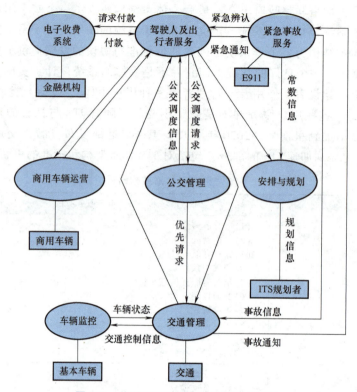

图 2-2 美国 ITS 逻辑体系结构（顶层）

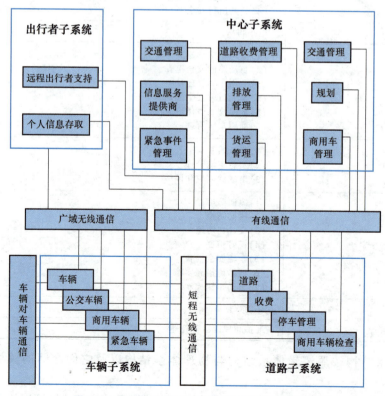

图 2-3 美国国家 ITS 的物理体系结构（顶层）

来的，它分为 4 个子系统：中心子系统、外场设备子系统、车载子系统及远程访问子系统。各子系统之间使用 4 种通信方式：广域无线通信、有线通信、车辆与车辆间的通信及局域通信。ITS America 于 1996 年正式批准了该系统体系结构。目前，美国正在不断地对 ITS 体系结构进行修订并加强应用推广。在国家 ITS 体系结构基础上，美国开发了地方 ITS 体系结构的支持系统 Turbo Architecture 与美国国家 ITS 体系框架同步更新，便于地方 ITS 体系框架的开发。

二、日本的 ITS 体系结构

日本的 ITS 体系结构开发始于 1998 年 1 月，在 5 个省厅的协助下于 1999 年 11 月完成，已公开发布。日本 ITS 体系框架最大特点是强调 ITS 信息的交互和共享，采用面向对象的方法，使用统一的建模语言 UML，使 ITS 建设成为整个社会信息化（e-Japan）的一部分。

日本 ITS 体系结构开发中的面向对象方法主要体现在逻辑框架的构建中，通过对 ITS 抽象，建立信息模型描述 ITS 涉及的各对象间的信息关系如继承等关系，通过建立控制模型实现各项用户服务。

1. 日本 ITS 体系结构的开发过程

日本 ITS 体系结构的开发主要包含下述 3 个步骤（图 2-4）：

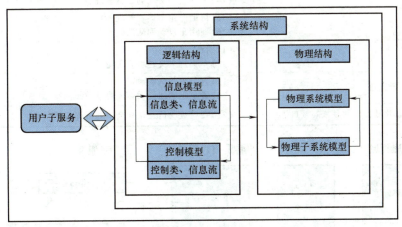

图 2-4　日本 ITS 体系结构开发流程

（1）**用户服务的详细定义**　以 1996 年 5 省厅在 ITS 综合规划中给出的 9 个领域的 20 个服务为基础，进一步对服务细化，分类得到子服务。

（2）**逻辑体系结构的开发**　分析每个子服务的目的和内容，识别为提供服务所要处理的信息和实施服务所需要的功能。信息被系统地模型化，并作为信息流与所需要的功能联系起来。

（3）**物理体系结构的开发**　子系统对应功能和信息的每一个坐标，并分配给道路、中心和车载系统。

2. 日本 ITS 体系结构概貌

（1）**用户服务**　与美国的用户服务系统不同，日本在对出行者出行需求进行广泛调查的基础上，将本国 ITS 体系结构分为 10 个开发领域和 21 个用户服务（表 2-3）。在 21 个用户服务下设定了 56 种具体的用户服务和 177 项具体服务内容，从而形成一个包括发展领域、用户服务、特定的用户服务和子服务 4 个层次的系统服务结构。例如，第 9 个领域（协助紧急车辆运营）包括 2 项用户服务：（19）紧急事件自动通报、（20）紧急车辆路径诱导和协助救援活动。下面定义了 2 项特定用户服务和 7 个子服务，该领域的服务结构如图 2-5 所示。

表 2-3　日本国家 ITS 体系结构的用户服务

开发领域	用户服务项目
1. 先进的导航系统	（1）提供路径诱导信息 （2）提供目的地信息
2. 电子收费系统	（3）电子收费
3. 安全辅助驾驶	（4）提供驾驶环境信息 （5）危险警告 （6）协助驾驶 （7）自动驾驶
4. 优化交通管理	（8）交通流优化 （9）在发生交通事故时提供交通管制信息
5. 道路管理效率化	（10）维护管理效率化 （11）特殊车辆管理 （12）提供通行管制信息
6. 协助公交车辆运营	（13）提供公共交通信息 （14）协助公共交通的运营管理
7. 商用车效率化	（15）协助商用车运营管理 （16）商用车自动列队驾驶
8. 协助行人	（17）行人路径诱导 （18）车辆行人交通事故避免
9. 协助紧急车辆运营	（19）紧急事件自动通报 （20）紧急车辆路径诱导和协助救援活动
10. 提供与信息化社会其他领域的接口	（21）在先进的信息化社会中利用先进的信息

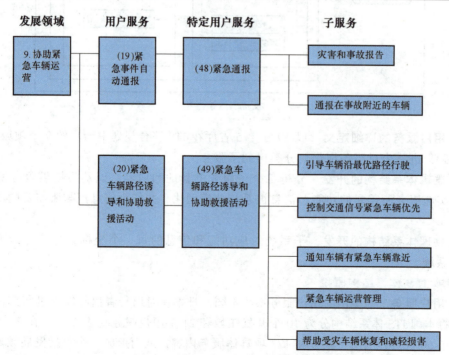

图 2-5　紧急车辆运营支援

(2) **逻辑体系结构** 从子服务的定义出发，分析实现每一个子系统应该做什么处理。其具体工作是分析使用情况、识别为提供服务所需要的重要的信息和功能、将信息归于信息模型、用控制模型建立信息与功能的联系。

通过"目的和内容"定义各子服务，判明为了实现服务功能，系统与用户之间应有哪些信息交换，系统要处理哪些信息，确定服务的"执行者"和服务的"诱发者"，得到"使用情况表"，从而识别信息和功能。

应建立以下信息模型：

1) 信息模型。为了保证在所有子系统中一致地使用这些信息和使系统体系结构具有柔性（对服务的改变和增加的适应能力），将各种各样的信息归于不同的类（Class），单个的信息是信息类中的一个属性，它表示相关 ITS 分量的特性。相关联的信息类链结成信息模型。

2) 整体模型和领域模型。一个领域内的相关信息关联成领域模型，各领域最重要的信息或全局统一的信息联成整体模型。

3) 地理视图和物理视图。一个信息在不同的服务中，为了方便可以从不同的角度进行不同的描述。如"抛锚对象的定位"，在"先进的导航系统"领域中，位置用道路和交叉口的名称或道路名称和离某个特定点的距离表示比较方便；而在"安全辅助驾驶"中，位置表示成某移动对象发生碰撞前与碰撞对象的相对距离。这种信息放在同一个模型中表示就相当困难。因此信息模型又分为地理视图和物理视图。地理视图是从地理的角度，以地理坐标来描述所需要的信息。地理视图主要由"诱导""组织"和"计划"等服务提出，但所有 177 个子服务都从宏观的角度，以相同的方式——地理坐标表示信息。例如"定位"信息在地理视图中用地图中的地理点表示，在物理视图中，一个移动对象和附近参照物的信息交换是从物理角度来确定的。又如"定位"信息在物理视图中表示为关于移动对象的一个相对位置点。大多数领域模型提供物理视图。

4) 核心模型和复杂模型。核心模型提供整个 ITS 处理的信息的一个鸟瞰，如顶层类之间的关系，即最重要的信息及其关系。而复杂模型提供核心模型中没有表示的具体的信息，这种模型侧重于表达信息的层次结构。例如，图 2-6 表示整体模型的地理视图的核心模型，图 2-7 表示整体模型的地理视图中的一个移动对象的复杂模型。

5) 控制类。控制类定义了一个不含信息转换的系统内的处理。"控制类+信息转换+信息类"称为控制模式。共有 5 种控制模式：①收集-控制类从信息类收集信息。②通知-控制类向信息类提供信息。③通报-控制类通报或警告信息类。④控制-控制类指示或控制信息类。⑤确认-控制类确认信息类。

控制模式中的信息类表示信息，信息转换和控制类结合起来表示功能。

(3) **物理体系结构** 物理体系结构按照逻辑体系结构定义对应用户服务的子系统结构，包括子系统之间交换的信息。系统分量是将逻辑体系结构中的每个功能分配到道路、中心和车辆得到的。一个服务的模型提供一个 ITS 子系统的框架。一个个子系统的物理模型联合构成整体物理模型。

三、欧洲国家的 ITS 体系

欧洲大部分国家都很小，因此欧洲 ITS 的研究采取整个欧洲一体化的方针，经济合作与发展组织为了促进 ITS 的发展并有效地协调整个欧洲的国际合作，将 ITS 纳入了始于 1986 年

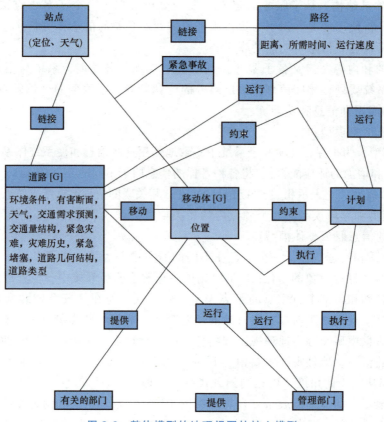

图 2-6 整体模型的地理视图的核心模型

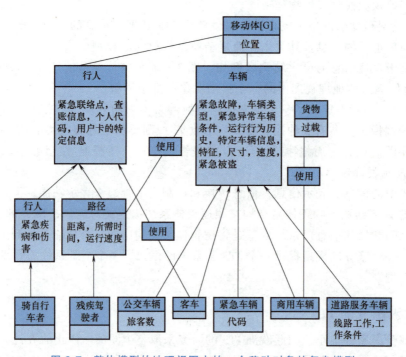

图 2-7 整体模型的地理视图中的一个移动对象的复杂模型

的"尤里卡"联合研究与开发计划,旨在建立跨欧的智能化道路网。1973 年 SCOOT 系统由英国运输研究所开始研发,1975 年研制成功,1979 年正式投入使用,目前已被世界 170 多个城市采用,并衍生出许多新版本,包括支持公交优先、自动的 SCOOT 交通信息数据库(ASTRID)系统、INGRID 事故检测系统以及车辆排放物的估算等。1991 年,欧洲道路运输通信技术实用化促进组织(ERTICO)成立,目的是协调和支持全欧洲的 ITS 活动。1994 年,瑞典实施了全国性覆盖的 RDS-TMC(radio data system-traffic message channel),1995 年德国和荷兰、1996 年法国、1997 年瑞士、奥地利、意大利等国也先后实施了 RDS-TMC,目前欧洲已有 18 个国家实施了 RDS-TMC 项目。1996 年欧盟正式通过了《跨欧交通网络(TEN-T)开发指南》,标志着欧盟开始致力于通过交通信息促进信息社会的发展。1997 年制订了《欧盟道路交通信息行动计划》,作为欧洲 ITS 总体实施战略的一部分,该行动计划涉及研究开发、技术融合、协调合作和融资等多个方面。1998 年 4 月开始的代号为 KAREN(keystone architecture required for european networks)的项目,为欧盟 ITS 体系结构的开发奠定了基础。1999 年 8 月和 10 月,先后完成了逻辑结构和物理结构,形成了欧盟整体的 ITS 结构。2000 年制订了《电子欧洲行动计划》,目的是在交通等关键领域推动欧洲向信息社会发展。2001 年 9 月欧盟制订了《2001—2006 各年指示性计划》,用来加大实现跨欧交通网络的投资力度,道路交通 ITS 和大型基础设施项目、空中交通管理、伽利略卫星导航定位系统计划均纳入优先投资部分,其中 TEMPO(trans-european intelligent transport systems projects)计划部分专门协调道路交通 ITS 相关的项目。2001 年欧盟在其未来 10 年的交通政策白皮书《欧洲 2010 交通政策:决策的时刻》中纳入了 ITS 计划,提出实现 ITS 一体化市场的建议。2002 年 3 月 26 日伽利略计划由欧盟 15 国交通部长会议正式启动。2002 年约克市成为第一个成功使用城市交通管理和控制系统(UTMC)的城市,以满足经济有效的城市交通管理的需求,它使得 ITS 在功能体系上成了一种标准组件模式。2005—2009 年,为迎接 2012 年伦敦奥运会,伦敦交通局规划投入总额为 100 亿英镑的公共交通基础设施投资,在政府长期政策的支持下,伦敦已建成地上与地下、轨道交通与公路交通相交,集地铁、火车、轻轨、公共汽车、出租车于一体的立体化交通网络,并建立起了先进的智能交通系统。2008 年欧委会发布了欧洲 ITS 行动计划,2009 年欧委会委托欧洲标准化机构制定了一套欧盟层面统一的标准、规格和指南来支持合作性 ITS 体系的实施和部署。此后,欧委会于 2020 年公布《可持续与智能交通战略》,并提出一份由 82 项倡议组成的行动计划,以便切实推进绿色与智能交通建设,助推欧洲经济绿色增长。

与内容全面、包罗万象的美国 ITS 体系结构相比,欧盟 ITS 体系结构在内容上选取典型系统进行详细分析,并非以"全"为目的。欧盟 ITS 结构强调系统设计的战略性规划,而不是最终决定性规划,其核心是突出其在 ITS 规划和建设中的指导意义。

总体上来讲,欧盟 ITS 体系框架开发指导方法类似于美国框架,也采用面向过程方法,但其目标不是提供全面的 ITS 构成,而是示范给出创建某项 ITS 服务的体系框架所应采取的方法,以便用户根据需要进行相应体系框架的开发和扩展。

在实际构建过程中,欧盟 ITS 体系框架的用户服务、逻辑框架构建方法与美国类似,主要区别体现在物理框架的构建中。欧盟物理框架的构建有两种方法:基于用户需求的方法(the user needs method)、基于系统概念的方法(the system concept method),当用户需求明确时采用前者,反之采用后者。两种方法的主要步骤是一致的,即针对用户服务,结合实际提出物理系统，一个系统可以完成一项或多项用户服务，由用户服务与逻辑功能元素的对应关系而确定出物理系统所包含的逻辑功能元素组成，对其功能进行分类，原则上是按照功能实现地点进行，给出子系统，针对子系统中不同功能域的功能元素进行进一步细分，得到系统模块，同时也得到了框架流。

欧盟 ITS 体系结构也是从用户服务出发，针对系统模块进行组合得到具体可实施的系统，实际上此时的系统与美国框架中的市场具有一致性。在推出欧盟 ITS 体系结构后，欧盟各国如意大利、法国等在此基础上构建了适合本国国情的体系结构。

四、其他国家的 ITS 体系

在国际上，美国、欧洲和日本走在 ITS 研究和发展的前列。但是，韩国、新加坡、马来西亚和澳大利亚等地的 ITS 发展也初具规模。

韩国的光州市是 ITS 示范工程地点，耗资 100 亿韩元，其建设应用选取了交通感应信号系统、公交车乘客信息系统、动态线路引导系统、自动化管理系统、即时播报系统、电子收费系统、停车预报系统、动态测重系统和 ITS 中心共 9 项内容。

马来西亚 ITS 集中在多媒体超级走廊，从国油双峰塔开始，至雪邦新国际机场，达 750km^2。目标是利用兆位光纤网络，把多媒体资讯城、国际机场、新联邦首都等大型基础设施联系起来。

新加坡 ITS 建设集中在先进的城市交通管理系统方面，该系统除了具有传统功能，如信号控制、交通检测、交通诱导外，还包括用电子计费卡控制车流量。在高峰时段和拥挤路段还可以自动提高通行费，尽可能合理地控制道路的使用效率。

澳大利亚从事智能交通控制技术研究较早，其建设包括先进交通控制系统（SCATS）、远程信号控制系统（VicRoads）、微机交通控制系统（BLISS）、道路信号系统、车辆监控系统和公共信息服务系统等。最著名的最优自动适应交通控制系统（SCATS），在澳大利亚几乎所有的城市都有使用。在悉尼市，其能够控制悉尼市及其周围主干公路的 2200 多个路口和 3000 个交通信号，监控覆盖面积达 3600km^2。

授课视频

第三节 中国智能交通系统体系结构

一、建立智能交通系统体系结构的目的

ITS 体系结构是对 ITS 这一复杂大系统的整体描述。通过 ITS 体系结构来解释 ITS 中所包含的各个功能域及其子功能域之间的逻辑、物理构成和相互关系。同时，ITS 体系结构是我国 ITS 发展的纲领性和宏观指导性技术文件，是 ITS 实现的载体。ITS 体系结构描述了系统的基本组成及其相互关系。ITS 体系结构内一系列的定义构成，包括对系统与外界通信界面、系统功能以及包含系统功能的物理实体的定义。ITS 体系结构定义了实现特定用户服务的 ITS 所需功能，描述了这些功能赖以实现的硬件模型、各硬件系统间的界面和信息流以及承载这些信息流的通信媒体。

此外，为支持在全国范围内 ITS 的兼容性和互操作性，必须制定 ITS 领域的相关标准，而 ITS 体系结构的建立正是开展标准化工作的基础。建立 ITS 体系结构应避免对技术和系统

实现的考虑。如果 ITS 体系结构中对现有技术予以考虑，那么 ITS 体系结构将随技术的淘汰而变得过时。

ITS 是一个巨大的系统，它包括了众多的子系统，任何一个地理区域都不可能同时实施所有的 ITS 功能。例如，在一个城市中可能首先实施 ITS 的子系统之一——公交优先系统，在条件成熟后再实施先进交通控制系统，这样就存在不同子系统间相互配合和协调、子系统间的接口、数据传输以及子系统各自承担和实现什么样的 ITS 功能等问题。另一种情况是在同一城市中存在包含不同功能的交通控制系统，例如，在一个子区域实施功能较为简单的定时控制，而在另一个子区域实施先进的自适应控制，对于实施定时控制的系统，现阶段考虑与自适应控制系统的衔接还应为今后发展成先进自适应控制系统做好软/硬件的准备。ITS 体系结构的建立就是在同一地方不同时间开发的 ITS 子系统在 ITS 体系结构的统筹下有机地结合在一起；同时提供低级子系统向高级子系统的顺利升级，也是在同一时间不同地方开发的 ITS 子系统实现"无缝连接"，整合成一个更大的系统。

二、中国交通系统中 ITS 的引入

随着经济和技术的发展，单纯增加道路基础设施已不是解决交通运输紧张问题的唯一办法，在研究如何解决车和路之间矛盾的过程中，世界各国把越来越多的电子信息技术引入运输系统，不但有可能解决交通的拥堵问题，而且对交通安全、交通事故的处理与援救、客货运输管理、高速公路收费系统等方面都会产生巨大的影响，因此，经过不断加强研究、开发，并扩大试验的范围，智能交通系统应运而生。

中国早在 20 世纪 70 年代末就已经开始在交通运输和管理中应用电子信息技术，当时称为交通工程。在此后近 30 年的时间里，在中国政府的大力支持下，众多的专家学者、科研机构和企业在坚持自主开发的基础上，通过广泛的国际交流与合作，在 ITS 领域进行了深入的理论研究、产品开发研究和应用示范，并取得了一定的成果。一大批从事 ITS 研究开发的研究中心和生产企业，通过理论与实践相结合，正在迅速成长。

2001 年国家计划委员会制定的《"十五"综合交通体系发展规划》中明确提出"以市场经济为导向，以可持续发展为前提，建立客运快速化和货运物流化的智能型综合交通运输体系"的发展目标。ITS 第一次以国家文件的形式列入我国政府的发展规划。

1. 城市交通领域的 ITS 研究开发

1978 年，北京市在前三门大街自行开发了城市交通控制系统。1984 年开始，北京、上海等城市先后引进了国外先进的交通控制系统（如英国的 SCOOT 系统、澳大利亚的 SCAT 区域控制系统）。"七五"期间，我国又在南京自行研制开发了自适应交通信号控制系统。其后，我国在广州、天津、深圳、厦门等近 600 个城市建成了交通信号控制系统。目前，全国先后建立了 400 多个交通控制中心和交通指挥中心。

这些系统的建成，为监视和快速处理城市交通拥堵和突发事件发挥了重要作用；建立了驾驶人信息系统；开展了我国城市交通管理的智能化诱导技术研究，包括交通信息的采集、传输、处理和发布，城市交通的群体诱导和单车诱导试验研究；将数字地图的开发应用、GPS 的应用、单车诱导系统、公交调度指挥系统、报警救援系统等集成在一起，奠定了智能交通系统的基础。

2. 公路交通领域的 ITS 开发

积极开展高速公路监控系统和紧急事故救援系统的开发及应用，收费系统和不停车收费系统的研制及示范应用。目前，江苏、浙江、上海、广东、四川、辽宁、山东等省、直辖市已经开始建设高速公路联网收费系统、以公路运输为主的货运调度系统、车辆的辅助驾驶及自动驾驶系统等。

3. 铁路系统 ITS 的发展

"九五"以来，铁路信息化建设已取得阶段性成果，先后进行了铁路运输调度管理信息系统、全国铁路客票计算机发售预定系统的研究开发，通过科技攻关与工程建设紧密结合，建成了由铁道部客票中心、25 个地区客票中心、1700 多个车站售票系统组成的覆盖全国铁路的大型计算机网络客票发售和预定系统，它是世界上同类系统中最庞大的、最复杂的系统。实现了全国范围内的联网异地售票，日均发售量达 822 万张，高峰时达 1300 万张。发售的车票占全路票额的 85%以上，收入约占全路客票收入的 90%以上。全面实现了售票、退票、订票、计划、调度、计费、结账、统计、查询等相关业务的计算机管理，并提供了营销分析决策支持，提高了应付客运突发高峰的能力。这些 ITS 项目促进了运输效率的提高，并取得了巨大的经济效益。

4. 公共交通

"七五""八五"期间主要解决乘车难问题，"九五"期间以提高服务水平为主导，公共交通方面主要发展高速轨道交通、公交专用道，配以先进的通信设施和 GPS 设备。北京、上海先后建立了公交调度指挥系统。"十三五"期间以打造高效便捷、安全舒适、经济可靠、绿色低碳的工交系统为目标，不断满足人民群众的通行需求。

5. 逐步在交通枢纽建立综合运输货运信息系统和调度系统

自"十二五"以来，全国兴建了大量的综合交通枢纽，而随着经济的增长，交通枢纽的信息化建设越来越完善，如上海虹桥综合交通枢纽信息化管理系统，北京 T3 航站楼综合交通枢纽信息化管理系统等。

6. 分别组建了公路、城市交通及铁路 ITS 工程技术研究中心

这些机构进行 ITS 相关系统、产品的开发研制及推广应用。

三、中国 ITS 体系结构

我国政府高度重视 ITS 体系结构的相关工作，自 1999 年以来，国内 ITS 领域的权威科研机构和专家一直不懈地开展中国 ITS 体系结构的方法研究、工具开发和应用推广工作。2001 年科技部正式推出《中国智能交通系统体系框架》，解决 ITS 体系框架"从无到有"的问题。2002 年正式启动国家"十五"科技攻关计划 ITS 专项，设立了由国家智能交通系统工程技术研究中心承担的《智能交通系统体系框架及支持系统开发》项目，2005 年完成了《中国智能交通系统体系框架》（第 2 版），其在规范化、系统化、实用化等方面取得了实质性的进展。ITS 体系结构主要包括以下主要内容：

1）确定了我国智能交通系统的总体需求。
2）提出了我国智能交通系统的定义和总体的体系结构。
3）提出了我国智能交通系统的逻辑结构。
4）提出了我国智能交通系统的物理结构。

5)分析了我国智能交通系统中可能存在的标准问题,确定了我国智能交通系统标准化领域。

6)分析了各种运输方式在整个智能运输体系中应起到的作用,确定了各种运输方式和管理部门协调工作的方式。

7)我国智能交通系统的经济和技术评估。

表2-4为《中国智能交通系统体系框架》(第2版)中确定的我国目前ITS的体系结构。其基本情况如下:用户服务包括9个服务领域、43项服务、179项子服务;逻辑框架包括10个功能领域、57项功能、101项子功能、406个过程、161张数据流图;物理框架包括10个系统、38个子系统、150个系统模块、51张物理框架流图;应用系统包括58个应用系统。

表2-4 中国ITS体系结构的用户服务

服务领域	用户服务项目
1. 交通管理	(1) 交通动态信息监测 (2) 交通执法 (3) 交通控制 (4) 需求管理 (5) 交通事件管理 (6) 交通环境状况监测与控制 (7) 勤务管理 (8) 停车管理 (9) 非机动车、行人通行管理
2. 电子收费	电子收费
3. 交通信息服务	(1) 出行前信息服务 (2) 行驶中驾驶人信息服务 (3) 途中公共交通信息服务 (4) 途中出行者其他信息服务 (5) 路径诱导及导航 (6) 个性化信息服务
4. 智能公路与安全辅助驾驶	(1) 智能公路与车辆信息收集 (2) 安全辅助驾驶 (3) 自动驾驶 (4) 车队自动运行
5. 交通运输安全	(1) 紧急事件救援管理 (2) 运输安全管理 (3) 非机动车及行人安全管理 (4) 交叉口安全管理
6. 运营管理	(1) 运政管理 (2) 公交规划 (3) 公交运营管理 (4) 长途客运运营管理 (5) 轨道交通运营管理 (6) 出租车运营管理 (7) 一般货物运输管理 (8) 特种运输管理
7. 综合运输	(1) 客货运联运管理 (2) 旅客联运服务 (3) 货物联运服务

(续)

研究领域	用户服务项目
8. 交通基础设施管理	（1）交通基础设施维护 （2）路政管理 （3）施工区管理
9. ITS 数据管理	（1）数据接入与存储 （2）数据融合与处理 （3）数据交换与共享 （4）数据应用支持 （5）数据安全

四、中国 ITS 的特点

目前，我国在大力加强交通基础建设的同时，十分重视利用高新技术发展 21 世纪的中国交通运输业。而 ITS 正是 21 世纪中国交通运输的发展目标，也是中国经济发展的重要产业之一。

根据世界各国、地区建立 ITS 体系结构的趋势，我国建立 ITS 体系结构也采用结构化系统分析方法。中国作为发展中的一个大国，各地区的地理、人文、经济及交通基础设施都存在很大差异，造成我国的 ITS 具有许多与其他发达国家不同的特点，这些特殊性主要体现在以下方面。

1. ITS 与基础设施同步发展

发达国家与中国开发和应用 ITS 的条件不同。发达国家已经建成了四通八达的高速公路网，城市基础设施的建设基本完成，交通管理也比较完善。中国的交通基础设施正在大规模的建设之中，中国人均占有的高速公路里程与发达国家相比还有很大差距，因此，中国的高速公路建设还将持续相当长的时间。中国城市的基础设施也正处在建设时期，发达地区农村的城市化进程刚刚开始。这就提供了发展 ITS 的有利条件，即在我国道路基础设施建设的同时，将 ITS 的基础设施统一规划，同步建设。

2. ITS 的学习和创新特点

ITS 在发达国家已实施多年，积累了较丰富的经验。因此，中国 ITS 的发展应认真学习外国的经验。在国外已有成果和经验的基础上结合中国的交通状况的特点，规划和发展我国的 ITS，坚持发展适应中国特点的 ITS 事业。经过有针对性地引进外国的技术和产品，并且根据我国的国情进行再开发和创新，紧跟国际最新技术的发展，慎重选择技术路线，走创新和跨越发展的道路。

3. 分地区、分阶段的发展特点

中国不同地区的社会和经济发展水平以及技术水平不平衡，东、西部差距较大，交通基础设施水平差异也较大。这就决定了中国 ITS 的发展将是分地区、分阶段进行的。

4. ITS 产品近期应用的特点

正是由于中国的 ITS 与基础设施的建设同步进行，近期内中国使用 ITS 产品最大的用户将是基础设施建设的投资者，也就是说中国 ITS 的近期产品主要应用于基础设施建设。

5. 适应管理体制的特点

ITS 涉及的行业领域较多。因此，中国在发展 ITS 时应充分适应和体现管理体制的特点。

中国ITS的发展只有与管理体制相适应，才能使ITS通过交通运输系统与交通运输参与者信息交互，达到人、车、设施、环境、服务的整体协调运作。

6. 适合国情的ITS技术发展模式

中国ITS的技术发展模式必须从我国的国情出发，借鉴欧美和日本的成功经验，而不可一味照搬。因此，发展中国ITS技术的原则是：

1）跟踪世界高新技术的发展，及时掌握最新技术，慎重选择技术路线，大胆采用新技术。

2）中国ITS的技术发展应采用综合集成模式，即政府组织专家制定ITS的研究目标与规范，根据技术的发展及不同地区的市场需求，多层面地进行研究、开发，走产、学、研相结合的道路。

3）中国的ITS的技术发展要有选择、有步骤地对有共性的关键技术进行攻关，并紧密与工程实际相结合。

4）ITS技术攻关成果用于示范工程，解决交通所面临的关键问题，同时考核攻关成果的实际应用水平，以利于大规模推广，推动我国ITS产业发展。

5）ITS技术开发应在整体系统框架的指导下进行，注重各子系统的衔接。

五、中国发展ITS的推进机制

近年来，ITS的发展越来越被社会各界所重视，中国IT行业的很多企业被ITS巨大的高新技术市场所吸引，纷纷涉足ITS领域进行其产品的开发研制和推广应用。许多大学和研究机构纷纷组建ITS研究中心从事ITS的理论研究和产品研发。可见，中国ITS全面发展的时机已经成熟，但ITS作为一项系统工程，需要政府各有关部门、产业界及科研单位的协调行动和共同努力。1998年年初，为推动中国ITS的发展，科技部会同国家计委、经贸委、公安部、铁道部、交通部等十几个部、委、局联合建立了发展ITS的政府协调领导机构——全国智能运输协调领导小组及办公室，并成立了ITS专家咨询委员会。中国发展ITS的推进体制框架，如图2-8所示。

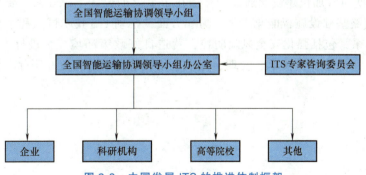

图2-8 中国发展ITS的推进体制框架

为了指导我国的ITS有序发展，全国智能运输协调领导小组办公室组织了全国ITS相关领域的一百多名专家研究制定了中国ITS框架，经过一年的努力已完成。该研究成果提出了适合中国交通业现状和发展趋势的ITS体系框架、逻辑结构，提出了中国ITS的规划和实施以及经济和技术的评估，并明确全国ITS的总体内容和各部分相互关系，明确了政府、企业和用户在 ITS 发展中所处的角色和应起的作用。

今后，中国 ITS 将在全国智能运输协调领导小组及办公室的直接领导下，通过政、产、学、研相结合的方式开展研究和推广应用。全国智能运输协调领导小组及办公室负责组织研究制定中国 ITS 发展的总体战略、技术政策、技术标准以及相关的扶持政策，积极支持有关部委、地方、企业及科研单位，根据行业、地区的特点开展 ITS 关键技术研究与应用示范，促进产业化，进一步推动和组织国际交流与合作，支持开展 ITS 教育与培训，并开展宣传与科普工作。

六、中国 ITS 开发的重点

中国 ITS 的开发应以以下方面为重点：

1）根据中国国情制定 ITS 的近期发展战略，以城市为中心，以交通干线为纽带，逐步将 ITS 联成网。

2）ITS 标准体系的研究和标准的制定。

3）道路交通综合管理，关键技术为交通事故管理技术、机动车信息管理技术、驾驶人档案信息管理技术及应用软件。

4）城市交通诱导系统，关键技术为城市快速环路及干道交通的诱导和监视、停车诱导技术和系统集成技术。

5）高速公路联网收费和不停车收费，关键技术为自动车辆识别技术、专用短程通信技术和收费系统安全技术。

6）智能控制和管理，关键技术为智能算法、交通事故自动识别和系统集成技术。

7）交通信息服务与车载路径导航系统，关键技术为交通信息采集与处理技术、交通信息发布技术。

8）货物运输信息化与提高商用车辆综合效率的管理系统，关键技术为货运信息系统、货物跟踪调度系统。

9）安全和事故预防系统。

"十四五"期间，加快建设交通强国被摆在了重要的位置。一方面，要加强自动驾驶技术研发，提升道路基础设施智能化水平；另一方面，推动 ITS 技术试点和示范应用，健全适应 ITS 的支持体系，包括强化安全风险防控，营造良好政策环境，推进标准规范体系建设。在产、学、研、用各方加强技术、管理、标准、伦理等方面的交流和国际合作，共同推进我国 ITS 的发展。

智能交通技术

第一节 通信技术

授课视频

一、通信网

通信网可由表示用户设备的端点和端点之间的传输路线或者由表示用户设备的端点和起交换作用的转接交换点及它们之间的连接路线组成。这些用户端点和转接交换点就称为结点。通信网中的结点分为终端结点和交换结点，终端结点是指各种终端设备，交换结点是指各种交换设备。这种通信网可以定义为由一定数量的结点和连接结点的传输链路相互有机地组合在一起，以实现两个或多个规定点间信息传输的通信体系。

通信网可以分为不同的种类，例如：按所传输的信号形式可以分为数字网和模拟网；按业务种类可分为电话网、电报网、数据网、传真网、广播电视网等。

按其服务范围可分为本地网、长途网和国际网等。

按运营方式可分为公用通信网和专用通信网，网络的基本机构和构成要素都是类似的。

1. 通信网的基本网络

通信网的基本机构主要有网络状、星状、复合型、总线状和环状五种。

（1）**网络状** 网络状的网内任何两个结点之间均有线路连接。当结点数增加时，传输链路数将迅速增大。

（2）**星状网** 星状网也称辐射网，将一个结点作为辐射点，该点与其他结点均有线路连接，这种网的辐射点就是转接交换中心。

（3）**复合型网** 复合型网由网络状的网和星状网复合而成，以星状网为基础，在业务量较大的转接交换中心区间采用网络状结构。

（4）**总线状网** 总线状网是将所有结点都连接在一个公共传输信道——总线上。

（5）**环状网** 环状网是将总线网的两个端点连接在一起而构成的。

通信网的五种基本机构各有其优缺点，因此有不同的适用范围。

2. 通信网的构成要素

通信网是由相互依存、相互制约的许多要素组成的有机整体，用于实现规定的功能。通信网在设备方面的构成要素是终端设备、传输链路和交换设备。为使全网协调合理地工作，还要有各种规定，如信令方案、各种协议、网络结构、路由方案、资费制度和质量标准等。终端设备是用户与通信网之间的接口设备，其主要作用是将待传送的信息和在传输链路上传送的信号进行相互交换，终端设备是信源、信宿和变换器与反变换器中的一部分。交换设备的基本功能是完成接入交换结点链路的汇集、转接接续和分配，实现一个呼叫终端（用户）

和它所要求的另一个或多个用户终端之间的路由选择的连接。

3. 通信网的传输链路方式

传输链路是信息传输电路或传输通道，它对应于通信系统构成模型中的信道及变换器部分。它不仅包含了具体的传输媒质，而且包含了发送设备和接收设备。传输链路方式是指传输链路中的信号变换及传递变换方式。传输媒质可以分为有线线路和无线线路，有线线路又有架空明线、电缆（包括对称电缆和同轴电缆）和光缆，无线线路可分为短波、微波和卫星。

目前，通信网中传输链路的实现方式主要有：

1）实现传输链路方式，即用于短距离、以模拟基带信号方式传输的链路。
2）频分载波传输链路方式。
3）电缆时分数字传输链路方式，主要是指脉冲、编码调制时分多路复用方式，即 PCM 传输方式。
4）光缆时分数字传输链路方式。
5）数字微波传输链路。

二、ITS 通信的范围

ITS 包括许多子系统，子系统之间相互联系，通信方式包括：有线广域通信、无线广域通信、专用短程通信和车与车之间的通信。

1. 广域通信

目前，因为商用数据网已经相当成熟，希望 ITS 的有线和无线广域网（WAN）能够利用商用数据网。通信网应采用开放的通信接口，且与其他开放通信网互联，即通信网的信息可以发送到另一个通信网，那么子系统之间的相互协调就会很方便。

（1）有线 WAN 通信　有线数据 WAN 通信系统将中心子系统与道路、远程访问及其子系统连接起来。通过与无线 WAN 互联工作，也可以将中心与车辆、中心与个人移动计算机连接起来。

（2）无线 WAN 通信　无线 WAN 通信系统可以是：单向系统（广播），如 FM 副载波或寻呼系统；或双向专用系统，如专用无线移动台（SMR）；或双向公用系统，如存储 SMR 登记许可的商用运行网（称为 E-SMR 技术），它由传统的蜂窝电话供应商提供包括蜂窝数字分组数据业务（PCS）等。在无线 WAN 中单向或双向形式都被支持以适应不同的应用。这一方法即可吸引早期开放的、使用成熟且低成本的单向数据业务（如寻呼技术及副载波），也支持向着功能更丰富的双向模式改进。

2. 专用短程通信

专用短程通信是在车辆与路边设备之间进行的无线通信。专用短程通信的服务包括：

1）停车系统。
2）车辆的收费系统。
3）商业车辆的路边服务。
4）固定路线的公交系统。
5）交通检测（使用收费设备）。
6）交叉路口防撞车系统（包括高速公路、铁路的交叉口）。

7）车载显示与驾驶人咨询。

路边专用短程通信设备为车载显示和驾驶人提供信息，包括低成本的固定信息，从交通管理子系统收到的动态信息，或由 DSRC 收集过往车辆的数据并经动态处理得到的信息。

3. 车辆间的通信

此通信模块表明相邻车辆之间可以直接通信。车辆间通信模块的配置对于一些先进的车辆控制系统是十分必要的，如高密度的无人驾驶车队的运行。（车辆间的通信，不应与基于车辆的传感信息相混淆，如用于防碰撞的传感信息就不涉及车辆间的通信。）

三、通信网的规划设计

通信网的规划设计一般要经过长远规划、可行性研究、初步设计和施工图设计等主要步骤。长远规划和可行性研究是工程的前期工作，初步设计和施工图设计是工程设计的两个阶段，当工程较复杂时，工程设计可分为初步设计、技术设计和施工图设计三个阶段。

1. 长远规划

长远规划是通信网建设中至关重要的技术经济问题，其作用是对通信网的长远建设方案提出决策性的指导意见，是编制通信发展计划、安排工程建设项目的基本依据之一。

2. 可行性研究

可行性研究是根据国民经济计划和通信发展的长远规划，对重大建设项目在技术上和经济上的合理性进行分析和论证，为编制和审批设计任务书提供可靠的依据。

3. 初步设计

初步设计是工程设计的关键步骤，它的主要任务是确定建设方案，决定重大技术措施，设备选型和编制工程概算。初步设计应依据经过批准的可行性研究报告、设计任务书及通信网发展规划、城乡建设规划和经济发展规划等进行。初步设计是进行施工图设计、控制工程建设质量和考核设计是否经济合理的依据。

4. 施工图设计

施工图设计是施工单位据以进行施工的文件，包括各项施工图和预算表格，施工操作中需注意的各项事宜尽量在图样中注明，施工图预算是确定工程预算造价等的依据。

5. 工程建设

当较复杂的工程按三阶段进行设计时，初步设计主要是确定项目的总规模、总投资和对建设规模与投资有重大影响的技术方案的选择。技术设计则应论述各个系统技术方案的选择、新旧设备的技术配备方案，并编制工程预算。技术设计是施工图设计的依据。

四、通信技术规划设计内容

ITS 通信网的规划设计，必须既能满足社会经济发展对交通建设的要求，又能符合通信技术的发展要求和通信技术标准，而且要经济合理。

ITS 通信网规划设计应包括以下主要内容。

1）社会需求调查和业务发展预测，其中包括话务量、话务流量、流向的调查和预测。通信业务预测是进行通信网规划设计的基础，应该根据通信业务由过去到现在发展变化的过程和规律，参照当前出现的各种可能性，通过定性和定量的科学的计算方法来分析和推测通信业务未来的发展方向、发展趋势和发展规律。通信业务预测主要包括用户预测、各局业务预测、局间业务预测。

通信业务预测的主要步骤：①进行调查，收集资料；②应对已掌握的资料进行初步预测分析，选择适当的预测方法；③建立预测分析模型进行预测；④综合分析，确定预测结果。

2）确定网络结构。通信网由终端设备结点、交换设备结点和传输链路组成。通信网设计的首要任务是确定众多的结点和传输链路之间的连接方式，也就是确定通信网的网络结构。必须根据通信网所涉及的范围，确定网络结构。

通信网络流量的设计，应该根据业务流量的预测和服务指标的要求确定交换设备和线路的容量，并对网内的流量进行合理的分配。进行网络流量设计必须首先掌握通信流量的特性、参数和网内流量的分析计算方法。

通信网的可靠性设计是要在满足给定的可靠性指标的条件下寻找最经济的网络结构。影响通信网可靠性的因素可以从构成网络的部件的可靠性、网络的拓扑结构、路由选择方式等方面考虑。在进行可靠性设计时，应尽量减少结点间的通信的转接次数，避免由此产生的传输质量低、可靠性下降问题。

3）设备、容量及选型设计。设备选择遵循的总原则是：应符合国家有关设备入网的相关标准和规定，选用符合国家有关技术标准的定型产品。

具体的选型原则是：技术先进性、实用性、可靠性、经济性及维护问题，同时还要考虑进网要求、信号调制方式等。

用户环路将用户终端连接到交换局的配线架。用户线路一般由主干线路、配线线路和用户引入线三部分组成。用户线路网一般采用树状结构。对用户线路网的基本要求是具有通用性、稳定性、整体性和隐蔽性。

4）编号规划。

5）计费方式。

6）信号发射。其中包括接口及配合方式。

7）工程经费和投资预算。

8）数字网的同步。数字网同步是实现数字网的一项重要技术问题，是传输和交换设备的工作能够协调的关键，它的主要任务是：使来自其他交换局的群数字流的帧与本局的帧建立并保持同步；将各局的时钟频率进行同步，以减少各交换局因频差引起的滑动。

数字网同步的方式主要有准同步方式、主从同步方式、互同步方式。

在智能交通系统中，通信系统是一个不可缺少的组成部分。在设计的过程中，在确定通信网的网络结构时，应尽量利用公用网，不能利用公用网才考虑自建专用网。如果租用公用网，可能有很多可行的实施方案，必须对各种方案进行综合比较，最后选择最佳的通信网方案进行工程实施。

五、移动通信系统工程的实施

移动通信系统工程的实施主要包括方案可行性研究、移动通信制式及无线电路设计、施工设计、安装调试及开通验收四个过程。系统设计人员应根据建设发展规划，考虑用户的基本要求，按照一定的程序进行设计。

1. 用户的基本要求

（1）**用途**　确定是公用还专用，如果多个部门共建一个移动通信网，宜采用集群移动通信系统，共用一个控制中心、基站及频道，但控制中心应分别接到每个部门的用户交换机上，每个部门设立自己的调度分台。

（2）**业务种类** 如果属于调度通信网或以调度业务为主的通信网，应采用集群移动通信系统并按调度业务的要求及传输标准进行设计。如果主要用于电话业务，则应采用中小容量自动拨号无线电话系统并按其技术体制要求设计。如果数据业务量不大，可以不设专用数据信道并按电话或调度业务的要求设计覆盖区；如果数据业务量大，可能要考虑分配专用数据信道，并选择适当的传输速率。

（3）**工作方式** 根据用户需求和通信技术发展而采取不同的通信方式，具体包括 GSM、COMA、CDPO、集群等方式。

（4）**系统容量** 根据用户拟控制移动载体数量和功能而确定其容量。

（5）**覆盖范围** 根据用户部门所需控制范围区域确定其覆盖范围。包括基站设置、基站容量计算及覆盖区预算，根据服务区的要求建立独立网、联网或小区域网。

（6）**服务质量** 服务质量包括无线频道呼损率、信号质量、通信概率及成功呼叫率。

（7）**传播环境** 传播环境包括地形、地貌特征及环境噪声。

（8）**设备要求** 设备要求主要指功能、体积、质量及样式等。

（9）**与公用网的关系** 如果当地已建公用移动通信网，应尽量利用公用移动网，而不必再建专用网。为此着重研究下面问题：用户数及其分布、服务区大小及需建基站数、通信质量、经济效益、维护条件、频率资源。所遵循的原则是首先尽量利用公用移动网，其次是多部门共建一个专用网，第三才是考虑自建专用网。

2. 设计步骤

1）经济评估。根据用户要求规模做出投资预算，将需要与可能结合起来，使投资得到合理的安排。

2）勘察传播环境和选择无线基站的站址。

3）确定系统容量与业务量。

4）合理选择工作频段。

5）系统制式考虑。制式设计应考虑的主要内容有工作方式、工作频段、网络结构、接口和信号方式、编号计划、业务区的区域组成、调制方式、发射的标志、无线频道选择方式、话音质量、传输损耗及其分配、设计话务量、无线频道或电路呼损率、通信概率、成功呼叫概率、同波道干扰概率以及设备进网技术要求。

6）无线电路设计。在满足覆盖范围、通话质量和通信概率等用户要求的基础上，根据传播环境选择相应的传播模式进行传播预测，以确定系统的工作参数。

7）现场测试。

8）设备选型。

9）施工设计。

10）系统安装调试、核对并交付使用。

3. 中继线路

中继线路可采用电缆、光缆、数字微波中继线或特高频中继线路。一般所需线路数不多，宜采用与其他通信业务共用或租用邮电线路。尤其在选择中心位置及多基点的站址时，应考虑共用或租用中继线路的可能。

授课视频

第二节 计算机网络

一、计算机网络定义

计算机网络是计算机之间连接的一种途径，计算机可以利用这种连接关系相互通信，达到资源共享的目的。虽然人们给计算机网络下过各种各样的定义，但其核心只有一个，即计算机网络是"一个互相连接起来的、独立自治的计算机群"，那么，究竟什么是计算机网络的确切定义呢？

将地理上分散的且具有独立功能的多台计算机，通过通信设备和线路按不同的拓扑结构连接起来，且以功能完善的网络软件（网络协议、信息交换方式及网络操作系统）实现网络资源共享的系统，称为计算机网络系统。

"地理上分散"是个相对的概念，可以小到一间房内，也可大至全球范围内。

"独立功能的多台计算机"是指在网络中计算机都是独立的，没有主从关系，一台计算机不能启动、停止或控制另一台计算机的运行。

"通信设备"是在计算机和通信线路之间按照一定的通信协议传输数据的设备，它可以是一台专用计算机，也可以是一块通信接口板，即指通信介质，它可以是有线的（如双绞线、同轴电缆和光纤等），也可以是无线的（如微波和通信卫星等）。

"资源共享"是指在网络中的每台计算机都可以使用系统中的硬件、软件和数据等资源。

从上面给计算机网络所下的定义和解释中不难看出，计算机网络是计算机技术和通信技术紧密结合的产物。它不仅使计算机的作用范围超越了地理位置的限制，而且也大大加强了计算机本身的威力。计算机网络具有单台计算机所不具备的下述功能和特点。

（1）**能实现信息的快速传输和集中处理** 终端与计算机之间、计算机与计算机之间，能快速、可靠地相互传输数据和程序信息，根据需要可以对这些信息进行分散、分级或集中管理和处理，这是计算机网络最基本的功能。例如民航的自动订票系统、政府的计划统计系统、银行结算系统、气象数据收集系统等。

（2）**能实现计算机系统资源的共享** 因为计算机系统的许多资源是非常昂贵的，所以充分利用计算机系统资源是组建计算机网络的主要目标之一。例如，海量磁盘存储器、大型数据库、应用软件及某些特殊的外部设备等早期的资源共享主要是共享硬件设备，而现在的资源共享除共享硬件设备外，主要是共享数据和软件。例如，某些专用处理程序在某处研制好以后可供别处调用，或用来处理别处送来的数据，然后再将结果送回原处，在少数地点设置的数据库可给全网提供服务；一些具有特殊功能的计算机和外部设备可以面向全网。资源共享使计算机的处理能力大大加强，数据处理的平均费用也大大下降。

（3）**能提高计算机的可靠性及可用性** 在单机使用的情况下，如没有备用机，则计算机有故障便引起停机。如有备用机，则费用会大为增高。当计算机连成网络后，各计算机可以通过网络互为后备，当某一处计算机发生故障时，可由别处的计算机代为处理，还可以在网络的结点上设置一定的备用设备，起全网公用后备的作用。这种计算机网络能起提高可靠性及可用性的作用，正像许多发电厂连成电力系统后能提高供电可靠性及保证不间断供电的作用一样。特别是在地理分布很广且具有实时性管理和不间断运行的系统中，建立计算机网络便可保障更高的可靠性和可用性。

（4）**能均衡负载，互相协作** 当某个主计算机（简称主机）的计算任务很重时，可通过网络将某些任务传送给空间的主机去处理。不少计算机网络具有这种功能。这就使得整个网络资源能互相协作，以免网络中的计算机忙闲不均，既影响任务又不能充分利用计算机资源。

（5）**能进行分布处理** 在计算机网络中，用户可根据问题的性质和要求选择网内最合适的资源来处理，以便使问题迅速而经济地被解决。对于综合性的大型网络可以采用合适的算法将任务分布到不同计算机上进行分布处理。各计算机连成网络也有利于共同协作进行重大科研课题的开发研究。利用网络技术还可以将许多小型机或微型机连成有高性能的分布式计算机系统，使它具有解决复杂问题的能力，而费用也大为降低。

（6）**能实现差错信息的重发** 这样就为用户提供了优化的通信。

（7）**能提高性价比** 易于扩充，便于维护。

计算机组成网络后，虽然增加了通信费用，但明显提高了性价比，降低了维护费用，因此系统易于扩充。

计算机网络的以上功能和特点使得它在社会生活的各个领域得到了广泛应用。

二、计算机网络的发展

计算机网络的发展经历了一个从简单到复杂的过程，从为解决远程计算信息的收集和处理而形成的联机系统开始，发展到以资源共享为目的而互联起来的计算机群。计算机网络的发展又促进了计算机技术和通信技术的发展，使之渗透到社会生活的各个领域。其发展过程可归结为以下 6 个主要阶段。

1. 具有通信功能的单机系统

早期的计算机价格昂贵，是一种稀缺资源，只有为数不多的计算中心才拥有这种资源，使得计算机的用户需到计算中心去上机。这样，除了花费大量的人力物力外，还无法及时处理一些实时性很强的信息。为了解决这个问题，在计算机内部增加了通信功能，即把远程的输入/输出设备通过通信线路直接和计算机主机相连。这样，用户在终端输入信息的同时，主机就可为其处理信息，最后再将处理结果通过通信线路回送给远程用户。这样的系统称为具有通信功能的单机系统。计算机的这种联机工作方式，提高了计算机系统的工作效率和服务能力，同时也促进了计算机技术和通信技术的结合与发展。

2. 具有通信功能的多机系统

上面所述的单机系统在终端方面存在两个明显的缺点：

一是由于主机既要承担数据处理任务又要完成通信任务，造成自身负荷过重，当通信量很大时几乎没有时间处理数据。

二是通信线路利用率低，特别是在终端远离主机时更为明显。

针对以上两个缺点采取以下措施：

1）为主机配备前端处理机，负责通信机能集中更多的时间去处理数据。

2）在终端较为集中的区域设置线路集中器，把大量终端通过低速线路连到集中器上，经由集中器按一定格式将终端信息汇总，再通过集中器连接到主机的高速线路把信息传到主机。

配备了前端处理机和集中器的系统就是具有通信功能的多机系统。其中前端处理机和集中器均采用小型机。由于小型机具有一定的内存和运算速度,除完成通信任务外还可负责通信处理、信息压缩和代码转换,从而大大地减轻了主机的负担。这种多机系统已具备了计算机网络的雏形。

3. 计算机通信网络

随着计算机应用的发展和计算机硬件价格的下降,一个部门或一个大的公司常拥有多台计算机系统,这些机器有可能分布在不同的地区,它们之间经常需要进行信息交换。对于大的公司,其处于远地的子公司由于业务关系也需要将其局部地区的信息汇总送给总公司的主机系统,供有关人员使用。这种以传输信息为主要目的的且用通信线路将主机系统连接起来的计算机群,称为计算机通信网络。它是计算机网络的低级形式。

在计算机通信网络中,用户把整个通信网看作若干个功能不同的计算机系统的集合。用户为了访问这些资源,首先需要了解网络中是否有所需的资源。用户若需要用某文件,需了解该文件在哪个子系统中,然后才能到该子系统中调用某文件,而到别的子系统中是调不到某文件的。因此,计算机通信网络的特点是用户不需要具体了解所有计算机的资源情况。在计算机通信网络中,各个计算机子系统相对独立,形成一个松散耦合的大系统。

4. 计算机网络

随着计算机通信网络的发展和广泛应用,通信网络用户对网络提出了更高的要求,即希望共享网内计算机系统资源或调用网内几个计算机系统共同完成某项工作,这就形成了以共享资源为主要目的的计算机网络。为了实现这个目的,除要有可靠且有效的计算机和通信系统外,还要求制定一套全网共同遵守的规则(网络协议)和配备网络操作系统(网络操作系统负责网络管理和维护),使得用户使用网中的资源能像使用本机资源一样方便。

在计算机网络中,用户把整个网络看成一个大的计算机系统,用户无须知道所要的数据、文件等资源在哪个子系统中,而由网络操作系统去完成这些任务,因而计算机网络的特点是通过网络操作系统实现资源共享,这种网络称为计算机局部区域网络(局域网)。

随着大规模集成电路和微型计算机技术的迅猛发展,计算机的硬件价格越来越低,性能越来越高。当前的高档微机已超过了许多小型机的水平。一个单位内拥有多台微机已是普遍现象。随着计算机的普及,计算机的应用领域和应用水平也逐步得到扩大和提高,特别是在办公自动化领域。目前已到了信息化时代,单位内部要处理和交流的信息越来越多。因此,在一个单位内部将计算机连成网络,共享单位内的各种资源的需求推动了计算机局域网的产生和发展。

5. 计算机局域网

局域网是在计算机网络(广域网)的基础上发展起来的,广域网的很多技术也在局域网中得到应用。它们除了覆盖的地理范围不同外,通信子网的实现技术也有很大差别。可以给局域网下一个并不十分严格的定义,即局域网是在有限的地理范围内具有高数据传输率、低误码率和低延迟的物理传输信道,且为一个部门或几个部门共同拥有的一种计算机网络。最早的局域网是由美国的 Xerox、DEC 和 Intel 三家公司于 1979 年推出的以 CSMA/CD 介质访问技术为基础的 Ethernet 网络产品,它后来成为局域网的技术标准之一。目前,局域网产品已有几百种。

6. 计算机网际网（互联网）

在当今信息化的社会中，局域网已经不能满足日益增长的需求，人们迫切希望实现不同网络的互联。例如在国际贸易中的电子数据交换（EDI）系统中，所有的贸易业务往来都由网络来完成（称之为"电子贸易"）。因此，要想成为国际贸易伙伴就必须拥有EDI。可见，网络互联和建立全球性的信息网络是当今网络技术的特点。互联网的传输介质可采用光纤、微波和卫星等，传输信号可直接采用数字信号。Internet是互联网的典型例子。它是由数千个网络松散耦合而成的，目前已连接了数千万台计算机。在Internet上的网络用户采用一种一致的方式互相交换数据。随着新应用的不断增加，Internet的规模也在迅速增长。

网络互联技术的发展，带来了许多亟待解决的问题，如多网的互联技术、网络安全和保密、远程通信的传输速率、互联网的维护和管理等。

三、计算机网络的构成及分类

1. 计算机网络的构成

计算机网络是由计算机系统、通信链路和网络结点组成的计算机群，它是计算机技术和通信技术紧密结合的产物，承担数据处理和数据通信两类工作。图 3-1 说明了计算机网络的构成。从逻辑上看，计算机网络可分成资源子网和通信子网两部分。用户通过主机终端访问网络。

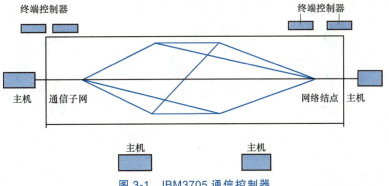

图 3-1　IBM3705 通信控制器

（1）**资源子网**　资源子网由计算机系统、终端控制器和终端组成，其功能是提供访问网络和数据的能力。

计算机（主机）可以是微型机（局域网中）、小型机、中型机和大型机。通常在主机中备有用户访问的数据库等主要资源。通过高速线路和通信子网的结点机（网络结点）相连，终端控制器对一组终端进行控制，负责链路管理装拆信息等工作。有些终端控制器可不经主机直接与网络结点机相连，如 IBM3705 通信控制器，既可以作为一个终端控制器，也可以用作网络结点。

终端是用户入网的接口，如电传打字机、键盘、显示器等。智能终端带有微处理机，它除了提供输入、输出信息的功能外，还具有存储与处理信息的能力。

（2）**通信子网**　通信子网由网络结点、通信链路和信号转换设备组成。它提供网络通信的功能。

网络结点既是与资源子网接口的结点，又是转发信息到其他结点的转发结点。资源子网接口结点负责管理和收发本地主机发来的信息，而转发结点为远程结点送来的信息选择一条合适的链路转发出去，所以说网络结点具有双重作用。此外，网络结点还要依赖软件完成诸如避免网络拥挤和有效使用网络资源等功能。网络结点通常是通信控制处理机，也称通信处理机。它是一种在数据通信系统和计算机网络中负责网络控制功能的专用计算机，一般用小型机和微型机附加多路通信控制器结构。按功能和用途的不同，可分为前端处理机、转接处理机、智能集中器等类型。

通信链路是两个结点之间的通信通道，用作通信链路的介质有架空明线、双绞线、同轴电缆、无线电、微波、光纤和卫星等。

信号转换器（调制解调器）在数字信号与模拟信号之间进行信号转换。例如电话线路只能传输模拟信号，而网络结点只能接收数字信号，这时需要在传输线路和结点之间设置信号转换器。

通信子网可以构建成多种不同的拓扑结构。按照通信信道的类型，可将通信子网分为点到点通信子网和广播式通信子网两种类型。下面讨论通信子网的拓扑结构。

1) 点到点信道通信子网。通信子网的每一条信道都连接着一对网络结点。如果网中任何两个结点之间没有直接相连的信道，则它们之间的通信必须通过其他中间结点。在信息（报文）传输过程中，每个结点把所收到的信息存储起来，直到所请求的输出线空闲时，再转发至下一个结点。这样的信道称为点到点信道。采用这种传输方式的通信子网也称转发式子网，如图 3-2 所示，点到点子网有以下拓扑结构。

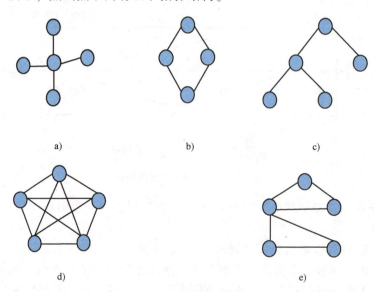

图 3-2 通信子网拓扑结构

a）星状　b）环状　c）树状　d）规则网状　e）随机网状

① 星状：网中存在一个中心结点，任何两个结点之间的通信都要经过中心结点。这种拓扑结构简单，容易建网，便于管理，但通信线路总长度较长，成本高，且对中心结点的可靠性要求高，一旦中心结点出故障就会引起全网的瘫痪。

② 环状：网中各个结点连成网状，数据信息沿着一个方向传送，通过各中间结点的存储转发，最后达到目的结点。这种拓扑结构简单，总路径长度较短，延迟时间固定。但可行

性低，网中任意一个结点出故障都将破坏全网的通信。

③ 树状：网中各结点按层次进行连接，处于层次较高的结点，其可靠性要求高，这种拓扑结构比较复杂，但总路径长度较短，成本较低，容易拓展，适于需要进行分层管理的场合。

④ 网状：分为规则网状和随机网状。这种结构的最大优点是可靠性高，一个结点可以取到若干条路径到达另一个结点。但通信线路长，成本高，需要有一定的路由选择算法来控制信息的传输。

2) 广播信道通信子网。在广播信道通信子网中，所有结点共享一条通信信道，每个网络结点发送的信息，网中所有的结点都可以接收，但只有目的地址是本结点地址的信息才被结点接收下来，广播式通信子网有以下结构，如图3-3所示。

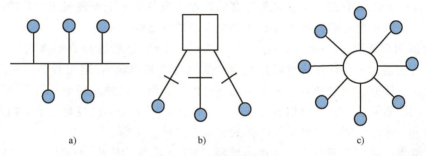

图 3-3 广播式通信子网
a) 总线状 b) 卫星或地面无线电广播通信子网 c) 环状

① 总线状：网中各结点连在同一条总线上，任一时刻，只允许一个结点占用总线，且只能由该结点发送信息，其他结点处于封锁发送状态，但允许接收。因此必须有一个控制机构来解决两个以上结点同时发送的冲突问题。

② 卫星或地面无线电广播通信子网：网中所有结点计算机共享通信信道，任一结点计算机发送的信息，通过广播可被其他结点收到。

③ 环状：与点到点的环网类似，信息单向传送，但采用的通信控制方式不同。点到点环网中每个中间结点仅当收到了整个信息才将其转发出去，因此每一段可同时传送不同信息，广播式环网中被传送信息的每一位在环上都独立地循环一周，经过每一中间结点延迟时间短（通常只有一位），循环一周的时间由各结点延迟和各段链路的延迟决定。

一般而言，范围较广的远程网络拓扑结构主要受到计算机地理分布的影响，大多数采用随机网状，如美国的APRA网，其中任一结点或链路故障不会给网络其他结点的通信带来破坏性的影响。此外，远程网也可采用无线电通信子网，如夏威夷群岛的ALOHA网。由于卫星通信在现代通信中具有明显的优点，它在未来的远程网中有着广阔的发展前景。局域网往往采用对称拓扑结构，如星状、环状、树状和总线状，随着局域网络的发展，其拓扑结构逐渐趋向规范化，总线状和环状拓扑已成为当前局域网的主要形式。此外，局域网也采用组合型拓扑结构（如总线状和星状做好的星状菊花链结构）。

2. 计算机网络的分类

计算机网络的种类很多，可有各种不同的分类方法。如可按照计算机网络的归属把它分为专用网（一个或几个部门所有）和公共数据网（国家或全球性网）。也可按网络中采用的信息交换方式把它分为电路交换网、分组交换网和综合式业务数字网。有时为了突出计算机网络某个方面的特点，采用不同的分类方法。例如，光纤网突出了它的传输介质是光纤，基带网突出了它在介质上传送的是基带信号，其他如总线网、环状网、异构网和同构网等都分别突出了网络的拓扑结构和组成网络的计算机的类型的异同。但最常见的分类方法还是按照系统内计算机（处理机）之间的耦合程度和覆盖范围进行分类。这种分类方法能够把多处理机系统和计算机网络放在一起，将计算机网分为多处理机系统、计算机局域网和计算机广域网。

（1）**多处理机系统** 多处理机系统是紧密耦合型系统。将多个处理机固定在一块印制电路板上或一个机柜内，通过高速并行总线或矩阵开关网络将多个处理机、存储器连接在一起，通常在一个操作系统的控制下，实现系统内不同作业或进程的并行操作，共享系统内的存储器。这样的系统具有速度快、可靠性高的特点。当其中某个处理机出现故障时，它的功能可转给其他处理机来完成，从而提高了整个系统的可靠性。

（2）**计算机局域网**（local area network，LAN） LAN是松散耦合型系统，网中各计算机由通信信道相连，一台计算机可以把其他计算机看成某个输入/输出设备，从而在计算机系统间实现信息传输，用这种方法来共享局域网内的资源。在局域网中，每台计算机都有自己的操作系统，联网的计算机可以分布在一个房间内、一个大楼内或是一个部门内。由于其连接距离较近，计算机间一般都采用广播式通信进行信息传输。

就系统覆盖的地理范围而言，高速局域网（HSLN）和计算机交换机（CBX）也可归入局域网的范畴。高速局域网通常限制在一个计算机房内，主要用于主机与大容量存储器之间的高速数据传输。因此，要求有高速的通信接口，一般不低于50Mbit/s。信道的距离不能太远，网络上的设备数也受限制，一般为10台左右。

CBX是在小型电话交换机的基础上发展起来的，既能处理声音链接，又能处理数据链接。各种计算机和需要进行数据交换的设备都通过双绞线连接到CBX上，形成星状拓扑结构，采用点到点的通信方式。CBX可以和终端、计算机、局域网、广域网进行互联。由于其灵活的互联方式，能较方便地与广域网互联，于是CBX的应用越来越普遍。

（3）**计算机广域网**（wide area network，WAN） WAN是松散耦合型系统，计算机之间的信息传输都是通过输入/输出通信控制设备和通信信道进行的，但其覆盖范围远大于局域网，通常可以覆盖一个城市、一个省区、一个国家、一个州，甚至覆盖全球。通常把覆盖一个城市的广域网称为城域网，有时也将它作为局域网的一种来讨论。覆盖全球的网络一般就是网际网，如Internet。目前广域网的数据传输率较低，一般从数百比特每秒到数千比特每秒。

随着网络通信技术的发展，将很快或已经冲破原有的局限。例如，商业化的FDDI网络的传输速率已达到100Mbit/s，覆盖范围也超过了10km。因此，分类标准也会随之变化。

第三节 传感器技术

授课视频

一、传感器的涵义及组成

国家标准（GB/T 7665—2005）对传感器的定义是：能感受被测量，并按照一定的规律转换成可用输出信号的器件或装置，通常由敏感元件和转换元件组成。

传感器的涵义有广义和狭义之分。广义的传感器是指能感知某一物理量（或化学量、生物量）的信息，并能将它转化为有用信息的装置。狭义的传感器是指能将各种非电量转化成电信号的部件。这是因为电信号是最适合传输、转换处理和定量运算的物理量。特别是在电子计算机作为处理信号的基本工具的时代，人们总是力图把各种被测量通过传感器最终转换成电信号进行处理。在大多数情况下，传感器是指狭义的传感器。

在现代化科学技术的发展过程中，非电量（如压力、力矩、应变、位移、速度、流量、液位等）的测量技术（传感技术）已经成为各领域的重要组成部分，但传感技术最主要的应用领域是自动检测和自动控制，它将诸如温度、压力、流量等参量转化为电量，然后通过电的方法进行测量和控制。因此，传感器一种获得信息的手段，它获得的信息正确与否，关系到整个测量系统的精度。

传感器一般是利用物理、化学、生物等学科的某些反应或原理，按照一定的制造工艺研制出来的。因此，传感器的组成将随不同的情况而有较大差异。但是，总体来说，传感器由敏感元件、传感元件和其他辅助部件组成，如图 3-4 所示。

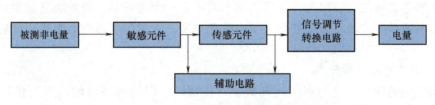

图 3-4　传感器组成框图

敏感元件直接感受非电量，并将感受到的非电量按一定规律转换成与被测量有确定关系的其他量（一般仍为非电量）。例如应变式电压传感器的弹性膜片，就是敏感元件，它的作用是将压力转换为膜片的变形。

传感元件又称变换器，一般情况下，它不直接感受被测量而是将敏感元件输出的量转换成为电量输出。例如应力式压力传感器的应变片，它的作用是将弹性膜片的变形转换成电阻值的变化，电阻应变片就是传感元件。

这种划分并无严格的界限，并不是所有的传感器都必须包含敏感元件和传感元件。如果敏感元件直接输出的是电量，它同时兼为传感元件，如压电晶体、热敏电阻、光电器件等。

信号调节转换电路一般是指把传感元件输出的电信号转换成为便于显示、记录、处理和控制的有用信号的电路。信号调节转换电路的选择要视传感元件的类型而定，常用的电路有弱信号放大器、电桥、振荡器、阻抗变换器等。辅助电路通常包括电源，有些传感器系统采用电池供电。

二、传感器分类

传感器一般是根据物理学、化学、生物学等特性、规律和效应设计而成的。由某一原理设计的传感器可以同时测量多种非电量，而有时一种非电量又可用几种不同的传感器测量，因此传感器的分类方法有很多。

1. 按输入的物理量分类

按输入物理量的性质进行分类，如速度传感器、温度传感器、位移传感器、压力传感器等。这种分类方法是按输入物理量命名的。其优点是比较明确地表达了传感器的用途，便于使用者根据其用途选择使用。但是这种分类方法是将原理互不相同的传感器归为一类，很难辨别每种传感器在转换机理上的共性和差异。

2. 按工作原理分类

这种分类方法是根据工作原理，将物理和化学等学科原理、规律和效应作为分类依据，如电压式、电热式、电阻式、光电式和电感式等。

这种分类方法的优点是对于传感器的工作原理比较清楚，类别少，利于对传感器进行深入分析和研究。

3. 按能量的关系分类

根据能量的关系分类，可将传感器分为有源传感器和无源传感器。

有源传感器将非电能量转换为电能量，称为能量转换器传感器。通常配合有电压测量电路和放大器，这类传感器有电压式、电热式和电磁式等。

无源传感器又称能量控制型传感器。它本身不是一个传感器，被测非电量仅对传感器中的能量起控制或调节作用，因此它们必须有辅助电源，这类传感器有电阻式、电容式和电感式等。

4. 按输出信号的性质分类

按输出信号的性质可分为模拟式和数字式传感器，即传感器的输出量为模拟量或数字量。数字式传感器便于与计算机联用，且抗干扰性强，如盘式压力传感器、光栅传感器等。

三、ITS 常用的传感器

ITS 是一个汇集了众多高科技的大系统，传感器技术是其中一个重要的组成部分。

1. ITS 常用传感器的种类

（1）**磁性传感器** 磁性传感器主要根据磁性物理量的变化情况，通过对磁性标记的反应，来测量有关的物理量。例如通过对埋设在路面的磁钉和镶嵌在汽车底盘的磁性传感器相互作用力大小的测量，可以测出车辆对于车道中心的偏移。

（2）**图像传感器** 图像传感器主要是指有关的图像处理设备，用于辨别道路的标线、检测前后的车辆和道路上的障碍物等。例如 CCD 摄像机就是一种图像传感器，它将拍摄到的图像传输到图像处理中心，经过处理后，可得到车辆偏离程度和与前面车辆的距离等数据。CCD 摄像机采用电荷耦合器件（CCD），以电荷作为信号，不像其他大多数传感器件那样以电流和电压为信号。CCD 彩色摄像机有寿命长、能够经受强光照射而不被破坏、工作电压低、不怕振动、体积小、重量轻、使用方便等特点，因而在 ITS 中使用越来越广泛。

（3）**雷达检测器** 雷达检测器是根据多普勒效应的原理工作的。它是由安装在车上或道路上的检测器发射一微波束，当遇到车辆或其他障碍时，波束反射回天线，利用车辆进入检测区和离开检测区时所产生的两个脉冲，即可换算成所需的交通参数，如车速、交通量等。

（4）**超声波传感器** 超声波传感器的工作原理是：首先由传感器发射一束能量到检测区，然后接收反射回来的能量束，通过有关的换能装置，将能量束转换成所需的数据，依据此数据判别被检测物是否存在或与传感器的相对位置等。

(5) **红外传感器** 红外传感器通过接收来自待测目标的红外辐射,实现所需数据的监测。

2. ITS常用传感器的应用

上述传感器主要应用于以下方面。

(1) **车辆检测** 车辆检测传感器用来检测车辆的存在或通过。这类传感器分成以下三大类:

1) 磁频车辆检测器。磁频车辆检测器包括感应(环状)线圈检测器、磁性检测器、地磁检测器、微状线圈检测器、磁成像检测器和摩擦电检测器等。如目前使用最广泛的环状线圈车辆检测器,通过流过线圈的电流产生磁场,车辆在上面通过时金属部件干扰磁场,由检测器的电子装置测量出这种变化,从而检测出车辆存在或通过。通过多组环状线圈检测器的输出信号可以确定车道占有率、速度和交通量等参数。

2) 波频车辆检测器。波频车辆检测器包括雷达(微波)检测器、超声波检测器、光电检测器和红外检测器等。

3) 视频车辆检测器。这种检测器实际是由车辆检测技术、摄像机和计算机图像处理技术结合而构成的视频车辆检测系统。这是更先进的车辆检测技术。

(2) **车辆识别和分类** 感应线圈、无线地磁和视频车辆检测系统等用于车辆检测的传感器也可以应用于车辆的识别和分类。另外,用于车辆识别的传感器还有光学式传感器和平面音感微波式传感器等。

(3) **车辆控制** 车辆传感器有控制车辆运行、驾驶状态操纵、检测车辆运动和异常状态监控等作用。

1) 车辆运行控制系统包括变速器、发动机、驱动力矩、转向控制等用途的传感器,以控制车辆的运行。

2) 驾驶操纵控制系统包括加速、制动等传感器,用以检测操纵系统和完成驾驶人的操纵意志。

3) 车辆运动控制系统包括车速、加速度、角速度、减速度等传感器,用以检测各种车辆的控制输入,也是辅助驾驶系统和各种信息提供辅助系统的重要组成部分。

4) 异常状态检测系统包括单侧车轮制动状态、燃油残留量、轮胎气压等的传感器。

(4) **环境信息检测** 这类传感器主要利用超声波、电波、光波等原理制成,用来检测车辆周围的车辆、行人、障碍物、路面形状和路面湿润状况等各种情况。其中,检测车辆周围环境和障碍物的激光传感器和磁性传感器是比较重要的两种传感器,是进行图像处理的基础。

(5) **危险驾驶警告** 危险驾驶主要是指当驾驶人处于瞌睡、过度疲劳时,容易引起交通事故。其中瞌睡直接导致的交通事故很多。因此实时检查驾驶人的异常状况并加以防止是非常重要的。判断驾驶人是否瞌睡时,通常利用传感器检测驾驶人的眼球运动、体温、脑电波、皮肤电位、心跳等来确定。

四、地磁车辆检测

基于视频图像识别方法成本较高,实时性较差;声波检测常有较大干扰,识别率也较低;感应线圈由于道路施工频繁,线圈完好率较低,维护费用较高。而地磁车辆检测以检测精度高,具有自适应、自学习能力,适应各种复杂天气,抗干扰性强,工作稳定可靠,安装维护方便,使用寿命长的优点已开始逐步应用。

1. 地磁车辆检测系统构成

地磁车辆检测系统由地磁传感器、中继器和主控器三部分组成,地磁传感器与中继器之间、中继器与主控器之间采用无线通信方式进行数据传输。具体而言,地磁检测系统由硬件系统、软件系统及算法组成。

（1）**硬件系统** 包括地磁检测器,RF 中继器和主控器。

（2）**软件系统** 包括嵌入式软件和上位机配置软件。其中,嵌入式软件又包括地磁检测软件（地磁检测器）,中继管理软件（RF 中继器）和主控软件（主控器）。

（3）**算法** 包括车辆检测算法、车型识别算法和测速算法。

地磁车辆检测系统的构成如图 3-5 所示,其中,地磁检测模块是系统的核心,可实现流量计数、车辆到达时刻、占有时间等原始检测数据的获取。将原始检测数据经 RF 中继器无线传输至主控器,主控器可对数据进行接收和信号处理,进一步获得车速、车型等车辆信息,并可通过多功能接口模块将需要的信息传输至信号机、摄像机等管理或控制系统,以满足交通信号控制系统的控制需求或交通诱导系统的信息更新及发布等需求。

上位机配置管理软件可实现对同一主控器下各地磁检测器的配置与管理,以便在用户安装检测器、RF 中继器和主控器后对系统进行设置与调试。

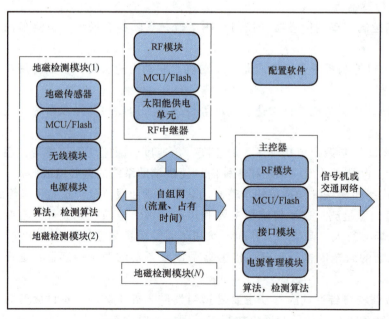

图 3-5 地磁车辆检测系统的构成

2. 地磁传感器

地磁传感器是地磁车辆检测的核心器件,其检测原理是:磁阻传感器的基础元件是惠斯通电桥,组成电桥的电阻是由镍铁合金的薄膜片沉积于硅晶片表面制成的。磁阻传感器利用镍铁合金的磁阻效应,可将磁场的变化转换为差分电压的形式输出。车辆具有铁磁物质,其经过传感器时,将改变传感器周围的地磁场分布,地磁传感器可将地磁场的扰动表现为输出电压的改变,可通过分析电压波形的变化判断车辆的有无、到达时刻等交通流信息。

对于地磁传感器,要求其具有检测精度高,低功耗,体积小,具备检测与信号处理功能的特点,故选型应重点考察以下指标:

(1) **检测轴数** 目前地磁检测一般采用 2 轴或 3 轴的地磁传感器,3 轴传感器较 2 轴传感器多垂直于地面的 Z 轴,很多检测算法均基于 Z 轴电压输出进行检测,但 3 轴传感器功耗较 2 轴传感器更大,若传感器集成 A/D 采样,功耗将提高 50%,因此目前倾向于采用 2 轴传感器。

(2) **工作电流** 工作电流的大小将决定产品的使用年限和维护周期。

(3) **采样频率** 采样频率的选择与算法可否有效实现密切相关,与应用场景的车速、检测内容、检测准确度要求和电池使用寿命等均有关系。对检测误差和检测准确度要求越高,检测器的采样频率需要更高,同时功耗也越高,在一定电池容量条件下产品使用寿命越短。目前倾向于将 A/D 采样频率设置在 120Hz 以上,以满足各种应用场景下的车辆存在性检测。

(4) **数据输出类型** 数据输出类型分为模拟和数字两类。模拟输出的传感器将地磁场的变化以模拟电压形式输出,利用 MCU 中的 A/D 采样输出单元对其进行模数转换,变为数字输出;数字输出的传感器中集成了 A/D 采样,可直接输出数字信号。

(5) **检测灵敏度** 检测灵敏度是指传感器可分辨的最小磁场变化。检测灵敏度越高,输出的电压值越精确。

3. 应用示例

(1) **路段排队长度检测** 如图 3-6 所示,在封闭的路段中,通过对地磁的高密度布设,检测存在状态的时间判断道路的饱和程度。通过视频进行流量、占有率、平均速度及车牌信息的补充采集。

(2) **分流路段流量控制** 如图 3-7 所示,在存有分流路口的路段中,对分流路口附近进行地磁合理布设,通过流量检测,分析周边地磁的存在时间,对分流路口的交通状态进行评估。通过视频进行流量、占有率、平均速度及车牌信息的补充采集。

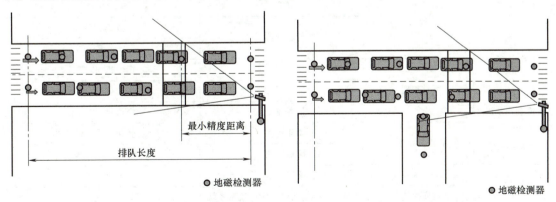

图 3-6　路段检测方案　　　　　　　　图 3-7　分流路口检测方案

(3) **匝道路段检测** 如图 3-8 所示,在匝道路口附近合理布置地磁检测器,通过流量检测,分析周边地磁的存在时间,对匝道的交通状态进行评估。通过视频进行流量、占有率、平均速度以及车牌信息等的补充采集。

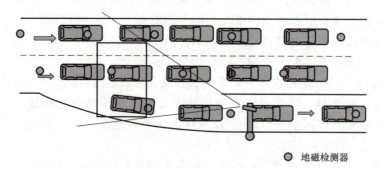

图 3-8 匝道检测方案

授课视频

第四节 车辆自动驾驶技术

一、自动驾驶技术体系

自动驾驶技术利用多种车载传感器（如雷达、超声波传感器、GPS、磁罗盘等）感知车辆周围环境，控制车辆的转向和速度，根据实时路况进行动态路径规划，实现车辆自动、安全、可靠的行驶。其体系结构见表 3-1，主要包括三大系统：定位导航系统（车辆定位技术）、环境感知系统（视觉/非视觉识别技术）和规划控制系统（路径规划，速度、方向与辅助控制技术）。

表 3-1 自动驾驶技术体系

一级	二级	三级	技术举例
定位导航系统	车辆定位	车辆位置	全球定位系统、北斗定位系统
			惯性导航系统
		行驶方向	陀螺仪
		行驶速度	加速度计
			激光编码器
环境感知系统	视觉识别	车道感知	摄像机、传感器
		标识感知	摄像机、传感器
		信号感知	摄像机、传感器
	非视觉识别	距离检测	激光雷达、超声波雷达
		障碍检测	激光雷达、超声波雷达
规划控制系统	路径规划	局部寻路、路口导航、路径导航	电子地图
	速度控制	纵向（车速-节气门-制动）控制系统	
	方向控制	侧向（转向-转向盘）控制系统	
	辅助控制	状态监测	胎压检测、车道偏离报警、智能限速提醒
		视野改善	倒车辅助、自适应前照明系统
		操控避险	紧急避险、智能泊车、自适应巡航

1. 定位与导航技术

定位与导航技术,是实现自动驾驶路径规划与控制的基础。随着无线通信和移动通信网络的发展,车辆定位与导航技术正在飞速发展,下面介绍主要的几种技术。

(1) **卫星定位技术** 目前较为成熟的定位导航技术以美国全球定位系统(GPS)、欧洲伽利略卫星导航系统(GSNS)、俄罗斯格洛纳斯系统(GNSS)和中国北斗卫星导航系统(COMPASS)为主导。以 GPS 为例,提供全天候、连续、实时的高精度三维位置、三维速度和时间信息,通常车载 GPS 接收机只要接收到四颗或四颗以上卫星的信号就能为自动驾驶提供厘米级精度的定位服务。

(2) **惯性导航技术**(inertial navigation system,INS) 该技术不依赖于外界信息,靠自身的惯性敏感元件测量导航参数,它不受天然或人为的干扰,具有较好的隐蔽性,是一种完全自主式的导航系统。但在长时间工作以后,会产生不同程度的误差累积。

(3) **航位推算技术**(dead reckoning,DR) DR 系统通常包括罗盘、速率仪、里程仪以及转速计等观测设备。该系统利用这些传感器设备测量正在行驶的车辆的行驶距离、速度和方位。短期内传感器的测量精度较高,对于长时间的定位需要采用措施以避免累积误差。

(4) **地图匹配技术**(map matching,MM) 该技术是一项确定车辆在带有街道名称和地址的数字地图上的精确位置的技术。车辆轨迹与图形特征有关,具有辅助性特征的坐标常用来在交叉口表示车辆的位置,但地图匹配需要初始定位数据,只能起到辅助定位的作用。

(5) **地面无线电传呼技术**(terrainr radio frequency,TRF) 使用 TRF 的系统从分布在系统运行区域内的一定数量信号标杆接收无线电信号,来自多处的 TRF 信号标杆的信号交叉能够确定车辆的具体位置,然后将这一信息提供给驾驶人或控制中心。

2. 环境感知技术

通过视觉或非视觉的方法感知行车环境是自动驾驶环境感知的主要手段,包括获取行驶路径、驾驶状态和驾驶环境。目前主要有视觉传感、激光传感、微波传感、通信传感和融合传感等感知技术,各种技术各有特点,见表 3-2。

表 3-2 五种感知技术特点

感知技术	技术原理	技术优势	技术劣势
视觉传感	基于机器视觉获取车辆周围环境的二维、三维图像处理	信息量丰富,实时性好,体积小,能耗低	易受光照环境影响,三维信息测量精度较低
激光传感	基于激光雷达获取车辆周边环境二维、三维距离信息	可直接获取三维距离信息,测量精度高,不受光照环境变化的影响	无法感知平面内的目标信息,体积大,价格昂贵,不便于车载集成
微波传感	基于微波雷达获取车辆周边环境二维、三维距离信息	可直接获取三维距离信息,精密度高,不受光照环境变化的影响,体积较小	无法感知平面内的目标信息,相关技术为少数发达国家掌握
通信传感	基于无线、网络等近、远程通信技术获取车辆行驶周边环境信息	可获取宏观行驶环境信息,实现车辆间信息共享,不受周边环境变化干扰	可用于导航控制的信息不直接,实施性不高,无法感知周边其他物体信息
融合传感	运用多种不同传感手段获取车辆周边环境多种不同形式信息	获取周边环境信息丰富,环境适应能力强,可为安全性提供可靠保障	集成难度大,成本高,实用性一般

在众多感知技术中，目前流行的有效感知方式是计算机视觉，就是利用计算机模拟双眼观察事物获得物体形状、大小、远近等信息的过程，采集关于外界的信息。计算机视觉的基础问题是目标检测和对目标信息的还原。当前采用的目标检测技术多是单一图像传感器采集，这种方法每帧只采集一张图片输入到系统中处理，其优点是信息量小，处理速度快。但由于传感器在采集信息过程中是将三维信息转换为二维信息，此时会丢失事物原有的深度信息，计算系统难以还原。双目视觉技术解决了这一问题，其模仿人类双眼观察事物的过程，采用两个图像传感器，根据两个传感器中采集的同一个物体的视差不同，还原物体本身的深度信息。所谓视差就是由于人类双眼所处位置不同，在观察事物时在视网膜上的投影位置也会不同，视差是物体与双眼的位置差异，这便是双目视觉技术还原图像深度信息的原理。

二、自动驾驶关键技术

为实现自动驾驶，首先要解决车道检测和障碍物检测两个问题。车道检测包含道路定位，确定车、路之间相对位置以及分析车辆航向角。障碍物检测包含确定车道障碍物的位置。

1. 车道检测

在大多数智能原型车辆中，车道检测可以分成以下两步：首先初步计算车、路之间的相对位置；然后通过执行器将车辆控制在车道上的安全驾驶位置。例如智能导航系统就是通过视觉图像分析处理之后，直接通过执行器对车辆位置进行调整，同时车载辅助驾驶系统及时告知驾驶人相关运行参数，进而达到安全驾驶的目的。

这样的车道检测系统要实现在完全非规划道路上（没有车道标志）或山地上安全驾驶，其中车道检测要辨识车道基本几何特征，但同时要注意两个基本方面的问题：

1）路面阴影的存在（树木、建筑物、桥梁及车辆等的投影），将改变路面纹理结构。

2）路上有其他车辆，这会影响路面及道路标志的可视性。

由于车道检测通常是基于特定参数的确定（如道路标线），可以通过对静止单幅图像进行分析，从而获得检测参数。下面是检测算法的一些基本前提，对提高检测速度和精度均起到了关键性的作用：

1）初始图像处理可以通过分析热点特定区域来分割图像，在热点区域能够得到大量的相关驾驶特征参数。

2）假设有固定或平缓变化的路宽，增强计算方案的稳定性，同时将计算限定在两条平行车道线之内。

3）为简化车道重构几何形态，可以通过回旋线（具有连续变化的曲率）来拟合车道曲线。

4）摄像机调整方法和精确车道模型的假设能够简化车道定位算法，便于计算图像像素和相应世界坐标景象之间的映射匹配。

目前在理论上有两种方法处理车道匹配问题，即模型匹配和特征匹配。

（1）**模型匹配** 模型匹配法的原理是通过视觉模型和检测道路特征代码进行直接匹配，例如在 vaMoB5 和 5cAM 车辆系统中就使用了这一匹配方法，该匹配算法利用帧序，通过迭代，动态计算并实时更新模型参数。目前通过动态变形模型对车道标志、道路边缘、道路标识的检测方法已经应用成功，基于模型匹配的道路标志分析方法已经应用在城市交通中。

基于模板匹配的车道检测算法也有缺点，如如何选择恰当的几何道路模板的问题、如何实现检测复杂路面特征与模板特征之间的匹配问题、计算复杂性问题以及由于大量图像处理而带来的海量数据计算问题等。一些系统在图像处理过程中，应用光流算法实现车辆与道路之间的识别问题，但这样的计算方法要进行车道标志线的预检测，并且光流域也存在大量的计算。

（2）**特征匹配**　特征匹配法计算主要集中在图像处理，如何进行特征值的抽象化。

2. **障碍物检测**

首先要对障碍物检测给出一个抽象定义，以便确定构成检测障碍物的抽象特性。障碍物检测规则是通过车辆的空间位置来定义的，通过外形、对称性或矩形边缘等实现特征值的提取，从而确定障碍物的空间位置，这是一种特征模式识别法，在这种情况下，分析处理过程可以基于单一静态图形的分析。但在障碍物与算法模型不匹配时，这种方法不能对障碍物做出准确区分。

如果改进空间障碍物的通用定义，有可能导致更加复杂的算法。障碍物是在车道上阻止车辆运行的物体，换句话来讲，也就是任何凸出路面的物体。在这种情况下，障碍物检测则简化为对自由运动空间的识别，也就是车辆安全运行的空间，从而代替特征模式识别法。

这种方法的应用，处理问题会用到更为复杂的技术，最基本的问题就是要处理两幅以上的连续图像，即光流分析和双目及双目以上的视觉图像处理。

在不同的时间，传感器可以获得多幅图像；不同的摄像机从不同的视角可以获得同一时间的多幅图像。除了在图像处理时，由于内在固有的高度复杂性，需要处理大量数据以外，这项技术必须有足够的抗干扰能力及健壮性，并能补偿传感器系统的基准点漂移。

光流处理的基本技术要求对图像序列进行分析，在图像域内，计算二维矢量，对每个像素的垂直和水平速度分量进行编码，其结果用来计算自身运动，这一点也可以从速度向量上得到；同时障碍物检测可以通过预测光流和现实之间速差来得到。

通过多幅图像处理，要求辨别图像序列像素之间的一致对应关系。两幅图像可以得到立体视觉，三幅图像就是三维视觉。利用立体分析图像的优点在于能够直接检测障碍物，而用光流的方法是间接检测障碍物，是从速度域中导出来的。然而在特殊条件下，在速度域上车辆和障碍物都很小或零速，那么光流的计算方法就会失效，而其他的方法仍然能检测到障碍物。为了进一步简化立体视觉检测的固有复杂性，就要采用假设条件。

正如上面提及的，理论上设计了多种技术方案，在智能原型车辆上进行了测试，以解决智能车辆道路通行的问题。整体化的解决方法会得到更有效的处理结果和优化实用效果。

目前有一种非常有前景的解决问题的方法，就是反转透视图法，透视效果是在视觉图像采集过程中获得的。这种技术在计算光流域中获得成功，同时也在规范化道路上的障碍物检测中获得成功，在处理立体图像中，这项技术已经广泛应用于障碍物检测等领域。

第五节　交通流态势分析技术

授课视频

一、交通流态势的涵义与特性

态势，即状态和形势。其中，形势是指在其周围环境中所处的情形或在一定时间内各种情形的相对的或综合的境况，一般指静态；状态是指物质所处的状况，是一种动态特性。因此，定义交通流态势为交通流运行过程中产生的一种动态或网络模式。

Jonathan、Koopmann等认为交通流态势应包含两层含义：

1) 反映交通流运行的客观状况,即随着交通流的变化,交通状态也在不断变化。

2) 反映交通出行者对交通流状况的心理感受,即对于不同的交通状态,驾驶人对交通流运行状况的感受也是不一样的。

国际上关于交通流态势至今没有统一的定义,但其具体应用得到了广泛重视。比较通用的是道路通行能力手册(Highway Capacity Manual, HCM)提出的描述车辆之间的运行条件及其驾驶人和乘客的主观感觉的质量测定标准——道路交通服务水平(level of service)。

分析交通流态势的概念,归纳其特性如下:

(1) **客观性** 交通流是客观存在的,也就决定了反映交通流总体运行状况的交通流态势也是客观存在的,不以人的意志而转移。

(2) **动态随机性** 交通需求的随机变动(如出行目的、个人偏好等)和交通供给能力的随机变动(交通事故、道路改扩建等)决定了交通流的动态随机变化;交通流的动态随机变化决定了交通流态势必然是动态随机变化的。

(3) **连续性** 交通流行为是一个连续变化的过程,交通流行为产生交通流态势,故交通状态也是一个连续变化的状态。

(4) **层次性** 交通流态势随空间的变化而变化,不同的空间有不同的交通状态。与城市路网结构的层次性相对应,道路交通状态也具有明显的层次。

(5) **相关性** 道路交通网络是由相互连接的路段和交叉口组成的网状结构。一个路段或交叉口交通流状态的变化,可能导致相邻路段或交叉口交通流状态的改变,甚至整个路网交通流状态的变化。

(6) **周期性** 虽然交通流状态是随机变化的,但由于路网结构在一定时间内具有相对稳定性,且交通出行者和管理者对出行习惯和管控措施存在一定的主观适应性,故在总体上仍然呈现出周期规律性。

(7) **可测性** 研究交通流态势的目的是为了更好地服务交通管理决策,因此,交通流态势是可以量化的,即表征交通流态势的指标变量是可测的。

二、不同层面的交通流态势分析

基于海量交通信息的获取,经过准确的动态交通信息的深度挖掘、交通流特征提取、交通模式划分等方法从微观、中观和宏观三种不同的粒度和层次对交通流态势进行分析。微观状态主要是指车辆运行状态与相互影响关系;中观状态主要是指路段的交通状态;宏观状态主要描述交通路网的网络特性和整体状态的演变过程。因此,路网交通流态势分析是涉及多尺度、多变量、高度随机和时变的复杂系统分析问题。

1. 微观交通流态势分析

微观交通流态势分析主要集中于交通流的基础研究,并开发了大量模型。德国的Kerner B.S. 通过交通实测发现交通流有三种不同的相:畅行相、宽运动阻塞相和同步相,认为交通之所以阻塞是发生了畅行相→宽运动阻塞相的相变或者畅行相→同步相→宽运动阻塞相的相变。Ceder E., Easa S.M., Banka J.H. 等一些学者将交通流分为拥挤和非拥挤两相。Bassan S. 将 80 km/h 作为交通流"Breakdown"的速度阈值。

2. 中观交通流态势分析

中观交通流态势分析最具代表性的研究方向是交通事件自动判别算法(Automatic traffic

congestion identification method，ACI)，多采用模糊数学、集成 GIS 和 GPS 的浮动车技术、模式识别等方法，针对交通流量、占有率、行程速度、行程时间和延误等路段交通流状态的主要衡量指标构建模型。用模糊数学的方法描述交通参数及交通拥挤度，将交通流划分为通畅、稳定、非稳定、拥挤 4 个子集，用流量比的隶属度函数和行驶速率的隶属度函数，通过推理规则，判定拥挤度的隶属度。用速度、占有率、信号交叉口平均每车停车延误进行多因素模糊模式识别，评判交通流状态，将道路交通状态分为畅通、正常、拥挤、堵塞 4 个等级。利用集成 GIS 和 GPS 技术的浮动车技术，以路段平均行程时间和平均速度作为主要表征参数，并提出了以出租车为检测车的交通状态分析模型。

3. 宏观交通流态势分析

宏观交通流态势分析主要是评价交通网络的整体运行状态。采用路口可达性矩阵及路段连通性分析，结合适当的交通参数可以进行合理的路网交通状态建模。根据检测器的安装位置对路段进行划分，以时空推演的思想对宏观交通流进行智能分区建模，通过卡尔曼滤波技术对来自检测器的信息进行处理分析，实现交通状态的估计。还可应用模式识别的理论和方法，将路网的交通状态划分为数量有限且不同类型的交通模式，模式划分主要基于整个路网中各个路段的车流量、平均车速和车辆密度数据。

三、多维多态交通状态分析

1. 多维多态交通状态分析思路

交通流状态分析至今还没有一个统一的定义和标准，现有的交通流状态分析研究主要涉及微观、中观与宏观应用层面，但缺乏科学的区分与评价，针对各自的适用范围与应用目标还缺乏相应的研究。并且，目前应用微观参数估计来分析交通状态的研究较多，且主要面向交通拥挤的自动判别，还未能建立科学的宏观评价指标体系。另外，由于公交车流和机动车流交通特性、交通出行者和交通管理者不同，公交车流所需的交通状态指标、所处的交通状态也有所不同，而城市路网交通状态分析多针对机动车流，忽略了对公交车流的研究。因此，应从机动车流和公交车流两方面建立城市道路交通状态评价体系。分析思路如图 3-9 所示。

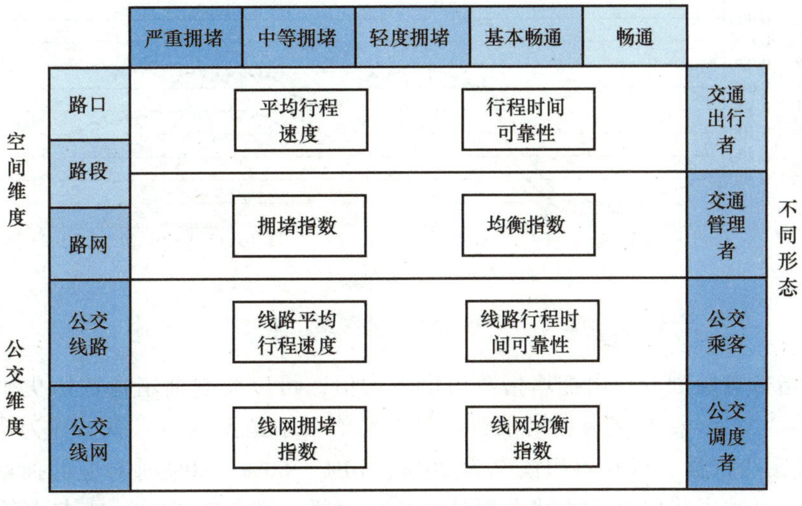

图 3-9　多维多态交通状态分析思路

2. 交通状态评价

从道路拥堵指数、均衡系数、行程速度和行程时间可靠性四个方面评价道路所处的交通状态。

（1）拥堵指数评价方法

1）拥堵指数分时变化图。

① 当日拥堵指数分时变化图。以拥堵指数信息发布间隔 Δt 为单位时间，根据路网一天内各个时段的拥堵指数，可以绘制出当日拥堵指数分时变化图。

② 历史拥堵指数分时变化图。以历史数据为依据，考虑到法定工作日、法定公休日和法定节假日交通出行特性不同，通过计算一天内每个信息发布间隔的拥堵指数历史平均值、历史最大值和历史最小值三个量分别得到法定工作日、法定公休日和法定节假日的历史拥堵指数。

以某城市 20 个历史工作日数据和当日数据为基础，对数据进行计算，绘制当日拥堵指数分时变化图（图 3-10）、历史工作日拥堵指数分时变化图（图 3-11）和当日与历史拥堵指数对比分时变化图（图 3-12）。

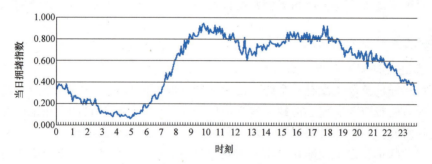

图 3-10　当日拥堵指数分时变化图（法定工作日）

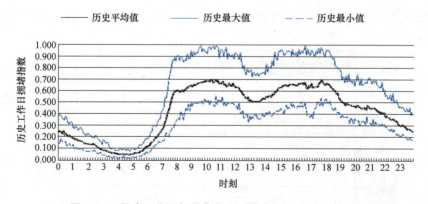

图 3-11　历史工作日拥堵指数分时变化图（法定工作日）

2）拥堵指数等级划分。由拥堵指数历史平均值，可以绘制拥堵指数历史平均值概率累积曲线图（图 3-13），横坐标为拥堵指数历史平均值由小到大排列，纵坐标为累积概率。以概率累积曲线图为依据，可知累积概率为 20%、40%、60%、80% 时对应的拥堵指数分别为 J_1、J_2、J_3、J_4，本书将路网交通状态划分为 5 个等级，则各等级指标具体见表 3-3。

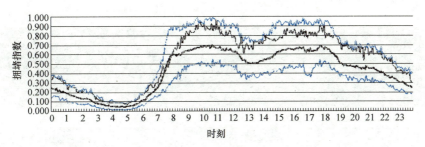

图 3-12　当日与历史拥堵指数对比分时变化图（法定工作日）

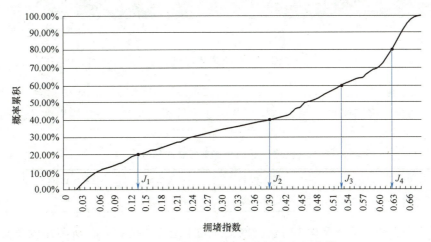

图 3-13　拥堵指数历史平均值概率累积曲线

表 3-3　拥堵指数等级划分

累计概率	(0,20%]	(20%,40%]	(40%,60%]	(60%,80%]	(80%,1]
J	$(0,J_1]$	$(J_1,J_2]$	$(J_2,J_3]$	$(J_3,J_4]$	$(J_4,1]$
交通状态	畅通	基本畅通	轻度拥堵	中等拥堵	严重拥堵

考虑交通状态在临界位置变化的问题，采用交通状态变化的可信区间。定义 $\pm \Delta J$ 为状态变化的正常波动区间，已知 j 发布间隔交通状态，则 $j+1$ 发布间隔交通状态判别的详细步骤见表 3-4。

表 3-4　交通状态判别的详细步骤

j 发布间隔交通状态	畅通	基本畅通	轻度拥堵	中度拥堵	严重拥堵
严重拥堵	$(0,J_1-\Delta J)$	$(J_1-\Delta J,J_2-\Delta J]$	$(J_2-\Delta J,J_3-\Delta J]$	$(J_3-\Delta J,J_4-\Delta J]$	$(J_4-\Delta J,1]$
中度拥堵	$(0,J_1-\Delta J)$	$(J_1-\Delta J,J_2-\Delta J]$	$(J_2-\Delta J,J_3-\Delta J]$	$(J_3-\Delta J,J_4+\Delta J]$	$(J_4+\Delta J,1]$
轻度拥堵	$(0,J_1-\Delta J)$	$(J_1-\Delta J,J_2-\Delta J]$	$(J_2-\Delta J,J_3+\Delta J]$	$(J_3+\Delta J,J_4+\Delta J]$	$(J_4+\Delta J,1]$
基本畅通	$(0,J_1-\Delta J)$	$(J_1-\Delta J,J_2+\Delta J]$	$(J_2+\Delta J,J_3+\Delta J]$	$(J_3+\Delta J,J_4+\Delta J]$	$(J_4+\Delta J,1]$
畅通	$(0,J_1+\Delta J)$	$(J_1+\Delta J,J_2+\Delta J]$	$(J_2+\Delta J,J_3+\Delta J]$	$(J_3+\Delta J,J_4+\Delta J]$	$(J_4+\Delta J,1]$

以上述历史数据为例,判断当日路网所处交通状态,当日交通状态判别结果如图 3-14(彩图 1)所示。暗红色代表严重拥堵,红色代表中等拥堵,黄色代表轻度拥堵,浅绿色代表基本畅通,绿色代表畅通。

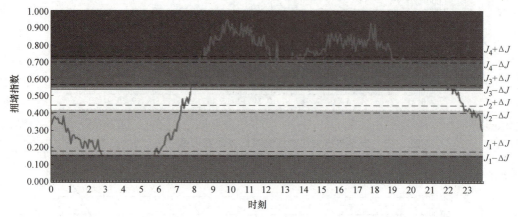

图 3-14　交通状态判别

(2) 均衡系数

1) 等级划分。将路网均衡系数 NG 划分为 5 个等级,见表 3-5,用以评价路网交通分配的均衡性。

表 3-5　路网均衡系数等级划分

NG	(0,0.3)	[0.3,0.4)	[0.4,0.5)	[0.5,0.6)	[0.6,1)
路网均衡性	绝对均衡	比较均衡	存在差异	显著差异	差异悬殊

当路网均衡系数 NG 小于 0.3 时,路网交通处于绝对均衡状态,所有路段及交叉口的拥堵程度近似;当路网均衡系数 NG 在 0.3 和 0.4 之间时,路网交通状态开始出现差异性,一部分路段或交叉口处于拥堵状况,另一部分路段或交叉口处于畅通状态;当路网均衡系数 NG 在 0.4 和 0.5 之间时,路网交通拥堵状况的差异性开始明显,即出现交通拥堵不均衡状况;当路网均衡系数 NG 在 0.5 和 0.6 之间时,交通拥堵均衡性差异增大,部分区域处于拥堵状况;当路网均衡系数 NG 大于 0.6 时,表明路网处于严重不均衡状态,即大部分交通拥堵集中于某几个路段或交叉口,而其他区域处于畅通状态。

2) 均衡系数分时变化图。如图 3-15 所示,均衡系数分时变化图可以更好地反映路网一天内交通均衡性的稳定性、平均水平以及其变化、趋势,并能够了解当日路网交通均衡性与历史路网均衡性的关系。根据当日道路均衡系数实时数据和历史数据绘制当日均衡系数分时变化图、历史均衡系数分时变化图和当日与历史均衡系数对比分时变化图。

以法定工作日历史数据处理为例做详细说明。选取过去 n 个法定工作日的数据为法定工作日历史数据,计算一天内每个信息发布间隔的均衡系数历史平均值、历史最大值和历史最小值。

(3) 行程速度

1) 机动车交通流行程速度等级划分。对于评价路网是否拥堵以及拥堵程度的确定,可依据《城市道路交通管理评价指标体系》(2019 年版),采用路网平均行程速度综合指标将道路拥堵情况分为五个级别,见表 3-6。

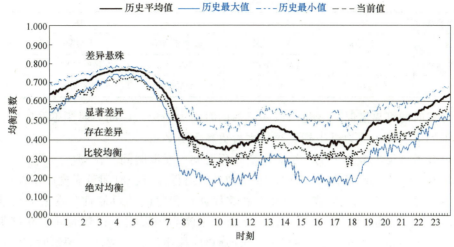

图 3-15 均衡系数分时变化图

表 3-6 路网平均行程速度评价等级

拥堵程度	A	B	C	D	E
对应状态	畅通	基本畅通	轻度拥堵	中度拥堵	严重拥堵
特大型、A 类城市	≥25	[22,25)	[19,22)	[16,19)	[0,16)
B 类城市	≥28	[25,28)	[22,25)	[19,22)	[0,19)
C、D 类城市	≥30	[27,30)	[24,27)	[21,24)	[0,21)

2）公交车交通流行程速度等级划分。对于评价公交线网是否拥堵以及拥堵程度的确定，采用公交线网平均行程速度综合指标将道路拥堵情况分为五个级别，见表 3-7。

表 3-7 线网平均行程速度评价等级

拥堵程度	A	B	C	D	E
对应状态	畅通	基本畅通	轻度拥堵	中度拥堵	严重拥堵
特大型、A 类城市	≥15	[12,15)	[9,12)	[6,9)	[0,6)
B 类城市	≥18	[15,18)	[12,15)	[9,12)	[0,9)
C、D 类城市	≥20	[17,20)	[14,17)	[11,14)	[0,11)

（4）**行程时间可靠性** 评价行程时间可靠性从评价行程时间可靠度和预留时间指数两方面入手。

1）行程时间可靠度。

① 行程时间可靠度接受等级划分。根据交通出行者的意愿可将行程时间可靠度分为五个级别，见表 3-8。

② 行程时间可靠度时间变化图。交通状态随时间变化而变化，拥挤交通状态下的行程时间可靠度低于畅通交通状态下的行程时间可靠度，绘制历史行程时间可靠度时间变化图，可以让当前交通出行者了解行程时间可靠度随时间的变化情况，根据自身情况和要求选择合适的出行时刻、节约时间、提高出行效率和时间可靠性。

表 3-8 行程时间可靠度评价等级

行程时间可靠度	A	B	C	D	E
对应状态	非常可靠	基本可靠	轻微不可靠	不可靠	非常离谱
A、B 类城市	(85%,100%]	(60%,85%]	(40%,60%]	(15%,40%]	(0,15%]
C、D 类城市	(90%,100%]	(65%,90%]	(45%,65%]	(20%,45%]	(0,20%]

历史行程时间可靠度时间变化图以一天内的时间为坐标,以同一时刻不同历史日数据的最大值、平均值、最小值为纵坐标。当日之后更新历史数据。

同样以某城市历史数据为例,绘制历史行程时间可靠度时间变化图。

从图 3-16(彩图 2)可看出,选择 19 点到 7 点出行,行程时间可靠度高;选择 12 点到 15 点出行,行程时间可靠性较高,都基本能够保证行程时间的可靠性,在人们可接受的程度,提倡出行。7 点到 12 点和 15 点到 19 点由于早晚高峰影响,行程时间可靠度很低,实际行程时间大于预期行程时间的概率很大,选择该时段出行,需要较长预留时间,以免影响出行目的。

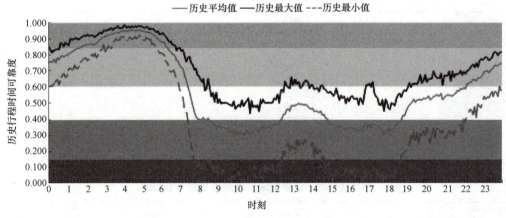

图 3-16 历史行程时间可靠度时间变化图

2)预留时间指数。

① 预留时间指数接受等级划分。预留时间指数相等时,行程时间越长,所需预留的时间就越长。不同城市,交通出行者的接受程度不尽相同。根据交通出行者的意愿可将行程时间可靠度分为五个级别,见表 3-9。

表 3-9 行程时间可靠度评价等级

行程时间可靠度	A	B	C	D	E
对应状态	基本不需要预留	些许预留	较多预留	预留非常大	无法接受
A、B 类城市	(0,0.3]	(0.3,0.6]	(0.6,1.0]	(1.0,1.4]	>1.4
C、D 类城市	(0,0.2]	(0.2,0.4]	(0.4,0.6]	(0.6,1]	>1

② 预留时间指数时间变化图。根据计算得到的一天内不同时刻出行时对应的路网机动车流或区域公交车流预留时间指数,可绘制出预留时间指数分时变化图(图 3-17、彩图 3),并按照表 3-9 进行等级划分。

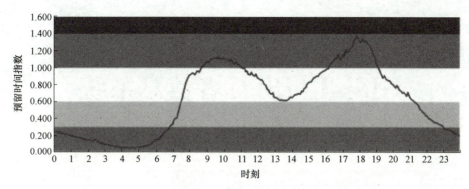

图 3-17 预留时间指数分时变化图

假设平均行程时间为 60min，根据平均行程时间和预留时间指数便可以得到考虑预留时间时行程时间分时变化图，如图 3-18（彩图 4）所示。

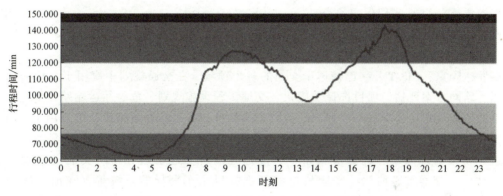

图 3-18 考虑预留时间时行程时间分时变化图

第四章

GIS-T 与出行者信息系统

授课视频

第一节 GIS-T 概述

一、GIS-T 发展概况

随着社会经济的迅速发展，人们生活水平的持续提高，面向未来信息化的交通出行也提出更高的要求。交通地理信息系统（geographic information system for transportation，GIS-T）的出现给新时期的交通提供了崭新的技术平台和手段。

1. GIS-T 国外发展状况

在发达国家，GIS-T 几乎已渗透于交通的各个领域。在交通规划中应用于交通需求分析与预测、路网方案评估、项目选择及优化、交通工程设施规划、危险品运输路径规划、紧急情况下的疏散规划、公交线路规划、公共汽车站站址选择等；在道路设计中应用于道路走廊选择、路权取得、道路线形仿真等；在交通管理与服务中的应用有日常养护管理、路面管理系统、桥梁管理系统、辅助决策系统、交通控制、交通事故分析、交通动态模拟、汽车运输调度、交通灾害防治、超限货车路径选择以及车辆导航系统等；在港口应用于港口基础设施管理、船舶自动识别技术、装卸管理等；在航道中应用于航道疏浚、航标管理等。这些应用的技术手段是以 GIS-T 为中心，集成全球定位系统、遥感、网络和多媒体等技术。

美国是较早利用计算机技术建立交通运输和规划数据库的国家之一，在美国公路署的倡导下，各州运输局相继展开一系列的 GIS-T 的研究，包括适合于 GIS-T 的交通运输建模问题、GIS-T 的数据存储方式、数据格式转换、GIS-T 应用范围、软件平台选择和 GIS-T 项目可行性研究等。其中威斯康星州运输局是 GIS-T 的开发与数据集成的先驱，其开发的基于地理信息系统的路面管理系统已投入运营，同时还开发了桥梁管理和维护地理信息系统、交通标志和道路设施管理系统、基于地理信息系统的交通事故分析等系统。为减少数据建库费用，实现资源共享，各州运输局与测绘部门紧密合作，分工负责数据采集，同时将 GPS 技术引入数据采集中并建立了进行空间信息采集和集成的参考框架和标准。美国运输组织成立了 GIS-T 工作组，从事 GIS-T 与 ITS 的数据模型、线性参考系设计、数据质量控制和线性参考系中的误差传播等研究。

德国是较早将 GIS-T 用于公路选线实际工作中的国家之一。在兴建勃兰登堡的奥拉宁堡（Oranienburg）市的绕城公路时，通过 GIS-T 技术进行了该项目的环境协调性研究及路线方案的规划。日本东京煤气公司研制了基于 GIS-T 的车载导航系统，该系统由 CD-ROM 数据库和实时通信系统组成，用于事故抢修、车辆调度和野外作业指挥。加拿大的阿尔伯塔省建立了全省的公路维护系统，实现了 GIS-T 对道路养护的决策支持。美国印第安纳州交通局采用 GIS-T 管理全州的公路、上千座桥梁以及铁路、航道、民航机场等交通信息。

2. GIS-T 国内发展概况

我国是一个发展中国家，经济上还处于发展阶段。我国的现状使交通规划与管理就显得十分重要。为从根本上解决交通问题，吸取西方发达国家在交通管理规划方面的经验教训，增强规划决策和管理的科学性、合理性，逐步展开 GIS-T 技术在交通规划与管理中的推广和应用，进行 GIS-T 的理论和应用研究，具有重要的理论意义和现实价值。

从 20 世纪 80 年代起，我国公路管理部门采用各种数据库系统建立了一些公路路况数据库，当时的交通部组织了一系列旨在提高公路规划和管理水平的应用系统开发研制，包括路面管理系统 CPMS、桥梁管理系统 CBMS，这些系统具有查询简单快速的特点，但只有公路属性数据，并未建立各级道路的空间数据库，无法满足空间分析的需要，难以胜任对公路信息的全方位动态管理和进行公路规划、建设及养护的分析与决策支持。为从总体上改善我国公路信息的管理水平，缩短与发达国家的差距，交通部决定建立我国自己的公路数据库系统，GIS-T 的研究在中国蓬勃发展起来。

GIS-T 在我国的发展呈现以下特点：

1) 交通系统应用 4G 技术，体现出集成和综合的特点，交通部提出了"数字交通"的概念，加强以 GIS-T 为核心的信息技术在交通领域的综合研发和应用。

2) 以省、部级有关单位为示范，以地市级单位为推广，以大型的运输企业为综合应用，广泛推广实施 GIS-T 技术的应用，提高了交通行业发展的技术含量。

3) 不仅在基础设施管理单位开发相关系统，而且逐渐向物流和电子商务等交通服务领域转移，建立以 GIS-T 为平台的物流核心关键技术。

4) 随着我国智能交通系统应用逐步开展，一些成功的智能交通系统把 GIS-T 作为系统的信息平台，通过地理信息系统整合各种其他交通信息。目前 GIS-T 在交通行业的许多领域都有比较好的应用和发展前景。

二、GIS-T 的定义、结构及功能

GIS-T 是指收集、存储、管理、综合分析和处理空间信息与交通信息的信息系统，是 GIS 技术在交通领域的延伸，是 GIS 与多种交通信息分析和处理技术的集成，它将为交通各部门提供一个功能强大的空间信息服务和管理工具。

交通地理信息系统（GIS-T）包括三个子系统：数据库子系统、数据采集与质量控制子系统以及系统功能表征子系统，其系统结构如图 4-1 所示。

1. 数据库子系统

GIS-T 中主要交通数据的类型包括：空间信息（如交通分区图、道路网络图、设施分布图等），属性信息（如交通区属性数据库，路网属性数据库，设施属性数据库，交通流量，道路等级，路面状况，图像数据如航空影像、设施照片等），其他有关信息（如多媒体数据库中的航空影像、设施照片、声音等多媒体信息）。

2. 数据采集与质量控制子系统

采集行政区域边界、道路、铁路、基础设施等要素的空间图形数据，这些空间要素按照不同空间数据类型分层，并且能够满足规划与管理应用的数据质量要求。系统提供的属性数

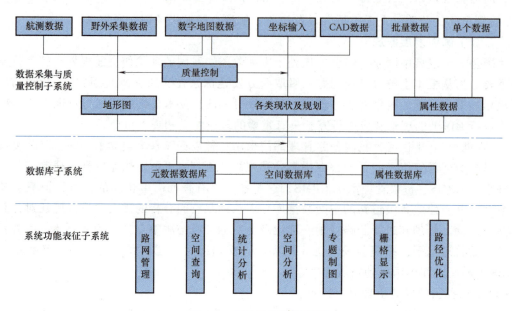

图 4-1　GIS-T 结构示意图

据库管理子系统，能够完成相应的属性数据，例如上述的行政区域、交通分析区域、路线、基础设施等信息的输入、修改、查询和管理等功能，并且建立空间数据与相应属性数据库的关联。

3. 系统功能表征子系统

（1）**路网管理**　系统提供交通路网的编辑，如路段的修改、增加或删除，增加或删除结点，路段合并或分割等功能。路网管理中采用动态分段技术，动态分段功能是将地图网络中的连线按特征分段，如图 4-2（彩图 5）所示，某 GIS-T 应用系统将交通事件和路面质量进行动态分段显示。

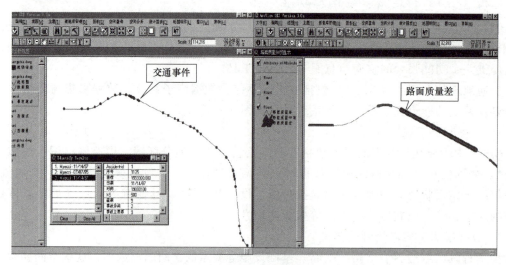

图 4-2　交通事件和路面质量的动态分段显示示意图

第四章　GIS-T与出行者信息系统

（2）**空间查询**　子系统提供从图形查询属性和从属性查询图形的图文交互查询方式，包括空间位置、属性、范围和关系等多种功能。

查询内容包括：交通流量图，各路段的交通饱和状态表，拥挤交叉口的空间、时间分布图，以及交叉口饱和状态表等，如图4-3（彩图6）所示，可通过路网图中不同颜色的分布判断路段及交叉口的拥堵情况。

图4-3　道路网交通饱和状态图

（3）**统计分析**　系统将查询的数据以各种数据视图进行表达，如图4-4（彩图7）所示，这些数据包括规划对象地区社会经济、人口、交通总量等指标历史变化的统计图。

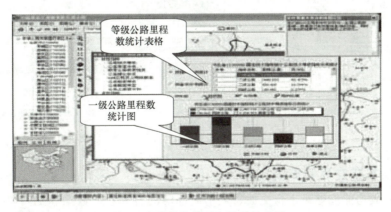

图4-4　某省公路里程统计柱状图

（4）**空间分析**　系统提供了空间数据的编辑和修改功能，主要包括交通区域的编辑和交通分区的合并、分割。

（5）**专题制图**　基本功能用于编辑、显示和测量图层，主要包括编辑、综合制图和测量等功能。如图4-5（彩图8）所示，利用该系统进行道路选线改线的设置。

（6）**栅格显示**　栅格显示功能使得GIS可以包含图片和其他影像，并可将对应的属性数据进行叠加分析，对图层进行更新。如图4-6（彩图9）所示，利用栅格显示功能进行图层设置。

（7）**路径优化**　设定起止点，可以选择最短路径，同时可以设置某个路口不能通行，某个路段不能通行；指定通行条件，寻找最佳路径。

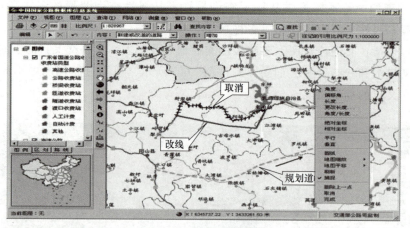

图 4-5　道路线路编辑

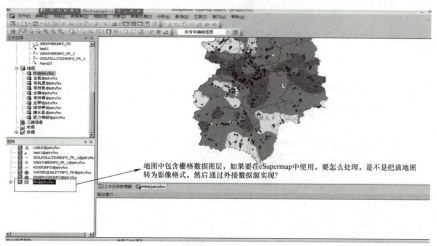

图 4-6　栅格功能示例

三、GIS-T 在交通领域的应用

GIS-T 的强大功能能够对来自交通领域不同部门的各种科学数据和空间数据进行整理和分析，如规划人员利用 GIS-T 对交通流量、土地利用、人口数据进行处理分析，预测将来的建设道路等级等。GIS-T 在交通工程领域的应用主要包括以下三方面：一是交通公路网规划管理；二是交通运输管理和车辆管理；三是交通安全与控制。

1. 公路网规划管理

目前，基于 GIS-T 技术的交通规划模型与 GIS 集成一体，使得公路网规划功能更加强大。为此，交通研究者连同软件开发者研发出多款交通规划软件如 TransCAD、Cube、Trips 等，被广泛应用于交通规划各领域。GIS-T 为交通运输规划建立区域空间数据库提供高效的技术方法，GIS-T 的空间查询及分析能力与交通规划模型结合，为公路网进行规划、选址、分析和最佳路径的寻找提供了方便。环境监控与评估 GIS-T 使公路网规划更好地考虑和评估对环境的影响。GIS-T 利用传感器与主控计算机相连，对汽车排放废气、产生噪声造成的环境污染进行监督，对传感器获得的数据进行分析处理，并及时向交通管理部门汇报以便做出决策。

2. 道路设施管理与车辆运营管理

（1）道路维护设计 利用 GIS-T，将路网实体数据和属性数据以分路段的方式与地理坐标联系起来，可以进行道路质量管理和桥梁维修管理；通过 GIS-T 技术与路面管理系统、桥梁管理系统等公路养护系统相结合，使得各种路况信息能够通过地理信息系统实时、形象地显示，从而使道路养护管理更加科学和高效。城市道路中也采用 GIS-T 技术完成路面的设计和养护，以及道路附属设施的设计和维修，如图 4-7 所示。

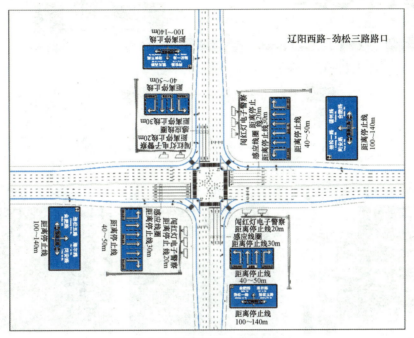

图 4-7 道路标志牌设置示例

（2）车辆运营管理 借助 GIS 的运行路线选择优化功能，运输企业可以对所属的车辆运营路线进行优化；基于 GIS-T 的专题地图统计功能，用户可以分析客流量变化，从而及时做出车辆调整计划；此外，交通运输管理部门可以借助 GIS-T 对特种货物（长大的货物、危险货物、贵重货物）运输进行路线选择和监控。GIS-T 和 GPS 相结合被广泛应用到物流管理中，其监控管理示意图如图 4-8 所示。

这种运营方式可以充分利用车辆资源，提高车辆运输效率，降低运营成本，引导车辆行驶，将 GIS-T 中有关道路地图和停车设施、道路属性及购物、游览的信息直观地呈现在驾驶人面前，并提示车辆当前的位置，帮助驾驶人搜索到达目的地的最佳路径。随着智能交通系统（ITS）的发展，ITS 可为驾驶人提供实时的交通信息，GIS-T 可利用这些实时信息直观地为驾驶人提供汽车行驶的最佳路线及停车服务，如图 4-9 所示。

3. 交通安全和控制

（1）车辆控制和监控 GIS-T 和 GPS 相结合，对车辆实行监控和路径导航，向道路使用者提供实时动态的交通信息服务。车辆控制对于驾驶人而言，驾驶人可利用 GIS-T 实现行车安全报警、实时导航、自动驾驶、防车辆碰撞等功能；车辆监控对于交通运输管理者而言，通过 GIS-T，借助自动监控设施和设备，可适时监督记录车辆违法事故和犯罪的信息，从而实现对车辆的监控，如图 4-10（彩图 10）所示。

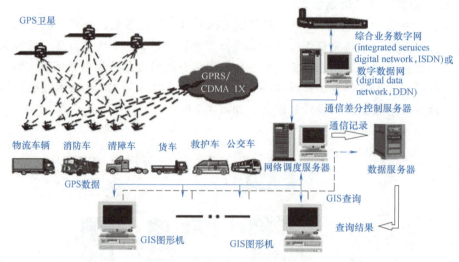

图 4-8　物流 GPS+GIS-T 监控管理系统示意图

图 4-9　三级停车诱导系统示例

图 4-10　车辆实时监控

第四章 GIS-T与出行者信息系统

（2）事故定位、预测和分析　GIS-T将计算机辅助绘图软件和交通事故数据文件与GIS-T集成为一个整体，开发出事故定位系统。利用计算机辅助绘图软件将GIS-T中的地图信息与一定的坐标相对应，并隐去不必要的图像，将经过一定修正的交通事故文件与GIS-T中的交叉口或路段进行重叠，从而更加形象直观地报告事故地点、性质和起因，并对全区域的各事故点的发生频率进行比较，找出事故多发地段，分析可能引起事故的道路条件的缺陷，结合现有道路条件，进行事故发生情况的预测，有些研究还利用GIS-T再现事故，为事故鉴定提供有效的手段，如图4-11（彩图11）所示。

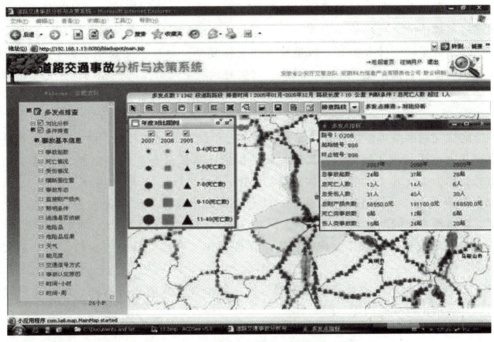

图4-11　道路交通事故分析与决策系统

第二节　基于GIS-T的城市交通网络

授课视频

　　城市交通网络是城市交通规划、建设、管理的基础。在进行交通规划等工作前，必须花费大量的时间进行交通网络的构建，因其具有复杂的拓扑结构体系，与采用纸质或CAD制图等传统方法相比，利用GIS-T提供的完善的网络拓扑结构和特定的数学模型对其进行分析，并以图形和表格的形式实时、直观地表现出来，可以更为高效地为决策者提供快速的辅助决策的依据。首先，交通网络信息随着时间变化需要及时更新，在进行交通规划时，要根据交通分析评价的结果，对路网方案做出若干次相应的调整修改。用传统的交通网络处理方法很难快速、准确地更新网络信息。其次，传统的城市网络分析方法是将交通系统内的各个单元单独进行研究，如果整个系统内单元之间的相互影响很小，这种数据方案的更新方法是可行的，否则就会产生较大的偏差。运用GIS-T技术能够实时、动态、准确、直观地采集、修改及更新交通网络空间数据与属性数据，将局部更新的数据、方案及时反馈到整个区域网络上，显示局部交通信息变化对整个区域网络的交通流量及其他数据的影响。可以说，GIS-

T 技术的运用是系统分析思维最直观的体现。TransCAD 是常用的 GIS-T 软件，其功能强大、操作简便，国内已有专家学者对其进行了不少应用性研究，如 TransCAD 在公路网规划、城市交通规划、城市公交线网规划及城市公交线网优化等方面的应用，但对如何建立城市公交规划信息数据系统及应用研究还有待细致深化。如何利用 GIS-T 科学合理地建立城市交通网络是本节的主要研究内容。

一、城市交通网络的定义、描述与数据结构

交通空间数据是交通地理现象经过抽象整理之后的一种表达形式，是纷繁复杂的交通地理现象经过提炼浓缩之后的简单而有条理的表达。交通数据的种类繁多，包括空间数据、属性数据、时态数据、影像数据等，数据量大，操作复杂。并且，交通信息具有精度要求高、规则复杂、动态化、离散化等特点。因此，对交通领域空间数据的抽象与描述是一项非常复杂的任务。

1. 网络定义

城市区域交通网络可以抽象为由结点、有向边和权构成的拓扑图，网中的结点就是街道交叉口，其边（弧）即该网络两交叉路口间的街道，其弧长是与该网络的边（弧）相关的数量指标，称为边（弧）的权，例如道路的长度、运行时间、运输费用等。

（1）**结点**　在交通网络拓扑结构中，结点通常表示路段的连接处，是交通流产生、消失和交通流路径变换的地点。

（2）**边**　在交通网络拓扑结构中，边用于连接两个结点，具有方向性，通常是交通流行进的主要载体。

（3）**权**　权是与该网络有向边相关的指标，如出行方式的旅行时间、旅行距离、运输费用，以及换乘距离和时间等。

2. 网络描述

网络的描述包括定性和定量描述，"城市区域交通网络"属于定性描述。定量描述包括空间特征和属性特征两方面。空间特征主要指交通空间实体的空间坐标，用几何网络与拓扑网络表示。其中几何网络表征空间位置，拓扑网络表征空间关系。属性特征指的是一些量化指标，如交通量、出行时间等。空间特征数据和属性特征数据之间通过关键字建立逻辑联接。

3. 数据结构

城市区域交通网络属性数据按其在交通分析中的作用可分为基础数据和分析数据。基础数据为交通分析做准备，从基础数据可得到区域交通网络结构和必要的属性描述。分析数据是在交通分析过程中生成的。

二、基于 GIS-T 的城市交通网络构建

城市区域交通网络的建立是数据库建立的基础，也是花费时间最多的一项工作。原始数据的处理和建立交通网络的拓扑关系是实现交通规划及其他工作的前提，传统的手工作业在网络规模较大时难免产生错误，因此利用 GIS-T 技术对采集后的数据进行处理不仅能提高工作效率，还能避免人工操作产生的错误。

1. 数据输入及预处理

（1）**数据输入**　前面已建立了交通网络数据库结构，但这样的数据库中还没有数据。数据输入是将原始的外部交通数据转换为系统便于处理的内部格式的过程，即交通网络数字化的过程。交通网络的数据量比较大，目前广泛采用的数据输入方法是手工数字化方法。最基本的方法是，在扫描地图的基础上，生成若干没有属性信息的专题图层，如现状道路网、交通小区、公交线网图层等；然后便可利用GIS中的信息工具手工输入相关信息，形成完整的交通网络信息系统。在以后的交通分析中，可以很方便地调用或修改其中的交通信息。在此过程中，为了校核输入数据的正确性，可以利用GIS的专题制图功能，将交通网络中的"等级"等属性，用颜色或宽度加以渲染，生成交通网络等级专题地图，与实际情况相比较，可以直观地判断输入数据正确与否。

（2）**几何网络预处理**　不论采用哪种输入方法，数据采集结束后最直观的结果就是电子地图，地图不但是交通网络的直观表达，更是空间对象属性信息的载体。通常初始采集的原始空间数据并不能满足系统数据质量的要求，必须进行加工处理，如数据清理、检查及建立拓扑关系和数据格式转换。这一环节的工作量很大，一般与数据采集的工作量相当。其目的是为生成网络准备满足网络处理要求的、合理的数据，否则将可能进行不必要的网络编辑。

1）交叉口。在每一个交叉口将一条线分为两条线，并复制相应的属性数据。在打断线时，在打断位置加入特征点。手工打断通过鼠标在线上单击，用新产生的特征点将线一分为二。

2）结点。结点是线段的端点，在交通网络中，结点是建立结点-弧段拓扑关系、形心结点-交通区关系的基础。两条及两条以上的线或多边形边界的端点本来应是同一个点，但由于数字化的误差，这些点的坐标不完全一致，造成它们不能建立关联关系，必须将它们匹配为一个结点。手工匹配方法是：通过鼠标拖动，将各个点拖到一点。

3）悬挂线。由于数字化、编辑、自动剪断线等会引起线图层中存在很短的线段，即悬挂线，这些线段不是所希望的或实际上并不存在，必须删除。

（3）**逻辑网络的生成**　几何网络是生成拓扑网络的基础，几何网络与拓扑网络是一对多的关系，拓扑网络可以根据几何网络边要素的空间位置由应用软件自动生成拓扑网络的结点元素、联线元素及其相互之间的拓扑关系。拓扑网络一般用于对交通网络在某一时空状态的空间分析。不同应用、分析目的的拓扑网络按一定条件选择几何网络的边要素和结点要素生成。如要对现有交通网络进行路径分析，必须生成现时交通拓扑网络。如果用于规划路网的交通分配，必须生成将来可能交通拓扑网络。

（4）**复杂空间对象的处理**　路网主要包括道路、交通管制等概念。道路由路段和交叉口组成；路段由车道和道路隔离设施组成，交叉口分为信号控制路口和非信号控制路口。是否采取机非隔离、双向隔离等措施将会影响道路的通行能力；交叉口有无行人过街设施、有无信号控制同样也会影响道路的通行能力。而交通管制是对路段和路口的通行控制，主要规定了路段和路口的禁行和通行规则。上述这些影响道路通行能力的属性一定要在属性表中反映出来，考虑到的因素越多，越能真实地反映实际路网的通行状态。

2. 可视化编辑与输出

数据编辑主要包括图形编辑和属性编辑。图形编辑主要包括拓扑关系建立、图形编辑、图形修饰、图形变换、投影变换及误差校正等功能；属性编辑主要包括属性字段的增删、记录的添加等功能。由于交通空间实体都处于发展的时间序列中，通常获取的数据只反映一定时间范围内的状态，随着时间的推进，数据也会改变，这时即需要进行数据更新，数据更新即以新的数据替换相对应的数据项或记录，数据更新能够满足动态分析的需要。GIS-T 能以合适的形式输出用户查询结果或数据分析结果，可以利用数据校正、编辑、图形整饰、误差消除、坐标变换等技术来提高输出质量。

3. 专题地图分析

专题地图分析是 GIS-T 中最具代表性的一种数据分析方法，它将传统的数据分析引入一个可视化空间中，规划人员可以直观地掌握全面情况。在进行洋湖垸区域规划时，无论在网络优化过程中，还是提出规划方案后，都进行了专题地图分析。在网络优化过程中，专题分析用来帮助提供各种可视化的交通专题地图：交通网络结构、交通流量信息、交通服务水平等，为规划和管理人员提供直观、全面的可视化交通网络信息，找出其不完善的地方，从而不断进行网络调整优化。在规划方案提出后，专题地图可以帮助决策部门在制订交通建设计划时进行决策，从而提高城市道路建设项目的合理性和科学性。专题地图可直接打印，也可保存为多种格式的图形文件。

4. 交通网络的构建

区域交通网络构建步骤通常如下：

（1）**参考图层的配准** 首先用 Photoshop 软件将扫描后的光栅地图进行拼接、处理，其次在 MapInfo 软件中进行地图配准，经配准后的地图作为参考图层，并在其基础上进行交通小区图层、道路网络图层的绘制。

（2）**交通小区层的建立** 以参考图层为基准，根据交通小区划分原则，绘制交通小区，并添加必要属性信息，如小区人口、土地利用以及交通发生吸引量等。

（3）**区域道路网络层的建立** 以参考图层为基准，绘制区域道路网络，并添加道路网及必要属性数据。道路网由一系列连续的路段组成，路段与路段相交的地方代表交叉口，道路层按道路等级不同分为高速公路层、快速路层、主干道层、次干道层、支路层等多个线层。在 TransCAD 中，对各个线层分别进行拓扑检测后合并成一个线层。

（4）**交通小区层与基层线网层的关联** 完成图层绘制后，需建立小区与路网的连接，即将各小区的发生吸引点连接到路网上。

（5）**基层线网层与交通小区层的基本属性设置** 在创建图层时，需要给图层设置属性，也可在图层建成后再设置属性。

根据以上步骤，得出城市区域交通网络的构建流程，如图 4-12 所示。

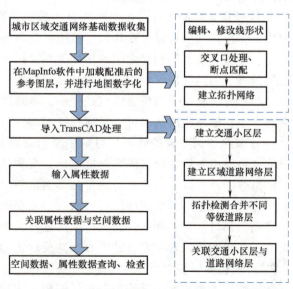

图 4-12 城市区域交通网络构建流程图

第四章　GIS-T与出行者信息系统

授课视频

第三节　基于 GIS-T 的交通管理

GIS-T 在交通领域的第二个重要用途是交通运输管理和车辆管理。GIS-T 为道路工程的计算机辅助设计 CAD 提供了强大的数字化地理平台，正是基于此，CAD 已由早期的平面二维设计跨入了三维设计，进入了可视化设计时代，这是 CAD 领域的突破性发展。GIS-T 还与路面管理系统、桥梁管理系统等公路养护管理系统相关联，借助先进的路面和桥梁检测设备和数据搜集手段，使道路养护管理更加科学合理，经济高效。

借助 GIS 的运行路径选择功能，运输企业可以对公司的运营线路进行优化，并根据专题地图的统计分析功能，分析客货流量的变化情况，制订行车计划。此外还可以帮助运输管理部门对特种货物（如长大件货物、危险货物或贵重货物）运输进行线路选择和监控。本节从交通运输管理、智能监管、物流管理和车辆管理四个方面，讲述基于 GIS-T 的应用，并通过具体示例详细分析。

一、GIS-T 在交通运输管理中的应用

利用 GIS 对传统的交通运输系统进行改造，将出行者、道路和交通运输工具三者作为一个整体系统来综合考虑，形成了一种信息化、智能化、社会化的新型现代交通系统，使交通运输基础设施得以发挥最大效能，车辆堵塞和交通拥挤问题得到有效解决，如图 4-13 所示。

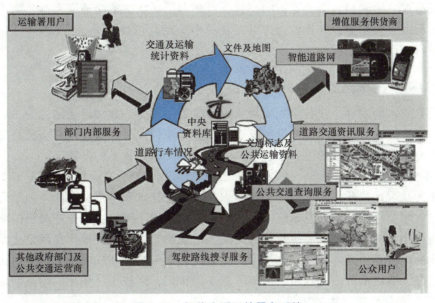

图 4-13　智能交通运输服务系统

道路交通发展主要有四个阶段。第一阶段，即发展和改进交通控制系统阶段；第二阶段，即发展汽车导航系统和引入交通信息服务；第三阶段是安全驾驶的辅助巡航系统的引入；第四阶段是自动巡航和自动驾驶。运输系统的管理，离不开社会的广泛信息，包括运输需求、已有的运输模式、事件进度安排、气候、地震信息、事故和处理规章以及遭受自然灾害时的损害信息等，这样一来，运输信息逐步成为社会信息的一部分，ITS 将因此融入社会

信息网络。研究和应用ITS的目的在于提高机动车通行安全控制。显然，运输信息网络是和社会中其他信息的安全性和运输效率，改善舒适性和环境保护，发展新的网络相关联的，是离不开计算机网络的。

二、GIS-T在智能监管中的应用

信息技术在交通运输管理中的应用，实现了交通运输的智能监管。例如，交通运输管理中对信号灯的管理，交通事故监测系统的建立和交通巡查车的配备等，实现了交通运输的全面管理。

信号灯的主要作用就是在交叉路口对不同行驶方向的车辆做出指挥，制定行驶的秩序。目前我国交通运输管理中的信号灯，缺乏足够的人力和先进的技术支持，不能实现信号灯的智能化，信号灯的运行是按照规定的程序进行的。这种程序的系统控制，可能会造成路灯通行的时候，没有车辆，而车辆拥堵的路口却是红灯的现象。交通事故的报警监测系统，是由交通道路上安装大量的监测仪器组成的，可以在出现交通事故或者交通故障等意外事件的时候，对事件的发生过程进行全程监控，进行自动报警，将信息反馈到交通运输指挥中心。指挥中心的人员根据定位系统，及时分布人力和物力，进行道路救援和事故处理。目前，我国很多城市的交警都配备巡查车，可以对交通违法行为进行监测和拍摄，有"流动电子眼"之称。这种交通巡查车，是利用流动巡逻的方法，对一些交通违法行为进行拍摄，把巡查到的信息传入交通违法信息网中。如果车辆在交通违法信息网中有违法行为的记录，在进行车检和车辆交易过户的时候，会受到影响。具有监测和拍摄功能的交通巡逻车，除了进行雷达测速是设定后的自行拍摄，其他的操作只需要一个手柄就可以完成，不仅可以遥控摄像头，还有可以进行违法拍摄的按钮。

三、GIS-T在物流管理中的应用

随着信息技术的发展，在各个领域都取得了显著的效果，在交通运输管理工作中应用信息技术，对交通运输管理工作的建设和发展有利。物流行业是随着我国社会经济发展兴起的一种新兴产业，在科学技术的进步过程中，实现了物流信息技术的发展。

1. 物流技术

物流作为我国现代化发展的一项重要标志，是信息技术和物流行业的一种结合。在物流管理中，建立了完善的物流信息系统，通过信息技术实现了物流企业业务流程的整合。在物流企业中应用信息技术，可以通过代购和代理，实现物流企业的规模化和网络化发展，提高了物流企业的综合竞争力。物流信息技术包括通信、业务管理和软件系统，是现代化和信息化技术的结合，在物流管理过程中，发挥了重要的作用，形成了一体化的物流管理体系。

2. GIS-T在物流管理中的应用

在物流企业中应用信息技术，可以实现物流企业生产要素的综合管理和高效利用，有效地降低物流企业的成本，提高物流企业的经营管理水平，实现物流企业的现代化发展，如图4-14所示。在物流企业中建立完善的信息技术管理系统，可以有效、及时、准确地传输物流中不同环节的信息，实现物流企业的发展目标。信息技术中相关的物流信息，可以对物流企业的发展方向做出引导，通过对物流管理中相关数据的分析和研究，做出正确的经营决策。在物流运输过程中，信息技术可以对运输的车辆进行实时追踪，并且将相关的信息传输到物流部门,提高了物流运输的车载率和物流企业的工作效率,这样就避免了不合理运输,有利于交通的运输管理。

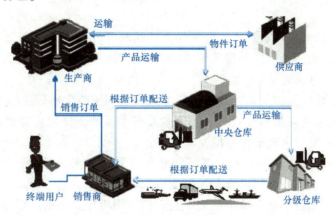

图 4-14 物流运输管理系统

四、GIS-T 在车辆管理中的应用

1. 车辆在线位置服务系统

(1) **发展现状** 随着宽带网和移动网的普及应用,GPS/GIS/无线通信技术的综合应用得到迅速推广。我国 ITS 的现实市场已初现端倪,潜在市场蕴含丰富。杭州、上海、北京、大连等几座大城市已在部分公交线路上建成了公交车辆跟踪调度系统,并安装了电子站牌、车载 GPS 定位设备,实现对车辆的实时跟踪和定位、公交车与调度室的双向通信以及电子站牌上实时显示下一班车的位置信息等功能。目前国内也出现了一些监控和导航系统,监控系统如安徽公路数字地图监控系统、成都数字地图监控系统、合肥数字地图监控系统、张家港数字地图监控系统以及中国科学技术大学鲍远律教授研究的监控系统等;导航系统如厦门市数字地图导航系统、上海全市数字地图导航系统、合肥数字地图导航系统等。国内各大城市已开始在智能交通的发展上加大力度,如北京成功地完成了 SCOOT 及 TRANSYT-TF 交通信息控制系统的引进、安装和运行管理的研究;上海市成立了出租车联合调度公司,建立了全行业 GPS 调度中心等。

(2) **系统总体架构** 单独从道路或车辆的角度考虑,很难解决近年来城市复杂环境中不断恶化的交通安全问题。通过建立整体城市车辆主动交通安全模型,结合先进的精确定位技术进行车辆、交通综合状态信息采集,运用面向交通安全的一体化实时时空数据处理技术以及城市环境下的车辆无缝在线服务终端,以适应我国城市的主动交通安全车辆在线位置服务需求,实现对车辆的实时监控、调度、诱导、安全提醒等功能,提高交通运输效率及安全服务水平。在信息化及智能化背景下,交通系统的整个组织管理形态将发生质的飞跃,管理部门、车辆、出行者、基础设施等原先离散的交通参与方都将成为庞大的网络系统中的结点,根据一定的规则及标准,每个参与方既采集交通信息又发送交通信息,既传递信息又加工信息,既提供服务又接受服务,各类数据按照现实需求进行自动流转和传递,彻底解决现有主动安全技术可靠性较低的问题。

为实现对城市交通系统更透彻的感知,更全面的互联互通以及更深入的智能化主动安全技术，系统设计应遵循如下指导原则：

1）关注车辆终端的应用需求，充分探讨车载智能终端等应用的技术体系、产业化、商业应用模式等内容。

2）综合考虑通信效率、兼容性、经济性，选用和开发适用于不同交通应用场景下，基于无缝融合通信网络的交通信息前端采集、传输及发布的设备。实现低成本、高精度、大范围、多种类的交通信息实时采集。

3）构建适合于我国城市交通的双模通信方式，实现道路交通信息的互联互通。

4）面对信息采集手段的多样化，以及信息发布手段的多样化，着重研究多源信息处理和跨平台信息共享及发布实现技术并检验其有效性。

5）以安全、畅通和高效为目标，基于海量信息智能化融合处理，研究交通流量预测、智能化管理、事故安全预警和信息发布的智能决策系统。

车辆定位信息与车况信息上传至监控中心后，利用粗糙集理论进行数据映射，将不同格式的数据整理成统一的格式，采用隐马尔可夫过程（HMM）与城市电子地图的路网进行匹配以获取车辆速度及行程时间等，为后期的车辆诱导、实时监控及调度提供数据支持。利用空间数据，将时间-位置的二维曲线，扩展至空间三维领域，采用差值算法和隐式马尔科夫过程等对车辆轨迹进行重构和预测。监控中心根据以往采集到的交通事故的车辆信息和地理环境条件进行空间叠加分析，得出交通事故易发地段的空间特征和车辆信息特征，存储危险区域车辆信息与空间数据。实时监测车辆当前位置数据和车辆其他状态信息，与已存储的危险区域车辆信息和空间数据进行模型比对判断，得出是否需要报警，防范交通事故的再度发生。对已经发生交通事故的路段，监控中心采用自学习的遗传算法模型，提出应对紧急时间的最佳路线诱导方案。通过无缝融合传输网络发布相应的引导信息到车载在线位置服务终端，显示车辆位置、交通网络图和道路交通状况，为驾驶人找到从当前位置到目的地的最优行驶路线，保证交通秩序正常。当公交车辆、特种车辆通过城市信号交叉口时，常规的城市交叉口信号配置已经不能满足车辆通行的需求。采用差分卫星信号定位技术实现对公交车辆和特种车辆的快速定位，当车辆接近信号交叉口 1000m 的范围时，将车辆位置信息通过 4G 或 5G 网络通信实时自动地发送到监控中心，并计算出公交车辆和特种车辆与信号机的相对位置坐标、距离及车辆行驶方向等，然后将这些信息实时、自动地发送到城市信号交叉口的交通信号控制机。采用自学习算法来解决多交叉口协调控制问题，通过通信网络将方案下载到交叉口交通信号控制机，从而保证车辆的快速通行，监控中心通过车载智能终端对于车辆的引导过程如图 4-15 所示。

2. 车牌定位

车牌识别系统是 GIS-T 的重要组成部分，其关键技术是通过车牌定位，利用现有的图像处理技术，自动识别车牌号码获取车辆的基本信息。车牌识别作为目前交管和监控的重要应用技术，广泛应用于停车场出入登记、收费管理、治安卡口、闯红灯抓拍、超速抓拍以及电子警察稽查抓拍等领域，大大提高了交通系统的车辆监控和管理的自动化。

一套完整的车牌识别系统由硬件和软件两部分构成。硬件主要包括 CCD 高清彩色摄像机、图像采集卡、红外传感器、中断捕捉卡和计算机。软件由车牌图像采集、图像预处理、车牌分割定位、车牌字符识别等功能构成。

第四章 GIS-T与出行者信息系统

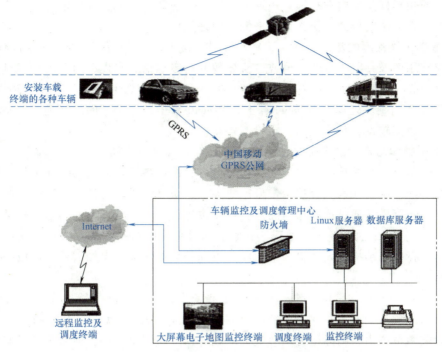

图 4-15 车载智能终端监控调度系统

车牌识别的工作流程：当红外传感器检测到车辆进入拍摄范围时，向主机发送启动系统信号，主机通过中断捕捉卡和图像采集卡，从视频信号中采集一帧图像信息并保存成一张车辆图像，图像经过软件系统预处理后被发送给车牌识别部分。首先需进行车牌定位，然后根据需要进行倾斜校正，再分割车牌，即得到单个的字符图像，并将分割出的字符与系统字符集进行比对，识别出车牌字符信息，同时对识别的信息进行语法检查，最终识别出车牌信息，并将结果传送给应用场所。

3. 图像预处理

在车牌图片的采集过程中，由于各种因素会导致车辆采集图像出现明暗对比不同、图像倾斜等问题，如何获取比较清晰的图像，包括摄像头、图像采集卡的选取、汽车的速度、摄像头的位置、前后车间距等是主要影响因素。在实际应用中，无法约束所有的条件均满足图像采集要求，常用的图像预处理方法包括图像压缩、图像增强和图像倾斜校正。其中，图像倾斜校正一般与车牌定位操作同时进行。

4. 车牌定位方法

车辆定位是将车牌图像区域从采集的车牌图像全图中分割出来。车牌定位成功与否以及定位的准确程度将直接决定后期能否进行车牌识别以及识别的准确度。

(1) 基于纹理的定位方法　基于纹理的定位方法是对灰度图像进行边缘检测后，对图像进行垂直方向投影。在车牌图像垂直方向上会有一个波峰，从左往右扫描，当发现第一个较大的波峰时，其左右坐标内为车牌的横向范围。基于车牌的字符特征对图像边缘检测，在车牌横向范围内，每行以一定像素为限，作为判断波峰起点和终点的标准。运用水平方向投影确定车牌的上下边界进行截取，输出一张包含车牌矩形区域的灰度图。根据车牌长宽比，用一个虚拟的矩形框从左向右扫描，矩形框宽度为纵向范围之差，框内取得最大值的位置即为车牌位置。该方法定位速度快，漏检率低，但是误检率高。

（2）**基于边缘检测的定位方法**　边缘检测技术是目前图像分析领域中应用较广的基础技术，主要利用图像一阶导数的极值或二阶导数的过零点信息来提取边缘信息。目前常用的边缘算子有 Roberts 算子、Sobel 算子、Prewitt 算子和 Laplacian 算子等。其中，Roberts 算子只考虑图像 2×2 的领域处理，而 Sobel 算子和 Prewitt 算子是对 3×3 的领域进行处理。该方法定位准确，但速度较慢，且漏检率、错检率较高。

（3）**基于数学形态学的定位方法**　数学形态学的基本思想是利用一个称作结构元素的探针收集图像信息，当探针在图像不断移动时可考察图像各部分之间的相互关系，从而了解图像的结构特征。结构元素可直接携带形态、大小、灰度和色度等知识信息来探测研究图像结构的特点。石晓瑛等通过选取适当的值，对图像进行二值化处理，并利用形态学的闭运算（先膨胀后腐蚀）对二值图像进行处理，从而实现对车牌的识别。该方法具有完备的数学基础和天然的并行实现结构，大大提高了图像分析和处理的速度，但如需精确定位必须结合其他算法。

（4）**基于颜色空间的定位方法**　首先确定要使用的颜色空间，然后在车牌图像中搜寻出蓝、黄、白、黑 4 种颜色的区域，将拍摄得到的 RGB 图像转换到目标空间中，若各分量都落在经验阈值范围内，则标记为车牌候选区域。该方法定位准确，但对车牌的质量要求较高，易受光照条件、背景颜色干扰，尤其是当车牌底色为黑色或白色时，性能大大降低。

（5）**基于神经网络的定位方法**　基于神经网络的定位识别方法是将样本图片和对应的字符作为输入和输出，让系统进行训练，直到误差小于规定的值，就得到一个网络，然后再将待识别图片输入该网络，得到的输出向量就是识别结果。神经网络法是目前正在发展和完善的一种模式识别方法，具有良好的容错能力、分类能力和并行处理能力，对模糊的字符也有较好的识别效果，但其训练时间长、需要大量的训练数据。

第四节　基于 GIS-T 的交通安全与控制

授课视频

随着经济的高速发展，城市内汽车拥有量的持续增长和相对落后的交通管理控制系统，使得我国城市道路交通事故普遍呈逐年增长趋势，造成了巨大的经济损失和社会影响。城市内汽车保有量的增加导致交通拥堵时有发生，一旦发生事故，快速的城市道路交通事故应急机制对挽救伤员生命、减少经济损失、快速恢复交通具有重要的意义。同时有效的交通事故信息采集、整合、存储和管理等方面的工具对于城市交通事故预测、预防、分析具有重要的意义。由此许多专家学者对道路交通事故应急系统进行了研究，包括基于 GIS-T 的高速公路紧急救援系统和基于 GIS-T 的城市道路交通事故应急救援系统，这两大系统主要利用先进的通信系统、软件技术，对高速公路及城市道路交通事故救援进行信息化建设和可视化展示，建立有效的应急救援反应机制和决策支持系统，有利于果断处置交通事故、降低异常事件对城市交通的影响，更有利于逐步使城市的交通安全管理向 ITS 智能化方向迈进。

一、基于 GIS-T 的高速公路紧急救援系统

高速公路紧急救援主要研究如何在事故发生后采取及时有效的紧急救援措施以减少事

第四章 GIS-T与出行者信息系统

所造成的人员伤亡与经济损失，预防第二次连锁事故的发生。高速公路紧急救援体系涉及法律法规、组织机制、运作机制和支援保障等方面，研究的内容主要包括救援组织、机构体系、救援队伍及救援资源配置、通信保障及基础信息管理、异常交通信息采集和救援方案智能决策支持等。GIS-T具有强大的数据管理、子地图、空间查询和分析以及地形分析等功能。这些功能应用于高速公路紧急救援系统将大大提高紧急救援的效率和可靠性。

1. 数据管理

GIS-T具有强大的空间数据和属性数据管理功能。基于GIS-T的数据库管理系统除了具有一般数据库管理系统的数据输入、存储、编辑、查询、显示和输出等基本功能外，还具备坐标变换、投影变换、空间数据类型的转换、地图边缘匹配及算术运算、关系运算、逻辑运算和函数运算等特殊功能。其应用在事故救援领域，可对大量烦琐的数据进行快速处理。其输出结果可以是数据、数据库表格、报告、统计图、专题图等多种形式，实现所见即所得的目的。

2. 电子地图

基于GIS-T的电子地图以可视化的数字地图为背景，以文本、照片、图表、声音、动画、视频等为表现手段，展现高速公路网及沿线区域的综合面貌；以多维地图的静态、动态显示以及动态环境下空间数据库和专题数据库的交流来全面支撑救援业务流程的可视化管理。其中最重要的是GIS-T的专题地图制作，可在地图上显示出地理要素并能赋予数值范围，同时可放大或缩小以表明不同的细节层次；GIS-T不仅可以为用户输出全要素图，还可以根据事故救援的需要分层输出救援路线图、救援物资储备图、相关部门位置图、事故多发地点图等专题地图以显示不同要素和活动位置，或有关属性内容。

3. 空间查询与分析

GIS-T可进行空间图形与属性的双向查询，即根据空间图形查询其有关属性，根据属性特征查询空间图形，并可根据需要进行最佳路径分析。其面向用户的应用功能不仅能提供一些静态的查询、检索数据，还可以根据需要建立一个应用分析模式、通过动态的分析，为评价、管理和决策服务。这种分析功能可以在系统操作运算功能的支持下或通过建立专门的分析软件来实现，如统计分析、缓冲分析、叠加分析、网络分析、决策分析等。

4. 流程分析

救援系统构建在高速公路监控系统的基础之上，在交通事故发生时，救援指挥中心与监控中心、分中心联动工作。其业务流程大致如下：事件信息采集→救援方案生成→动态调整→救援实施→救援后管理及评价。对各流程具体分析如下：

事件信息采集包括以下方式：事故当事人或目击者可利用公路上设置的紧急电话或移动电话报警；交警或管理部门的巡逻车发现事故后利用无线集群电话系统报警；公路发生突发事件后会引起交通流的异常变化，监控系统根据此变化可自动判断可能发生的交通事故；监控中心管理人员可利用监控电视系统发现摄像机覆盖区域内的突发事件。

监控中心接到报警后，立即记录事故信息（包括时间、地点、事故类型、事故描述等），同时启动监视系统、GIS-T、GIS等进行事故定位，对事故信息做出初步的综合分析和判断，并派出交警赶赴现场确认。根据事件的类型、事发地点和严重程度，在预编制方案子系统的基础上自动生成救援需求和事故处理方案。

调整后的救援方案可为有关部门提供至事发地点的最佳路线并通过通信子系统下达救援

指令实施救援，同时发送事故信息和相应的交通管制或引导信息。各有关部门接获事件通报后，根据分工立即在应急指挥中心的统一协调下，各司其职，组织救援并进行事故处理，将事故现场情况及时反馈给应急指挥中心，以便紧急救援系统能够及时修正救援方案。

在事件处理完毕后，应急指挥中心下达救援结束命令，恢复路网的正常交通并发布相关信息。同时，应急指挥中心记录详细的事故救援处理报告并分析评价处理结果。

5. 救援系统设计

根据对系统业务流程和总体需求的分析，设计出基于 GIS-T 的高速公路紧急救援系统的主要功能模块，如图 4-16 所示。该模块能受理各种方式的紧急事件报警并记录和处理相关的报警信息。紧急报警受理模块记录的报警信息主要有报警的时间以及事件发生的时间、地点、类别、初步描述、严重级别等。该模块的信息处理功能主要是根据事件发生的位置和事件的严重级别以不同的颜色在电子地图上高亮显示。

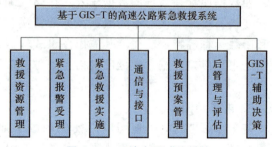

图 4-16　系统主要功能模块

紧急救援实施模块是整个紧急救援系统软件的核心。模块启动后将自动生成救援初案，对突发事件救援过程实行全程实时监控，动态调整救援方案，跟踪事故现场动态，发布救援指令，协调各职能部门及救援资源，直至圆满完成救援任务为止。

紧急救援系统是建立在高速公路监控系统之上的。系统在实施救援的全过程中都要用到监控系统的资源，调用事件发生区域的交通环境参数，如交通流数据、视频信息和交通控制信息等，以跟踪事件区域势态，动态调整救援方案，发布交通控制指令。同时，路网条件下的救援需要在一个跨区域的组织机构网络中进行统一的协调和通信。该模块主要解决上述救援实施中的通信与接口问题。

系统基于 GIS-T 建立信息平台，在此平台上集成系统各功能模块。在 B/S 模式下以 Web GIS 技术构建高速公路紧急救援系统有很大的优势，尤其是构建路网环境下的救援系统。但基于 GIS-T 的救援系统在某些时候需要进行大量频繁、高速的交互，采用纯 B/S 模式并非最好的选择。C/S 模式虽然具有成本高、移植困难等缺陷，但其强大的数据操纵和事务处理能力，以及数据的安全性和完整性约束能力，使得其能与 B/S 模式相互补充、相辅相成。因此，系统采用基于 Super Map 的 C/S 与 B/S 混合结构的软件架构，即紧急救援实施子系统、通信与接口子系统采用 C/S 方式，而救援资源管理、紧急报警受理、救援预案管理、后管理与评估、GIS-T 辅助决策等采用 B/S 方式。

二、基于 GIS-T 的城市道路交通事故应急系统

1. 系统结构设计

城市道路交通事故 GIS-T 应急系统主要涉及三部分：一是 GIS-T 软件和地图部分，该部分的主要功能是为交通安全分析提供支持平台和管理城市道路地理信息（如交通基础设施信息、交叉口信息等），这些信息被存储于与之相关联的表中，并可进行实时动态更新；二是交通事故本身所涉及的内容，主要指与交通事故相关的数据；三是调度应急车辆，实现用

时最短、速度最快响应交通事故。系统的设计结构如图 4-17 所示。

2. 系统功能模块设计

基于 GIS-T 的城市道路交通事故应急系统分为 4 个功能模块：

（1）**系统用户管理模块** 在系统初始化时，有两个默认的用户：系统管理用户和普通用户。系统管理用户可以管理普通用户、修改事故应急预案、修改地图信息、管理事故数据等；普通用户操作系统、上传数据给系统管理用户，但不能修改系统中的资料库，以保证数据库的完整、有效。

（2）**地图操作模块** 地图操作模块包括地图放大、缩小、测量、漫游、标注、定位、地图图层管理、地图更新以及地图匹配等功能。此模块是系统的基础，事故应急处理是在此模块的基础上进行的，利用基础 GIS 平台功能实现系统的地图操作功能。

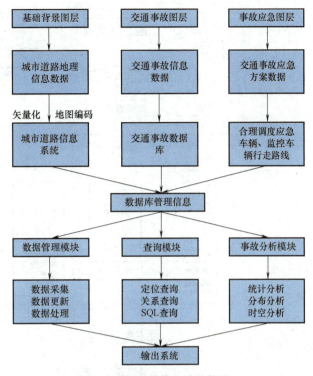

图 4-17　系统的设计结构图

（3）**信息管理及分析模块** 信息管理模块包括事故信息管理及分析、交通网络特征数据管理、事故应急预案信息管理等功能。事故信息管理及分析主要实现对事故数据的统计分析，总结城市道路事故特点、事故案件归类、计算衡量事故程度的指标（如事故起数、伤亡人数、经济损失等）、评价城市道路交通安全状况。建立数据库，利用 GIS-T 强大的数据管理功能管理及分析城市交通事故数据。GIS 的空间分析功能将在交通事故信息统计分析中发挥重大作用，利用 GIS 的拓扑叠加功能，将交通事故地点图层与交通地图叠加，来分析城市交通问题症结所在。利用 GIS 的缓冲分析功能统计交通事故的相关数据等。

（4）**事故应急模块** 事故应急模块是本系统的重点，根据系统工作流程（流程图见图 4-18）知此模块主要包括事故告警、应急预案、最短路径选择、事故信息发布、事故发生地点交通管制决策、事故救援信息归档等功能。

在交通事故应急系统中对突发事件管理通常可分为 5 个阶段：缓解阶段、准备阶段、恢复阶段、响应阶段、综合分析。GIS-T 技术在向应急指挥者提供综合、可视的空间信息的同时，使社会公共安全规划更加有效。在应急指挥的四个阶段，GIS-T 所展现的空间数据在各个阶段是不同的。

1）缓解阶段。通过 GIS-T 进行情报收集和综合分析，对潜在的危险和紧急事件认知及定位，制定相应的规范、条例和警力资源分配，采取持续的措施减少或消除潜在危险。

2）准备阶段。通过 GIS-T 为应对突发事件做准备工作，如实时监控、模拟演练、预案制作、信息采集、预测预警等。

3）恢复阶段。当对人身安全、财产以及基础设施的威胁消失时，恢复重建的工作将随

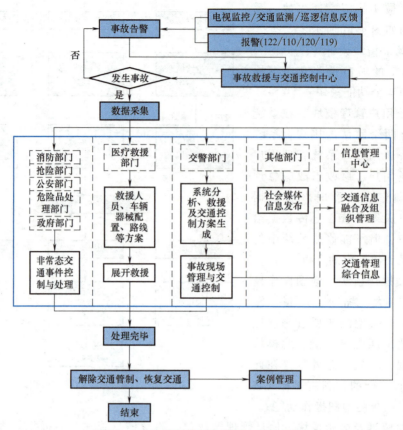

图 4-18 交通事故紧急救援工作流程图

即开始,这个阶段的主要工作是实时、动态地发布最新的事件信息,实现对突发事件的影响及损失评估,预报将来危险,为后期管理及恢复重建提供数据。

4)响应阶段。根据突发事件的实时情况,有组织地采取一系列的应急措施抢救生命和财产。此阶段的工作包括高速稳定社会局势、避免再次遭到重大损失以及为受难者提供救援等。应急管理主要围绕响应阶段进行。响应阶段的生命周期从指挥中心接到或监测到突发事件的报警开始,指挥中心根据事件现场的实时状态指挥调度,进行应急处置,直至应急处置过程的结束或进行处置移交而中止,应急指挥的结束并不意味着事件的结束,而只是应急指挥中心的应急指挥调度使命的完结。响应阶段与其他三个阶段是相辅相成、密不可分的,响应阶段所需的数据大部分来源于其他阶段的数据积累。在应急响应阶段,由于突发事件具有很强的时间性和空间性,应急管理具有极强的科学性,通过 GIS-T,指挥员可快速地做出正确的决策。

5)综合分析。可以准确地图示突发事件空间分布,能够为突发事件空间查询、专题分析、趋势分析和空间分析等提供数据基础。快速地估算出事件造成的破坏区域和影响范围,建立扩散的方向和速度模型,图示危险区、隔离区和警戒区,给出各区域的危害程度和防护要求。绘制疏散路线,定位紧急避难所,并进行紧急救援物资的合理配给,实施医疗急救。

目前,几乎所有突发公共安全事件及处置均与环境密切相关,作为城市公交领域的一个明显趋势就是充分借助于 3S 技术(遥感技术、地理信息系统和全球定位系统的统称)和三维可视化技术，建立起以遥感技术（remote sensing，RS）技术为快速信息获取手段，以 GIS 的空间显示功能、空间拓展分析功能及辅助决策支持功能为核心，能够实现各公共安全部门实时联动的应急指挥调度与决策支持的综合系统，使之具有跨部门信息集成、分布式共享管理和三维可视化表达的功能，以便快速、准确、直观地为突发性事件和灾害的应急管理提供一个完整的解决方案。因此，GIS-T 技术在现代化应急管理中起着至关重要的作用。可以极大地改善公安机关的快速反应能力、出警的准确性和破案效率。

第五节 出行者信息系统

授课视频

20 世纪 80 年代以来，在欧、美、日等发达国家为寻求缓解公路交通堵塞对策的研究中，出现了以个体出行者为服务对象的综合交通信息系统，通过出行者与交通信息中心的双向信息传递从而建议或约束出行者的出行行为，达到减少延误、缓解交通拥挤的作用。这种系统通常称为先进的出行者信息系统（advanced traveler information system，ATIS）。ATIS 充分运用先进的通信技术、信息技术，在各种场合以多种方式向出行者提供高质量的实时的交通信息服务。ATIS 的工作原理如图 4-19 所示。

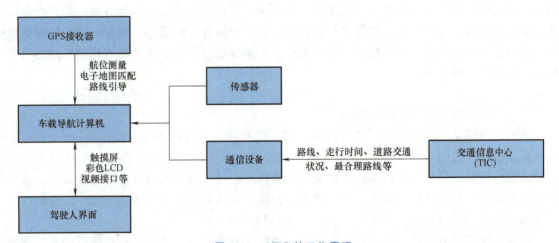

图 4-19　ATIS 的工作原理

ATIS 的基本构成包括信息采集系统、信息传输系统、信息发布系统和信息处理系统。各系统间的结构框架如图 4-20 所示。

出行者信息系统是 ITS 的一项重要研究内容，它是建立在完善的信息网络基础上的，交通信息中心通过装备在道路上、车辆上、换乘站、停车场以及气象中心等处的传感器和传输设备，获取实时交通信息；ATIS 得到这些信息并通过处理后，实时向出行者提供道路交通信

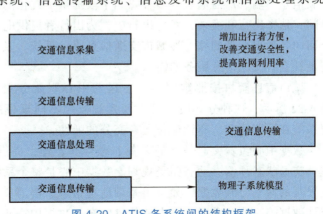

图 4-20　ATIS 各系统间的结构框架

息、公共交通信息、换乘信息、交通气象信息、停车场信息以及与出行相关的其他信息；出行者根据这些信息确定出行方式、选择路线，从而达到规划出行、避免交通拥挤、节约出行时间的目的。有效的出行者信息系统应该覆盖多种运输方式，并能够满足驾驶人和出行者的需要。它运用多种技术为消费者提供道路信息、公交信息和其他与出行有关的重要信息，以帮助消费者选择出行方式（私家车、火车、公交车等）、出行路线和出发时间。

出行者信息系统的发展经历了两个阶段。第一代系统称为出行者信息系统（TIS），是在20世纪60年代末70年代初出现的计算机技术和交通监控系统的基础上发展起来的。人们用通信技术进行信息发布的最初愿望是提高路网局部的通行能力，例如严重拥挤的干道与干道的交叉口，或者由特别事件和交通事故引起阻塞的部分路口与路段等。可变信息标志（variable message signal，VMS）和公路顾问广播（highway advisory radio，HAR）是这一代出行者信息系统的代表。第二代系统，称为先进的出行者信息系统（ATIS），它采用信息采集、传输、处理和发布方面的最新技术成果，可以为更广泛的出行者提供多种方式的实时交通信息和动态路线诱导功能。第一代出行者信息系统发展到第二代先进的出行者信息系统，反映了出行信息的涵义及其传播方式的巨大变化。先进的出行者信息系统能够以语音、图形、文字等形式向出行者提供相关的出行信息，使出行者在从出发前、出行直到到达目的地的整个过程中，随时能够获得有关的道路交通状况、行程时间、最佳换乘方式、所需费用以及目的地的各种信息等，从而指导出行者选择合适的交通方式和路径，以保证出行的最高效率。车载路线诱导系统、蜂窝电话、有线电话、大型显示屏和互联网等是当代第二代出行者信息系统的主要表现形式。

一、出行者信息系统体系结构

出行者信息系统由城市信息模块组成。城市信息模块（city all-round transportation information module，CTIM）是一个城市管辖区域内的综合交通信息、天气资讯、旅游娱乐、货物供求等出行需求信息的集成系统。各城市信息模块通过交通服务总线按地理位置以地图的模式相互连接，其信息出入口为进出各城市的公路、铁路和航线（飞机和轮船），查询跨区域交通线由相同的信息出入口连接。ATIS区域结构如图4-21所示。

城市信息模块兼有信息集成和信息发布的功能，整合城市异构交通信息资源，研究多模式交通数据采集与融合、信息检索与发布、综合出行规划的关键技术，通过互联网、电话、车载信息终端、广播电视等多种媒体手段提供个性化的出行服务，出行前为出行者提供智能顾问，选择出行和换乘方案；出行中，为出行者提供电子向导、动态实时信息服务，构建一个面向各种出行者的综合性城市交通信息服务系统，及时准确地提供各种交通及出行服务，满足社会对交通信息服务的需求。

城市信息模块按照数据中心、运营中心职能分立的原则建设和运营，其体系结构如图4-22所示，这种分立模式可以使系统兼顾不同规模的运营需要、不同商业模式的需求，使系统在运营管理、商业运作上有充分的弹性。

数据中心负责交通信息的采集、融合和管理，提供高性能计算能力，支持海量数据管理、交通状态预测、动态路径规划。数据中心是整个系统的基础，包括从智能交通各个子系统采集的共享公共数据，如城市基础地理信息、静态交通数据、动态交通数据、图形数据、统计数据等，这些数据用于支持信息发布。数据中心主要包括公共数据库、交通信息融合、

第四章 GIS-T与出行者信息系统

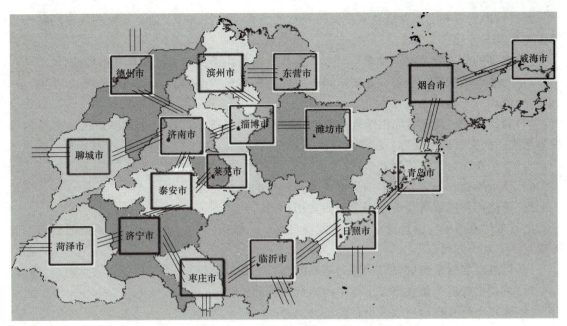

图 4-21 ATIS 区域结构示意图

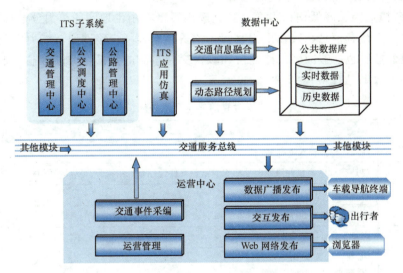

图 4-22 CTIM 体系结构图

动态路径规划和 ITS 应用仿真四个子系统。

运营中心负责为日常运营业务提供支撑，面向广播电视媒体、移动终端、普通出行者提供出行信息和广告服务。运营中心主要包括数据广播发布、交互发布、Web 网络发布、交通事件采编及运营管理五个子系统，是主要的信息发布中心，主要的服务内容有地图服务、实时路况服务、路况预测服务、历史路况查询、最短时间出行方案服务、公交线路查询、公共设施查询及其他信息服务等。

两个中心之间通过交通服务总线实现数据交换。外部的 ITS 子系统，如交通管理、公交调度等都通过交通服务总线实现与本系统的相互连通。

通过对出行者和出行者信息系统操作人员的调查可知，出行者信息系统应具备的特性主要体现在以下方面：

1）提供的信息要及时、准确、可靠，要具有出行决策的相关性并具有市场前景。
2）为整个区域提供信息，这要求跨行政区的公共机构共同参与。
3）由训练有素的人员操作。
4）容易与 ITS 其他系统相结合，如紧急事件管理系统、高速公路管理系统、交通信号控制系统、公交管理系统等，以便获得大量的交通信息。
5）易于被出行人员使用和接通。
6）易于维护，不需要过高的运行成本和较长的操作时间。
7）最终用户能够承受所使用服务的费用。

出行者信息系统应满足特定国家的发展目标，一般条件下，出行者信息系统的目标主要体现在以下六个方面：

1）促进以实时准确的交通状态为基础的出行方式选择。
2）减少出行者个体在多方出行中的出行时间和延误。
3）减轻出行者在陌生地区出行的压力。
4）降低整个交通系统的行程时间和延误。
5）通过公私合作降低交通系统的总成本。
6）减少碰撞危险，降低伤亡程度（如减轻出行者在陌生地区的精力分散程度）。

实践证明，出行者信息系统在出行时间、消费满意程度、路网通行能力以及环境影响等方面具有明显效益，也能够减轻道路拥挤和减少交通事故的数量。美国运输部报告的出行者信息系统的实施效果见表 4-1。

表 4-1 出行者信息系统的实施效果

指标	效果
碰撞危险	预计减轻驾驶人压力 4%~10%
伤亡程度	与具有 GPS 定位和路线引导功能的紧急事件管理系统相结合，可以降低伤亡程度
出行时间	减少 4%~20%，严重拥挤时更明显
通行能力	模拟显示当有 30% 的车辆接收实时交通信息时，可以增加 10% 的通行能力
延误	高峰小时可以节省 1900 辆
排放估计量	HC 排放物减少 16%~25% CO 减少 7%~35%
消费者满意度	可以减轻有意识的压力；与救援中心的无线通信可将安全性提高 70%~95%

二、出行者信息服务系统组成

出行者信息服务系统的组成及功能如图 4-23 所示。

1. 公共数据库系统

公共数据库负责对 ATIS 各子系统的共用数据组织结构和传输形式进行统一规范，并形成一个对共用数据进行组织、存储、查询、通信等管理服务的数据库系统。公共数据库包含动态数据和静态数据，负责完成数据的汇集、融合、归档，提供海量数据搜索能力；提供数

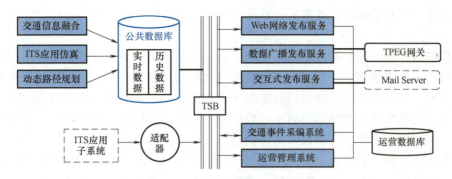

图 4-23　ATIS 的组成及功能示意图

据管理工具，完成备份、恢复、监视等功能。

(1) **公共数据库的功能**　信息采集与融合：定义了智能交通各异构子系统进行整合的框架和接口，各应用系统按照一定的规则将共用数据发送到公共数据库，由公共数据库对多来源渠道、相互不一致的数据进行数据融合处理，并以规范化的格式加以存储。保证数据间关系的正确性、一致性，减少数据冗余。

1) 数据存储：通过合理组织管理，将数据转化成能够理解的信息。为此系统需要完成对于实时数据和历史数据的组织，以保证数据间关系的正确性、可理解性和减少数据冗余。

2) 数据提供：需要根据服务请求和权限，按照所需的格式，对各应用系统提供信息服务。

公共数据库的思想是提供各种应用的标准化数据仓储。公共数据库的集成以 Web Service 和消息队列技术为基础，底层数据模型是关系模型，使用 SQL 作为查询语言。在数据中心内，每个应用都作为信息的供应者和消费者，公共数据库则负责管理消费者和供应者之间的数据交换。由于公共数据库提供了标准化的接口，每个应用都可以单独升级，而不会对其他应用产生影响。

(2) **公共数据库的主要特征**

1) 共享数据的公共访问：一个应用特有的数据可以被其他已存在的或新的应用访问。

2) 灵活的数据保护和安全性：公共数据库内的数据具有用户可设置的访问安全性。

3) 数据质量模型支持：来自一个供应者应用的数据带有质量标记，可以与另一个消费者应用的需求相匹配。

4) 公共数据服务：公用数据库不仅存储数据，也向其他应用发送数据。

公共数据库可能包括多个物理库，要考虑两种类型的数据：共用数据和实时数据。共用数据包括原始数据和经过处理的数据，在整个系统中具有最高的共享性。道路交通动态信息具有很强的时间限制性，既需要数据库支持大量数据共享，又需要很好的处理性能。这种结构有以下好处：①实现数据推送服务，即使客户端可以订阅它们需要的数据和接收自动交付的满足需要的数据。客户端不再需要重复地查询数据库是否有新的数据。②支持未来的新 ITS 应用服务。③保持数据库访问独立性，即无论选择什么样的数据库管理系统管理公共数据库，应用服务器都提供一个不变的接口。应用服务与应用服务器使用 Web Service 通信，是一种开放的分布式计算模式。

数据库设计可采用本地数据库与远程分布数据库相结合、多级数据库级联方式，即系统不仅满足数据存储和快速响应的需要,且能保持综合信息服务系统的高可用性、数据的安全性和一致性。

综合信息服务系统的数据库是由上级、本级、下级等组成的地理上分布的数据库。每个上级、本级、下级等管理部门都建立中心数据库(即数据库服务器),为所有业务工作软件提供数据存放、数据共享、数据交换的数据平台;各级单位的各业务部门不单独建数据库,其业务软件通过网络访问本级单位的中心数据库。本级综合信息数据库与上、下级综合信息数据库之间通过网络或移动存储设备交换信息。

每个数据库逻辑上包括公共基础数据库和业务专用数据库。公共基础数据库存放各单位、各业务系统所有共享数据,在权限允许的范围内可被所有单位和业务系统访问使用;业务专用数据库存放各单位业务工作中专用的业务数据,只能被相关单位的业务部门使用。每级数据库中的公共基础数据库部分结构一致,业务专用数据库按业务需要存放本级所管辖的数据信息。

为应对各种意外情况对数据库的破坏和影响,系统数据备份体系采用三级结构,上级管理部门数据库采用本地备份与异地备份结合的方式,本级管理部门数据库和下级管理部门数据库采用本地备份方式,以保证综合信息服务系统公共基础数据和关键业务数据的完整和可靠。

2. 交通服务总线

数据中心与运营中心、ITS 子系统的数据交换通过交通服务总线(transport service bus, TSB)来完成。运营中心、ITS 子系统通过 JMS、Socket、Web Service、FTP 等接口方式向数据中心提交交通数据,保存到公共数据库中。运营中心系统也可以通过该接口进行交通信息订阅和查询,统一对外进行交通信息发布。

运营中心采用消息队列机制向数据中心订阅各种实时交通数据,根据出行者的订阅情况和数据广播内容,数据中心系统一旦接收到新的交通数据立即向运营中心系统转发,运营中心系统一旦接收到新的交通数据自动以各种方式发送给数据消费者(车载终端、外部系统等)。

3. 交通信息融合系统

为了实现出行信息服务,必须能采集到道路状况、交通状态和气象信息。交通状况信息包括交通流量、占有率、车速、行程时间等交通特性、交通事件和拥挤程度信息。除了交通事件、拥挤程度可由人工辅助外,其他信息都需要通过交通检测器自动采集。

通过多种方案结合,实现交通数据采集:

1) 交叉口和路段断面检测,主要通过检测器实现。
2) 有条件时利用浮动车数据。
3) 集成其他已建成系统数据,进行二次数据融合处理。
4) 配合人工座席,通过热线电话或视频监控采集交通数据并录入。

这些数据通过交通服务总线,按照标准的数据格式汇集到公共数据库。采集的数据经融合处理,形成信息服务所需要的数据。

智能交通系统是实现各种功能的应用系统组成的复杂庞大的系统。各应用系统由于功能和处理业务上的差异,分别由不同的部门建设实施和运作管理。建设和实施的阶段性、技术性以及其他经济和人为等因素的影响,决定了各系统间的相互独立性。在共用信息平台解决交通"信息孤岛"问题达成共识后，信息格式、内涵、存储方式以及信息冲突等问题的解决成为平台建设的关键。信息融合系统通过关联系统的信息整合，能够有效地对数据进行采集、存储、检索、建模、分析和输出，为ITS共用信息平台的各种功能提供信息支撑。因此，信息融合是实现数据挖掘和决策支撑的关键，是实现ITS共用信息平台所有功能的前提，是信息平台建设需要解决的关键性问题。

信息融合，又称为数据融合，是指多传感器的数据在一定准则下加以自动分析以完成所需决策和评估而进行的信息处理过程。信息融合技术的最大优势在于它能合理协调多源数据，充分综合有用信息，提高在多变环境中正确决策的能力，而这种优势恰恰在ITS领域得到充分发挥。

多传感器数据融合提供了一个强有力的多源数据处理工具，它是利用计算机技术对按时序获得的若干传感器的观测信息在一定准则下加以自动分析和综合，以完成所需的决策和估计任务而进行的信息处理加工过程。随着计算机技术、信息技术和制造业的迅速发展，各种面向复杂应用背景的多传感器系统已经大量涌现。随着应用领域不断增长的复杂度，迫切需要利用新开发的技术手段对过多的信息进行综合处理、解释和评估，从而使多传感器数据融合理论得到长足发展，取得了一系列成果。

4. ITS仿真系统

ITS仿真系统按照标准的异构系统集成接口，完整实现各异构系统与公共数据库的交互行为，为验证交通系统集成和数据共享提供方便。

ATIS作为智能交通系统的核心系统之一，可以提供历史数据和实时、预测的信息来支持出行决策的制定。同时，ATIS试图通过影响出行者个人出行的选择，来缩短其出行时间并提高出行质量。由于实施交通诱导系统需要投入巨额资金，而交通诱导系统在多大的程度上能够改善交通，如何配置才能最大限度发挥其作用，在国内的研究中尚未有定论，迫切需要从理论上解决该问题。ATIS的有效性取决于出行者对所提供交通信息的反应以及系统提供信息的能力。因此，了解出行者在各种交通信息提供策略下进行决策的过程便显得尤为重要，使用仿真建模方法对出行者在ATIS条件下的路径选择行为进行分析，为ATIS的配置和开发提供理论支持，是一种效果很理想的分析方法。

5. 动态路径规划系统

动态路径规划系统通过建立路段行程时间预测模型，为用户提供出行路径指导。根据出行者的出发地和目的地，提供所有路径搭配规划方案，并推荐一个最快方案和一个最经济方案供出行者参考。

动态路径规划系统把动态的与随机的实时交通流量在路网各路段上进行分配。动态路径规划按城市信息模块的方式单元化制作，并结合实时交通情况即时更新后续路径。在排列组合和运筹计算的基础上，同城动态路径规划综合考虑交通管制、道路封堵、城市规章制度、天气、节假日等影响因素，在保证高效出行的情况下，本着分散平均的原则制定规划方案，避免使交通规划过于集中。城际和省际动态路径规划遵循直达原则，主要规划城间起点和目的地之间的国道、省道、城市主干道、高速公路、铁路和航线等。

动态路径规划系统的主要功能如下：

1）为车辆提供道路诱导系统，引导车辆行驶在最佳路线上。
2）为旅行者提供出发时间和方式选择。

3）提供诱导系统与交通控诉系统的相互联系。

对于动态路径规划系统研究的重点在于开发出实用的动态路径分配模型。尽管目前各国开展了很多研究并提出了很多方法，但很少有达到满意效果的。从研究方法上看，大致可分为三类：数学优化方法、计算机模拟方法和最优控制论方法。从研究角度讲也可以分三类：出行选择研究，即对每路段的出行率进行研究；出行需求研究，研究如何将随时间变化的交通需求分配到路网上去；分布形态研究，出行分布形态往往是依据测量到的 OD 矩阵，研究交通流的分布形态和出行率。从满意对象看，可分为动态系统最优模型和动态用户最优模型。

车辆在行驶过程中，往往选择最短路径行驶。根据交通流理论，可以建立车速、交通流量与密度之间的关系，进而得出描述路段行驶时间的路权，根据路段路权，可以采用最短路径的算法求得始点到终点的最少旅程时间路径。然而，因各种突发事件（交通事故、自然灾害或交通管理等）造成的道路中断的现象普遍存在，车辆在行驶过程中并不具有道路中断的完全信息，只有在行进到中断处才获得道路中断信息。此时原来的最短路径就很可能失去优越性，从而增加交通运输成本。国外从 20 世纪 90 年代开始，对道路模糊最短路径算法展开研究，随后的研究集中于从旅程时间随机性和动态性角度期望得到最短路径。国内近年来也展开了对道路可靠性的研究，在道路连通、同类和长途可靠性方面取得了一系列成果。

6. 交通事件采编系统

交通事件采编系统提供道路状况、交通状况、交通事件、天气相关资讯信息的录入、修改、删除以及信息的管理。

交通事故是公路上总车时延误的一个重要因素，发生在重交通时段的事故会造成上千辆车长时间排队等待。这种事故还是引起更多接连撞车发生的原因。交通控制中心的一个关键功能是处理事故，这意味着需要迅速的事故探测和必要控制的协调配合，以便尽快恢复常规状态下的公路运营。首先要求发展完善事故探测计算机软件，提高事故监测系统的可靠性。西方发达国家已做了很多研究并已逐步实施，如英国 TRRL 提出的 HOICC 事故探测算法，在美国一号高速公路上使用效果良好。事故监测系统对来自公路检测与监视系统的数据进行分析，当发现不正常交通状况时，自动提醒操作人员可能要发生的事故。例如，通过环形线圈检测器的车辆突然下降或雷达检测到的汽车速度突然下降，这意味着可能发生事故，管理人员可以利用视频监测系统对这种警告进行可视化确认。如果事故被确定了，中心处理计算机专家系统将会迅速提出补救措施来缓解交通堵塞，同时推荐一种处理方案。例如利用高速公路匝道分散流量；使用公路路况广播电台和公路电话查询台系统来通报交通路况；调节十字交叉口的红绿灯时间；使用可变道路标志信号来疏导车辆等。这种专家系统是计算机程序，可像专家一样处理问题，在程序内部设定的判断规则的基础上处理现有交通情报。这些规则就是把各有关单位交通专家的经验和对事件的处理办法汇集起来，经过处理后输送到计算机中形成知识库，以达到管理人员在同样交通环境下处理事故的专业性目的。

7. 运营管理系统

完成运营中心内系统的管理，根据数据中心提供的信息实时更新和发布最新交通信息，并删除过期无效信息。运营管理包括用户管理、监播、计费、结算及统计等内容。

8. Web 网络发布系统

Web 网络发布系统是一个基于浏览器/服务器结构的网站式应用系统。随着网络技术的

第四章　GIS-T 与出行者信息系统

飞速发展，越来越多的人选择网上购物、查询信息。Web 网络发布随之成为交通信息发布最主要的方式，也是出行者主动获取交通信息的主要方式。网络发布信息量大，涵盖的信息面广，形式多种多样，可以通过图形示意、文字说明、语音通话的方式向出行者传递信息。出行者通过网络访问设备登陆 ATIS 网上信息发布网站，或通过手机制式 4G/5G 移动网络登陆 ATIS 网站，在线定制、查阅、搜索和交流出行信息。ATIS 网站提供一站式服务来满足用户的所有应用程序功能需求。网站通过启用基于更改界面外观的首选项、权限和丰富选项向出行者提供个性化和可定制的体验。

（1）**会员定制服务**　出行者可以注册成为网站会员。会员可以修改自己的会员信息，设置交通相关信息的订阅方式以及信息发送时间和周期。会员可订阅最新交通资讯、实时路况信息、天气资讯、交通事件等内容，在会员设定的时间点通过给定的订阅方式发布给会员，让会员不管何时何地，都能方便、实时地获取信息。

（2）**交通资讯查询**　ATIS 网站提供城市地图、旅游指导等静态信息和最新道路交通状况、交通事件、路况信息、天气资讯等动态信息。出行者可在城市电子地图中查找加油站、汽车维修点、医院、旅馆及购物场所、娱乐场所等。需要乘坐公交工具的出行者可以在公交线路地图中查找需要的交通方式和线路。卫星地图呈现给出行者真实的地理环境现场。另外，出行者在出行前及出行中都可以查询实时交通动态信息，及时调整出行计划。

（3）**出行线路管理**　出行者根据自己经常活动的出行线路，设置出行线路所经过的主要道路（出入口），同时设置提醒时间和周期性（如周一、周二、周四）以及提醒手段（电子邮件、电话、移动便携设备等），系统根据记录定制出行线路，定期把该出行线路相关道路的路况信息、交通事件信息以及天气信息等实时以预定的方式通知用户。这样出行者可以在出行前或出行中及时获取交通相关信息，遇到交通拥堵等事件，出行者及时调整出行路线或出行时间，规避交通延误风险，提高出行效率。

（4）**公共交通信息**　ATIS 网站提供公交参数列表，包括公交车线路站点与车票价格、地铁线路站点与车票价格、轮渡开行方向及时间与价格。针对城际和省际出行者，网站提供长途汽车、铁路、轮船和飞机的查询链接。

（5）**出行导航**　ATIS 网站为出行者提供一个出行导航查询工具，能够查询从城市一个地点到另一个地点之间的行程规划，也可查询城际和省际出行路径规划。网站提供多种规划方案，根据实时交通信息自动规避不可执行方案，推荐最快方案和最经济方案，并显示规划方案的额外费用（路桥收费和高速费用），为驾驶人提供参考。

（6）**实时道路交通状况**　以城市地图为平面，根据当前城市各道路的通行状况，以不同颜色标注区域内各道路的实时交通状况。根据当前区域内主要道路的交通状况，以表格方式列表显示各主要道路的通行参数，如平均时速、最高时速、通行延迟等信息。可以实时显示各交通路口（安装视频监控设备的路口）路况图片。

（7）**历史交通信息查询**　提供城市道路最近交通状况、道路状况、交通时间信息的查询功能，并提示历史交通事故多发地点。

（8）**城市交通状况分析**　以道路平均通行速度或道路通行能力参数综合评价城市各道路的通行性能，为交通管理部门的管理决策、交通指挥、交通疏导等日常管理提供数据支持，为出行者有效规划出行线路、提高出行效率提供帮助。

（9）**在线交流**　ATIS 网站为用户提供在线交流平台，分为同城交流、省内交流和省际交流平台。用户可以在平台内咨询区发布配货信息、定向包车信息和拼车等出行需求信息。用户也可以在交流区在线会话、询问、讨论交通资讯等信息,以扩大信息触角,弥补网络资源的限制缺陷。

(10) **网站管理** 网站管理系统主要负责 ATIS 网站信息的日常维护、信息录入与发布、信息查询和分析、RSS 资讯制作、信息订阅管理等,并删除过期无效信息以免对出行者产生误导。

9. 数据广播发布系统

将交通信息以无线数据广播(DAB、DVB 等)的方式发送到各种类型的移动、便携设备和车载接收机,提供出行前、出行中服务。主要包括实时道路拥堵情况、交叉路口压车情况、道路检修施工情况、高速公路封闭情况和服务站配给等信息。

给出行者提供交通信息,需要考虑提供何种信息和以何种方式提供这两个最基本的问题。对于动态交通信息而言,伴随着通信技术、信息技术的迅猛发展,可供选择的方式有很多,如基于广播数据系统(RDS)、数字广播(DAB)、GSM/GPRS、CDMA、数字集群、移动 TV 等通信载体来发送数字信息。目前在我国,出行者特别是驾驶人,大都是通过收听当地的交通广播电台,以语音的方式来了解动态的路况信息。

目前基于调频副载波来发送交通信息有两种方式,如欧美等地的 RDS-TMC(traffic message channel,交通信息频道)和日本的基于 DARC 的 VICS。交通广播频道通过 FM 广播数据系统发布实时交通信息。交通信息可由支持交通信息频道(traffic message channel,TMC)的车载终端或导航设备"无声"地接收并解码,以图文、声音等方式传递给驾驶人。其中最为常见的是 TMC 车载导航终端,它可以提供动态路线引导,及时提醒驾驶人。若计划行驶路线过程中出现问题,TMC 可提供一条避免拥堵的备选路线供驾驶人选择。

10. 交互式发布系统

将交通信息以互联网、短信、声讯等方式发送给用户,用户可以与系统交互,订阅或取消信息。

(1) **基于浮动车的实时路况信息发布系统** 实时路况信息发布系统可瞬间展现城市路网交通态势和拥堵状况,路况信息每 5min 全面更新一次,并支持四级图形缩放。公众可以在出行前通过互联网查询交通拥堵状况,选择合适的出行路线。用户可进行定位查询,根据地址名称,查询周边路网,并可具体定位用户选择的道路。

(2) **动态路况信息手机上网服务系统** 以手机为移动接收终端,应用新一代网络通信技术,信息系统向用户提供手机网上动态路况查询服务。目前已经实现了路桥(点)、桥区(段)、全路网、环路、高速路、最拥堵路段路况信息查询和动态路径规划功能(图 4-24)。

(3) **人工语音及短信服务系统** 根据出行中用户的需求,初步开发了人工语音服务和短信服务系统,目前已经实现了路况、加油站、高速路事件信息查询和短信下发服务功能。

三、信息发布形式

出行者信息服务以向出行者在出行前和出行途中提供实时交通信息为目标,需要建立用户与交通信息中心之间的通信联系,由后者提供实时交通信息。信息内容的媒介发布系统可分成以下类别:

1) Internet 主页、电子邮件,即向 Internet 的访问者提供交通信息服务。

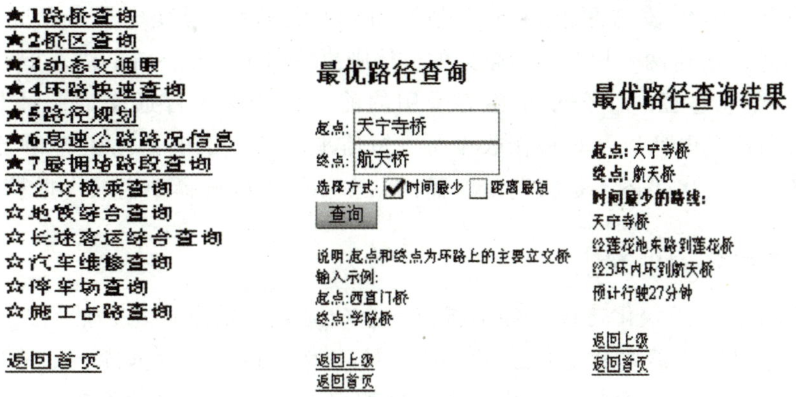

第四章　GIS-T与出行者信息系统

图 4-24　路径查询手机网络截图

2）区域性的广播系统，如各地的交通广播电台、有线电视频道、交通数据传呼、交通数据广播。

3）双向的无线通信系统，如基于蜂窝技术的 GSM。

4）局部的路边传输系统，如可变信息板。

5）路边电话亭、专线电话或信息台，即利用电话系统向出行者提供信息咨询、交通诱导及紧急救助服务等。

第六节　ATIS 服务内容

授课视频

一、出行者信息服务需求

出行信息需求可以为出行信息服务系统提供信息需求，包括信息内容、结构、形式，提高交通信息服务水平，适应经济社会发展的需要。分析出行者对不同类型交通信息的需求、信息发布途径的偏好及愿意付出的费用等特征，交通部公路科学研究所的以公路出行者为对象的抽样调查结果显示，公众出行需求有以下层次：

1）按对相关信息的需求强度依次为阴晴雨雪等状况（天气情况），车辆拥堵程度（路况信息），路面湿滑程度（路况信息），前方交通事故信息（路线选择信息），加油站、公厕位置（相关配套设施信息）。这五类信息受关注的程度很高，而且按个人背景不同分组比较中，它们受关注程度的差异性也不明显。

2）在出行前公众关注的信息比较广泛，路况信息、天气信息和路线选择信息都受到了出行者的重点关注，而在出行中公众几乎都集中在对路况信息的特别关注上。这对建设高等级公路公众信息服务系统带来了启示，即在公众出行中信息服务系统的首要任务是提供尽可能及时、详细的路况信息，再去考虑扩展系统，提供其他信息。

3）在公众出行前获取信息的途径中，交通广播，报纸与电视，短信平台与声讯电话分列前三位。不论在总体上，还是在按个人背景不同分组比较中，交通广播均具有很明显的优势。在分组比较中，教育程度不同，所采用的途径有所差异，如网站成了年轻群体在出行前获取信息的重要途径。

4）在公众出行获取信息的途径中，交通广播、可变电子显示屏和静态指示牌分列前三位。30岁以下和30~40岁这两个相当年轻的群体则更倾向于可变电子显示屏这种途径；而40~50岁和50岁以上这两个相对年龄较大的群体则更倾向于比较传统的静态指示牌。

5）在获取信息途径中，公众最愿意采用的前三种依次为普通交通广播与路侧通信广播，短信平台与声讯电话以及车载接收设备。短信平台与声讯电话已引起相当程度的关注，车载接收设备表现的优势还不是很明显，而网站在年轻人群选择中仍然占据靠前的位置。

二、信息服务的内容

ATIS采用单元式模块化建设，各个城市各自建立城市信息模块，然后组织连接成区域性系统。城市信息模块需要建立广泛的、便于使用的公共信息数据库，如地理信息数据库（电子地图）、交通运行数据库、公共交通信息数据库等。以这些数据库为基础，通过有线和无线通信系统，出行者信息系统可以为出行者提供出行前信息服务、行驶中驾驶人信息服务、途中公共交通信息服务、个性化信息服务、路线引导与导航服务等主要功能。

1. 出行前信息服务

利用先进的通信、电子、多媒体、计算机网络等技术，使出行者在出行前可通过多种媒体，在任意出行生成地访问出行前信息服务系统，以获取出行路径、方式、时间、当前道路交通系统及公共交通系统等相关信息，为规划出行提供决策支持。其针对的用户主体是出行者，包括驾驶人、乘客、行人、非机动车驾驶人、游客等。具体子服务包括出行前公共交通信息、出租车预约服务信息、出行规划服务信息及交通系统当前状态信息四项子服务。

出行前信息服务可使出行者在家里、单位、车内或其他出发地点访问出行前信息服务系统，以获得当前道路交通系统的相关信息，为确定出行路线、出行方式和出发时间提供支持。该服务可随时提供公交时刻表、换乘站点、票价以及合乘匹配等实时信息，以鼓励人们采用公交或合乘出行；还可以包括交通事故、道路施工、绕行线路、个别路段车速、特殊活动安排以及气候条件等信息，出行者可以据此制定出行方式、出行路线和出发时间等。

2. 行驶中驾驶人信息服务

通过视频或音频向驾驶人提供关于出行选择及车辆运行状态的精确信息以及道路情况信息和警告信息，向不熟悉地形的驾驶人提供导向功能。其针对的用户主体为驾驶人。具体子服务包括道路信息、车辆运行状态信息、交通事件信息、停车或换乘选择及停车场信息、交通状况信息、公共交通调度信息、交通法规信息、收费站信息、气象信息和路边服务信息11项子服务。

1）道路信息包括道路几何信息和路面状况信息。道路几何信息主要有预先向驾驶人提供的收费站、交叉口、隧道、纵坡、路宽、道路养护施工等前方道路几何构造情报。提供的方式可以是视觉（如车载液晶显示屏）的，也可以是听觉（如路侧广播系统）的。使用了这种信息可以较大地提高行车安全性。路面状况信息是路面破损（包括功能性破坏或结构性破坏）、潮湿、积雪、冻结等路面状况信息，检测并采集后通过路侧信息发布设备实时向驾驶人提供，有效地保障了道路交通安全。

2）交通信息包括路网交通拥挤信息、交通事故信息、平均车速与行程时间等动态信息，警告信息包括冰雪风霜等气象信息和特殊事件信息。这些信息可以帮助在途驾驶人顺利地到达终点。

第四章 GIS-T与出行者信息系统

3. 途中公共交通信息服务

利用先进的电子、通信、多媒体和网络技术，使已经开始的出行公共用户在路边、公交车站或公交车辆上，通过多种方式获取实时公交出行服务信息，以便乘客在出行中能够对其出行路线、方式和时间进行选择和修正。其针对的用户主体为乘客，具体包括换乘信息、车辆运行信息、调度信息和票价信息四项子服务。

4. 个性化信息服务

通过多种媒体以及个人便携装置接收个性化信息和访问个性化信息服务系统，以获取与出行有关的社会纵横服务及设施的信息，此类信息包括餐饮服务、停车场、汽车修理厂、医院、警察局等的地址、营业或办公时间等。其针对的用户主体为出行者，包括乘客、行人、非机动车驾驶人、游客等。具体包括公共服务设施信息、公共服务预订和旅游景点信息三项子服务。

5. 路线引导及导航服务

这是出行者信息系统提供的比较高级的服务方式，它利用先进的信息采集、处理和发布技术为驾驶人提供实时交通信息，引导其行驶在最佳路径上，以减少车辆在路网中的滞留时间，从而达到缓解交通压力，减少交通阻塞和延误的目的。并通过实时的路线优化和路线诱导达到减少车辆在途时间的目的。其中，路线优化是按驾驶人、出行者和商业车辆管理者等用户的特定需要确定最佳行驶路线的过程，用户的特定需要包括路程最短、时间最短、费用最少等；而路线诱导是指运用多种方式将路线优化结果告知用户的过程，路线引导的方式包括语音、文字、简单图形和电子地图等。其用户主体是驾驶人，具体包括自主导航、动态路径诱导和混合模式路径诱导三项子服务。

6. 合乘匹配与预订服务

合乘匹配和预订服务是一种特定类型的信息服务，出行者/驾驶人提出合乘请求后，由管理中心选择最合理的匹配对象并通知用户双方或多方。这项服务可以提高车辆的实载率、降低出行总费用和道路拥挤程度。

三、ATIS 技术分析

传统的出行者信息系统通过道路交通标志与标线、交通广播电台、电视报刊等形式为出行者提供信息。这些信息通常是静态的，虽然也有部分动态信息（如电台提供的道路交通信息、电视台发布的交通事故信息等），但系统性和实效性较差。先进的出行者信息系统（ATIS）运用先进的信息技术和通信技术，可以在多种场合，以多种方式向出行者提供质量高、实时性好的交通信息服务。相比之下，ATIS 的技术进步体现在以下不同方面。

1. 信息发布手段多媒体化

ATIS 除了利用无线电广播、电话咨询等技术发布语音交通信息外，还普遍运用互联网网页、交换电视、车载单元显示器和可变信息板（VMS）来发布信息。例如，2018 年底，青岛市北中央商务区停车场的停车诱导系统上线运行，共涉及车位数 5000 余个，通过新建智能灯杆展现车位、收费等信息。每根灯杆集智慧节能照明、无线 WiFi 发射器、环境监测器、视频监控、信息发布屏、5G 基站、公共广播等功能设施为一体。该系统投入使用后，片区内高峰期间的拥堵持续时长可降低 10%~15%。另外，为全面提升市民综合交通出行体验，"青岛交通" APP 也正式上线，可实现路况信息的实时发布和在线交通咨询等 20 项交通服务功能，基本涵盖了青岛市公交、地铁、自驾车、出租、铁路、航空及长途客运共7种出行方式。市民也可通过青岛交通广播了解如何在拥堵、施工、禁限行、易违章路段以及新开路段顺畅快捷的通行。

2. 无线电广播技术的更新

将交通信息传递给出行者的最一般方法是使用无线电广播。但是，随着可得信息量的大幅增加和对信息实时性要求的提高，以往的无线电广播技术已无法满足需要，因此，在ATIS中采用了更先进的无线电广播技术，如目前欧洲广泛使用交通数据专用电台RDS-TMC（无线电数据系统—交通信息频道），日本使用的先进的路侧广播系统。

3. 双向广播技术的广泛使用

在传统的出行者信息系统中，主要由交通信息中心采用单向通信的方式（广播、电视、VMS等）为出行者提供信息。由于没有信息反馈，所提供的信息没有个性化特点。在VMS中，由于越来越多地采用了双向通信技术，交通信息中心不仅向出行者发布交通信息，也从出行者那里获得交通运行状况信息。出行者不仅能获得面向大众的交通信息，而且能获得所需要的特殊信息并提出特殊的服务请求。

4. 信息的实时性不断提高

随着信息采集、处理、传输、发布技术的不断进步，ATIS提供的信息的实时程度越来越高。如美国休斯敦的道路交通网页信息每1min更新一次；日本东京的MEPC项目提供的高速公路交通信息也是每1min更新一次。2017年在东京的文京区建立的停车引导和信息系统PGIS，每1min可更新一次50个停车场的使用状况信息，与2010年的对比分析表明，该系统的使用使停留在街上的汽车减少了67.2%。

5. 信息的复杂程度日益增加

由于GPS、GIS和移动通信技术的广泛应用，ATIS所提供的信息越来越复杂，对交通系统产生的影响也越来越大。如电子地图的使用使ATIS所提供的信息更加丰富、清晰和准确；路线诱导系统的路线选择不再仅仅以路网结构数据和历史交通数据为依据，而是更多地依据路网最新的和预测的交通信息，使路网交通流的整体优化成为可能。

四、ATZS的关键技术及应用

1. 交通信息采集与融合技术

交通信息采集与融合技术可以收集实时交通数据、实时响应交通流量变化，预测交通堵塞、检测并传送交通事故或给出交通诱导信息。数据融合技术是协同、利用多源信息，以获得对同一事物或目标的更客观的信息综合处理技术。融合是指采集并集成各种信息源、多媒体和多格式信息，从而生成完整、准确、及时和有效的综合信息。它比直接从各信息源得到的信息更简洁、更少冗余、更有用途。

对于静态基础数据（如路网结构数据等）的处理主要是进行格式处理后以数据库或数据仓库加以存储，并定期根据需求进行维护更新，按访问权限提供查询。数据融合处理主要是针对实时动态数据。在实时动态数据的基础上形成交通流历史数据库，针对历史数据库，对交通发展态势等做出趋势分析，进一步还可实现高级数据融合（二次数据融合）。

2. 交通信息发布技术

实时交通信息的发布涉及信息的采集、处理、编码、管理以及传送。广泛利用互联网、广电、固定通信、移动通信系统等多种媒体发布手段，实现在手机、电话、车载终端、计算机等设备上的多媒体发布。交通信息发布围绕普适计算的理念，最终实现交通信息的随时随地访问（图4-25）。需要建立满足普适计算要求的信息服务框架，建立信息标准，制定数据交换格式与通信标准。

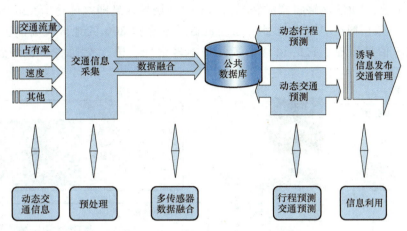

图 4-25　ATIS 关键技术示意图

随着无线通信技术的发展，DAB（digital audio broadcasting）、DVB（digital video broadcasting）、GSM/GPRS/CDMA 以及 Mobile Internet 都可以用来传输实时交通信息，交通信息服务发布技术的研究内容之一就是集成这些传输媒介来提供实时交通服务。通过研究无线数据广播发送机制，将形成无线数据广播标准。

3. 异构系统集成技术

异构系统集成技术首先必须要解决策略和安全问题。系统的各个参与结点需要公用的协议去执行预先制定的关于资源共享的规则和策略。参与者的角色和参与者之间的关系必须有明确的定义，因此还需要一个有效的跨结点的信任和权限管理系统来管理复杂的关系。另外，在软件方面，为了有效地共享动态并且异构资源，软件模块必须是可移植的且可互相操作的，还需要一套标准的协议来支持模块与模块之间、结点与结点之间、用户与服务提供者之间、用户与用户之间的信息共享和协作。

4. 动态路径规划技术

动态路径规划技术基于排列组合理论和运筹规划算法编写出动态路径软件规划技术。根据用户出行请求的起点和目的地，经软件计算生成若干种路径规划方案。结合最新交通信息（如封闭路段、堵塞路段和禁行路段等）对所有方案进行修正，隔离出不可执行方案，给出缘由和可执行预期时间，并作实时调整。另外，动态路径规划技术还可对方案进行技术评价，推荐出最快方案和最经济方案。

城际、省际路径规划需要获得局域网数据传输支持。不同城市的公路、铁路、航线可能有相同的情况，整个网络的城市信息模块信息出入口也很多，需要获得城市信息模块信息出入口标识技术的支持而将域内所有城市信息出入口做统一编码标识予以区别。与出入口连接的模块外路段做与相应出入口相同的标识，以方便规划路径入城对接。信息出入口按公路、铁路、航空和船舶航线做必要的分类标识，对变数较小的铁路和航线标识视具体情况少做或不做。

以日本 ATIS 的核心——道路交通情报通信系统 VICS（vehicle information and communication system）为例进行介绍。日本的 VICS 被认为是世界上最成功的一种道路交通信息提供系统，它能够有效提高道路交通的安全性和通畅性、改善道路环境，通过收集、处理、提供和使用道路交通信息达到为交通客户服务的目的。同时，通过 GPS 导航设备、无线数据传输、FM 广播系统，VICS 能够将实时路况信息和交通诱导信息即时传达给交通出行者，从而使得交通更为高效、便捷。该系统目前已经覆盖日本全国 80% 的地区，高速公路及主干道均能收到 VICS 信息报道。它的运营系统受日本警察厅、国土交通省、总务省共同管理。VICS 的运行机制如图 4-26 所示。

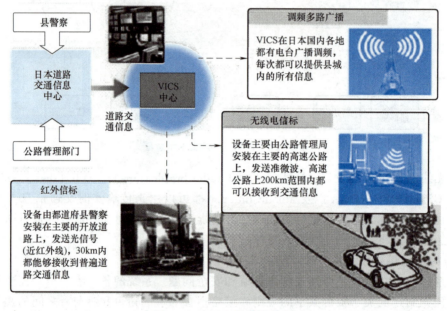

图 4-26　VICS 的运行机制

VICS 中心的运行机制是由交通管理者和道路管理者双方提供交通信息，经日本道路交通信息中心集中到 VICS 中心，然后这些信息再由 VICS 中心传送给驾驶人和车载装置。VICS 中心服务含有交通堵塞信息、旅行时间、交通事故和道路施工的信息、停车场的位置和车位空置状况、车速和车道限制等信息。

与日本相比，目前我国的道路交通信息采集体系还不完善，大城市的道路交通信息采集也仅限于路口、交通要道和主干道，至于一般道路和高速公路还需要进一步加强监测。此外，车载信息服务终端方面由于车载设备种类繁多，信息更新速度较慢，产品研发、产品功能设计、售后服务等链条上相对较弱，车载信息服务标准化滞后，车载信息服务还没有走向批量市场，也是阻碍动态交通信息服务发展的主要原因。

五、ATIS 技术评价

同其他 ITS 项目一样，ATIS 技术评价的目的一方面是分析系统是否已达到预期的功能，能否满足用户的需要，另一方面是分析系统本身的运行状况及系统稳定性、可扩展性是否良好。因此，ATIS 的技术评价主要可从两方面进行：一方面是基于体系结构各部分特征的系统性能评价，主要以定性分析为主，探讨系统本身的运行状况；另一方面是基于 ATIS 各部分系统设计的运行性能评价，结合定性分析和定量分析来评价。技术评价相较系统成本评价、系统用户效益评价而言，具有较强的独立性。因为它具体研究的是系统性能以及系统运行性能是否与预期的功能一致，而不涉及成本计算，也不考虑用户在使用 ATIS 后所获得的实际效益。

技术评价是 ATIS 评价的必要条件，评价的结果将影响决策者是否进行下一步的评价。因为系统的运行状况和达到预期实际功能是 ATIS 建设的根本，由此可见技术评价在 AITS 评价中的地位。ATIS 技术评价体系如图 4-27 所示。

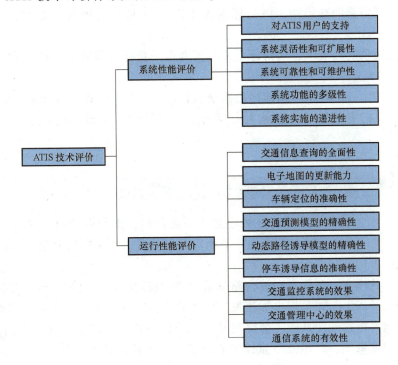

图 4-27　ATIS 技术评价体系

图 4-27 中系统性能指标体系描述如下：

1）对 ATIS 用户的支持。该指标是为了评价 ATIS 的系统功能是否满足不同用户的需求。

2）系统灵活性和可扩展性。该指标主要指系统结构在技术上是否具有灵活性和可扩展性。

3）系统可靠性和可维护性。该指标主要指在系统结构中是否会出现一些风险，导致服务和系统性能的不稳定。

4）系统功能的多级性。该指标是指 ATIS 内部各子系统之间数据流动的层次关系。

5）系统实施的递进性。该指标是指随着 ATIS 相关技术的进步，ATIS 结构在原有设计基础上拓展新技术的可行性。

图 4-27 中系统运行性能指标体系描述如下：

1）交通信息查询的全面性。该指标主要评价 ATIS 是否能提供用户所需的相应的静态信息和动态信息。

2) 电子地图的更新能力。该指标是评价 ATIS 能否定期更新电子地图,及时地与实际路网保持一致。

3) 车辆定位的准确性。该指标主要指 ATIS 内所用各种技术对车辆定位的准确性。

4) 交通预测模型的精确性。该指标主要评价 ATIS 内部所采用的模型算法能否准确预测道路交通状况。

5) 动态路径诱导模型的精确性。该指标主要评价 ATIS 内部所采用的模型算法能否对出行者起到诱导作用,使其避开交通拥堵,减少出行时间。

6) 停车诱导信息的准确性。该指标主要评价 ATIS 能否给出行者提供省时、经济的停车信息。

7) 交通监控系统的效果。该指标主要包括两个子指标,即数据的收集和实时传输处理能力。

8) 交通管理中心的效果。该指标是指交通管理中心和其他相关管理中心的协调水平。

9) 通信系统的有效性。该指标主要评价通信系统的总流量、线路平均流量能否满足需求。

授课视频

第七节 ATIS 技术应用

我国的 ATIS 信息服务还处于起步发展阶段,出行者信息系统技术在省一级和几个大城市得到了很好的应用。下面以北京公众出行交通信息服务系统为例介绍出行者信息系统技术的实际应用。

北京市在公共汽车、地铁、高速公路运营管理、长途客运、出租车等交通领域的信息化和智能化步伐已经迈出,并呈现出加速发展的良好态势。在这些领域中先后建成并应用的系统主要有公交运营指挥调度系统、公交网站、公交服务热线、电子站牌和车内滚动显示屏、地铁运营指挥调度系统、高速公路监控中心、省际客运联网售票系统、出租车 GPS 和卫星定位系统等。另外,北京市的交通调频广播、数字北京信息亭和位于环线和高速公路的可变信息板都具有较广的覆盖性和利用性。这些系统将根据需要为北京市公众出行交通信息服务系统的建设提供信息接入和发布的基础。

一、智能交通应用系统建设目标

信息服务:建立主要客运交通方式的信息服务系统;整合各交通方式信息服务,建立综合交通信息服务系统;整合交管部门路况信息,实现动态导航信息服务。

客运生产:重点建立公共汽车、地铁、出租、省际客运四种交通方式先进、高效的安全运营生产模式,特别是建设现代化的客运枢纽信息系统和 BRT 智能交通系统。

货运生产:重点建立与北京市物流信息系统相衔接的物流运输信息系统和货运枢纽信息系统,实现城市物流配送车辆的集约化运输,建立货运安全监控系统。

交通收费:在公共汽车、地铁、出租、高速公路通行、停车场收费等方面,实现"一卡通"电子付费。

运输安全与紧急救援:整合紧急救援资源,建立协调运行机制,形成高效的救援信息

第四章 GIS-T与出行者信息系统

网络。

　　北京市公众出行交通信息服务系统是城市信息模块的典型实例，其建设内容包含了交通数据采集、整合、加工处理和发布的全过程，是一项复杂的交通领域集成信息化系统。示范工程仅仅是信息服务工程建设的开端，要全面实现系统的功能目标，还要在相当长的一段时间内，不断开展后续工程项目的建设。后续工程的建设，是指在示范工程对于相关标准规范、关键技术、建设和运行机制等方面取得了一定的成功经验后，对其进一步规模拓展和功能完善，在为公众提供高质量服务的同时，保证其自身良性运转和可持续发展。

二、系统物理结构

　　北京市公众出行交通信息服务系统的物理构成如图 4-28 所示。北京公众出行信息系统具备城市信息模块的一般特征，兼具信息集成和信息发布的功能。信息集成包括公众交通信息采集子系统和公众交通信息处理子系统。信息采集子系统整合由执法总队、运输局、路政局、交通委、交管局、信息办、长途客运站联网售票中心、交通部信息中心、公交总公司、高速公路监控中心、轨道运营公司和普通公路检测器提供的静态及动态交通资讯，通过通信链路传送到数据库，由各种服务器计算处理，规整信息类型及信息等级，将重要信息重点发布。

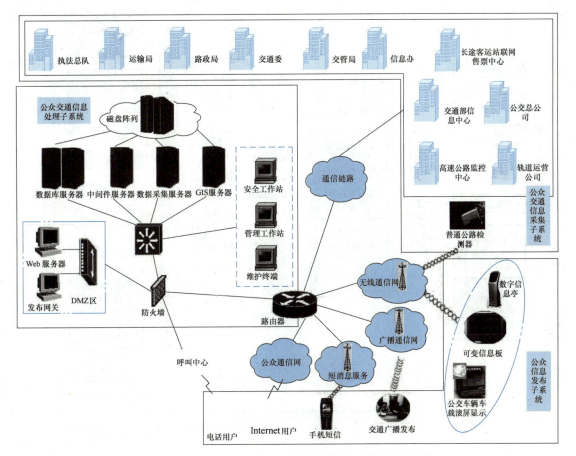

图 4-28　北京市公众出行交通信息服务系统的物理结构

大众信息端提供天气、旅游、商贸、货运及供给需求信息。现代电子技术发展水平为复杂的数据融合和加工处理提供了技术支持，各种运算服务器将大量数据处理规整，送至Web服务器和公众信息发布子系统。无线通信网覆盖数字信息亭、可变信息板、公交车辆车载滚屏显示等装置，并为公路检测器提供数据参考。广播通信网主要以交通广播形式向在程驾驶人提供实时路况信息，提请驾乘人员注意。短消息服务为用户提供交通定制服务、应急交通咨询等。公众通信网提供网上在线查询交通、天气资讯及地图信息等服务，涵盖信息量大，是信息发布最主要的方式。呼叫中心向用户提供声讯服务。

三、系统的建设体系

北京市公众出行交通信息服务系统的建设体系如图4-29所示。北京市公众出行交通信息服务系统的建设体系内容为（主要在示范工程阶段）：在选定的示范工程实施区域——北京市市域范围内的干线道路网（含高速公路、主要公路、快速路、城市主干道），在现有交通动态信息采集设施的基础上，并在具有示范性的主要公路上布设交通信息采集设施进行交通数据采集；在充分利用现有通信网络资源的基础上，建设北京市公众出行交通综合信息服务系统数据通信网络，实现北京市各相关政府部门及交通运输运营企业与示范工程数据处理中心的联通，以及示范工程数据处理中心与交通部信息中心的联通；建设公众出行交通综合

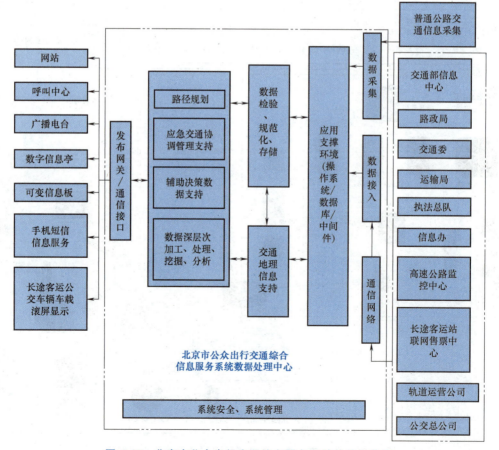

图4-29 北京市公众出行交通信息服务系统的建设体系

信息服务数据处理平台，接入不同来源的交通运输数据，实现多源交通数据的融合、加工、处理，生成满足公众需要的信息；充分利用现有的交通信息发布方式，进一步整合、建设、完善，通过网站、呼叫中心、手机、广播电台、可变信息板、数字信息亭、公交车辆车载滚屏显示等多种方式，为公众提供含交通动态路况信息、交通事件信息、道路施工信息、客运（含长途客运、城市公交、轨道交通）信息（含票务、站务、换乘、线路等信息）、气象信息及铁路、民航等其他运输方式信息等在内的出行交通综合信息服务。

四、系统的逻辑结构

北京市公众出行交通信息服务系统的逻辑构成如图 4-30 所示。北京市公众出行交通信息服务系统从逻辑上可以分成三个部分：数据的接入和采集、数据的融合与加工处理、交通信息的多方式发布。其中数据接入和采集的功能是通过不同的方式将多样化的交通数据传输到信息服务系统的数据处理平台。平台主要实现数据的融合和加工处理功能，即对多源异构的交通数据按照一定的标准规范进行多层次的处理，最终生成综合性和个性化的交通信息。交通信息的多方式发布体现在两个方面：一方面体现在其能够服务于多种出行方式的社会公众，另一方面体现在其能够通过不同种类的发布终端显示信息。

五、北京公交 App

北京公交 App 是由北京公共交通控股有限公司和启迪公交科技股份有限公司联合发布的一款北京智慧公共出行手机软件。其服务内容如图 4-30 所示，为了提升行业管理和服务水平，为公众提供动态和综合性交通信息服务，方便老百姓出行，交通部于 2004 年起开始建设省级公路交通信息资源整合工程、区域性道路客运综合信息服务系统和公众出行交通信息服务系统三项交通信息化示范工程。

图 4-30　北京公交 App 服务内容

该 App 为公众提供了动态公共交通信息、交通基础设施信息、路线导航、旅游指南及出行信息发布等服务。该 App 具备公共交通路线查询、车站查询、实时公交、定制公交等服务，配合其内嵌的高德地图导航服务，可实时提供快速、直观的北京道路交通和公共交通状况查询服务，公众可据此选择出行线路和出行方式，避开拥堵路段，提升出行效率。

针对不同类型的出行用户需求，该 App 提供了巴士、城市轨道交通的路线和站点查询服务，通过实时公交功能帮助用户即时规划出行路线，并可以直接通过该 App 的支付二维码免纸质票快速乘车；针对外地游客的旅游出行指南功能，提供旅游景点的介绍、路线导航和电子票务服务平台；另外还设有夜班公交、定制公交、失物招领等功能，较为全面的考虑到用户在出行过程中的可能遇到的特殊情况；该 App 内嵌了高德地图导航功能，可以在不切换 App 的情况下使用高德地图常用的导航功能，如起讫点路线查询、立交桥、复杂路段行车指示等。

该 App 提供的路线导航、公共乘车、实时公交等服务可将交通信息即时发布至用户，可有效提升城市交通资源的使用效率，根据发达国家已有的经验，交通信息及时发布后，北京路网利用率可提高 10% 左右。

第五章

城市智能交通管控系统

授课视频

第一节 交通需求和系统管理

随着交通管理目的的变化,交通管理方法也在不断变化,其实施可行性随当代科学技术的进步而提高,交通需求管理(transportation demand management,TDM)与交通系统管理(transportation system management,TSM)就是应用先进的科学与信息技术解决交通需求问题、缓解交通拥堵的管理技术。

一、交通需求管理

交通需求管理(TDM)是根据交通出行产生的内在动力及出行过程中所表现出来的时空消耗特性,通过各种政策、法令、现代信息设备、合理开发土地等对交通需求进行管理、控制、限制或诱导,减少出行的发生,降低出行过程中的时空消耗,建立平衡可达的交通系统。

1. 交通需求管理的目的

在适度的交通建设规模下,控制交通需求总量,削减不合理交通需求,保证交通系统有效运行,让客货出行迅速、安全地到达目的地,缓解交通拥挤,改善城市生态环境和生活环境的治理,保持城市健康有序发展。因此,交通需求管理的目的是:

1)促进和完善交通规划与交通管理的互动与反馈,减少和避免不必要的交通发生源和吸引源。

2)协调和处理有限的城市空间与不同道路交通设施之间的矛盾,实现在有限的城市空间内形成最大效能的交通设施能力。

3)促进公共交通的发展,充分发挥公共交通的运能优势,引导其他交通方式的合理使用,形成城市最佳交通结构。

4)缓解有限的道路交通资源与不断增长的交通需求之间的矛盾,合理控制道路上私人交通总量,引导使用者理智地使用道路交通资源,使道路设施得到最充分和最有效的利用。

2. 交通需求管理的意义

1)缓解交通拥挤,改善环境质量,减小交通建设规模,节约能源、土地、资金,解决供需矛盾。

2)为规划建设、管理一体化研究、建立交通规划新理论体系打下基础。

3)交通需求管理是解决国内人口密集、用地紧张、资金短缺、交通拥挤混乱等现状的有效措施。

3. 交通需求管理的原则

1) 公平合理原则，满足全体市民的出行需要。
2) 经济与环境可持续发展原则，促进经济发展与环境的改善。
3) 优先发展公共交通原则，充分发挥道路设施潜在能力。
4) 道路时空资源均衡使用原则，车流均匀分布在城市路网。
5) 多方结合、协调发展原则，坚持宏观与微观相结合。
6) 坚持因地制宜原则，区别对待，具体分析、论证。
7) 社会可接受原则，使公众乐于接受或愿意接受。

4. 交通需求管理主要措施

许多交通需求管理策略使用多种措施，如改善交通替代方式、拥挤收费、改善行人和自行车条件、弹性工作日和改变用地等来改变人的出行行为或模式，包括改变行程、路线、目的地、方式和出行次数、出行距离等。从而带来改善机动性和可达性、减少有害气体排放、提高道路安全、减少道路和停车设备成本、降低消费者费用等效益。

从作用机理上来说，交通需求管理主要通过以下四种途径，改变人的出行行为，将潜在的交通需求转化为现实的消减后的交通需求，以实现供需平衡：

1) 通过合理的土地使用规划减少出行距离及促使出行向公交模式转移。
2) 通过非交通手段来达到出行目的（如使用电子通信来代替办公出行）。
3) 为出行者提供一个或多个可选的交通模式（包括出行时间及方式），这样可以获得每车更高的承载率或消减高峰出行。
4) 通过鼓励限制措施来减少小汽车拥挤及使用，或促使出行向非高峰及非拥挤道路的转移。

本书对交通需求管理措施进行分类总结，详见表 5-1。

表 5-1 交通需求管理措施

改善运输模式	鼓励替代交通方式	停车和土地使用管理	政策与机构改革
公共交通改善；改善非机动车交通；拼车计划；弹性工作时间；合乘车、远程办公；改善出租车条件；自行车/公交一体化；停车换乘；快速公交系统；轻轨交通、穿梭巴士	道路收费；按里程收费；通勤财政鼓励；停车收费；提高燃油税费；拥挤收费；鼓励非机动车交通；道路空间再分配；高承载率车辆优先；限制小汽车使用	可持续增长；新型城市开发；土地高效利用；停车管理；交通引导、土地利用；交通安宁；无车计划；共享停车设施	变动管理；全面的市场改革；机构改革；最低成本规划；运营和管理计划；优先运输策略；规章制度的改革；应急规划

5. 交通需求管理实现手段

从实施手段来看，需求管理可通过以下手段实现：

（1）**土地管理手段** 利用合理的城市规划及交通规划进行城市布局优化和土地开发强度控制。

（2）**行政手段** 利用行政强制手段或交通管理、企业管理手段改变出行时间或道路禁行。

（3）**经济手段** 包括收费手段减少小汽车出行及财政补贴手段鼓励公交出行。

（4）**智能交通手段** 利用智能交通设施进行动态信息发布或路径诱导。

6. 交通需求管理的组织与实施

为了实施 TDM，人们试行了一些新的组织方法，包括交通管理协会、出行减少条例和协商协议。虽然它们具有不同的特点,但目的都是加强私人与政府间的更广泛的合作。这三种方法已经在一些实践中取得了成功,每一种方法中的各要素对于实施全面的 TDM 计划都是有帮助的。

(1) **交通管理协会**(transportation management association,TMA) 使私人自觉与政府合作实施 TDM 的方法之一是建立 TMA,即交通管理协会。TMA 的成员包括各种商业社团、企业、建设开发公司、土地所有者和开发商等。

美国 TMA 的数量增长很快,开发商和土地所有者们在开发、扩建和土地利用时,为解决其中对其有直接利益的矛盾而创建 TMA。而政府部门更由于交通拥挤、出行减少条例、空气污染等种种公共利益,成立了 TMA。土地开发商和商业社团组建 TMA 的出发点则是停车管理这个与他们最有直接利益的问题。这些事实说明 TMA 旨在维护其成员的直接利益,其创建受各成员的直接利益驱使。

总而言之,通过 TMA 所实施的 TDM 计划往往只着重于交通信息服务上,如安排汽车合乘服务、公共交通的信息、交通管理计划等。开发商们创建的 TMA 往往会提出诸如错时工作制、职工班车服务、优惠停车服务以及鼓励合乘汽车等计划措施。政府创办的 TMA 往往会提供安排合乘汽车服务、公共交通信息、交通管理计划、停车管理服务以及鼓励乘用公共交通等计划措施。总之,TMA 所提供的 TDM 计划是以投资少、收获大为基本原则的。TMA 的成员即是 TDM 计划的受益者。

(2) **出行减少条例**(trip reduction ordinance,TRO) TRO 通常指市、县或州的一项法规,此项法规要求土地开发商或企业单位雇主以各种形式参与 TDM 计划的实施。大多数 TRO 的主要目的是缓和交通拥挤现状。也有一些 TRO 着眼于缓解未来的交通拥挤,或是改善空气质量、节约能源等。

单位的规模是衡量 TRO 对其单位适用性的标准。规模包括占地面积、职工人数、高峰小时的出行产生量等。规模限制的目的是将大单位、企业和大开发商列入 TRO 的管辖范围,以提高 TRO 的实施效果。对于小规模单位可不列入,以免对其日常经营造成影响。

(3) **协商协议**(negotiated agreement,NA) 如果在某一城市或地区,私人的自身利益还不足以促使他们创建 TMA,TRO 也没有获得社会各界的支持,那么,城市规划师们就可以采用 NA 的方法使 TDM 得以实施。开发商和城市规划师在一些诸如土地开发协议的协商等问题上是相互作用、相互影响的。当开发商们为了某项大型开发建设而同规划管理部门协商的时候,规划师们往往要将城市设计和城市交通系统与整个开发过程统一考虑,并与开发商签订协议。在这个过程中,城市规划师就可以将 TDM 计划作为一个部分,列入开发计划协议中。NA 中的 TDM 计划可能包括以下内容:

1) 提供由开发区直达地铁车站的区间班车服务。
2) 建设居住区或商业区的公共停车场。
3) 为利用公交和合乘车辆上下班的职工提供出租车免费乘车证(在个人意外事件时使用)或经济补贴。
4) 为步行者建设步行道。
5) 错时工作制。
6) 降低步行上下班职工的房租。
7) 建公交候车亭。

8) 在零售商亭内设交通信息服务台。

如果开发商想在某一交通系统容量已饱和或接近饱和的地区内进行开发建设，那么，他就必须为这一地区的交通改善出钱出力，以减轻其开发工程对地区交通系统造成的压力。在这种情况下，开发商只有两种选择：

1) 为使交通系统能够承受其开发建设所新增加的出行量，而向交通系统的建设投资。

2) 在开发许可证批准之前，开发商要与城市规划协商实施一个全面的 TDM 计划。而且，要使现状交通需求导致的交通出行量得到一定的减少。

对 TDM 的评价是很困难的，因为出行产生率的减少即交通需求相对变化是难以计量的。但是，如果方法得当，TDM 确实可应用于各种情况，使交通状况得以改善。

二、交通系统管理

交通系统管理是把汽车、公共交通、行人和自行车等看成一个整体，通过对交通流的管制及合理引导，使交通流在道路网络上重新分布，均匀交通负荷，提高道路网络系统的运输效率，缓解交通压力。

城市交通系统管理的目标是通过改善管理、运营和服务政策来协调现有交通系统中的汽车、公共交通、出租汽车、行人和自行车，使这个系统在整体上取得最大交通效益。其基本原则是在不增加或尽可能少地增加现有交通设施的供给的条件下，以充分利用现有交通设施为基础，提高现有交通系统的容量、效率和安全。

1. 交通系统管理措施

交通系统管理的基本目标是用最小的代价（资金投入和工程量）获得最大的交通效益。期望达到的实施效果主要从以下 4 个方面进行考量：

1) 以方式转换促增效。以提高公共交通服务水平、运行效率为核心，达到提高道路通行空间使用效率的效果。

2) 以消除瓶颈促增供。通过交通系统管理分析，找出限制现有交通基础设施通行能力发挥的瓶颈点、瓶颈段或瓶颈部位，通过较低的改造投入，特别是对关键交叉口的交通组织与渠化设计，获得整体通行能力较大幅度的提高。

3) 以削峰填谷调需求。交通现象是一种随机现象，交通需求有一个明显的时间性，即存在高峰和低谷。交通系统管理可以通过错时上下班、弹性工作制等措施进行交通需求的削峰填谷。

4) 以系统组织促均衡。通过各类交通限制措施、收费措施，以及建立交通衔接与转换枢纽，对过境交通、货运交通、城市快速路系统等进行系统组织，使得各类交通流在交通系统内有序运转，力图达到交通供需的匹配与均衡。

交通系统管理通过对交通流的管制与合理引导，使交通流在道路网络上重新分布，均匀交通负荷，提高道路网络系统的运输效率，缓解交通压力。实施交通系统管理技术，不但投资低，而且可以降低交通运输运行费用，节省能源，提高现有道路交通设施的服务水平，还可以降低交通对环境的污染。交通系统管理技术是当前改善交通状况的最有效方法之一。

系统管理措施可归纳为以下类别：

1) 公共交通辅助系统。

2) 公共交通运行管理。

3) 存车管理。
4) 行人、自行车管理。
5) 优先通行管理。
6) 交通工程技术措施。
7) 交通限制措施。
8) 货运交通管理。
9) 改变上班方式。
10) 收费管理。

经整理得到的交通系统管理措施如图5-1所示。

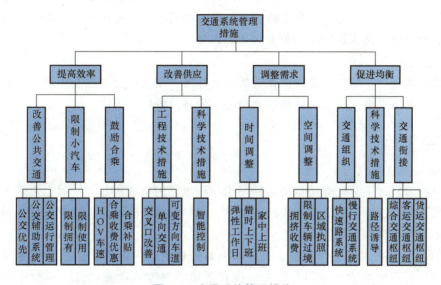

图5-1 交通系统管理措施

2. 交通系统管理技术路线

交通系统管理的核心是对现状问题的识别、比较与融合汇总，找出影响现状交通系统效益发挥的关键。

交通系统管理的技术要点在于提出具有明确目标导向，具有整体、全局、系统意识的综合治理方案，而不是将问题转移或转向的局部处治方案，并且应对治理效果进行系统仿真与科学评价。其技术路线如图5-2所示。

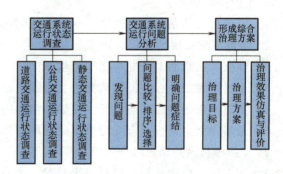

图5-2 交通系统管理技术路线

授课视频

第二节 城市交通监控系统

交通监控系统是车辆行驶的动态保障系统，与其他静态（安全、管理）设施共同构成了保障道路交通高效、安全的基础。

一、系统组成

交通监控系统由信息采集（子）系统、信息发布（子）系统和监控中心三大部分组成。

1. 信息采集系统

交通信息采集（子）系统的功能，就是对原始信息的实时收集和预处理，使其转化成符合系统要求的信息文件。现代道路上设置的用于采集交通及相关信息的设备和装置有摄像机、地感线圈及红外线检测装置等。

2. 信息发布系统

信息发布（子）系统是安装于道路沿线用来提供交通信息发送、诱导、控制、指挥等指令的设备，是将控制中心的指令传输到道路沿线的载体，主要由有线、无线信息传输网络构成，如交通电台、交通诱导牌、可变交通标志等。

3. 监控中心

监控中心是采集系统、信息提供系统的中心环节，是实施交通信息处理、交通控制和管理的核心，主要由大型多功能计算机、大型显示设备及控制台组成。

二、监控技术

1. 视频检测技术

对于交通管理人员，交通路口的电视图像是最直接的交通信息，同时也是最大的交通信息源。随着人们对图像信息研究和应用的深入，视频图像含有丰富的交通信息，操作员可从视频图像中直观地获取现场的交通情况。

（1）**视频检测技术的工作原理**　视频检测对摄像机有一定要求。照度与分辨率的要求与一般电视监视系统的要求相同。在安装位置上要求摄像机位置较高，一般正对检测区域为好。

其工作流程如下：

1）摄像机安装在合适的高度（一般为 5~20m）。
2）摄像机输出接到视频检测器上。
3）在摄像机画面上设置检测线和检测区。
4）通过图像处理板，经特殊算法，得到交通数据。
5）通过视频压缩板和通信板，视频检测器得到的图像和数据可传到远端控制中心。
6）最后得到的是叠加有交通数据的视频图像，交通数据则可通过通信口输出。

（2）**视频技术的功能和作用**

1）用于统计交通数据。包括车辆总量、占有率、车辆分类、车流率、车头时距和车速等交通数据。

2）用于与事件有关的交通数据。根据检测到的数据，可以产生不同的报警。当检测到某一事件发生时，系统自动报警以提示操作员。操作员可从图像上了解事件发生的地点及当时的交通状况，并采取相应的交通管理措施。

与传统方式相比，视频检测具有图像监视和交通数据采集双重作用，具有安装简单、无须破路、高检测率、使用寿命长、维护费用低、交通数据和图像集成等优点。

2. 环形线圈感应式检测技术

（1）环形线圈的工作原理 环形线圈感应式检测技术是指由环形线圈作为检测探头的一套能检测到车辆通过或存在于检测区域的技术。环形线圈感应式检测器通常由4部分组成：环形线圈、传输馈线、检测处理单元及背板框架。

其基本工作原理是：由传输馈线连接的环形线圈与检测处理单元组成初级调谐电路，环形线圈就相当于此电路中的电感元件，电容决定于检测处理单元中的电容。电流通过环形线圈时，在其附近形成一个电磁场。当主要由铁材物质组成的车辆进入这个磁场时，车身金属中感应出涡流，涡流电流使磁场的磁力线减少。

调谐电路中的环形线圈电感量随之降低，引起电路调谐的频率上升。检测处理单元就是通过对振荡频率的反馈电路的频率改变或是相位偏移的响应，得出一个检测到车辆的输出信号。工作原理如图5-3所示。

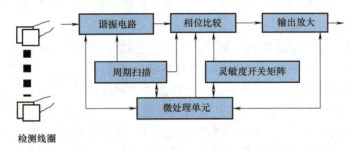

图5-3　检测线圈示意图

（2）环形线圈的应用范围 目前，环形线圈感应式检测器设备主要应用于交通流数据信息采集系统、交通信号控制系统、交通诱导及停车管理系统。

最初的检测需求大多是交通流量、流向、车速、车道占有率以及车长、排队长度等，这些都可以通过不同的感应线圈的设置方式来实现。为满足不同需求，在不同的系统中对线圈的设计尺寸和埋设方式有很大的差异，而通常各个系统所提及的设计尺寸和埋设方式大多是指导性的，是原则性的技术指标，最终的设计尺寸和埋设方式很大程度上需要有经验的交通工程师根据具体情况做出合理的设计。

3. 远程交通微波检测技术

远程交通微波检测技术（remote traffic microwave sensor，RTMS）是一种工作在微波频段的雷达探测器，它向行驶的车辆发射调频微波，波束被行驶的车辆阻挡而发生反射，反射波通过多普勒效应使频率发生偏移，根据这种频率的偏移可检测出有车辆通过，经过接收、处理、鉴频放大后输出一个检测信号，从而达到检测道路交通信息的目的。微波检测器（图5-4）可进行单车道检测或多车道检测。安装在路侧灯杆上方或车道正上方的微波检测器呈45°角朝下发射狭窄的微波，由微波反射回来的时间差来判断是否有车辆通过，并收集各车道的车流量、道路占有率和平均速度等数据，其输出信号与一般常见的检测器兼容，可通过数据接口与控制系统相连或直接替代传统的多个感应线圈探测器。

微波检测器是交通信息检测系统的重要组成部分，是广泛应用于城市交通信号控制系统及高速公路监控系统、区域交通事故报警系统等领域的高新技术，它不仅能够检测采集数据，而且能够在内部处理多种需要的交通参数，直接取代环形线圈检测器及其控制器，降低

图 5-4 微波检测器示意图

成本，或是配合城市交通控制系统中的交通信号控制器对路口交通信号进行实时控制，控制器根据微波检测器检测到的实时交通信息，自动编程修改信号配时方案，智能化地指挥交通。它具有以下功能和作用：

1）精确检测各车道的交通流量、道路占有率、平均速度和排队状况等信息。

2）检测器的输出信号与一般常见的检测器兼容，可通过数据接口与控制系统相连或直接替代传统的多个感应线圈探测器，它具有存储能力，可将检测到的数据进行存储，也可通过串行总线接入其他系统，或通过网络传输到交通信息中心。

检测器工作在微波波段，可在不中断交通或关闭车道的情况下，方便、安全地安装在现有路侧电线杆上，易维护，操作简单，并且由于其波长长，不受气候环境的影响，能全天候工作。

三、系统应用

电子警察的真名是交通状况监视器，又称"电子眼"，它可以把交通状况如实地记录下来，并反映到交通管理监控中心。电子警察系统是集现代计算机控制技术、计算机通信技术、视频技术、电磁感应技术、数码相机设备、视频记录等技术运用到道路交通管理的一项新型技术。利用路口车道下的感应线圈，检测通过车辆，再根据路口信号灯状态，判断车辆是否闯红灯。当有车辆违反交通信号灯时，路口嵌入式控制机控制数码相机拍摄违法事件现场的数码图片并保存闯红灯全过程的视频录像，同时自动记录车辆通过的时间、红灯已亮时间、路口地址、路口方向、车道等相关违法信息，组成一条车辆违法数据记录，各路口的嵌入式控制机通过光纤 LAN、ADSL 等传输方式与监控中心数据服务器相连，将违法数据实时自动传送到服务器数据库中。

典型的电子警察通常是由图像检测（车辆感应）、拍摄、采集、处理、传输与管理以及辅助光源、辅助支架和相关配套设备等部分组成。主要有固定和流动的两种应用形式，自动和人工操作的两种工作方式。下面分别就各组成部分及其特点与选用情况做进一步介绍。

1. 图像检测部分

图像检测部分在系统中起车辆感应的作用，主要有：①环形线圈检测器；②视频检测器；③超声波或微波（雷达波）检测器；④红外线检测器等种类。其中环形线圈检测器具有成本低廉、检测精度和可靠性高，适应性好等优点，使用最为广泛；不过，其需要破路施工，安装不便，易因路面破损而毁坏，故障率较高又不能实现多车道无缝覆盖和跨越车道线或双实线的车辆检测;视频检测器除了初期投入的成本相对较高、环境适应性稍差外,其安装、使用及维护简便,设置直观、灵活,检测范围大,性价比高,故障率低,功能全,可实施全过程智能化检测,又没有环形线圈检测器的固有不足等特点,应用渐广;而超声波或微波和红外线检测器因易受现场因素干扰,检测精度不高,可靠性较差等使用较少,其中超声波或微波检测器有时用于人工检测方式。实际应用中,理想的图像检测部分应当是环形线圈和视频两种检测器有机融合的复合检测方式,以达到尽可能高的图像检测与捕捉率,实现高效、周全的监控与管理。

2. 图像拍摄部分

图像拍摄部分在系统中起图像抓拍的作用,主要有照相机和摄像机。其中照相机目前基本上采用三百万以上像素、可变焦、自动光圈及白平衡调整等的准专业数码相机。不过,由于其结构、图像存取等原因,其实时性、连拍续传能力和环境适应性较差,一般多用于交叉路口的闯红灯车辆抓拍(需特制机箱,进行温度调控等)和人工流动拍摄等场合;而摄像机基本上都选用高清晰度(≥480TVL)、低照度(≤0.1lx)、高信噪比、动态抗逆光与强光抑制、背景光自动补偿、白平衡自动调整等功能的快速(快门速度不能慢于1/1000s)工业级摄像机,其配套的镜头则应采用大孔径、可变焦、大光圈、快速自动光圈调整的专业光学镜头。此外,还应配置合适的室外防护罩。而微型或掌上型模拟或数字摄像机则几乎仅限于短时间人工拍摄时用。有效图像抓拍或捕捉率的高低,直接关系到系统的实用性好坏乃至成败。

3. 图像采集部分

图像采集部分在系统中起图像采集即将模拟视频图像数字化的作用,通常采用多路视频图像采集卡:将多路模拟视频图像经过多路切换器、A/D 变换器以及裁剪、压缩编码后变成数字视频信息。国际上通常采用的视频压缩编码方式有 MJPEG、Wavelet(小波变换)、MPEG-1(如 VCD)、MPEG-2(如 DVD)和 MPEG-4 等。国内数字化视频监控工程中常用的是压缩率高、系统资源总帧数大、传输速率要求低、单卡可支持多路视频压缩的 MJPEG 和 MPEG-4 两种视频压缩编码方式。其中,MPEG-4 方式通过帧重建技术压缩和传输数据,以求用最少的数据获得最佳的图像质量。其压缩率更高,系统资源总帧数更大(高达 600 帧/s),信息传输速率要求更低,且可支持交互式 AV 服务以及远程监控,因此 MPEG-4 方式具有更加明显的优越性、更广泛的适应性和良好的可扩展性,是当前及今后一个时期主流的视频压缩编码方式,而 MJPEG 方式则是采用帧内静态压缩、帧间动态压缩技术,其压缩率甚高,但信号质量的数据损失较大,系统资源总帧数比 MPEG-4 方式的小(通常为 200 帧/s 或 300 帧/s),不过其成本相对低廉又可满足一般应用需求,现实中使用的也不在少数。图像采集的优劣直接关系到系统的工作效能、图像质量和进一步处理、利用的成效大小。

4. 图像处理部分

事实上,图像处理部分应包括控制主机和系统应用软件两个部分,在系统中起控制、图像识别、存贮与管理的作用。为了保证系统在恶劣工作环境中连续地自动运行,控制主机必须采用高速、大内存、大容量镜像硬盘等高性能工业级控制机或 DSP 机,以满足多路图像(包括全景和近景特写图像)的捕捉、识别、压缩、存贮、比对、报警、传输和故障自诊断与管理等实时多任务、多进程的操作要求,同时尚需预留适宜的扩展与升级余地;而系统应用软件通常包括 Windows 或 Linux 或 Unix 操作系统、图像模糊识别与信息管理软件。图像模糊识别系统主要是车牌识别软件，一般包括图像二值转换、图像差分、滤波与平滑，车牌定位与旋转，字符切割，字符识别，车牌颜色提取与识别和车牌分类等功能模块。控制主机的配置和操作系统合适与否直接决定了系统的性能、稳定性与可靠性的好坏。图像识别率的高低则几乎决定了系统技术水平和智能化程度的高低。

5. 信息传输部分

信息传输部分包括本地和远程传输两个部分，在系统中起信息传递与交换的作用。本地信息传输部分主要包括检测信号线、视频信号线、网络信号线，网卡以及交换机或集线器等，其是确保系统正常工作的"中枢神经"；而远程信息传输部分则主要有有线和无线介质两种，其是实现系统远程监控、远程维护与远程报警以及信息共享与综合利用的基本保障。其中有线部分通常有：①DDN、FR、ISDN、ADSL、LAN 和 PSTN 等通信线路及其接入设备；②光纤及其光端机；③路由器或交换机或集线器等。无线部分则主要有：①微波发射或中继传输、接收与接入设备；②数据无线如 802.11b/g/a 网卡、网桥及其天线等设备；③卫星传输与接入设备等。

6. 信息管理部分

信息管理部分包括中心主机和管理软件两部分，在系统中起信息的汇集、存贮、查询、统计、交换、备份、打印，嫌疑信息（如交通违章或事故逾期未处理、逾期未参加法定检验或审验，被盗抢和肇事逃逸等车辆信息）的自动比对与实时报警、系统故障自诊断与管理和远程监控、远程维护与远程报警等诸多重要作用。其中中心主机通常要选用高性能（最好是双 CPU）工业级控制机或 PC 服务器；而管理软件部分则多是建立在 Oracle 或 MS SQL Server 或 Sybase 等大型数据库基础之上的系统综合管理与应用软件。信息管理部分是实现系统"实时监视、联网布控、自动报警、快速反应、科学高效、信息共享，监控、威慑、防范和打击并重"综合效能，体现系统战斗力的关键所在。

7. 辅助光源

辅助光源在系统中起辅助照明（尤其是夜间或光线不足时补光），提高抓拍图像清晰度的作用。通常有频闪照明灯，如闪光灯；连续照明灯，如路灯和其他冷、热光源（常见的有白炽灯、荧光灯、卤钨灯、陶瓷金卤灯、高压钠灯等多种）。闪光灯因光能量集中，照明时间短促，其对夜间车辆前照灯的强光抑制和突显清晰车牌，效果显著，然而，如处置不妥，则有可能对行驶车辆中的驾驶人产生眩目，存在安全隐患；其通常多用于夜间或光照不良的情况下路口闯红灯车辆的尾部抓拍或者停驶车辆的头部抓拍等场合，使用范围受限。而连续照明灯选用时，必须充分结合工作现场环境条件和摄像机或照相机的工作特性综合考虑灯具的光效、聚光特性、光源显色指数和色温等，选择高效、节能、一致性和稳定性好、长寿命、功率不超过 150W/车道的照明灯具，保证被照地面一般有 50~100lx 的照明，即可满足图像拍摄要求。现实中，通常多选用不大于 150W 的陶瓷金卤灯（CDM），安装时其光束与地面或水平面夹角不得小于 75°或者与车牌平面或垂面的入射角不能大于 15°，否则，其极有可能造成眩目等安全隐患。辅助光源的电源应当与图像检测及拍摄等装置的电源相对独立，并要通过自动测光的方式由控制主机自动控制在夜间或白天光线不足时打开照明，白天光线充足时关闭照明。辅助光源是确保系统在光线不足条件下正常工作的"夜明灯"，不可或缺。

8. 辅助支架

辅助支架在系统中用于安装、固定摄像机或照相机和辅助光源等。常见的有：①龙门架；②悬臂架，如 L 或 F 形；③立柱；④移动式安装支架，如三脚架和固定在汽车上的专用支架等。其中前三类是固定式辅助支架，通常多采用无缝钢管或者八角形钢管焊制，并经酸洗除锈，表面热镀锌处理（镀锌层厚度一般不小于 60μm）。龙门架和悬臂架的净高度一般不小于 6m，而立柱的高度通常不应低于 2.5m。固定式辅助支架的底座应牢靠地固定在路边用地脚螺栓预埋的钢筋混凝土基座上，可抵御台风袭击和行驶车辆的碰撞。因在室外路面上工作，故这三类固定式辅助支架上必须合理设置避雷和防盗报警装置（也可以用来安装相关标牌）。辅助支架是系统正常工作，持续运行的基础，不可忽视。

9. 其他相关配套设备

在系统中主要起保证系统相关设备正常、稳定、可靠地运行的作用。常用的有：①长延时不间断电源（UPS）；②净化稳压电源；③强、弱电防雷、设备避雷与接地装置；④系统故障、违章或嫌疑信息和防盗等报警装置；⑤打印机等。

第三节 城市交通诱导系统

授课视频

交通诱导系统（traffic guidance system，TGS）是基于电子计算机、网络和通信等现代技术，根据出行者的起讫点向道路使用者提供最优路径引导指令或是通过获得实时交通信息帮助道路使用者找到一条从出发点到目的地的最优路径。这种系统的特点是把人、车、路综合起来考虑，通过诱导道路使用者的出行行为来改善路面交通系统，防止交通阻塞的发生，减少车辆在道路上的逗留时间，并且最终实现交通流在路网中各个路段上的合理分配。

一、动态路径诱导系统

动态路径诱导系统主要由以下 3 部分组成：

（1）**交通信息中心** 系统中的硬件系统是由计算机和各种通信设备组成的，主要功能是从各种信息源获得实时交通信息，并处理成用户需要的数据形式。

（2）**通信系统** 负责完成车辆和交通信息中心的数据交换。信息中心通过通信系统向所有车辆不断发送实时交通状况数据。

（3）**车载诱导单元** 车载诱导设备主要由计算机、通信设备和车辆定位设备组成。定位设备为 GPS 接收机或信息标信号接收机及速度、方向传感器等其他设备。该模块的功能是接收、存储和处理交通信息，为驾驶人员提供良好的人机界面。

按照最优路径计算和抽取地点的不同，动态路径诱导系统可分为中心决定式的动态路径诱导系统（centrally determined route guidance system，CDRGS）和分布式的动态路径诱导系统（distributed dynamic route guidance system，DDRGS）。前者是在交通信息中心的主机上，基于实时交通信息进行路径选择，为每一个可能的 OD 对计算出最优和准最优路线，然后通过广播或通信网络（如 Internet）提供给用户；而后者是根据从通信网络接收到的实时交通信息，结合车载计算机存储的数据，在车载单元内计算最优或次优路径，依次进行路径诱导。城市交通诱导系统是结合我国城市混合交通的实际特点，从大城市安装交通面控系统获取诱导所需的实时交通信息，并在车载单元内进行路径选择。因此，它实际上是一种分布式动态路径诱导系统。

二、诱导系统组成

我国某些大城市已引进了国外先进的交通面控系统。该系统通过在部分关键交叉口布设的检测器和摄像机来采集原始数据（一般指交通流量和车道占有率）。城市交通流诱导系统就是利用交通面控系统检测到的实时交通信息，结合交通信息中心（traffic information center, TIC）动态预测的路网中各个交叉口的交通流量和各路段的运行时间，并根据驾驶人输入的起讫点，在车载机内动态地计算出最优路径，并动态地显示于电子地图上，从而引导车辆避开交通拥挤，沿着时间最短路径行驶，达到动态路径诱导的目的。根据我国国情，有关专家提出了城市交通诱导系统结构框架，该系统包括信息采集与处理子系统、车辆定位子系统、交通信息服务子系统及行车路线优化子系统，其实施结构如图5-5所示。

1. 信息采集与处理子系统

交通流信息的采集主要是通过交通控制系统实现的。因此，城市必须安装交通流量检测系统。检测的内容主要有：交通信息检测，可以利用交通信息控制系统的交通流量检测信息；交通流信息的转换与传输，把从交通控制获得的网络交通流信息进行处理并传送到交通流诱导主机；滚动式预测网络中各路段的交通流量和运行时间；建立能够综合反映多种因素的路阻函数，确定各路段的出行费用，为诱导提供依据。

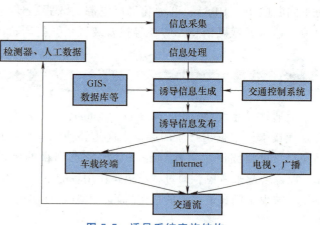

图 5-5　诱导系统实施结构

2. 车辆定位子系统

车辆定位子系统的功能是确定车辆在路网中的确切位置，主要内容有：①建立差分的理论模型和应用技术，讨论如何根据基准台测出的测差值来修正车载单元的误差，提高精度。②设计系统的通信网络，其中包括信号的编码、发射以及信号的调解等问题。③研究系统电子地图的制作方法及实现技术。④建立一套故障自诊断系统，以保证在系统发生故障或信号在传输过程中出现较大误差时，也能准确地确定车辆的位置。

3. 交通信息服务子系统

交通信息服务子系统是交通流诱导系统的主要组成部分，它可以把动态交通信息通过各种传媒及时传送给公众。媒体包括有线电视、计算机、收音机、电话亭、路边可变信息板和车载的接收装置。

4. 行车路线优化子系统

行车路线优化子系统的作用是依据车辆在网络中的位置和出行者输入的目的地，结合交通信息采集与处理子系统传输的路网交通信息，为出行者提供能够避免拥挤、减少延误、快速到达终点的行车路线，在车载计算机的屏幕上显示出车辆行驶前方的交通状况，并以箭头线标识所建议的最佳行驶路线。

三、系统需求分析

1. 功能需求

通常情况下，交通诱导系统的功能需求包括以下六点：

①以重点道路为中心，实现显示屏信息的连续性发布，能够达到对车流的有效诱导。②根据道路的不同等级、不同状况，将城市交通诱导分为快速路诱导控制、城市主干路诱导控制、高速公路诱导控制等。③使路网达到用户最优和系统最优之间的均衡。④采用统一的接口实时采集交通数据，并保证数据的完整性、安全性和正确性。⑤使用恰当的模型和算法分析和处理交通数据，以确保发布信息的准确性和有效性。⑥系统应该具备用户权限管理、防黑客入侵、防病毒、数据的安全性管理、数据网络备份等功能以保证系统安全和稳定。

2. 技术需求

要满足上述功能需求，需提供一系列技术保障。所涉及的技术包括信息采集、信息发布及信息传输等。

①信息采集技术，主要通过电感线圈检测技术、视频检测技术以及微波检测技术来实现对原始交通数据信息的采集。②信息发布技术，主要通过交通诱导室外显示屏实现对实时路况信息的发布，辅以广播电视台发布实时信息。③信息传输技术，根据显示屏的类型以及安放位置的不同，采用不同的通信传输技术，主要包括光纤通信、与当地有线电视复用通信网络以及无线通信方式等。

3. 设备需求

上端控制系统的服务器由一台主服务器、一台控制服务器和若干操作管理终端组成。上端系统设备还包括数据库、通信设备、综合接入设备等。其中主服务器接收实时传来的原始数据，在主服务器上运行有数据分析处理应用程序，对原始数据进行分析处理，生成交通诱导信息。控制服务器与通信设备和综合介入设备相连，向室外显示屏发送诱导信息，实时控制显示屏的发布内容。操作管理终端上显示各路段实时的道路状况以及各个检测器的工作状态，还可以根据实时的人工采集信息对自动发布的信息进行必要的修改和增减工作。

下端系统中主要的设备需求是室外显示屏以及显示屏本地的通信设备等。

四、系统设计

1. 系统功能设计

交通诱导系统主要是通过对车辆进行诱导以及为出行者提供出行参考信息，来实现在控制范围内的最优交通流量分布以及车辆的最优行驶路线规划为目的的动态路径诱导系统。它通过城市的交通管理系统全面掌握城市道路网的实时交通状况，利用实时动态交通分配及交通流预测理论，为出行者提供到达目的地的最优路线，通过诱导的手段达到使城市的交通流量趋向最优分布的目的。

为了实现智能交通的诱导，需要建立一个基于城市交通控制系统（urban traffic control system，UTCS）的交通管理中心（traffic management center，TMC）。TMC是城市交通诱导系统的核心。TMC通过UTCS以及其他城市交通子系统将城市道路交通的各种信息搜集上来，并在各个子系统之间进行分享及协调，保证用户在使用此信息时可以使出行者出行及整个道路交通网得到最优化。TMC的交通信息通过数据通信设备传至对城市交通诱导信息进行专门处理的交通信息中心（TIC）的主计算机中。为了满足交通流诱导的需要，TIC需要针对诱导信息的发送对象、发送方式进行相应的处理，最终将信息通过有线或无线通信提供给城市交通流诱导的其他子系统，并通过与各个子系统之间的信息共享，为出行车辆及行人提供有效的交通信息。对于出行者，智能交通诱导系统的主要功能有以下3方面。

（1）**在线驾驶人信息服务** 驾驶人的引导系统：主要为驾驶人提供实时的交通流状况、交通事故、建筑施工情况、公共交通时刻表、气候条件等信息。以便驾驶人据此选择最佳的行驶路线、出行者中途改变出行方式。车内标志系统：主要提供与路面实际标志相同的车内标志，也包括道路条件的警告标志和一些特殊车辆的安全限速。这一服务内容特别适于老年驾驶人或旅游区和危险道路条件下的驾驶。

（2）**路径诱导服务** 由动态车载诱导系统根据TIC提供的实时道路交通信息及GPS设备得到的车辆定位信息，借助于电子地图为出行者提供一条最优的行驶路径。早期的路线引导是一个静止的信息系统，主要为出行者提供起、终点之间的距离最短的路线；目前这项服务趋向于通过无线通信技术，使车载设备可以从TMC获取实时道路交通信息，使最优的概念包括在实时道路交通信息基础上的时间最优、距离最优或出行者喜爱最优等。根据GPS定位功能以及电子地图，再辅以地图，就可以实现车辆的实时转向导航（turn by turn guidance）。实时导航服务可以提高城市道路的时间利用率和空间利用率，大大缓解城市道路的交通量分布，是城市交通诱导系统的核心功能。

（3）**出行前信息服务** 可为出行者提供出行前需要知道的信息（如天气及道路情况等），并据此为出行者制订出行路线及出行时刻表以避开交通高峰时段，同时也提高了道路的时间利用率。出行前信息服务一般可以在家庭或办公室通过计算机、智能手机或PDA（掌上计算机）等方式获得。

2. **系统数据流设计**

为了满足交通诱导系统以上的功能需求，交通诱导系统的数据处理过程分为3个层次，分别是数据层、处理层和显示层。

（1）**数据层** 数据层的主要作用是接收交通检测系统传递过来的原始数据并对这些原始数据进行校验解包及预处理。

交通检测的原始数据主要来自于以下检测系统：

1）线圈检测系统，即信号系统。此系统除了能够检测交通流量外，还可以计算道路平均车速与占有率等数据。

2）视频检测系统，即牌照识别系统。此系统采集路段上游车辆的牌照，并在下游捕捉检测数据。根据视频检测系统传递过来的数据，可以计算出这一路段的平均通行时间，进而得到车辆的平均行驶速度。

3）微波传感器检测系统，即快速路检测系统。此系统可以远程采集并传递断面交通流数据。

4）其他系统，包括122报警系统、110接警系统等。在122报警系统和110接警系统中，交通原始数据的来源一般是报警电话和交警报告等，因而交通数据需要人工录入到诱导系统数据库中。

交通诱导系统数据库包含以下5个子数据库。

① 交通数据库：存储从各个交通采集系统传输来的交通原始信息，以待数据处理模块调用。

② 交通状态信息库：存储经过处理模块处理的交通状态信息，以待诱导信息生成模块调用。

③ 数据处理模型库：存放处理交通状态信息时所应用到的各种模型。

④ 预案库：属于专家系统的一部分。存放针对实时交通状况所应对的预案。

⑤ 交通诱导信息库：存储各时段各个显示屏所发布的诱导信息。

（2）**处理层** 在处理层中，首先将从交通数据库中调用的原始数据进行滤波处理，剔除不在设定范围内的数据（如车速为负或者在某一极限值之上的数据），获取有效数据。原始数据的剔除主要使用滤波算法，如卡尔曼滤波、维纳滤波等。

在得到有效数据后，要对其进行状态聚类，即做状态分级，此时需要调用数据处理模型库中的相关模型与算法进行处理，这里用到的是模糊聚类或小波分析等匹配算法。

最后针对不同等级的道路进行状态预测，调用模型库中的预测模型（包括神经网络、时间序列模型、非参数回归模型等），得到交通状态信息。交通状态信息需要经过人工确认，以确保状态信息的可靠性。最后经过人工确认的交通状态信息存入系统的交通状态信息库中。

（3）**显示层** 显示层主要对交通状态信息进行处理，形成交通诱导信息。

交通诱导信息的生成通过两个渠道：一方面调用信息库中的交通状态信息，通过交通诱导相关性分析模型，得到诱导信息的发布延伸范围和时效性参数，然后通过预案库，生成诱导信息。另一方面，如果是需要人工输入的信息（如交通管制信息、勤务信息或宣传信息等），则由指挥人员进行人工编辑，生成节目单后，结合系统数据库中的预案库，与上述诱导信息一起，生成诱导信息节目单，传给诱导系统的控制服务器。

控制服务器接收到节目单后，对其进行合成，发送控制指令到相应的诱导显示屏，最终实现诱导信息的有效显示。

五、动态交通诱导系统的发展状况

动态交通诱导系统的研究最早开始于 20 世纪 70 年代中期的日本，首先进行了基于 FR 射频通信的车载动态诱导系统的开发试验。20 世纪 80 年代又相继进行了道路车辆通信系统（RACS）和高级车辆交通信息与通信系统（AMTI）的研究。1990 年开始的 VICS（vehicle information communication system）项目是世界上第一个全国统一的车辆信息与通信系统。

早期的动态交通诱导系统有德国和英国在 20 世纪 80 年代开发的用于示范的基于红外线信标进行通信的动态路径诱导系统 LISB 和 AUTOGUIDE 系统，20 世纪 90 年代德国西门子公司开发的 ALI-SCOUT（在欧洲称为 EU-RO-SCOUT）系统以及美国的 MAYDAY 系统。我国的一些大城市都已经建立了交通诱导广播系统，道路上的交通信息由车辆检测设备和摄像机镜头自动采集并持续不断的传送到交通指挥中心，经过计算机处理后的结果由播音员播出。

到 21 世纪初，部分发达国家已经设计并试验了一些具备动态交通诱导功能的车路协同系统实例，如美国的 IntelliDrive、日本的 Smartway、欧盟的 COOPERS 和 eSafety 等，近年随着云计算、边缘计算和无线通信等的迭代发展，国内外的动态交通诱导系统技术呈现出更智能化和网联化的发展趋势。

第四节　城市交通管理和指挥调度系统

一、交通管理系统

先进的交通管理系统（ATMS）是一种利用先进的交通信息采集、数据通信、电子控制和计算机处理等当代高新技术以及现代交通工程理论，根据系统工程原理进行集成，实现对地区道路网络交通流进行实时监控、主动控制、协调管理与操作的综合交通管理系统。

ATMS 如图 5-6 所示，是智能交通系统（ITS）的关键组成部分，它通过对道路交通网络中的各种交通信息进行实时采集与传输，并根据现代交通工程理论模型进行实时处理和评价，开展和协调交通网络系统运行所需求的事件反应，为交通网络使用者提供实时准确的交通网络状态、出行选择以及在满足安全、效率和方便性最大可能性条件下的决策信息支持。同时，通过提供与其他 ITS 子系统（如 ATIS、APTS）之间进行有效数据的交流功能，支持其他地区的 ITS 工作。ATMS 的有效实施能够达到缓解交通拥挤，缩短旅行时间，降低能耗，减少交通事故，提高交通管理水平，实现了社会效益与经济效益的最大化等目标，为民众的生活、工作和交通运输生产带来最佳的效益。

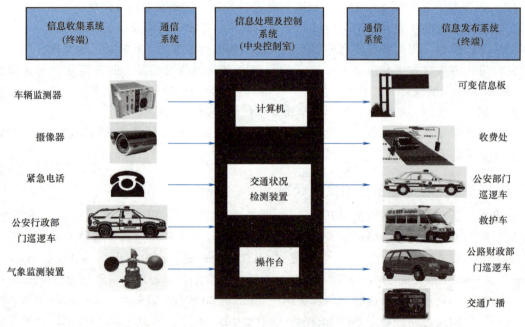

图 5-6　ATMS 的示意图

1. ATMS 逻辑框架

ATMS 逻辑框架由 ATMS 功能上的 4 个处理过程和大量的终端用户构成。为了支持在使用者服务计划中确定的使用者需求，终端用户为 ATMS 提供接口信息。每一个终端用户代表一个外部实体，它可以进行数据通信，或者接收来自 ATMS 功能处理过程的数据。终端用户可分为以下类别：

使用者终端，是在 ATMS 中心子系统和道路沿线子系统的工作人员以及与 ATMS 子系统

第五章 城市智能交通管控系统

交互的驾驶人和出行者。

系统终端，是非 ATMS 中心的系统（如与 ATMS 交互的政府机关）、路边系统（如传统的信号传感器）和与 ATMS 交互的车辆系统。

环境终端，被 ATMS 感知的环境状态。

其他子系统（其他 ATMS 中心）。

ATMS 逻辑框架将这些功能上的需求划分为 4 个功能上的处理过程。这 4 个处理过程确定了在 ATMS 框架和终端使用者之间的数据流。这些根据功能需求划分的 4 个处理过程构成了基本的 ATMS 逻辑框架。ATMS 包括的 4 个处理过程为交通管理处理过程、紧急事件服务处理过程，公共交通运输管理处理过程及出行者信息服务过程。

（1）**交通管理处理过程**　由以下子过程组成：

1）事件管理。该过程是道路交通事件管理的处理程序和活动。它利用道路网络状态、交通协作数据、信号优先请求、外部报告、计划事件和其他交通管理协作数据等方面的信息与历史数据项比较，分析和确认潜在的或者可预测的事件。它通过与控制交通流处理过程协作，以及与交通操作人员相互交流事件数据和事件命令接收，改善了事件管理能力。

2）监控交通流和道路状态。该过程监控和测量交通网络状态，采集天气条件、道路状况和交通状态方面的数据。这个处理过程也采集和分析来自于其他交通操作中心地区的交通流状态数据，为管理实践处理过程、控制交通流处理过程和管理交通需求处理过程提供协作数据，并且为交通操作人员提供交通网络状态信息。

3）控制交通流。该过程是管理交通系统的处理过程和活动。处理过程根据预测的交通流、准确的交通数据和交通操作人员的请求配置交通控制设备。它通过道路信息显示和与其他换乘点及交通操作中心间协调的交通控制信息为出行者提供信息。这个处理过程也提供交通信息和有关于出行者信息服务处理过程的资讯建议。

4）交通需求管理。交通需求管理是交通道路网络上的交通需求的处理过程和活动。它利用交通状况、历史数据、道路封闭、交通计划和网络状态等信息，提供监测管理和需求管理策略。

5）工作区域管理。该处理过程是一个管理交通网络中的工作区域的处理过程和活动。它通过分析工作区域和建设区域对交通流的影响，提供了工作区域的状态和区域协调数据。

（2）**紧急事件服务处理过程**　该处理过程包括以下功能：

1）协调紧急事件反应。该处理过程解决了紧急事件辅助请求和管理紧急事件的车辆处理过程之间的协调。

2）紧急事件的车辆管理。该处理过程通过派遣者的输入及返回到派遣者的状态，紧急车辆上的信息传送及在网络中的紧急车辆的位置和状态为事故处理提供支持。

（3）**公共交通运输管理处理过程**　该处理过程反映公交系统的交通路线监控功能。通过这个处理功能，公交信息可以直接地提供给公交驾驶员和公交乘客。为了支持在信号配时路段交叉口和高速公路匝道控制的优先权计划，以及为了反映公交与交通管理过程的全面协调，这个处理功能提供了一个与管理交通功能的接口。公共交通运输管理处理过程确定需要管理固定和可变时间计划的公交车辆以及与交通管理处理过程之间的接口能力。

（4）**出行者信息服务过程**　该处理过程包括的主要功能有：

1）出行计划。它接收交通信息、路线标准和交通时间计划等信息，为出行者提供方便的出行计划和路线选择服务。这个处理过程提供了基于这些信息的路线信息和指导信息。

2) 车载驾驶人信息系统。这个处理过程为在路上的驾驶人直接提供服务信息，如车辆位置数据、天气数据等。

3) 出行者信息服务。它接收天气、换乘、交通和公交时间等方面信息，为出行者提供信息请求服务和进行请求信息的处理与发布。

2. ATMS 的支撑系统

这个支撑系统提供交通网络管理所需的控制能力。所有的交通控制功能，就要有特定的 ATMS 支撑系统对逻辑框架的各个终端用户和处理过程进行支持。ATMS 的支撑系统主要有以下部分：

（1）**交通管理** 这个系统提供交通网络管理所需的控制能力。所有的交通控制功能通过这个管辖区域的 TMC、ATSS 和其他机构（如交通控制系统）的交通操作控制系统完成。交通管理的支持系统由广域的交通管理系统、事件管理系统及交通控制（如地面街道和公路）组成。

（2）**系统管理** 这个支撑系统负责监控、配置和管理 ATMS 的资产，也提供对建设和特殊事件的计划和时间安排的支持。系统管理由养护管理和维护时间安排计划，管理、操作中心硬件和软件监控，配置和目录的管理以及事件计划和时间安排支持系统组成。

（3）**分析和建模** 这个支撑系统负责提供分析和建立交通网络的模型的功能，由一个整合的模型管理者，包括 OD 处理、历史数据的分析、交通模拟模式、动态交通分配模型、信号和控制优化模型 5 个支持系统组成。

（4）**系统监控** 这个监控支撑系统由车辆跟踪、监控图像处理、交通和环境监控、通信几部分组成，实现数据处理，为监控交通网络操作员工作提供必需的控制和接口。

（5）**通信拓展** 这个支撑系统还提供了 ATMS 内部实体之间的通信接口能力，以及同其他 ITS 相关系统之间的通信接口能力。该系统包括输出数据流处理、输入数据流处理及 I/O 管理者 3 个支持系统。

3. ATMS 物理框架及其组成

基于先前定义的逻辑框架和支撑系统的需求，目前存在 4 种比较常见类型的物理框架，分别是中心式、点对点分中心协调式、点对点的允许控制式和中心协调式。点对点中心协调式是目前应用较多的一种。

ATMS 的物理框架包括交通管理控制中心、交通信息检测系统、交通电视监视子系统、交通信息通信子系统、交通信息综合管理子系统、城市交通信号控制系统、紧急事件快速反应子系统和交通信息服务子系统，以及其他地区的 ATMS 和其他 ITS。

二、交通指挥调度系统

1. 交通指挥调度系统的总体设计

（1）**系统结构设计** 交通指挥调度系统的结构设计主要包括系统的逻辑结构、物理结构和总体技术结构设计。逻辑结构设计即对业主方提出的需求分析后，抽象出系统的主要功能、分系统及基本功能模块，并明确它们之间的逻辑关系。物理结构设计即系统的要素结构设计，如指挥中心、主控室、计算机房等的布局设计。总体技术结构设计则是指挥系统的构成、互连结构和处理结构等的设计。在确定系统技术结构之后，就要进行各分系统的设计，包括硬件设计和软件设计。公安交通指挥系统的结构设计有层次性、分布性、有序性、动态性、不平衡性特点。

（2）**指挥中心系统结构设计** 在指挥中心各分系统中，核心是计算机分系统，系统结构设计事实上是围绕计算机分系统进行的，即是围绕如何处理计算机系统的内部组成及其与其他分系统之间的关系展开的，结构设计的发展趋势是从集中式的系统设计经公共总线结构设计到当前的分布式系统结构设计。分布式系统结构的各项组成在地域、空域、频域和资源上是分散的，而在其内部及它们之间则是相互协调的。在各级各类指挥中心，采用 C/S 或 B/S 形式的分布式结构，通过局域网将本地的多个服务器和多个客户端连接成一个功能上分布、资源上共享的本级指挥中心；采用 B/S 形式的分布式结构，通过远程网并运用用户互操作、远程数据访问、虚拟终端等技术，使本级指挥中心和上下级指挥中心或其他信息中心在物理上和功能上高度分布，资源和信息则共享。

（3）**软件设计** 软件设计通常包括系统软件的技术性能指标和功能、确定软件系统开发平台及数据支撑、根据应用功能结构将其分解成各个模块并对各模块进行功能描述、确定各模块的连接与接口关系等方面的设计。

交通指挥系统是通过软件系统来实现对大量复杂的交通信息的交互、综合，产出供各级交通管理人员和交通出行者使用的层次化信息和辅助决策指挥控制信息的，其软件设计有以下特点：

1）信息的不确定性。从不完全的、带有模糊度和欺骗的信息中筛选出有用的信息，从而正确反映交通运行态势。

2）高实时性要求。主要通过选择操作系统和合理地应用软件设计方法来满足。采用适当的数据分析和预测技术，提高系统的实时性。当操作系统选定后，采用何种设计方法、体系结构、信息传输协议、数据查寻方法及加密体制等都必须精心考虑。

3）强适应性要求。一个交通指挥系统的生命周期一般要达到 20 年以上，生命期内要求其应用软件有较强的适应性，即具有在短时间内完成局部应用软件的修改、扩充的能力。另外，在生命期内也有可能不断增加新系统、新设备，系统运行环境会发生变化，同样要求应用软件做相应的增加或修改，系统软件应提供动态重构能力，对系统的管理应实现在应用层上，控制应用软件也应具有一定程度的静态或动态改变能力。

4）高可靠性要求。交通指挥系统的可靠性，首先依赖于硬件环境的可靠性，其次依赖于软件环境和应用软件的可靠性。高可靠性软件的生产必须从方案论证开始抓起，并贯穿于整个过程，一要抓软件的开发方法，二要抓软件的生产管理，三要抓软件的标准化。一定要按软件工程方法，搞好开发模型、需求分析及确认、正确性验证及测试、系统软件集成、文档管理。建立一套完整的软件开发、设计、生产、管理的标准，才能保证软件的高性能和高可靠性。

5）高安全性要求。交通指挥系统内部运行有机密信息，对软件的安全性要求很高。安全运行问题涉及操作系统的安全运行机制、数据库的查寻安全机制、信息在网络互通中的传输安全机制，也涉及密码体制、安全策略、安全管理等方面的问题。

2．交通指挥调度流程

指挥调度子系统围绕警情综合监测，通过有线无线综合调度、警力定位及勤务信息，使接处警与交通管控紧密集成，实现了高效的一体化、可视化指挥调度。

指挥调度从事前部署、事中监督、事后考核三个方面，以视频监控、GPS单兵定位、PGIS为技术支撑，实现勤务的分级管理，提高勤务督导的科技化水平。对交警日常勤务进行可视化排班管理，并对执行过程进行监督、纠正，根据勤务执行情况进行考核评价。对于岗位部署方案，每隔一定周期要根据实际情况进行调整，常态拥堵分析和违法高发分析可对岗位调整提供辅助支持（图5-7）。

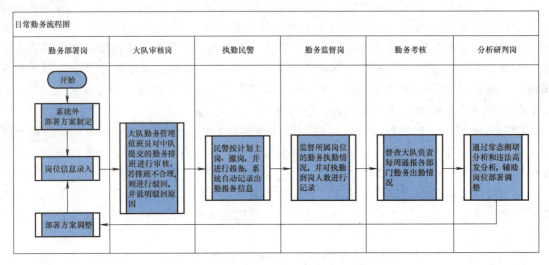

图5-7 指挥调度流程图

（1）**岗位管理** 勤务管理岗可通过该模块对本部门的岗位信息进行管理，包括添加、修改、删除、查询等操作（图5-8）。

图5-8 岗位管理系统

(2) **勤务排班** 岗位管理岗每周对本单位的日常勤务进行一次排班，排班结束后对排班信息进行提交，由上级部门进行审核。对于上级审核驳回的排班信息，将根据驳回意见对其进行修改，待修改结束后再次进行提交，直至排班被审核通过（图 5-9）。

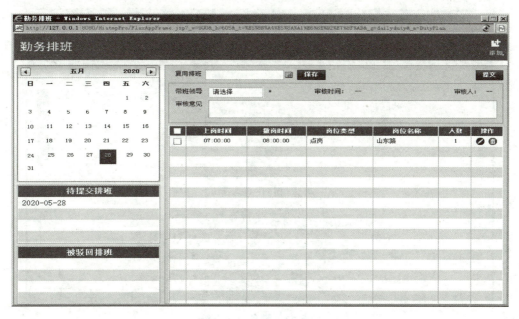

图 5-9 勤务排班系统

(3) **勤务审核** 大队、支队日勤分管领导要对下级部门提交的勤务排班信息进行审核，审核通过后方可执行，对于安排不合理的排班计划，审核时要对其进行驳回，并填写驳回意见。下级部门根据驳回意见对排班进行修改和提交，大队、支队分管领导对其再次进行审核，直至审核通过，勤务执行部门方可按照排班计划进行执行（图 5-10）。

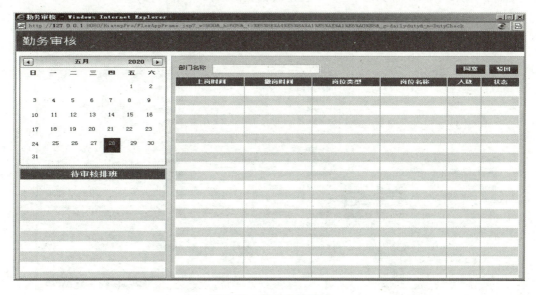

图 5-10 勤务审核系统

（4）**勤务监督** 督察大队要对各级部门勤务执行情况进行监督，并记录勤务执勤到岗人数。监督过程中，可通过 GPS 单兵定位系统来观察警员动态，通过调看视频来查看执勤警员的警容警貌和现场交通指挥情况（图 5-11）。

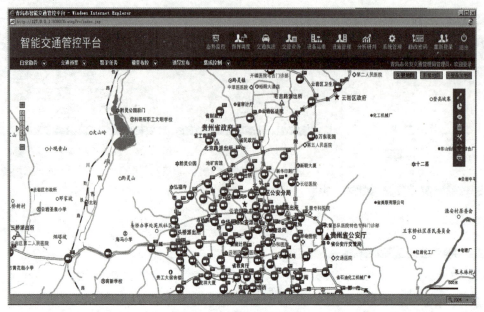

图 5-11　勤务监督系统

3. 专项治理

根据过车记录，按规则抓取违法车辆，实现车辆监测。支持尾号限行取证，黄标车取证，以及外地车禁行、大货禁行、单行抓拍、专用道抓拍等。

（1）**业务场景** 现场违法数据录入，当发现违章停车等非现场抓拍设备难以获取的违法数据时，采用人工录入的方式进行车辆违法数据的录入（图 5-12）。

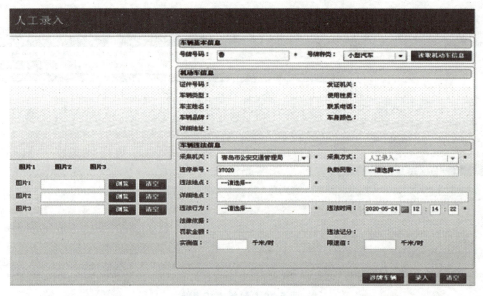

图 5-12　人工录入系统

(2) 界面逻辑

图片上传：单击"浏览"按钮，选择图片，可进行图片上传操作；单击"清空"按钮，可清空图片。图片格式支持 jpg 格式、要求大小在 500KB 以下，图片最多支持 3 张。

车辆基本信息：号牌号码通过人工录入，号牌种类通过人工选取（号牌种类默认小型汽车）。

机动车信息：输入号牌号码、选择号牌类型，单击"读取机动车信息"按钮，如果为省内车辆，车管库中存在该车辆信息，可显示该车辆的信息，省外车辆则会给出"车管库中不存在该车辆信息"提示（因未开放省外车辆查询接口），不影响信息录入。

车辆违法信息：违法信息通过人工选择或录入实现。

单击"涉牌车辆"按钮，可对车辆进行涉牌处理，数据存入套牌车信息表。

单击"录入"按钮，可对违法车辆进行录入。

单击"清空"按钮，可清空车辆违法信息，数据恢复到页面初始化状态。

违法审核主页面可根据条件实现待审核数据的查询功能，可对查询出的数据进行导出操作，导出数据为当前页数据，可对免责的数据进行过滤，单击"审核"图标，可弹出违法数据审核详情页面（图 5-13）。

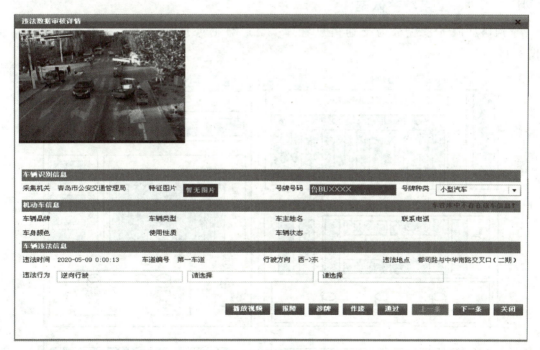

图 5-13 违法数据审核系统

违法数据审核详情页面中的图片信息：根据数据记录的图片 URL 按照顺序显示在证据图片区域。

违法数据审核详情页面中的车辆识别信息：从违法数据表中获取，特征图片的获取方式为根据图片的坐标（由前端设备上传）。

违法数据审核详情页面中的机动车信息：根据车辆识别信息的号牌号码和号牌类型从车管库中获取。如果号牌号码非省内，则不需要获取机动车信息；若号牌号码属于省内且号牌号码符合正确的号牌号码规则,自动获取机动车信息。当修改号牌号码时,输入的号牌号码符合规则,即可自动获取机动车信息;当修改号牌类型时,自动获取机动车信息,获取不到机动车信息时,不影响审核操作。

违法数据审核详情页面中的车辆违法信息:从违法数据表中获取。违法行为支持违法内容模糊匹配。

在违法数据审核详情页面中单击"涉牌"按钮,则将该违法记录车辆存入套牌车库。

对于违法数据审核详情页面中违法分拣员通过查看抓拍图片以及抓拍设备识别的信息,判断该车辆是否确实违法,若属实,则通过分拣置为违法信息;若车辆没有违法,则将该违法数据进行作废处理。

违法数据审核详情页面中如发现检测设备存在故障,单击"报障"按钮,弹出报障页面,可进行设备报障。

第五节 智能交通信息服务系统

一、系统整体架构

交通信息服务系统分为交通信息管理、交通数据处理和交通信息发布三大子系统(图 5-14)。

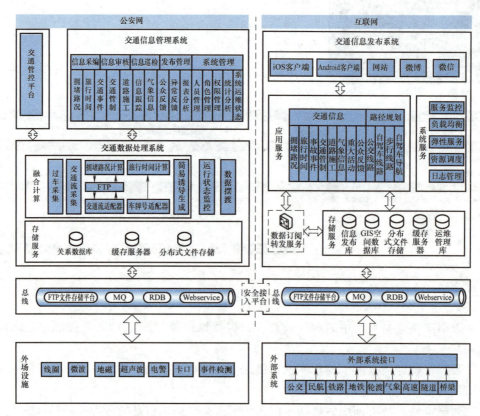

图 5-14 系统整体架构图

第五章 城市智能交通管控系统

（1）**交通信息发布平台** 研制面向手机、网站、行车诱导屏、停车诱导屏、微博等渠道的信息发布子系统，支持文字信息、简易图形及电子地图3种发布方式，使系统具备多渠道发布能力。

（2）**交通信息服务管理平台** 负责交通信息服务数据的采编与运维管理。采编内容包括道路状况、道路交通流量、道路管制信息、公交信息、交通事故信息、停车场泊位信息、天气信息等，并实现对数据质量、应用服务质量、基础设施状态的运维监管。

（3）**交通数据共享平台** 建立完善的城市级海量数据处理体制，包括海量数据的采集、存储、备份、查询、删除、计算等关键技术；研究多源异构交通数据标准化技术，实现在不同网络协议下对各种检测设备的方便接入；研究交通数据融合的关键技术，主要包括异常数据过滤技术、缺失数据补偿技术、交通路况拥堵状态判别技术及旅行时间预测技术。

交通信息服务系统以多种渠道发布的形式面向交通参与者提供道路实时路况、交通管制、交通障碍、公交出行、路桥隧道通行、交通气象、停车等出行信息服务，使居民的出行更安全、便捷、可靠，进一步提高了交通管理的服务水平。系统详细设计的完成将推动交通信息服务系统研发的顺利进行。

二、交通信息管理系统

交通信息管理系统主要包括对拥堵路况信息、旅行时间信息、交通事件信息、交通管制信息、道路施工信息、气象信息、公众反馈信息等进行采编、审核、巡检、发布管理，以及人员管理、角色管理、权限管理和统计分析等功能（图5-15）。

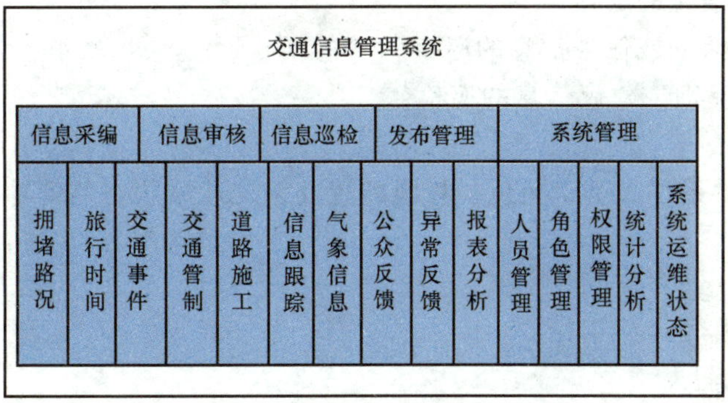

图5-15 交通信息管理系统功能

1. 交通信息采编

（1）**概述** 提供对从管控平台、微信等采集来的交通信息进行编辑、修改及分发等功能。

（2）**功能划分**

1）拥堵路况、旅行时间发布的编辑和修改。

2）交通事件的编辑、修改和分发。

3）交通管制的编辑、修改和分发。

4）道路施工的编辑、修改和分发。

5）气象信息的编辑、修改和分发。
6）重大活动或任务信息的编辑、修改与分发。
7）公众反馈或建议信息的编辑、修改与分发。

2. 交通信息审核

（1）**概述** 提供对采编过的交通信息进行审核的功能。

（2）**功能划分**

1）拥堵路况、旅行时间发布的审核。
2）交通事件的审核。
3）交通管制的审核。
4）道路施工的审核。
5）气象信息的审核。
6）重大活动或任务信息的审核。
7）公众反馈或建议信息的审核。

3. 交通信息巡检

（1）**概述** 提供对已发布的交通信息进行巡视检查，并对异常信息进行反馈的功能。

（2）**功能划分**

1）已发布拥堵路况、旅行时间发布的巡检。
2）已发布交通事件的巡检。
3）已发布交通管制的巡检。
4）已发布道路施工的巡检。
5）已发布气象信息的巡检。
6）已发布重大活动或任务信息的巡检。
7）已发布公众反馈或建议信息的巡检。

4. 系统管理

（1）**概述** 提供系统人员、角色、权限配置及系统运维状态监管功能。

（2）**功能划分**

1）部门管理功能。
2）人员管理功能。
3）角色管理功能。
4）权限管理功能。
5）系统运维状态监管功能。

三、交通数据处理系统

交通数据处理系统主要是从总线获取交通流数据、车牌号数据等，并进行拥堵路况计算、旅行时间计算、简易诱导生成，同时提供运行状态监控、数据摆渡服务及与管控平台的数据交互服务。

交通数据处理系统架构如图 5-16 所示。

1. 交通流适配器

（1）**概述** 获取交通流数据。

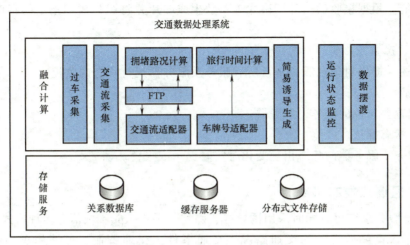

图 5-16　交通数据处理系统架构

（2）功能

1）从消息队列（message queue，MQ）接收流量、速度、占有率等交通流数据。

2）将交通流数据写到文件中。

3）将交通流数据文件放到 FTP 上。

2. 车牌号适配器

（1）概述　获取过车数据。

（2）功能

1）从 MQ 接收过车数据。

2）将过车数据保存到数据库。

3. 拥堵路况计算

（1）概述　基于定点检测器的交通状态判别。首先，通过对断面各车道速度、流量、时间占有率三参数进行统计，进行断面交通拥堵综合指标的计算；然后，根据拥堵判定区间内多个断面的交通综合指标进行交通状态的判断。

（2）功能

1）检测点位信息、路段信息、拥堵指标等基础数据的配置。

2）根据交通流数据计算路况。

4. 基于车牌数据的旅行时间计算

（1）概述　基于前端车牌采集设备（电子警察、卡口、RFID 等）采集的车牌信息进行旅行时间计算。系统首先提取单车路段旅行时间，并对其进行异常数据筛选，剔除超阈值的数据，然后运用 3σ 准则进行数据统计分析，最终计算出该区间内旅行时间。样本量低于可用样本量时，采用历史数据补偿机制。

（2）功能

1）检测点位信息、路段信息、拥堵指标等基础数据的配置。

2）根据过车数据计算旅行时间。

5. 诱导生成服务

（1）概述　根据路况及路网地图生成简易的诱导图片。

（2）**功能** 根据接收的图片、格式等参数生成图片并将图片放到指定的存储服务器上，返回图片地址。

6. 运行状态监控服务
（1）**概述** 提供对信息服务平台所有服务及服务器运行状态的监控。

（2）**功能**

1）可配置要监控的服务、服务器。

2）实时状态推送、一览。

3）当服务、服务器的状态出现变化时实时提示或报警。

四、交通信息发布系统

交通信息服务系统可以同时采用诱导屏、网站、手机 App、微信等多种形式实时发布交通信息，发布内容包括实时的交通路况、交通事件、交通管制、道路施工、旅行时间等信息。

交通信息发布系统架构如图 5-17 所示。

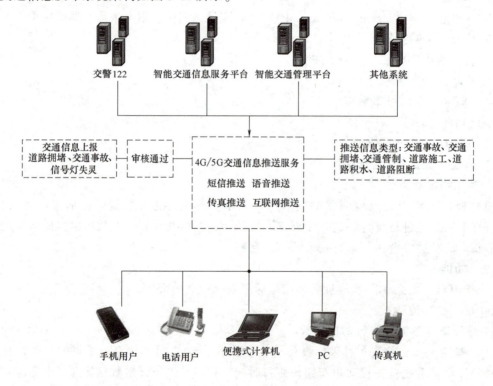

图 5-17 交通信息发布系统架构

1. 交通信息发布审核子系统

发布审核管理，包括静态信息管理，政务信息发布管理，数据分享管理以及微博发布监管（图 5-18）。

页面业务处理：

1）交通事件查看。在电子地图上或以列表的形式查看当前交通事件的分布情况。

第五章 城市智能交通管控系统

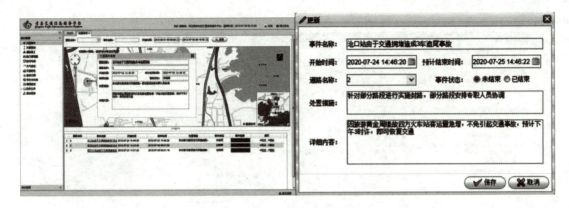

图 5-18 交通事件发布审核及更新

2）交通事件添加。在电子地图上右击，在右击位置添加新事件，单击新事件图标，跳转到新事件编辑页面。

3）交通事件编辑/删除。跳转到交通事件编辑、删除页面。

4）交通事件查询。根据输入条件查询合适的交通事件。

2. 地图服务子系统

提供公交换乘、公交线路、站点查询；提供驾车、兴趣点查询；提供地图测距、测面积功能；具备停车动态泊位、旅行时间计算、路口简易图、交通管制、道路施工、交通事件等便捷查询功能。

1）公交换乘查询：根据起点位置、终点位置计算合理公交换乘，并将路线展示在地图上。

2）公交线路、公交站点查询：分别根据公交名称、公交站点查询匹配公交信息，将路线展示在地图上，并将所经站点信息在地图上标注。

3）驾车路线查询：根据起点位置、终点位置计算出合理的驾车路线，并展示在地图上。

4）兴趣点查询：根据用户输入的兴趣点关键字，检索相应的匹配信息，并标注在地图上；兴趣点详情中，提供路线检索以及周边检索接口。

5）测距、测面积：提供利用鼠标进行测距、测面积功能接口。

6）停车动态泊位：以地图工具的形式展示，根据剩余泊位量，在地图上用不同图标标注。提供停车场地址、泊位详情、服务时间、收费标准、限制条件等信息，并提供路线及周边信息查询接口。

7）旅行时间计算：以地图工具的形式展示，根据路口状态计算旅行时间，提供从某一路口到相邻路口之间消耗的时间。

8）路口简易图：以地图工具的形式展示，为某些路口提供简易图信息，并以不同颜色标识拥堵状况。

9）交通管制、道路施工、交通事件：以地图工具的形式展示，提供最新的交通管制、道路施工、交通事件基础信息。

上述功能的主要界面如图 5-19~图 5-23 所示。

图 5-19　换乘查询

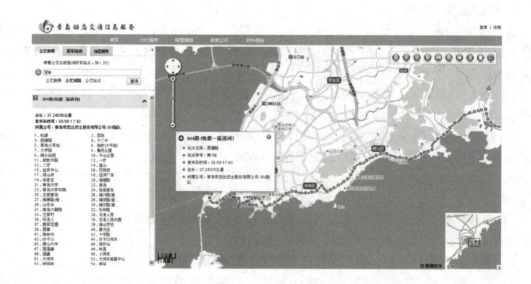

图 5-20　路线查询

3. 动态导航服务子系统

根据出行者的动态位置实时提供交通信息语音播报及路径导航服务，如图 5-24 所示。导航的过程中系统可以为驾驶人提供前方路段实时旅行时间信息、实时发生的交通事故信息，同时还可以提供准确有时效性的临时交通管制信息、道路施工信息、分时段禁左与单行线信息、桥隧高速公路通行信息及交通相关的气象信息等信息，并且可以根据交通拥堵情况实时向驾驶人推荐最优行驶路线，并通过语音自动提示驾驶人提前规避相关拥堵路段。

第五章　城市智能交通管控系统

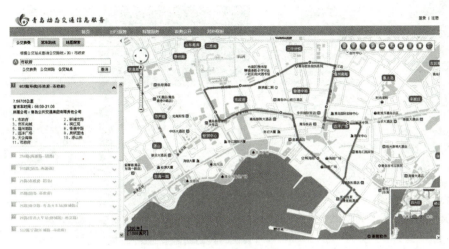

图 5-21　站点查询

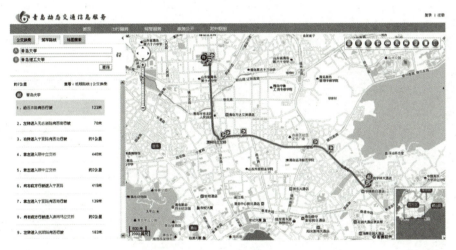

图 5-22　自驾查询

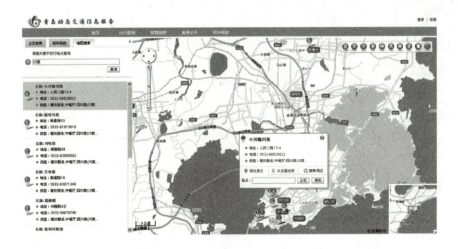

图 5-23　兴趣点搜索和查询

图 5-24 动态导航

第六章

车载导航与自动驾驶

第一节 车载设备系统

一、概述

车载系统（或称为车辆导航系统）是 ITS 设施中涉及的一个主要应用系统，它可采取相对低级或高级的形式，具备简单或复杂的功能。低级的如依靠人工计算在纸质的地图上确定车辆位置；高级的则是一个复杂的大系统，配有车载计算机、GPS 接收机和各类传感器等车载设备，充分利用检测、通信、计算机、控制、GPS 和 GIS 等现代高新技术，动态地向驾驶人提供实时交通信息和最优路径引导指令，通过对道路上的车流进行诱导，从而平衡路网车流在时空上的合理分配，提高道路网络运输效率，缓解和防止交通阻塞，减少空气污染。就目前人们的研究兴趣而言，车载系统（或称为车辆导航系统）皆指这种高级形式。

最早期的车辆导航系统可追溯至公元前 2600 年的中国。当时人们在手推车上装了一个人形的指南针，从而不管手推车在哪条道路上行进，该"人"的手指始终指向南方。这种指南车的仿制品可在中国历史博物馆见到。

现代车辆定位导航技术始于 20 世纪 60 年代晚期。当时美国联邦公路局启动了一个被称为电子路径诱导系统（electronic route guidance system，ERGS）的项目。ERGS 是具有无线路径诱导能力的导航系统，可用于控制和分配交通流。该系统采用短距 Beacon 技术，用于双向通信，一个小型的车内控制盒允许驾驶人输入目的地代码。当到达交叉口时，该代码通过车内收发器发出 Beacon 信号传送至嵌入在交叉口路面的环形天线，而该天线则通过同轴电缆连接至路边控制器，该控制器又连接至用于处理交通数据的中心控制室。在收到目的地代码后，控制器会解码并计算出一条最优路径。而有关路径诱导指令则会通过 Beacon 信号送回车辆。在车辆离开环形天线区域之前，这些诱导指令会在车辆的显示屏上显示出来。由于资金的限制，该项目没有被完整地实施，但初步的实验还是很成功的。

20 世纪 70 年代以后，特别是 80 年代后期，车辆导航系统进入了一个迅猛发展时期。这主要是因为有关 ITS 的技术日趋成熟，而有关 ITS 的组织如欧洲 ERTICO、日本的 VERTIS 和美国的 ITS America 等也相继成立，ITS 的会议和刊物大量涌现，从而形成了一个所谓的"ITS"运动。1973 年日本进行 CACS 项目，该项目类似于 EGRS 项目的概念。20 世纪 70 年代后期，欧洲启动了 ACI 工程项目，进入 80 年代又先后启动了 CARIN 和 EVA 两个项目，随后是 DRIVE 计划；美国实施了 Navigator Guidestar 项目，90 年代后期有 Pathfinder、Travtek 和 ADANCE 。

现代车辆定位和导航系统，从硬件角度来看，主要包括导航计算机、GPS 接收机、航位推算 DR 传感器（陀螺仪、加速度计等）、DVD/VCD、液晶显示器、操作用控制面板、无线通信及 AV 等，其硬件构成结构如图 6-1 所示。

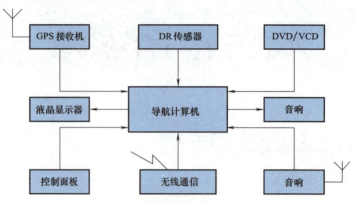

图 6-1　系统硬件构成结构示意图

从软件角度来看，分为系统软件和应用软件。系统软件包括操作系统和设备驱动两部分。由于操作环境的特殊要求，操作系统一般采用嵌入式实时操作系统（RTOS），这种操作系统与硬件结合紧密，具有结构紧凑、体积微小、实时性强和伸缩性高等优点。比较成熟的有国外的 Vx-work、QNX、PalmOS、Windows CE 和国内的 Hopen OS 等。驱动程序用于驱动车载导航系统的其他硬件设备和车内的其他电子设备。应用软件是专门针对车载导航应用需求开发的软件系统，运行在导航计算机中。其基本功能包括定位与显示、地图浏览与信息查询、智能路线规划以及语音引导等。例如，丰田皇冠轿车上的车载导航系统可以实现：①地图连续无极缩放，跨区域无缝漫游，保持行进方向的地图显示模式；②提供多种输入和查询方式帮助用户查找目的地或搜索周边范围内的停车场、加油站、银行、ATM 等各种兴趣点（point of interesting，POI）。

基于上述介绍，现代车辆定位和导航系统一般由图 6-2 中的部分模块或全部模块组成。成熟的定位导航系统需要不同的功能和函数结合。下面简单介绍有关各模块的功能。

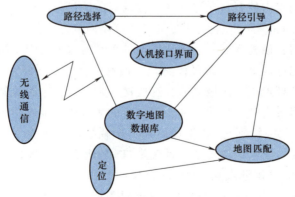

图 6-2　车辆定位与导航系统的基本结构

1. 数字地图数据库

数字地图数据库包含以预定格式存储的道路及其属性信息，能被计算机处理，用以提供与地图有关的服务，如车辆定位、道路分类、交通限制和旅行信息等。因为地图一般用于表示地球表面的几何结构，所以必须了解用于表达地图数据的不同的坐标系统及摄影方法。

2. 定位模块

定位模块综合各种不同传感器的输出或使用无线测量技术来精确计算车辆的位置和速度等信息，从而可推断其运行的路段和将要抵达的交叉口。典型的独立测量技术是航位推算（dead reckoning）。典型的基于卫星信号的技术是使用 GPS 接收器。由于各种方法均有其优势和劣势，各种融合（fuse）技术已被用于综合这两种信号的输出。

3. 地图匹配单元

地图匹配单元用于将由定位模块获得的车辆位置数据定位于由地图数据库提供的地图上的某一位置或路径上。这可改善定位模块的精确度，一般均假设地图数据库的精确度高于定位模块。

4. 路径选择单元

路径选择单元用于帮助驾驶人在出发前或出行中选取合适的路径。这种选择传统上是基于数据库数据的，即静态的。现代发展的实时选路技术则同时需要交通信息中心提供的实时交通状态数据。最常用的选路原则是寻找一条最低旅行费用的路径。而旅行费用又与时间、距离和路况等多种因素相关。

5. 路径引导单元

路径引导单元用于引导驾驶人沿着由路径选择单元选定的路径顺利行驶。它由各种路径引导指令组成，需要动态的、准确的车辆位置信息。

6. 人机接口界面

人机接口界面用于使用户与系统进行交互。其可以是文字界面、图形界面，甚至是语音界面。

7. 无线通信单元

无线通信单元提供各单元模块间的信息交流，特别是可使车载系统实时接收最新的路况信息，以使车辆更安全、有效地行驶。

上述各个分支单元均是实现车辆导航系统的关键模块，不但要使各分系统构造合理，更要注意它们能相互配合和协调，从而使整个大系统良好地运行，满足实际要求。下面对某些模块做具体介绍。

二、数字地图模块

数字地图模块是包含在地图相关功能的车载系统中不可分割的部分，与之相关的车载设备包括计算机、光盘机等部件。如果没有地图，要让驾驶人在不熟悉的区域行进并做出正确的路径选择是非常困难的。用地图作为一种媒介，复杂的信息能够比较容易地交换。

一个数字地图数据库可以为一个车辆定位与导航系统提供许多重要的功能，主要包括地图显示、地址匹配、地图匹配、路径规划和路径引导。

（1）**地图显示**　地图显示是车辆导航系统的重要组成部分，构成了人机接口的基础，地图显示的成功与否直接影响用户对产品的印象。为展示地图的道路信息，地图显示需要依赖数字地图中的道路位置、宽度、级别等属性以及道路附近的各种设施。

（2）**地址匹配**　又称地理编码，即通过经纬度坐标来确定街道的地址，或将地址转换为经纬度坐标。通常知道的是目的地的地址而不是某个坐标，因而在车载导航系统中需要利用地址匹配过程将地址转换为坐标。地址匹配要求数字地图中的道路属性包括街道名称和地址范围等内容,当给定具体的坐标后,可以采用最短距离方法获得离坐标最近的道路。

(3)**地图匹配** 地图匹配是利用数字地图的路网信息修正 GPS 等位置传感器提供的位置输出,位置修正的前提是车辆在道路上行驶。地图匹配包括道路选择和道路匹配两个过程。道路选择主要是对道路进行分段、特征信息提取,然后采用适当的搜索规则和匹配算法,根据当前传感器给出的车辆位置信息,在地图数据库中寻找一条最有可能的道路;道路匹配是将车辆当前位置进行匹配并显示在这条道路上,用于消除传感器的定位误差。地图匹配是一个伪定位系统,其性能与数字地图的精度紧密相关,一般要求平面精度优于 15m,同时为了保证地图匹配的鲁棒性,要求地图的拓扑关系正确反映真实道路。

(4)**路径规划** 路径规划利用数字地图的数据可以提供行驶时间和距离最短或者其他指标最优的路径。路径规划要求数字地图提供更多的信息。为了保证所规划的路线不包含任何非法转弯和逆行道路,数字地图中必须存储各个路口的方向和转弯限制。

(5)**路径引导** 确定了行驶路径,路径引导就可引导驾驶人行驶。路径引导可以是预先的或实时的。预先的路径引导由接连的一步一步的包括街道名称、距离、转向、路标的驾驶说明组成;实时的路径引导更具实用性。当车辆行驶时,通过地图匹配获得车辆在道路上的位置和行驶方向。当接近转弯时,路径引导算法可通过声音或图像提醒驾驶人并指示何时转弯。当车辆位置偏离路径规划的线路时,路径引导将计算出一条新的最优路线。

数字地图是车辆定位与导航系统各种功能实现的基础,路网的空间分布、几何坐标、拓扑连接、道路平均时速、转向限制等都来源于数字地图的道路信息,车载导航系统各功能的实现依赖于数字地图,其与数字地图特征的关系见表 6-1。

表 6-1 车载导航系统的功能与数字地图特征的关系

功 能	数字地图特征
地图显示	道路、道路宽度、道路级别、道路名称、节点坐标
地址匹配	道路、道路名称、节点坐标、节点之间地址范围
地图匹配	道路、节点、节点坐标、完整正确的道路拓扑连接
路径规划	节点之间的连通性、禁行限制、道路的平均时速、道路长度
路径引导	道路、道路级别、节点连通性、节点坐标

一般而言,计算机可借助以下三种方法为出行者提供地图:

1)用数字扫描仪数字化一幅纸质地图,从而可将其存储于计算机的存储器内作为一个栅格编码结构的数字化图像。

2)将纸质地图转换为数据结构或矢量编码结构,以便存储于计算机,然后按需要的功能或特性,以不同的方式呈现给用户。

3)通过因特网进入相关网站,如美国的 3A 网站、中国的 go2map 等,可下载或浏览有关地区及城市的电子地图。

栅格编码图像可以很容易地产生并提供所有原始图像所包含的信息,其与原纸质地图精确地相似。矢量编码图形占用较少的存储空间,具有较快的存取时间,使用更为灵活,易于操纵。又加上矢量数据结构在所有不同的地图元素之间创造了一个绝对的联系,从而使得这些元素内在相关。在第一种方法即栅格编码法中,属性值针对每个像素以空间矩阵的形式表示,这种类型的地图需要大量的存储器空间,导致数学模型或车辆定位与导航的应用中难以被使用。因此,实际中大量使用的地图主要是适量编码地图。

三、地图匹配单元

地图匹配单元在车辆定位与导航系统中起着非常重要的作用,它利用数字地图使定位系统更可靠、准确,与之相关的车载设备为计算机和各类传感器。

为了给驾驶人提供适当的"操作"指令,或将车辆准确地显示在地图上,车辆的位置都必须精确地确定,因此,准确的车辆位置是使系统性能良好的先决条件。以"航位推算"为例,该方法能计算出车辆相对于另一位置(如起始点)的行驶轨迹。典型地,车辆在方向和距离上相对于起点的逐步变化被用来跟踪其位置,但不免会有积累误差,这些误差使车辆位置的推算并不准确。而且即使具有非常好的传感器矫正和"融合"技术,不准确也是不可避免的。作为这些不准确的后果,实际车辆位置将与计算车辆位置不符。这些不准确性随着行驶距离的增加还会进一步加大,从而使误差增大,车辆的位置更加不定。

为了解决这种不确定性,地图匹配单元的作用就是将由"航位推算"得到的车辆位置与数字地图上的一个实际位置对应起来,即当"航位推算"得出车辆在地图的某一位置时,匹配单元会根据实际情况将它调整至另一个更为可能的位置。这样就可以消除至下一个地图匹配步骤的累计误差,从而通过在系统的每个后续循环执行此过程,就可以得到一个更为准确的车辆位置信息。图 6-3 显示了两个相邻步骤的差别。图中,为了表达清楚,稍稍夸大了"航位推算"的误差。实际中,这个误差对于一个好的航位推算矫正算法而言要小得多。

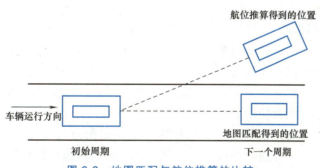

图 6-3 地图匹配与航位推算的比较

对于其他定位技术,如 GPS 或无线测量技术也面临着同样的问题。通过将定位技术与地图匹配相结合,能更精确地确定车辆位置。因为该过程包括了地图和匹配过程,这些算法称为地图匹配算法。

一个好的地图匹配算法能够极大地提高定位的准确性,其道理是很明显的。与空中或海洋的运输导航不同,道路运输车辆基本上是限制在道路网络中运行的,只是偶尔地停在停车场,或其他的非道路地点。这就使得使用计算机算法将车辆运行轨迹与数字地图上的道路信息相互匹配成为可能。

地图匹配算法可以将基于各种传感器得到的车辆位置对应到道路网络中去,其方法就是比较车辆的运行轨迹与数字地图数据库中的道路网络。当然,这也就意味着假定车辆是运行在道路上的。在这个单元中,车辆的运行轨迹不断地与组成道路网络的一系列相连的路段做比较,通过模式识别和匹配过程,车辆相对于地图的最可能的位置即被确定。由于数字地图数据库包含道路的坐标值，地图匹配的位置可被用作下一个循环的起点位置，从而消除位置的积累误差。

如前所述，一个完整的地图匹配算法包括确定误差区域、选取匹配路段和计算修正结果三个主要的处理过程，如图6-4所示。通过将车辆运行轨迹与数字地图上的道路网络相对应，从而确定车辆在该地图上的位置。这是一个基于软件的技术，需要大量地使用存储在系统中的数字地图。很显然，供给该单元使用的数字地图必须非常精确，否则系统会产生一个不准确的位置输出，而这反过来就会大大地影响系统的性能。一般认为数字地图必须精确到与实际位置相差不超过15m。

误差区域是指可能包含车辆真实位置的区域范围，应根据传感器定位结果和误差情况确定。在误差区域内的道路称为候选路段，地图匹配算法认为其中包含了车辆的真实位置。匹配路段的选取是从候选路段中挑选最有可能的车辆行驶路段的过程，挑选的原则依据具体的算法设计而不同，通常的标准是数字地图中的道路形状与车辆轨迹的相似程度。确定匹配路段后，计算车辆在该路段中最可能的位置，并用结果修正原有的定位输出。

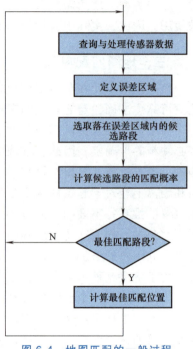

图6-4 地图匹配的一般过程

四、人机接口模块

人机接口是负责向用户提供与车载计算机交互手段的模块。关于这个模块的研究常见于人机工程学或人因工程的相关文献中。人机工程学的研究者们主要研究有关人的行为、能力、极限和其他特性并将之用于工具、机器、系统、任务、工作和环境设计中，目标是提高生产力和安全性，保证人类使用的舒适性和有效性。

为了建立一个成功的人机界面，必须按照一个特定的过程来考虑问题。这包括明确需求，确定需支持的功能，界面类型规范，控制和显示形式的选择以及最后设计和实施这个界面。这里主要讨论在车辆定位与导航系统中经常使用的各种控制设备和显示技术，这些控制设备和显示技术形成了人机界面模块中的各个部分。

每个界面都需要一些控制器件，表6-2列举了一部分，并配有评价分数和推荐的使用途径，虽然某些器件具有相同的分数，但这些分数是由不同的指标组合而成的。选择的关键是要了解各种器件的优缺点，知道何时可被使用，在满足安全性的前提下达到最高的系统性能。评价分数是基于下列标准得出的：

1）振动条件下的可用度。
2）来自多个位置的使用度。
3）空间需求。
4）在期望的温度范围内的可操作性。
5）噪声下的可用度。
6）对灰尘、油污等的敏感度。

7）操作的方便性。

如果控制器件具有上述某类性质，它就得到 1 分，否则为 0 分，最高为 7 分。上面所提到的振动条件意味着正常使用车辆在公路上驾驶时的车内状况，而期望的温度范围为 40~50℃。

表 6-2　各种控制器件性能列表

控 制 器 件	分　　数	推 荐 用 途
脚踩开关	6	当双手不空时可被使用
回中操纵杆	6	对每次应用后需回中心的操作
等分操纵杆	6	控制不同的显示功能
关键字开关	6	防止误操作并支持 on/off 功能
键盘	4	车辆停止时使用
旋钮（连续）	5	使用在需精确调节变量的地方
Legend 开关	6	空间有限时显示定性信息或其他类型信息
光笔	2	车辆停止时可用于非关键性输入
手推开关	5/6	支持简单的两状态操作
转动开关	6	作为对乒乓操作的替代
旋转选择开关	6	当 3 个或以上的状态被需要时
滑动开关	6	使用两个或以上的离散位置
乒乓开关	6	适用两个离散位置且空间限制严格
接触开关	5	易用且目标不需要文字输入
语音识别	6	用户手或眼均不空时

第二节　车辆导航系统

授课视频

一、系统简介

导航是为使用者从一点指向另一点导引的过程。一个成功的导航应该能够确定使用者在哪、要去哪以及怎样去。因此，车辆导航系统要让驾驶人确定其目前的位置以及目的地，这样导航系统通过计算机就能提供相应的服务。这种系统能够提供的性能和水平决定于系统选用的形式。导航系统从早期就有，如中国早期的指南车和 1910 年美国现代社会机械导航设备，这种系统融合了匹配地图，该系统包括相应的指示，并在盘上显示，或打印在移动的磁带上，由里程表软轴同步驱动。现在已经形成了第一代和二代基本导航技术。

下面是不同导航系统一些功能的实现，可以分成不同的类别。

1）该系统仅显示矢量地图，有一定的图形操作功能，如放大、缩小、漫游，但仅仅是纸制地图的替代品，是一种被动系统。

2）该系统仅显示车辆当前的位置及车辆导航地区，包括：

① 系统指示地名和坐标。

② 系统指示地名和交叉路口。

③ 系统指示当前车辆位置，包括方向和路线。

3) 该系统为驾驶人提供目的地相关导航信息。

① 系统能够显示车辆的运行方向，车辆需要行驶的距离。

② 在人机界面上，系统能够为驾驶人实时指出到达目的地的最佳运行路线。

③ 系统在接近最佳的线路交叉路口处，为驾驶人指示左、右转信息。

4) 应用车与路之间的信息交换，提供全面的导航服务信息。

① 系统显示交通状况，指出交通阻塞区，为驾驶人提供交通控制信息。

② 系统能够利用交通信息来优化行驶线路。

二、车辆导航系统关键模块

1. 定位模块

定位模块是车辆定位与导航系统中的一个关键模块，其相关的车载设备包括 GPS 接收机以及其他各类传感器。为了帮助驾驶人获得车辆位置或者提供给用户适当的操作指令，车辆的位置必须首先被准确地确定。因此，精确和可靠的车辆定位对于任何良好的车辆定位与导航系统而言都是一个基本的先决条件。

定位的概念一方面是指确定一辆车的地理坐标以定位其在地球表面的绝对位置，定位的另一层含义是确定车辆与重要的标志性建筑或其他特征物体如道路之间的关系，可将其理解为相对位置。这些工作均主要由定位模块完成。基本的定位技术包括传感器技术和传感器信号融合技术。

目前使用的主要定位技术有三种，即独立计量技术、卫星定位技术和无线测量技术。航位推算是一种典型的独立计量技术，而最普通的卫星定位技术就是给车辆配备一个 GPS 接收器。航位推算与 GPS 技术是目前车辆定位与导航系统中应用最广泛的技术，而无线测量技术的应用则不那么普遍。相关技术的性能比较可见表 6-3。

表 6-3 各种定位技术的性能比较

技　　术	性　　能
航位推算（DR）	差（长时段差，短时段优）
无线电测量	一般（150~200m，可以改善）
GPS 定位	较好[100~300m，SA（Selective availability），无荫蔽]
DR+地图匹配（MM）	较好（20~50m，无损耗情况）
DGPS	好（10~20m，无荫蔽情况）
GPS+DR+MM	更好（15~50m，连续）
DGPS+DR+MM	最好（10~15m，连续）

由于各种限制，没有任何单个的传感器能不间断地提供车辆定位与导航系统所需要的精确的位置信息。最普通的解决方法就是将若干不同的传感器信号进行"融合"，以使它们"互补"，从而完成系统的要求。因此，一个定位模块包含若干传感器，它们相互结合，以满足总体性能要求。图 6-5 所示为基于不同定位传感器（如 GPS 接收机、惯性陀螺等）的普通定位模块。由于 GPS 在大楼等建筑物的阴影下会丢失信号，现在一般是将其与其他信号"融合"，以保证其定位精度。

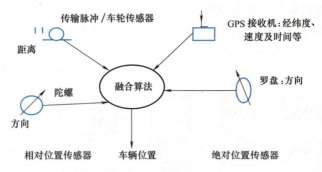

图 6-5　普通定位模块

基于各定位技术的优势与劣势，为提高定位精度，方便车辆动态诱导、实时调度，一些学者将组合定位技术作为研究的重点。组合定位技术是将两种或多种定位导航技术相结合，利用它们之间的互补性，达到高精度、高可靠性、低成本的目的。常见的车辆组合定位导航系统包括 GPS/DR、GPS/DR/MM 等。在 GPS/DR 组合中，DR 可以提供连续的车辆位置、速度和航向信息，短时间定位精度较高，且其有效性不受外界影响，但其定位误差随时间积累。DR 与 GPS 相结合，可以利用 GPS 提供的不随时间变化的高精度定位信息来防止定位误差的积累。同时，DR 可解决 GPS 定位信号受障碍物遮挡而中断的问题。再与地图匹配技术相结合，利用高精度电子地图提供的信息，进一步提高定位精度。

(1) 基于线性卡尔曼滤波的 GPS/DR 组合定位导航系统　该系统的总体结构如图 6-6 所示。系统的工作原理：航位推算系统利用磁罗盘、速度陀螺和里程仪测量的航向和速度信息确定车辆的位置、速度和航向。当 GPS 信号质量较好时，航位推算系统和 GPS 的定位导航信息都输入综合卡尔曼滤波器中，以航位推算系统的误差作为组合系统的状态，通过卡尔曼滤波估计出航位推算系统的误差，然后用估计出的误差修正航位推算系统。当 GPS 信号质量不好时，转入航位推算系统单独工作方式。由于经组合滤波后，测量元件的误差已被校正，单独使用航位推算系统可以在一个较长时间内保持一定的精度，并且系统整体精度比较高。

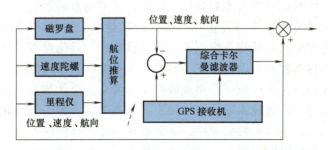

图 6-6　基于线性卡尔曼滤波的 GPS/DR 组合定位导航系统总体结构

(2) 级联式 GPS/DRS/MM 组合定位导航系统　该系统的总体结构如图 6-7 所示。系统主要包括三个模块的内容：由 GPS/DRS 组合卡尔曼滤波器构成的定位模块、地图匹配模块以及对滤波结果和地图匹配结果进行综合评价和信息融合的综合评价与融合模块。该系统利用里程仪数据和速度陀螺数据进行航位推算，将推算结果与 GPS 接收机得到的数据通过卡尔曼滤波实时校正组合系统的误差，保证系统的稳定性并使其具有较高的定位精度。然后通过接口与地图匹配模块进行数据交换，并利用准确的地图匹配数据进一步校正系统误差。同时在用户界面实时显示车辆位置和道路信息，并为路径引导和信息查询提供车辆定位数据。

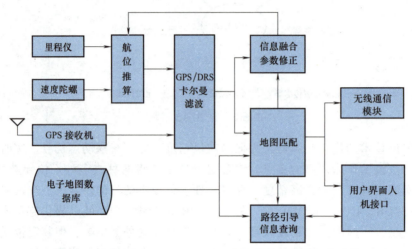

图 6-7　级联式 GPS/DRS/MM 组合定位导航系统总体结构

2. 路径选择模块

路径选择是帮助驾驶人在出发前或路途中计划一个路径的过程。众所周知，这在车辆导航中是一个最基本的问题。路径选择又可进一步划分为多车辆路径选择和单车辆路径选择。多车辆路径选择是为所有的可能具有不同目的地的车辆在一个网络中选择路径，属于系统优化问题；而单车辆路径选择则只是为单个车辆计划一条从当前位置到达指定目的地的单条路径，属于用户优化问题。

通常，人们常把 A 点到 B 点的寻路问题称为最短路径问题。目前已有多种算法可用来解决单起点最短路问题和全 O-D 对的最短路问题，这些算法处理的问题非常类似于单车辆路径选择和多车辆路径选择问题。一般来讲，目前在实际中使用的多是基于单车辆路径选择的。因为驾驶人在选路时，主要考虑的是用户最优，而不是全局最优。

许多路径优化标准可被用于路径选择，路径的质量取决于诸多因素，如距离、行驶时间、行驶速度、转弯和交通信号灯数量以及是否提供动态交通信息等。将所有这些因素综合考虑，统一用行驶费用参数来说明。由于一些驾驶人可能喜欢最短距离，而另一些驾驶人可能喜欢最短时间等，所选择的评价函数形式取决于系统总体设计和用户偏好。这些路径选择标准可由设计决定，也可由驾驶人通过一个用户界面来选定。为了极小化行驶距离，路段的长度数值必须被存储在数字地图数据库中，从而使得路径选择算法在需要时可以使用这些数值。如果需要极小化行驶时间，路段长度和速度限制必须被存储，以用来计算每条路段的行驶时间。总之，要想决定最优路径，必须具备一个数字地图，以用来挑选使属性值如时间和距离最小的路径。

3. 路径引导单元

路径引导是引导驾驶人沿着由路径选择模块产生的路径行驶的过程，引导可在出发前或行驶中实时给出。出发前引导可通过一个打印文稿的形式提供给驾驶人，这样的打印文稿类似于由旅行社提供的旅行指南，但具有详细的驾驶指令，这些指令可能包括转弯指示、街道名称、行驶距离和标志性建筑物等信息。另一方面，途中引导可能需要实时地向驾驶人提供诸如转弯等动态驾驶指令，这将更加有用，但却需要一个导航地图数据库、一个精确的定位模块、严格的实时软件和强大的计算能力。一般在车辆定位与导航系统中所称的路径引导均指这种实时引导。

路径引导单元利用路径选择单元和定位子系统的输出来引导行驶在道路上的车辆。除了一个地图数据库模块外，定位子系统可能由单个定位模块组成或由定位模块和地图匹配模块组成。一旦一个特定的路径由路径选择单元产生，同时车辆的位置已经由定位子系统确定，路径引导单元就可以与这些子系统协作，以向驾驶人提供适当的路径引导。

具体的引导形式将通过人机界面提供给驾驶人，一个简单的路径引导模块与其他模块间的关系如图6-8所示。除了人机接口模块，图中所有的模块在前面都已经讨论过了，这里要注意的是在某些系统中，"操作指令"产生的任务放在路径选择单元中。

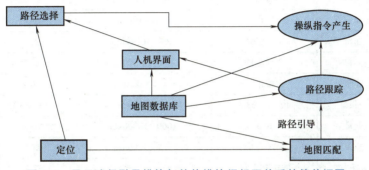

图 6-8　显示路径引导模块与其他模块间相互关系的简单框图

当车辆运行时，实时路径引导需要将车辆的位置不断地且连续地与由路径选择单元产生的最优路径做比较。实时路径引导系统不断地更新有关车辆当前位置、行驶方向以及所行驶的道路的信息。当需要执行转弯或其他操纵指令时，路径引导系统会以图像信号、声音信号或文字信号的方式提醒驾驶人。

4. 无线通信模块

可靠的通信对于车辆定位与导航系统性能的进一步改善和功能的发挥是至关重要的，因为提供了一个非常有价值的手段，可以向车辆和驾驶人提供相关的信息和珍贵的安全保障，并为交通管理系统取得数据。许多有价值的服务可通过通信技术提供给用户。例如，驾驶人和车内导航系统能收到更新的交通信息以帮助其更好地利用交通网络；交通控制中心能够从车辆获得当前的交通情况报告，以供交通管理和行驶时间预测使用，交通控制中心甚至可以跟踪车辆并帮助其在道路网中运行。

通信技术近年来在两个领域发展迅速，即无线数据通信与由 Internet 和辅助性网络支持的有线通信。最终的结果一定是这两个技术相互融合，从而产生一个全新的信息环境。

无线数据通信的应用在使移动计算成为现实的过程中起着关键的作用。在当今商业快速发展和激烈竞争中，人们需要更加灵活、方便的通信工具，这将促进无线通信的日臻完善，并在不久的将来得到普遍应用，数据通信系统也将成为无线通信产业中发展最快的分支。

高速通信有线设施的基础结构如 Internet 是为数据传递而提供的干线网络的一个主要网

络。20世纪90年代以来,该网络在覆盖范围上基本是以每年1倍的速度递增。这种迅速增长的主要原因在于Internet的广泛互联和全球接入使人们通过它传递信息有时比直接通话更方便。一个全球范围的主干网和无数本地接入点使虚拟的移动社区可以接触到很多私有网络上接触不到的信息和服务,这种接入也推动了无限计算的能力进入全球区域。

在车辆定位与导航系统中,无数数据移动通信起着重要作用,因为它是车辆与控制中心相连的关键桥梁。现有的主要通信技术概要见表6-4,可供实际选用时参考。

表6-4 现有主要通信技术略表

技术	可靠性	覆盖范围	平均数据传输速度	单双工	实时或存储转发
BP传呼	非常好	城市和部分乡村	2.4~3.6kbit/s	单工	兼有
蜂窝无线电	很好	城市和部分乡村	9.6~19.2kbit/s	双工	实时
无线数据网	很好	城市	2.4~256kbit/s	双工	实时
调制副载波	非常好	城市	1.2~19kbit/s	单工	实时
短距Beacon	非常好	1~100m	64~1024kbit/s	单/双工	实时
卫星	非常好	全球范围	2.4~21.33kbit/s	双工	实时
无绳电话	非常好	城市	≥32kbit/s	双工	实时
无线局域网	很好	40~11263m	64~5700kbit/s	CSMA/CD	几乎实时
红外局域网	非常好	9~6436m	1000~10000kbit/s	CSMA/CD	几乎实时
流星轨迹	非常好	全球范围	2~32kbit/s	双工	存储转发
微波中继	很好	城市和乡村	8448~2501544kbit/s	双工	实时

三、北斗导航系统

北斗卫星导航系统是中国自主发展、独立运行的全球卫星导航定位系统,是除美国的全球定位系统(GPS)、俄罗斯的格洛纳斯(GLONASS)之后第三个成熟的卫星导航系统。该系统由空间段、地面段和用户段三部分组成,空间段包括5颗静止轨道卫星和30颗非静止轨道卫星;地面段包括主控站、注入站和监测站等若干地面站;用户段包括北斗用户终端以及与其他卫星导航系统兼容的终端。北斗导航系统基本组成如图6-9所示。

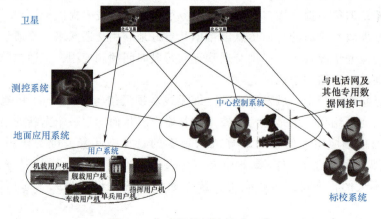

图6-9 北斗导航系统基本组成

第六章　车载导航与自动驾驶

北斗卫星导航系统致力于向全球用户提供高质量的定位、导航和授时服务，包括开放服务和授权服务两种方式。其主要有三大功能：快速定位，为服务区域内用户提供全天候、高精度、快速实时定位服务，定位精度20~100m；短报文通信，用户终端具有双向报文通信功能，用户可以一次传送多达120个汉字的信息；精密授时，可向用户提供20~100ns时间的同步精度。同时北斗卫星导航系统具有很多优势：同时具备定位与通信功能，无须其他通信系统支持；覆盖范围广，无通信盲区；适合集团用户大范围监控与管理，以及无依托地区数据采集用户数据传输应用；独特的中心节点式定位处理和指挥型用户机设计，可同时解决"我在哪"和"你在哪"的问题；自主系统，高强度加密设计，安全、可靠、稳定，适合关键部门应用。

北斗卫星导航系统结合目前比较先进的云计算技术，对车辆导航进行研究，使信息容量更大，服务类型更广，以满足用户出行需要及城市日益增长的交通管理需要。以北斗卫星导航系统为基础，利用其快速、精确定位的特点，获取用户的位置、速度等信息，并将这些信息送到智能交通云，经虚拟化后上传到资源池中。在交通云中存储有用户的位置、速度、历史运行轨迹等信息。用户通过请求云服务就可以及时获得所需的各种信息。在云计算这个"中转站"中，智能交通云通过不同的交付方式，为用户提供多样庞大的信息服务。导航终端通过响应卫星的广播信号及接收卫星发回的信号获知自己的位置。同时，用户终端又作为一个数据采集端，将自身的位置信息发送到云服务器。图6-10所示为用户终端基本结构框图。

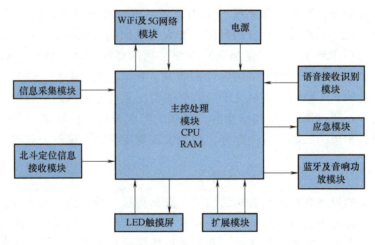

图6-10　用户终端基本结构框图

第三节　车载导航5G技术

一、概述

5G，即第五代移动通信技术，集4G与WLAN于一体，将移动通信推向更大的宽带，是一种集成多功能的分布式全IP网络，不仅具有数据传输速度快、智能性高、无缝漫游、灵活性与可扩展性高的特点，而且能实现高质量的多媒体通信和不同服务质量（quality of service，QOS）业务。

5G 网络体系架构如图 6-11 所示，物理层采用 F-OFDM（filtered-output orthogonal frequency division multiplexing）技术，极大地提高了频谱效率，下行链路速度能够达到 100Mbit/s，比拨号上网快 2000 倍，相当于手机传输速度的 1 万倍，上行链路速度也能达到 20Mbit/s，能够传输高质量的视频图像；终端设备的设计和操作智能性更高，通过智能信号处理技术，将不同信道条件下的复杂环境结合在一起，并对其进行正常发送和接收，自适应分配资源。

5G 系统实现了全球统一的标准，在任何地点都能接入通信，使各类媒体、通信主机及网络之间实现无缝连接；融合了多种无线网络，不但可自由增减用户和设备，而且应用范围也可通过与其他网络的自由互联扩展。5G 能接入不同地域的宽带，双向下载传递资料、图画和影像，线上联网对打游戏等；同时，支持交互式多媒体业务，如视频会议和无线互联等。

图 6-11　5G 网络体系架构

随着 5G 技术的发展，5G 网络给车载系统带来的好处是显而易见的。首先，5G 网络高达 10Gbit/s 的理论下载速度使实时 3D 导航成为可能。其次，5G 网络对路况的实时"通报"将提高汽车的效率、安全性和舒适性。在线数据传输速率的提升，汽车导航系统与动力总成、汽车传动系统协同工作，可预先"知道"前方的道路状况，从而做出相应的判断。如大陆集团的 eHorizon（电子地平线）项目可以智能、可扩展地利用导航数据，控制汽车系统，利用详细的地图资料，对改善驾驶安全性、驾驶舒适性和驾驶经济性做出了决定性的贡献。再者，5G 网络的实施为自动驾驶带来可能。来自云环境的实时数据可提供关于当前交通情况及前方道路的准确信息，这是实现自动驾驶的基础之一。通过新的 5G 网络标准，未来的车载智能通信系统能实现先进的车与外部通信，这会使汽车成为物联网的一部分，并为实现智能交通系统奠定基础。

二、"车联网"与 5G 技术的结合

随着我国经济的发展和城市化进程的加快，汽车将越来越多地进入家庭，这使得城市中的道路交通状况变得更为复杂，为解决这一问题，车联网概念应运而生。所谓车联网，就是指通过装载在车辆上的传感器、车载终端及电子标签提供车辆信息，采用各种通信技术实现车与车、车与人、车与路互联互通；并采用信息技术对数据进行提取、分享等有效利用，以实现对车辆进行有效的管控和提供综合服务。

车联网分为"端、管、云"三层体系，系统架构如图 6-12 所示。

端系统就是车联网终端，也是车联网感知层，车上安装有车载主机，通过移动通信网络和 GPS 将车内车载传感器、车载控制器、咨询设备等与云系统进行连接。一方面可以实时提供位置信息、维修保养信息、驾驶路线、事故信息、汽车关键部件运行状态，甚至是驾驶人每一次制动等驾驶习惯；另一方面驾驶人可获取车况信息、延长车辆保质期、重新规划路线信息，提升出行效率，也可以从中获取娱乐、资讯服务。

管系统就是电信运营商提供的移动网络和 GPS，是车联网的网络层，负责传输车辆位置

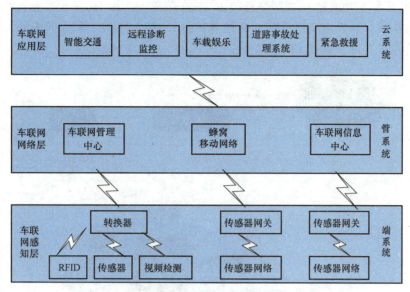

图 6-12　车联网系统架构

信息、车况信息、娱乐资讯信息等；运营商获取垂直行业大数据，为打造数据运营平台逐步奠定数据基础。

云系统是车联网的应用层，由运营商、交管部门、汽车厂商等联合打造，通过收集车辆信息推出各种服务，如智能交通、远程诊断监控、车载娱乐、道路事故处理、紧急援救等。

车联网通过应用成熟的总线技术建立一个标准化的整车网络，实现电器间控制信号及状态信息在整车网络上的传递，实现车载电器的控制、状态监控以及故障诊断等功能，从而实现车内网信息的传输。同时，车外网信息的传输是通过无线技术把车载终端与外部网络连接起来，实现车辆间、车辆和固定基础站之间的信息交换。

车联网为车辆提供无处不在的网络接入、实时安全消息、多媒体业务、辅助控制等，因此车联网需要一种专有的通信架构和协议，将不同底层的数据进行整合，实现信息交互，确保数据传输的实时性、完备性和安全性。

由于车辆的移动特征使得传统的有线通信不再满足需要，数据传输必须依赖无线通信技术。当前无线通信技术有宽带无线传输、COFDM、卫星传输、4G 及 5G 等，这些无线技术各自具有不同的优势，其中卫星传输技术的最大优点是服务范围广、功能强大、使用灵活，不受地理环境和其他外部环境的影响，但受制于成本问题使其只能成为特殊行业用户的选择。COFDM 即微波技术，最大的特点是能够在一定范围内传输高带宽、高码流、高画质的音视频，这些特点也决定其在特定行业中的应用较有优势，但属于小众市场。5G 即第五代移动通信技术，可以实现更清晰、更流畅的视频传输，其具有安装周期短、维护方便、扩容能力强、超低延时等优势，是目前和今后一段时期内主要的无线传输方式之一，但 5G 目前的功耗和成本相对较高。5G 与 4G 相比具有通信速度更快、网络频谱更宽、智能性能更高等优点，这使得 5G 技术更具备数据传输的优势，更能满足车联网各层次间的通信。

目前，采用 5G 技术的车联网通常在车内放置一个类似 MIFI 便携式宽带无线装置的设备，该设备可以接收 5G 网络信号，并且在车内布局一个 WiFi 热点。如图 6-13 所示，车内使用 WiFi 或蓝牙，车外通过 LTE 网络连接 Internet 服务。连接 Internet 服务有两条通道，一条通道连接汽车接口、智能交通系统，通过 WiFi-LTE 接入汽车厂家数据中心；另一条通道主要连接用户接口，直接通过 LTE 网络接入。

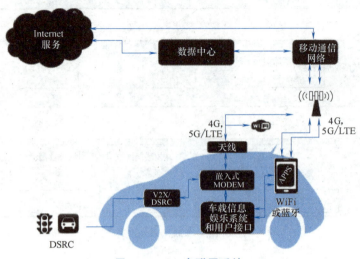

图 6-13　5G 车联网系统

车联网 5G 无线通信模块实现了统一制式，该 5G 通信模块体积更为紧凑，可作为一个嵌入式单元，再配合一个车辆微控制器被汽车制造商采用；或作为汽车音响主机的一部分，来实现与外部的高速连接。目前主要的车载智能通信系统解决方案有两种：外设连接和嵌入式车载智能通信系统解决方案。外设连接车载智能通信系统解决方案通过蓝牙技术将汽车与移动电话连接，并使汽车能够使用移动电话网络。例如上海通用汽车的车载智能信息娱乐系统。该系统通过蓝牙技术与移动电话连接，可提供蓝牙免提通话，蓝牙音乐共享，查询天气、交通信息、航班等功能。嵌入式车载智能通信系统解决方案提供基于车辆本身的网络服务。借助嵌入式车载智能通信系统，车主能够进行紧急呼叫，还具有车辆看管服务、失窃车辆追踪、远程诊断和基于服务器的导航等源自云服务的功能。5G 车载智能通信系统将显著提高联网速度，通过高速连接保持始终在线，同时在提升驾乘安全性、效率及舒适性方面提供了更多空间。

三、5G 技术在车辆导航中的应用

以 5G 为代表的新一代信息通信技术，为车联网提供了超低时延、超高可靠、超大带宽的无线通信保障和高性能的计算能力，借助于"人-车-路-云"的全方位连接和信息交互处理，车联网不仅可以方便用户在出行过程中体验到娱乐导航、共享出行、车联网保险等信息服务，更重要的是车联网将为用户的行驶安全、出行效率以及未来的高等级自动驾驶服务提供支持。基于 5G 通信技术的导航信息系统，正是发挥了 5G 通信技术独有的优势，不仅能够结合 GPS 系统，提供基本的位置、速度、路线等服务，还能够提供视频、组播通信、数字地图等高级功能；不仅能够实现车辆的高速、低延迟通信，还能够实现车辆的实时通信，较之以往使用的信息导航系统，大大提高了信息的准确性、实时性和功能性。其基本架构如图 6-14 所示。

系统中包含多种信息，需要与其他模块协调工作从而完成整个信息交换和导航功能，因而需要开发相应的接口，从而调用GPS信息等，实现信息的融合，向车辆提供全维度的导航与通信功能。这类接口分为两种，一种为软件接口，如GPS位置服务接口等，此类接口大多已经得到开发并实现商业应用；另一种为硬件接口，需要根据硬件的主要类型决定，目前还处于进一步的开发过程中。

该系统框架相较于传统的导航信息系统具备以下优点：

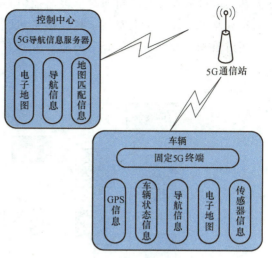

图 6-14　导航系统基本架构

1）通过5G通信网，能够将原先各个独立的信息采集与交换系统融合起来，实现多维的信息传递与描述。

2）使用5G通信网，克服之前传输慢、标准不统一的劣势，可实现车辆互相之间的协调和通信。

3）随着5G通信技术的普及，使该系统的成本持续下降。

4）当前智能手机等移动5G终端功能强大，技术成熟，大大降低了本系统的实现难度。

四、5G 技术在车载监控系统中的应用

车辆工作时一直处于移动状态，无法连接线缆将监控数据传到监控中心，致使监管人员不能实时了解车辆数据及车辆的情况，导致监控只能提供事前震慑和事后追溯的作用，无法对正在发生的违法以及违规行为进行及时反馈和制止。另外，由于监控点和数据存储点在一个地方，出现事故后经常发生数据损坏的情况，录像取证的作用得不到发挥。为了解决这个问题，一些专业的厂家也曾尝试通过GPRS网络来实时传回数据，但由于监控实时产生的数据量非常大，无法实现高清连贯的传输，因而车载监控的应用受到一定阻碍。

4G/5G 传输技术的出现为解决这个问题提供了重要的契机。目前，无线车载监控主要依据4G运营商来进行数据传输，但4G网络在实现高清监控时具有其本身的局限性，而5G网络却很好地解决了上述问题。据目前试点来看，5G网络的速度是4G网络的10~100倍，理论峰值传输速率达到10Gbit/s，而一般的720P的高清监控所需要的带宽基本每路在2~4Mbit/s之间，这很好地满足了高清监控对无线带宽的需求。

通过5G网络用户不但可以实时查看监控录像，还可以任意选择调取过去某时间段的录像，进行历史回放查看，并可根据自己的需求接入多种报警装置，便于及时查看现场，处理突发事件，还可根据自身需求在计算机终端上远程布防、设防，调控摄像机角度，可以单画面/多画面任意切换观看。在互联网监控平台下，也可以通过手机形成一个小型的监控指挥中心。

车载监控系统可实现对超载、超速等行为的实时了解并记录；对车辆偷抢等突发事件实时报警等，同时提高车辆安全性和乘客满意度。在车上装设视频系统进行实时监控，通过GPS准确对车辆行驶路线进行跟踪记录并即时上报监控中心。车上发生意外和警情时，驾

驶人和乘客可启动报警按钮即时上报监控中心处理。

车载监控系统在车上安装车载终端主机、车载摄像机、5G 传输设备等，对车内外情况进行实时监控，监控指挥中心对前端获取的实时数据进行分析。该系统的总拓扑图如图 6-15 所示。

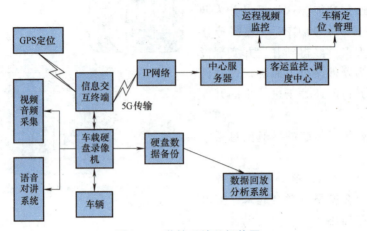

图 6-15　监控系统总拓扑图

授课视频

第四节　自动驾驶系统

自动驾驶技术融合互联网、人工智能、自动控制等高新技术于一体，引领智能交通领域未来新技术发展方向。下面将系统介绍自动驾驶技术内涵及结构体系；回顾自动驾驶技术的发展历史，引入近期发展动态；详细介绍自动驾驶技术结构体系发展现状；阐述中国自动驾驶技术分级标准，以及当前在技术研发过程中遇到的瓶颈问题；概述北斗+5G 对于自动驾驶技术加速发展的重要推动作用；分析自动驾驶技术发展中存在的共性问题和商业化面临的挑战。

一、概述

随着汽车的普及和保有量的快速增长，在发达大中城市出现了道路交通拥堵、交通事故高发、汽车排放污染、汽车噪声污染等一系列问题，交通事故造成的伤亡人数总体在逐年上升，成为威胁人类生存安全的第一杀手，严重制约了城市的发展。从 20 世纪 30 年代开始，以美国为首的世界主要发达国家进入自动驾驶技术研究；进入 21 世纪后，计算机通信、人工智能技术发展迅速，人类进入智能网联时代。网联汽车以互联网通信技术、人工智能技术、车路协同技术、计算机技术为支撑，在道路上实现无人自动驾驶。一些发达国家在理论研究基础上，已经完成了实车验证，试验证明自动驾驶车辆可以实现道路空间利用率最大化，提高车辆速度，提升交通安全，已成为当前交通领域研究的热点。

二、自动驾驶技术

1. 自动驾驶汽车定义

自动驾驶汽车是指配备信息感知、智能辅助等设备，运用计算机、互联网、人工智能、导航等多项技术，在无人驾驶条件下，自动完成环境感知、路径规划、行为决策和运动控制指令，最终实现自动驾驶的汽车，又称无人驾驶汽车或轮式移动机器人。

2. 自动驾驶汽车构成

自动驾驶汽车核心框架体系包括五部分，即感知、定位、规划决策、控制和执行，关键技术涉及汽车、交通、电子、控制、车联网、信息安全、机器人视觉等多学科领域。

3. 自动驾驶技术发展进程

（1）发展历程 美、德、日在自动驾驶技术上的研究起步最早，美国通用汽车公司早在20世纪30年代就研发出首辆无人驾驶汽车Futurama，并在第20届世界博览会上展出；卡耐基梅隆大学在1984年研制出全球首辆自动驾驶汽车。进入21世纪以后，以美国先后举办的Grand Challenge与Urban Challenge挑战赛为标志，世界各国开始研发自动驾驶技术，中国从2016年开始逐步与发达国家自动驾驶技术研发接轨。自动驾驶技术发展过程中先后出现了一些具有代表性意义的标志性事件，如图6-16所示。

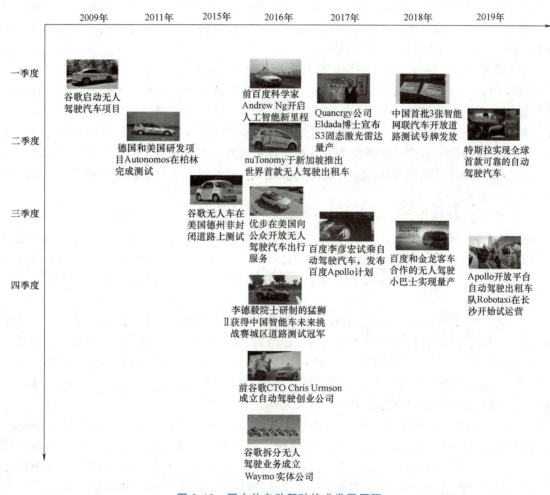

图6-16 国内外自动驾驶技术发展历程

（2）我国自动驾驶技术发展动态 我国对自动驾驶汽车研究始于20世纪80年代，目前与发达国家间的差距在不断缩小，发展较为迅速。2017年4月，国务院、工信部等联合发布《汽车产业中长期发展规划》，提出制定智能网联汽车技术路线图，计划2025年进入世界先进行列。2020年2月由11部委联合发布《智能汽车创新发展战略》，指出要从关键技术、测试评价、应用示范、基础设施、网络通信、标准法规、质量监督及网络安全等方面确保2025年实现L2级自动驾驶规模化生产，L3级在特定环境下市场化应用。

4. 自动驾驶技术

（1）**感知技术** 感知技术用于识别车辆周围环境，包括交通标志、标线及道路行人、车辆等，在此基础上实现环境感知与重构、驾驶意图决策及风险态势分析等，是实现自动驾驶功能的基础环节。自动驾驶汽车在搭载的各类传感器协同配合下实现对环境的感知，目前常用的传感器有全球定位系统（GPS）、摄像头、惯性测量单元（inertial measurement unit，IMU）及超声波雷达、毫米波雷达、激光雷达等。由于感知传感器各有其优缺点，在实际应用中通常将多个传感器进行优势互补，融合使用。

1）全球定位系统（GPS）。该系统主要包括空间GPS卫星、地面控制中心和用户接收机三部分，特点是不受气象条件限制，用户在任何时间、任何地点都可以接收到系统提供的高精度地理位置和速度等信息。在通常情况下，GPS接收机在接收到4颗或以上卫星信号时就能为自动驾驶汽车提供厘米级定位服务。

2）摄像头。它由镜头组、图像传感装置和芯片三部分组成。首先，镜头组使目标物体形成光学图像，传输至图像传感器，传输过程中光信号转变为电信号；然后，在模数转换装置作用下，电信号转换成数字信号；最后，由数字信号处理芯片对信号进行处理，生成特定格式的图像传输到显示屏。其优点是可以准确识别障碍物的大小和类别，清晰划分可行驶区域，具有对横向移动目标的探测能力，算法及技术成熟，不易受恶劣天气干扰，成本低；缺点是摄像头依赖计算机视觉系统实时处理大量数据，目前视觉系统处理数据能力低，测距测速性能不高。

3）惯性测量单元。它主要由单轴加速度计和单轴陀螺构成，分别用来检测三维坐标下的加速度和角速度信号，后者用于检测三维坐标系下的角速度信号。根据测量得到的加速度和角速度数据，计算出车辆运动姿态，推演出车辆运动轨迹。在试验中发现，惯性测量单元存在测量误差，导致定位精度低，因此为了实现自动驾驶汽车的高精度定位，目前多采用"GPS+IMU"组合的方式。

4）超声波雷达。超声波雷达通过雷达反射时间差测量距离，其工作原理是：雷达发送器向某方向发射超声波信号同时开始计时，记录得到信号到达障碍物后返回到发送器的总时间t，超声波在空气中的传播速度为已知量，根据公式$s=340t/2$，即可得到雷达与障碍物间的距离s。超声波雷达的优点是穿透能力强，测量方法简单，成本低；缺点是当用于测量高速行驶车辆时，精度低，并容易受天气条件影响。

5）毫米波雷达。毫米波雷达由天线、射频、基带和控制层构成，工作频段为1~10mm，对应频率范围为30~300GHz。进行速度测量时，根据多普勒效应原理，首先雷达向目标发射信号，然后对反射后的信号频率变化进行分析，通过分析发射和反射回的信号频率间的差异，测量出目标与雷达的相对速度值；进行距离测量时，根据TOF（time of flight，飞行时间）原理，首先雷达向目标发射光脉冲，经目标反射后返回，通过探测这些发射和接收光脉冲的飞行（往返）时间得到雷达与目标间的距离。毫米波雷达目前主要应用三个频段，即24GHz、77GHz和79GHz，24GHz用于对近距离目标探测，其他两个频段用于对远距离目标进行探测。毫米波雷达的优点是测速测距能力强，缺点是无法正确判断物体形状、大小和

第六章　车载导航与自动驾驶

类别，因此在自动驾驶车辆应用上，通常与摄像头等其他传感器系统配合使用。

6）激光雷达。它由激光发射机、接收机和信息处理系统等构成。激光雷达对目标径向速度和距离探测的原理与毫米波雷达相似。激光雷达的优点是能够建立起周围立体环境模型，目标位置、速度等参数值精度较高；缺点是成本高，对周围静态物体探测能力弱，在浓雾、大雨等恶劣天气下，传播距离受限，并且激光雷达波束窄，搜索捕获目标范围小。目前市场上有机械式和固态两种雷达，其中机械式旋转激光雷达应用效果好但成本高，而固态激光雷达成本低（200美元以下），但扫描角度有限，加工难度高。

（2）**定位技术**　定位技术依赖于城市交通动态，由于城市交通存在动态性和不确定性，给自动驾驶汽车定位带来困难。目前，自动驾驶汽车定位策略采用三种方法：一是采用"GPS+IMU+高精度地图+激光雷达"组合的方法进行定位，即利用"GPS+IMU"组合的方式判断出车辆大概位置后，使用高精度地图和激光雷达云点图像与之进行对比，在一个坐标系内进行配对定位；二是采用视觉即时定位与地图构建 VSLAM（visual simultaneous localization and mapping）技术，自动驾驶车辆在陌生环境下，利用视觉传感器实时观测定位自身位置、运动轨迹等，并完成地图构建；三是采用车联网定位技术。目前定位技术面临两个主要问题，一是覆盖有盲区，二是成本高。

（3）**规划决策技术**　路径规划技术包括静态规划和动态规划两类，静态规划又称全局路径规划，在行驶环境信息已知情况下应用；动态规划又称局部路径规划，应用场景为环境信息复杂多变，依据实时获取的信息进行规划。静态规划的实质是规划起点至目标点路径生成问题，需要借助数字地图，根据周围环境路网模型选择路径，当规划的路径无法继续通行时，需要重新进行规划。动态规划需要连续采集不断变化的道路信息，对周围车辆及障碍物的位置进行实时更新定位，并利用算法推演，规划出局部最优路径。

路径规划算法包括传统算法、智能仿生算法、强化学习算法等。其中，传统算法包含模糊逻辑算法、禁忌搜索算法、A*算法、人工势场法等，各个算法的优缺点见表6-5。智能仿生算法包含粒子群算法、蚁群算法、神经网络算法、遗传算法等，各个算法的优缺点见表6-6。强化学习算法指设计一个回报函数，根据每一步决策结果的优劣，分别给予奖励或处罚，奖励后回报函数取值为正，否则回报函数为负，依次累加，以最终得到回报值最大的路径为最优路径。强化学习算法的优点是探索能力强，缺点是依赖大量的样本数据，奖励函数设计困难。

表6-5　传统算法在优化路径规划时存在的优缺点

算法	优　点	缺　点
模糊逻辑算法	适合未知条件下对动态环境的路径规划，控制对象参数变化鲁棒性好；寻找路径能力较好	过多地依赖规则库；模糊规则在线调整困难；应变性较差
禁忌搜索算法	局部搜索能力强；易于实现全局最优化；具有较好的记忆功能；出跳能力强；简单通用	过多依赖初始解；算法复杂；计算时间过长，搜索效率低；算法迭代产生的不可行解过多，导致算法收敛速度下降
A*算法	静态路网中求解最短路径效果好	规划路径冗余点较多；路径长度及转折角较大；计算量大；寻路效率不高
人工势场法	便于进行实时控制；计算量较小	易陷入局部最优点；易导致目标点不可达

表 6-6 智能仿生算法在优化路径规划时存在的优缺点

算法	优点	缺点
粒子群算法	算法简洁;易于实现;鲁棒性好;早期收敛速度快	局部寻优能力差;易于早熟
蚁群算法	鲁棒性很强;易于与其他算法结合,改善算法性能;具有本质并行性,易于并行实现	算法计算量大,计算需要时间长;收敛速度慢,易进入死锁状态
神经网络算法	具有自学习能力;具有联想存储能力;具有高速寻找优化解能力	无法解释推理过程和推理依据;数据不足时无法工作;理论与算法有待进一步完善
遗传算法	应用领域广泛,不涉及目标函数微分运算,算法简便,全局搜索性好;可以与其他算法混合使用	工作量大;效率低;容易出现过早收敛问题

（4）**控制技术**　控制系统的工作原理是通过采用控制算法控制车辆节气门、制动和转向机构,使车辆实际轨迹收敛于决策层规划的期望轨迹。目前典型的车辆控制算法有 PID 控制、最优控制、自适应控制、滑模变结构控制、模型预测控制、模糊逻辑控制及人工神经网络控制等。目前自动驾驶汽车面临的问题包括:在人机共驾阶段,由于需要人机并行控制,容易因车辆控制权分配不清楚出现人机冲突;控制器设计不能有效适应当前复杂道路环境。此外,目前我国产品较外国产品在性能稳定性和可靠性方面存在较大差距。

5. 中国自动驾驶车辆分级

2020 年 3 月 9 日,工信部发布《汽车驾驶自动化分级》推荐性国家标准报批稿,该标准（GB/T 40429—2021）将于 2022 年 3 月 1 日正式实施,这是国家首次发布关于自动驾驶汽车分级的文件。

（1）**分级标准**　根据汽车自动执行动态驾驶任务程度,标准将自动驾驶等级分成 0 ~ 5 级,具体见表 6-7。

表 6-7 驾驶自动化等级与划分要素

分级	名称	持续的车辆横向和纵向运动控制	目标和事件探测与响应	动态驾驶任务后援	设计运行范围
0	应急辅助	驾驶人	驾驶人及系统	驾驶人	有限制
1	部分驾驶辅助	驾驶人和系统	驾驶人及系统	驾驶人	有限制
2	组合驾驶辅助	系统	驾驶人及系统	驾驶人	有限制
3	有条件自动驾驶	系统	系统	动态驾驶任务后援用户（执行接管后成为驾驶人）	有限制
4	高度自动驾驶	系统	系统	系统	有限制
5	完全自动驾驶	系统	系统	系统	无限制*

* 排除商业和法规因素等限制。

0 级驾驶自动化车辆具备路况识别和反应能力,面临危险情况下能够提前进行危险预警,短暂介入辅助驾驶人驾驶,如车道偏离预警、前向碰撞预警、自动紧急制动等;1 级驾驶自动化车辆能实现部分操作自动化,功能包括自动制动、车道保持辅助等;2 级驾驶自动化车辆包含的功能有 ACC 自适应巡航、主动车道保持、自动泊车、路牌识别、自动变道等;

3级驾驶自动化车辆能够代替驾驶人完成常规驾驶任务,但仍需驾驶人对驾驶过程进行监控;4级驾驶自动化车辆能够独立完成常规驾驶、汽车出现故障后接管任务,属于有限制条件下的自动驾驶;5级驾驶自动化车辆能够独立完成所有驾驶操作,没有运行条件限制,商业和法规因素限制除外。

0~2级驾驶自动化车辆,由驾驶人和系统共同完成驾驶任务;3级驾驶自动化车辆是由常规驾驶向自动驾驶的过渡阶段;4~5级驾驶自动化车辆,驾驶人转变为乘客角色,车辆不再装配驾驶座位。我国目前自动化驾驶技术处于由2级向3级转变阶段。

(2) **高级驾驶辅助系统** 高级驾驶辅助系统(advanced driver assistant system,ADAS),其工作原理是通过车辆配置的传感装置收集车辆周围环境信息数据,进行分析与预测,评估风险并及时向驾驶人发出预警,进而主动规避风险,提高行驶安全性。

1) 车道偏离预警(lane departure warning,LDW)。系统装配摄像头用于监控车道线,当车辆出现偏离车道行为后,系统会及时发出报警信号,通过声像装置向驾驶人预警。

2) 前向碰撞预警(forward collision warning,FCW)。系统装配摄像头监控道路环境,在与前车碰撞前,系统会提前发出警报,提醒驾驶人及时采取避让措施。

3) 疲劳驾驶监控预警(driver fatigue monitor,DFM)。系统包括摄像头和电控单元ECU(electronic control unit,ECU)两部分。其工作原理是利用摄像头监控驾驶人行为动作和面部表情变化,判断其是否处于疲劳状态。ECU会根据影响疲劳驾驶的行驶距离、行驶时间、精力不集中等疲劳驾驶影响参数,进行计算评估,当疲劳值达到阈值时,系统会通过声像装置提醒驾驶人停车休息。另外,系统每间隔4h会提醒驾驶人休息。

4) 智能前照灯控制(adaptive front lights,AFL)。车辆装配摄像头用于检测周围环境亮度,测算出与紧邻前方车辆、与对向行驶车辆间的距离,根据当前光线情况和测算数据自动激活近光灯和远光灯,并根据视频数据自动调节近光灯或远光灯照明强度;另外,系统可以实现根据道路形状自动改变照明方向。

5) 自适应巡航控制(adaptive cruise control,ACC)。车辆前端装配有距离传感器,实时测量采集与前方车辆间的距离信息;车轮装配速度传感器,用于实时采集本车的速度信息。系统检测到与前车距离较小后,控制单元协调发动机、制动系统控制节气门与制动踏板,车辆减速,增大与前车的安全距离。

6) 自动紧急制动(autonomous emergency braking,AEB)。车载雷达装置实时测量采集车辆与道路前方车辆、障碍物间的距离,然后将测量距离与警报距离、安全距离比较,小于警报距离时,系统及时向驾驶人发出预警;小于安全距离时,系统启动使汽车自动制动。如果系统识别到驾驶人制动强度小,系统启动增加制动强度;如果驾驶人由于其他原因没有采取制动措施,系统会自动执行完全紧急制动。

除上述辅助功能外,还有盲点检测系统(blind spot monitoring,BSM)、注意力检测系统(driver monitoring system,DMS)、汽车夜视系统(night vision system,NVS)、行人检测系统(pedestrian detection system,PDS)、交通标志识别(road sign recognition,RSR)、全景泊车停车辅助(surround view cameras,SVC)等。

(3) **L3级自动驾驶技术** 自动驾驶车辆等级中,L3级自动驾驶车辆处于人工驾驶到自动驾驶的过渡阶段,也是自动驾驶技术和安全层面发展的关键阶段。我国自动驾驶分级标准对L3级的定义为:自动驾驶系统在设计运行条件下持续执行驾驶任务,但驾驶者必须随时有能力接管车辆。根据分级标准要求，L3级需要在以下方面实现技术突破：

1）冗余设计。L3级自动驾驶要求车辆具有更高的感知、规划和控制能力，为保证自动驾驶汽车行驶安全，要求执行控制机构有足够的安全冗余。

2）传感器融合。由于各型传感器各有优势和不足，在研发过程中对多种传感器进行融合，实现传感器之间的互补，使道路环境感知更加高效。传感器不断融合发展要求计算平台的计算能力，特别是对实时处理巨量传感器数据的AI计算能力要求更高。

3）高精度地图。高精度地图技术突破是L3级自动驾驶车辆商业化量产的关键。

4）测试。L3级自动驾驶车辆需要测试的传感器数量增多，测试复杂度增加，要模拟更多极限工况，覆盖更多驾驶场景，进行大量仿真测试。

5）芯片。目前L3级自动驾驶车辆面临的突出问题是运算能力不足。

6）软件解决方案。L3级自动驾驶车辆要保证安全，必须在功能安全和信息安全方面有所突破，功能安全方面需要强大的ECU软件，信息安全方面则要保护自动驾驶汽车不受网络攻击。

7）电子电气架构。L3级自动驾驶汽车的传感器数量增加，算力大幅提升和冗余，海量信号传输和交互及软件算法快速迭代更新，要求电子电气架构必须实现创新性演进。

6. 北斗+5G 推动自动驾驶技术发展

2020年6月，我国北斗三号完成了全球组网，北斗能够提供全天候、高精度全球定位导航服务，将极大推动自动驾驶技术发展。5G网络传输技术同样不可或缺。例如在地下车库、隧道等一些智能驾驶车辆卫星信号被严重遮挡的地区，光有高精度卫星定位还不够，利用5G技术可以将车辆和路面感知情况快速上传给北斗卫星，通过北斗厘米级精准定位功能，实现室内外坐标一体化和连续不间断定位，并把精准定位信息通过车联网传递给智能驾驶车辆，保持智能感知范围和距离。

（1）北斗对自动驾驶技术的推动作用　北斗导航卫星具有厘米级定位、纳秒级授时、地基增强等多种能力，并且不受恶劣极端天气影响，能够解决目前车载传感器存在的定位精度低、不稳定等问题，有望对目前L3级自动驾驶技术突破起决定性作用，最终加速推动L5级自动驾驶技术的产业化落地。

（2）5G对自动驾驶技术的推动作用

1）感知层面。5G可以感知更多场景，更加实时地将道路、环境及他车的状态通过V2X（vehicle to everything）、V2I（vehicle to infrastructure）、V2V（vehicle to vehicle）通路实时共享，提高车端的安全性。例如V2V方面，通过5G可以实现车与车之间的信息实时共享，让汽车更好地感知到周围路况，通过感知的环境信息传到自动驾驶系统；另外，5G的低时延和高速率特性，有望超越专用短程通信（dedicated short range communication，DSRC）功能，推动自动驾驶汽车时代早日到来。

2）同步定位和地图构建层面（simultaneous localization and mapping，SLAM）。5G具有宽频带、高频率、基站密集分布等特点，它能够辅助SLAM的定位达到亚米级精度，在卫星覆盖盲区的室内、隧道等地，可以提供可靠的定位方法，并且能够使地图构建更加精准，能够降低对高端复杂算法的依赖。

3）计算层面。5G使车端部分算力需求转移到路侧边缘计算节点，降低了车端网络负荷，车端整体算力增强，提升了自动驾驶感知能力。

7. 自动驾驶技术发展面临的挑战

（1）**共性问题** 2020年6月1日，一辆开启Autopilot驾驶辅助的特斯拉Model 3与一辆已经侧翻的货车相撞，碰撞前Model 3未采取任何减速避让措施。近年来，由自动驾驶汽车引发的交通事故表明，自动驾驶技术还不成熟，距离真正落地还有一段距离。自动驾驶汽车在短期内难以商业化落地，主要存在以下问题：一是技术上，对传感器精度依赖性高，在非常态环境或全路网下，安全性不能保证，算法鲁棒性较差；二是以激光雷达为代表的核心传感器成本高；三是政策上，法律法规有待完善；四是基建上，车联网基础设施亟待投入。

（2）**市场挑战** 未来，自动驾驶技术进入商业化，主要面临以下挑战：一是需要有大量符合要求的基础设施，需要资金和技术的大量投入；二是从技术角度看，进入商业化仍需要大量提升和磨合的时间，除了提升自动驾驶汽车的性能外，还要保证整个路网运行效率；三是5G技术虽然已经进入商用时代，但仍需解决覆盖网络范围、信号稳定性、价格等问题；四是安全性问题，自动驾驶汽车只有比人类自己驾驶更安全，自动驾驶技术商业化才能真正落地。

第七章

智能公共交通

授课视频

第一节 先进的公共交通系统

先进的公共交通系统（advanced public transportation system，APTS）就是利用信息技术有效改进公交服务，它将先进的电子技术应用到使用效率高的公共汽车、轨道交通以及车辆全程的使用与运行中，从而使这些系统发展完善成为智能的公交系统。

先进的公共交通系统解决日益拥堵交通下出行的需求，其基本出发点是为乘客服务，尽量减少乘客在途中的延误，在空间和时间的衔接上更加完整。为出行者提供全面的交通信息，使乘客以最便捷的途径到达目的地，先进的公共交通系统是智能交通系统的重要子系统，其中包括公共交通车辆自动调度系统、公交站台服务系统、公交非接触式智能卡自动检票管理系统以及公共交通行驶信息引导系统。

在我国，随着国民经济的飞速发展，城市人口日益膨胀，机动车辆急剧增加，城市交通运输的压力越来越大。这一瓶颈已经严重地影响了城市的综合发展，不适应城市现代化发展的要求，我国政府对此给予了高度重视，并且开始关注和支持智能交通系统的研究开发与应用，已将ITS（智能交通系统）作为未来交通建设与发展的优先领域予以重点支持。这对实现由单一依赖基础设施扩张的粗放型交通增长向依靠科技进步，以提高效率为核心的集约式交通发展的转变，实现对交通资源的充分利用和交通环境，特别是城市交通环境的不断改善，实施社会经济的可持续发展战略，保障交通运输的健康发展将起到巨大的促进作用。

一、系统功能子系统

1. 公共运输服务管理系统

采用计算机技术对公交车辆及公共设施的技术状况和服务水平进行实时分析，实现公交系统规划、运营及管理功能的自动化。与先进的交通管理系统相结合，采取公交优先等策略，推动公交利用率增长，确保多式联运中出行者中转换乘的便利。

2. 公共运输信息系统

为出行者提供实时的交通信息，助出行者中途换乘或是调整行程计划。

3. 满足个人需要的非定线或准定线公共运输系统

非定线公共运输是指公营或私营的小型合乘车辆可根据用户需要接送乘客。准定线的公共运输车辆，可驶离固定线路一定的距离，以便乘客上下车。

4. 公共运输安全系统

该系统可为公共汽车站、停车场、客运站及行驶途中的公共汽车或乘客车辆提供行驶或工作环境安全检测，及时预警并在必要时自动控制，直到危险解除，提高驾乘人员的安全系数。

二、智能化公共交通管理系统

1. 系统功能

城市智能公共交通管理系统，是为管理城市道路公共交通情况而开发的大型集成系统，目的是实现交通管理的现代化、实时化和信息化。该系统能够实时采集道路公交信息，及时准确地确定公交车辆位置，方便乘客查询，对经济事务做出迅速反应。系统的具体功能如下：

（1）**公交信息采集** 公交部门可以在公共汽车站和某些关键路段安装电子站牌，采集过往的公交车辆数据，包括某车辆配备的车载卡号码、该车经过时间等信息。电子站牌能定期通过 GPRS 网络将采集到的信息发送到公交部门的信息中心。

（2）**交通数据分析** 安装在各车站的电子站牌可对该车站进行车流量统计、车辆走向统计分析。这些交通数据将通过 GPRS 网络传送给公交部门信息中心，信息中心据此可以分析、管理整个路线的公交状况和流量分布，为城市的公共交通规划和管理提供有价值的依据。

（3）**电子站牌** 电子站牌处安装车辆检测和显示屏。电子站牌可以检测到驶进工作范围内（10m 或 100m）的所有公交车辆信息，可以显示各公交车辆所处的车站位置，全路线所有车辆的位置动态刷新，一目了然。电子站牌可以通过 GPRS 短信与信息中心建立通信连接，接收公交部门信息中心的各种指令信息，向信息中心传送采集到的数据。

（4）**车辆故障救援** 车辆在道路上发生故障时，如果在电子站牌的工作范围内，驾驶人可以通过车载卡向最近的电子站牌发出求助信号，由电子站牌将车辆的相关信息和故障情况发送给公交部门的信息中心。信息中心收到求助信息后，及时进行处理，为驾驶人提供最快的救援措施。

（5）**车辆记录管理** 公交部门的信息中心存储所有登记公交车辆的历史记录，如车型、牌照、所属路线、驾驶人信息等。当某一车辆违章时，电子站牌记录此次违章信息，并通过 GPRS 传送到信息中心，从而对车辆的违章记录进行系统的管理和统计。

公交部门的信息中心还可以与汽车维修系统进行联网，实现数据共享，将各个公交车辆的检修信息与车辆记录统一起来，构成车辆档案。该档案为公交部门的车辆维护保养和车辆报废审查等工作提供了有力的原始资料。

2. 系统特征

（1）**具有公交运行基础数据的采集能力和手段，保证系统的数据源基础** 这些基础数据包括：以公交站点上下车人数为主的交通需求数据、公交车辆运行车速及站点停靠时间数据、车辆驾驶状态数据等。考虑到公交运行的特殊性，这些数据的采集主要由公交车辆车载设备承担。

（2）**有效的数据管理和分析能力，包括操作型数据管理和分析型数据管理** 其目的是保障日常运营的高效管理、规划和调度的科学决策分析，以及为公众提供高质量的信息咨询服务。

（3）**对用户友好、高效的信息发布能力** 包括为公众提供公交信息服务（如车辆到站时间预测，车辆满载状态情况通报，根据起讫位置和服务要求的出行路线查询等），为管理者提供实时系统状态查询、历史数据分析服务,支持决策者制定交通发展政策及规划的宏观信息分析等。

(4) **提高公交车运行效率** 智能公共交通系统,可以实现线路网优化,实时智能调度以及公交优先系统,充分提高公交车的运行效率,提高公交公司的经济效益。

(5) **决策支持能力** 为科学管理决策提供必要的系统仿真分析、系统状态预测功能的支持。

3. 系统结构

(1) **总体结构** 城市智能公共交通管理系统是在对公交系统优化的基础上,综合应用GPS技术、GIS及地图匹配技术、嵌入式系统开发技术、计算机网络技术、大型数据库技术、无线通信技术、电子技术、IC卡技术等先进技术,结合公交优化调度、公交运营优化与评价、交通流诱导等数据模型和理论的系统集成,基于实时信息获取与交互,形成集实时监控、智能化调度和信息服务于一体的先进的公共交通管理系统,提高城市的整体形象和公共交通的整体服务水平。系统流程如下:公交车载终端采用GPS、数据采集仪等进行位置、行车状态等数据的采集,以GIS为操作平台,通过无线通信,在监控调度中心实现对公交车辆的实时监控、智能化调度,保证车辆的准点运行;通过电子站牌、换乘查询台、Web公交换乘查询系统、公交换乘电话和手机WAP查询等方式对车辆、线路的运行情况进行信息发布,方便民众出行,提高服务水平;在对票务、油耗、机务、投诉、事故、行车安全、人员等信息进行管理的基础上,进行经济效益、社会效益、服务水平的综合评比,加强行车安全管理、降低营运成本,实施员工考评,提高从业人员素质,加强服务水平管理;结合客流量统计、公交出行调查、地理经济信息、公交线网布局、站点布置、发车间隔、票价制定、营运状况等进行统计分析,对线网规划、线路优化调整提供辅助决策支持。因此,系统主要分为4个子系统,如图7-1所示。

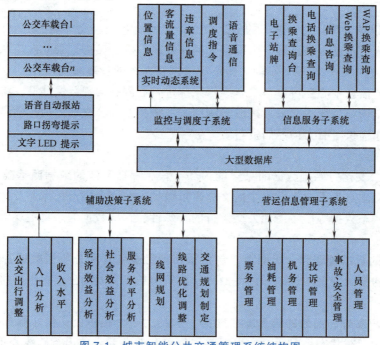

图7-1 城市智能公共交通管理系统结构图

1)监控与调度子系统。该子系统由车载台、无线通信服务器、监控调度中心等部分组成,通过车载台实现 GPS 位置、行车违章数据(通过数据采集仪,相当于通常所说的"黑匣子")、客流量等数据采集,通过 GPRS/CDMA 无线通信发送到监控调度中心,实时刷新车辆位置,存储车辆违章信息,实现监控调度中心与驾驶人的文字和语音通信,保证车辆准点到达。

2)信息服务子系统。该子系统主要表现为电子站牌、换乘查询台以及公众公交换乘查询系统,如 Web、电话、手机 WAP 等。在电子站牌上实时发布下一辆车的到达时间,通过在车站的换乘查询台或公交换乘查询系统,根据起讫位置和服务要求查询出行路线、换乘点、票价等信息,以及对公众提供高质量的信息咨询服务。

3)营运信息管理子系统。基于 IC 卡,对票务、油耗、机务、投诉、事故、行车安全、人员等信息进行单人、单车的量化管理,然后再按照线路、车队、公司进行统计分析,对车辆、线路、车队、分公司、公司等各个层次的经济效益、社会效益、服务水平进行统计、评比。

4)辅助决策子系统。在对客流量统计、公交出行调查、人口分布、收入水平、公交线网布局、站点布置、发车间隔、票价制定、营运状况等信息进行综合管理的基础上,为管理者提供实时系统状态查询、历史数据分析服务,进行公司经济效益、社会效益、服务水平的综合分析,为公司的发展、改革提供支持;同时在 GIS 平台上为线网规划、线路优化调整以及制定交通发展政策及规划的宏观信息分析提供辅助决策支持。

(2)停车信息管理系统 随着小汽车进入家庭,城市机动化水平进一步提高,停车难的问题越来越严重。在我国的一些大城市中(如北京、上海、广州等),特别是在高峰时段,一方面有大量的汽车在拥挤的道路上寻找停车位;另一方面有部分停车场却因为诸多的原因利用率很低,这样就引发一些问题,如:

1)由于寻找停车位而引起附加的不必要的交通出行,加剧了城市交通压力。
2)增加燃料消耗和对城市环境产生污染。
3)由此引起的不合法的停车行为,影响道路正常通行,易造成交通隐患。
4)现有的停车场忙闲不均,停车潜力没有得到进一步开发。

上述现象一方面是由于停车设施的短缺,停车场位置布局、容量分布的不尽合理造成的;另一方面是由于停车信息匮乏而造成的。对于城市规划者与管理者来说,研究在城市中心区域开发或提供多大的停车能力才是最恰当的,以及它们应该如何分布,这都需要建立在整个城市整体停车信息的把握上。因此需要建立一套完善的系统——停车管理系统来更好地将停车资源合理配置。

第二节 公共交通信息系统

公共交通信息系统是面向公共交通使用者的交通信息系统,通过安装在公共服务区的信息查询装置或电子信息牌提供实时信息,包括公共交通拥挤程度、公交车辆到站时空信息、换乘信息以及停车状况等。

公共交通信息的提供有助于公共交通使用者出行、换乘和出发时间的选择,可以改善使用者的方便程度。利用先进的信息和通信技术,动态实时采集公交车辆的行驶状态信息、公

授课视频

交车辆营运信息以及联系道路系统和换乘系统的交通状态信息等公共交通信息，加以处理后提供给用户。如果能最大限度确保公交车辆的准时性，在公交沿途的各停靠站上提供到站时间表，并同时提供行驶中车辆的动态信息（如现在所处的位置、到达本站所需要的时间等），将极大地提高公共交通系统的吸引力，增加其经济效益。

一、数据信息需求

智能公共交通系统所涉及的基础数据主要由车辆信息、客流信息、路况信息等部分组成。

1. 车辆信息

车辆信息是公共交通的重要组成部分。车辆信息又可分为车辆静态信息、车辆动态信息和车辆自身运行信息等。在系统中，车辆的动态信息尤为重要。

（1）**车辆静态信息**　包括线路车辆数、车辆载客定员等，这些信息由调度管理人员录入系统数据库，并根据变化实时更新，是调度系统的基础数据。

（2）**车辆动态信息**　包括车辆实时位置信息、速度信息、每辆车到达各站点的时间、每辆车离开各站点的时间、站间运行时间、站点滞留时间等数据。车辆的动态信息还包括车辆的运行状态，如公交汽车在运营中是否出现故障，这些情况都要及时地反馈给调度中心，以便对一些突发情况及时采取有效的措施。

2. 客流信息

客流是公共交通的服务对象，其在空间和时间上的分布特征将对城市公共交通产生决定性的影响。要想获得其分布特性，客流检测必不可少。客流检测可分两部分进行：公交汽车车体客流检测和站点客流检测。

公交汽车车体客流检测主要采集车辆在各个站点的上车乘客人数、下车乘客人数，以及车上的乘客数，从而获得各个时刻车辆的满载率。满载率是城市公共交通的一个重要参数，它不仅是公交调度的重要依据，也是反映公交公司运营状况的重要依据。另外，站点的等车人数对调度系统有很大的指导意义，在一定程度上会提高整个调度系统的响应时间。

3. 路况信息

现在城市交通的状况非常复杂，路况信息也是很大的影响因素之一。路况信息包括路阻、施工、事故、封路、天气情况等。堵车、事故等情况时有发生，且难以预见，这将给公交调度系统的正常运行带来干扰。为了提高调度系统的稳定性和抗干扰能力，路况信息也要及时检测并传给调度中心。

二、信息提供方式

信息系统主要是向出行者提供交通信息、发布命令或建议、向驾驶人提供建议路径。早期的信息提供系统是静态的，如固定式交通标志牌、路面标线等。随着技术的发展，为了实现动态管理控制，可利用计算机控制的、可远距离操纵的各种动态信息提供系统。

1. 可变信息板系统

可变道路信息板在公路上专供控制中心为出行者提供交通示警、交通管制等实时情报所用。特别适于使用这种标志的有以下情况：

偶发性事件，不可预料的事件或随机事件，如道路维护等引起的交通流中断。

周期性问题，早晚高峰拥挤交通流。

环境，恶劣的环境，如雾、雪等天气变化引起的交通问题。

2. 可变限速标志

根据车辆检测器提供的信息和其他信息，控制中心认定某一路段内车辆拥挤或出现事故，通过中心计算机向设在该路段前方的可变限速标志发出限速指令，限定车辆的最高速度以避免该路段车辆密度过大和低速交通流的恶性循环，待事故排除后或交通流恢复正常后解除其限制。

3. 交通广播和路侧通信广播

利用汽车收音机收听交通广播比视觉更方便，国外的各广播电台一般都有专设的交通信息中心广播节目时间，定时播送高速公路及附近公路的交通情况。现在国内主要用于城市交通广播。

4. 信号灯系统

信号灯系统主要布设在交叉口、隧道入口等处，通过交通控制中心根据需要来调节交通量，其作用是控制路口开闭，诱导车辆。交通灯控制系统是城市的重要基础设施之一。

三、数据信息应用

1. 在智能公交优化调度系统中的应用

（1）**车辆位置信息在自动报站中的应用** GPS 信息可单向传输到车载终端，车载终端对所接收的数据进行分析，处理成经度、纬度表示为 (x_1, y_1)，而检测到的行驶中车辆的经纬数据为 (x_2, y_2)，由于两站之间的距离不会很远，那么车辆与将到站或者刚离站的距离更短，所以在此可以通过两点之间的距离公式计算车辆距站点的距离 L，即实际中给出两个基准距离 r_1 和 r_2。当获得定位数据时，判断是否为自动报站，如果是，判断报站状态，如果是等待播报进站，判断 $L \leq r_1$ 时播报进站语音，同时修改状态为等待播报离站；如果是等待播报离站，判断 $L \geq r_2$ 时播报离站语音，同时修改状态为等待播报进站，并把站点编码移动到下一站。

（2）**车辆位置信息在公交信息服务中的应用** 智能公交调度系统可为出行者提供全方位、多样化的信息服务。通过 Internet、智能电子站牌、车载电子显示屏、手机等信息系统，随时随地向乘客多渠道提供有关路线信息、站点信息、在线车数、某站下班车到达该站的剩余时间等。由于这些服务信息直接面对乘客，如果显示结果和实际差距很大，会使乘客产生对公交智能化调度系统的不信任感。例如下班车到达该站的剩余时间，其精度在公交智能化调度系统中是一个非常关键的指标，它的计算就要用到车辆的位置信息。具体描述如下：

根据上一年或上几年车辆的实际运行情况，分别估算出在一年中不同时间段每个站间车辆的运行时间，不同时间段可以根据季节，节假日，每天早、中、晚等情况进行估计。站间的距离是固定的、可测的，用距离除以时间的方法，可得到一年中不同时段每个站间车辆运行的平均速度 v。根据采集到的线上各车辆的位置信息，转换成经纬度信息，根据公式计算线上各车辆距本站的距离，取最短距离 L，那么最近一辆车到达该站的剩余时间可用公式 $t = L/v$ 来计算。

（3）**客流量、车辆到离站时间等信息在公交优化调度中的应用** 公交运营工作是公交企业的核心基础工作，它是根据客流的变化和具体运营条件及其他条件，安排不同车型的车辆和行车的组织方案。公交运营的参数主要包括发车间隔、车队规模、车辆维护、车种、人员配置和票价等。另外，车队车辆数和车型主要取决于发车间隔，因而根据客流、交通流信息建立公交线路发车间隔优化模型，从而合理调度车辆是公交运营工作的重中之重。

公交公司总是希望提供尽量大的发车间隔，以减少其可变成本，而乘客则想获得更加快捷的服务，即发车间隔小，以缩短其等车时间。因此，减少公交公司的费用意味着增加乘客的成本。只有使得公交公司和乘客费用之和最小才能获得最大的社会效益，因此目标函数的考虑要兼顾公交公司和乘客双方面的利益。选择目标函数为各站点的满载程度偏差尽量小；各站点车辆的晚点时间尽量短；运行时间尽量短等。其中各站点的满载程度是由各站点的上下车人数所得；各站点车辆的晚点时间由车辆实时检测的停靠站时间与规定到站时间比较而得；运行时间（指车辆运行一圈的时间）可由车辆检测的停靠站时间或者站间运行时间之和求得。这样，这些检测信息数据在公交的优化调度中起了应有的作用。

2. 在公交路网优化中的应用

实时检测到的客流量数据，不但是公交优化调度的决定性参数，而且对整个公交路网的优化也有着一定的指导作用。根据大量实时检测的线路各站客流信息，车辆到站时乘客下车的概率等实时数据，以及以往的客流调查资料可以推算出乘客的登车站和目的站，以及客流的方向等，即 OD 矩阵。系统能读取和记录测试线路车辆的到站时间、站点编码、上下车人数、车内人数等明细。依据线路每个站点不同时段的上下车客流形成分析曲线和报表，随时计算某站某时段的客流总量和满载率，统计整条线路的平均乘距、平均乘车站数、最大满载率等，而这些数据将体现出公交线路布设是否合理、站点布设是否合理、乘客换乘是否方便等，从而指导公交企业对路网进行优化调整。

四、移动互联网下的智能交通信息服务系统

基于移动互联网的智能交通信息服务系统是在无线视频监控系统的基础上，把道路视频资源与公众交通出行需求相结合，为手机用户提供实时、准确、直观的道路交通信息服务。用户在本城市行车或行走路途中，通过手机界面输入和选择，可进行最佳路线查询、所在位置周边交通信息查询、所在位置周边公交及地铁信息和实时到站信息等查询。

1. 系统组成

智能交通信息服务系统分为智能交通信息服务系统手机客户端软件和后台业务系统两大部分。按照信息获取、传递的方式及使用情况，可以把后台业务系统划分为 3 个层次：基础层、共享信息层和服务层。在指挥中心建设一个综合信息服务平台，整合集成各个子系统。

（1）**基础层** 基础层主要包括各种交通信息的获取和传递、信号控制、运行车辆管理、电子收费、紧急事件处理、交通信息管理与发布系统、车载导航定位系统等，为出行者选择出行方案提供有效的帮助。交通信息管理与发布系统通过地理信息系统对动态交通信息进行采集、传输和处理，为商业运输企业、政府机构和普通公众提供实时的、预测性的交通信息服务。

（2）**共享信息层** 共享信息层是指由功能层各部件综合集成所构成的城市智能交通综合信息服务平台，它将从基础层采集到的各种交通信息进行融合分析与加工处理，为上层各种服务所共享，并为交警、交通、公安等系统的跨系统联动提供依据。共享信息层主要是以地理信息系统平台为支撑，为交通管制、设计交通运输方案、道路的规划与设计等提供有力

的帮助。

（3）**服务层** 服务层是整个系统的最高层，是系统与出行者和交通管理者实现交互的接口。系统通过服务层为道路的控制设备提供控制方案，为出行者提供路况信息，为交通管理者分配管理任务。同时，服务层也负责从出行者和管理者接收信息，如交通事故的报警、交通管理者提供的路况信息等。另外，服务层还可以根据出行者提出的要求来提供最佳的出行方案，尽可能保证道路畅通，提高整个交通系统的效率。

2．系统功能

手机用户可以通过访问客户端软件，查看整个城市的路况图片，查询城市主要路桥的实时路况、高速路事件信息，指定起始点间的最优行车路线和预测行车时间等，为广大用户提供更加丰富、全面的交通路况服务，充分满足客户的交通出行需求。系统功能一览图如图 7-2 所示。

图 7-2　系统功能一览图

（1）**道路信息查看** 用户通过客户端预先或实时查看行驶路线的道路交通视频，随时了解道路交通信息。

（2）**动态路况播报** 通过 GPS+基站+WiFi 进行用户定位，根据行驶路线主动对前方线路拥堵情况进行提醒，提供语音、文字、图像形式的拥堵信息播报。

（3）**停车场空位提醒** 获取城市主要停车场的位置和动态空位信息，根据用户目的地和行驶线路，主动用语音提醒目标停车场空位信息。

（4）**线路提醒定制** 用户可以定制线路路况提醒服务，系统根据用户定制情况，每天定时对选定线路的路况信息进行主动播报。

（5）**交通服务信息查询** 提供加油站、局部天气、违章情况等交通服务信息。

（6）**公交站台服务系统** 包括交通地理信息查询系统、电子站牌系统和候车基础设施等。电子站牌包括通信接收模块和数据处理模块，通过无线或有线系统与监控调度中心连接，其基本功能是向乘客提供公交线路上公交车辆的运行状况信息。交通地理信息查询系统以交通 GIS 为基础平台，为出行者提供各种公共交通信息和服务信息，使乘客在从等车到乘坐公交车抵达目的地的整个过程中均能获得所需要的信息，感受到人性化的信息服务。

（7）**公交信息服务系统** 主要包括三类交通信息服务：系统中公交车辆行驶状态信息（时间、地点和行驶速度等）；公交车辆营运信息（不同发车间隔、沿途公交站点等车乘客的多少以及突发事件等）；相关道路系统和换乘系统的交通状况信息。公交信息服务系统能够在交通利用者需要信息的时间、地点提供所需内容的信息，使公交利用者有足够的决策判断依据。

（8）**停车诱导系统** 为减少车辆不必要的绕行和无效行驶距离，避免因寻找停车场而导致的缓慢行驶和驾驶人注意力分散等，开发、应用停车诱导系统非常必要。通常有两级停车诱导，一级诱导是大区域的停车诱导和信息服务，为交通出行者提供目的地区域的停车设施分布、距离远近和停车设施当前的利用状态信息，以便出行者选择交通方式和停车区域的决策判断；二级诱导是对具体停车设施的路径进行诱导以及提供停车设施当前的使用情况信息，便于利用者选择和顺利到达停车场。

第三节 公共交通智能调度管理系统

一、调度服务子系统

调度服务子系统由智能公共交通优化系统和智能公共交通监控调度系统组成。智能公交优化系统完成线路网优化和行车计划优化，监控调度系统完成实时的监控和调度（图7-3）。

调度服务子系统是系统的核心部分，目标是实现公交调度的智能化。对公交车辆的运营调度起辅助决策作用，实现车辆调度的智能化，从内部讲，将提高公交运输管理的集约化水平，实现公交车辆的动态监控；从外部讲，将提高公交运输的服务质量，提高社会效益。改变原来的调度人员对公交车辆运营信息不清，路况不明，仅凭经验调度的方式。运用智能化调度手段，通过汇集调度专家级调度预案形成调度经验和知识库，借助模型及智能优化算法，在大量分析历史数据的基础上，形成辅助决策，从而提高调度员的判断能力和决策水平。以最低的成本完成车辆的运营调度职能，以最少的车辆资源完成最大的运力，从而提高公交车辆整体运营效率和服务质量。

调度服务子系统的功能主要包括以下方面：

（1）**线路网优化** 公交智能化调度系统能够大量分析历史数据，利用线路网优化算法，提出城市的线路网优化方案。实现充分利用现有的城市公交基础设施，使车与车、车与路、车与乘客协调作用，提高公交车辆的营运效率。

（2）**行车计划优化** 智能公共交通系统能够根据线路的行车计划、具体的一条线路的基本情况、车辆的信

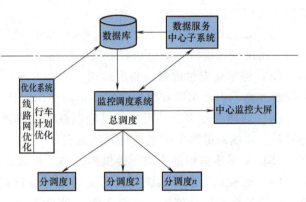

图7-3 调度服务子系统结构图

息、司乘人员的信息，自动生成每天的配车排班表。常规情况下，系统会按照编排好的计划表控制发车，同时也可以根据现场情况做出实时调整，系统自动记录实际发车记录，实际行车记录又可以作为行车计划调整、修改的参考数据，使得行车计划越来越合理。同时提供考

勤表的历史查询功能以作比较,为调度员进行常规和现场调度提供参照依据。

(3) **行车模拟** 基于行车计划和线路网优化,智能公交系统提供行车模拟,仿真在新的线路网情况下,每个线路的车辆运行情况,测算出包括车辆载客率、满载率等20多种评价指标,供公司作为决策参考,提供决策支持数据依据。

(4) **实时监控调度** 控制中心调度、监控、指挥子系统实现调度员对行驶中车辆驾驶人的现场调度、实时监控功能,该系统能够接收车辆定位数据,完成车辆信息的地图映射。其功能包括地理信息和数据信息的输入和输出、地图的显示和编辑、车辆和道路等信息的空间数据查询、GPS 定位数据的接收和处理、GPS 数据的地图匹配、车辆状态信息的处理显示、发车预报、公交车实时监控、意外情况的报警处理以及车辆运行数据的保存及管理等。

基于 GPS 车载单元传过来的信息,调度控制中心就能从计算机上看到线路运行中的车辆实况。在一张电子地图上,闪烁的数字代表自编车号,单击"车辆查询",就能知道此车的号牌、当前车速、所在路名。安装 GPS 定位终端的公交车,能向总站发出"事故""抛锚""拥挤""纠纷"等各种信号。当前各条公交线往往只看得到总站内的车辆,驾驶人在线路上发生特殊情况只能打电话或依靠专人路面巡视,才能大致地让调度中心获知。而采用智能管理系统后,调度人员对线路行车情况一清二楚,还能直接发指令给路上的驾驶人,如针对严重路阻,可及时采取对策(图7-4)。

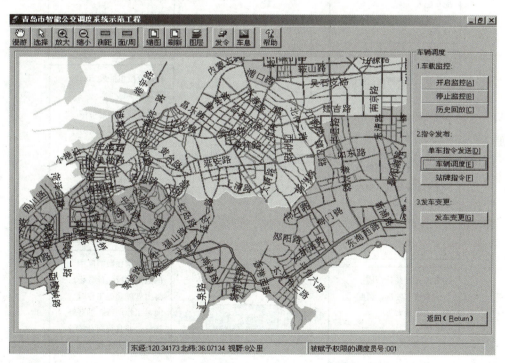

图 7-4 智能公交三级调度管理系统

二、智能调度模式

1. 原始调度模式存在的弊端

行车计划难以执行;车辆调度过多依赖经验值、及时性差;人工调度操作烦琐、劳动量大；人为因素过多参与调度；考核标准不规范；大量公交调度数据进行积累，但数据深层次挖掘分析难以实现。

2. 智能调度模式的实现原则及指导思想

以实时数据和历史数据作为系统的支撑点，行车调度更加灵活；均车操作更多依赖实时车辆反馈信息，可以达到当圈均车，时效性更好；公交调度更多地借助计算机实现自动调度，减少公交调度人员的劳动量和公交调度人员；公交调度人为因素大大降低，更多地依照公交公司的营运指标进行调度；驾乘人员考核标准更加详细、实时数据支持的力度将更大；对公交营运数据进行挖掘，量化营运指标，达到公司利益最大化。

3. 调度模式的实现及解决方案

（1）**新旧调度模式对比** 新旧调度模式的对比如图 7-5 所示。

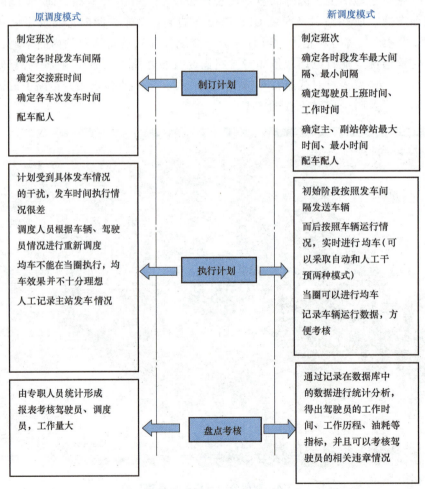

图 7-5 新旧调度模式的对比

（2）**均车调度逻辑分析** 均车调度逻辑分析如图 7-6 所示。

（3）**线路上车辆运行周转时间计算方法** 依据高低谷时段进行划分，分为以下两种方法：高峰时段周转时间计算法和低谷时段周转时间计算法。而这两种方法主要在主、副站的停车时间的确定上有差异。在高峰时段，在保证出车率的情况下，不仅要增加车辆，更需牺牲更多的停站时间，来确保高峰出车率。在低谷时段还要考虑交接班、末班车等因素，来限定主、副站停站时间。同时参考线路上运行车辆的实时数据，对即将发出的车辆的发车时间进行实时修正。

（4）优化计算所得发车间隔发车 问题的提出：当以分钟为基准单位进行发车间隔计算时，计算所得的发车间隔会出现小数的情况，而通常发车都是以分钟为基准单位，那么需要将发车间隔进行优化。

问题的解决方法：①半秒方法，采取半秒发车策略，这样可以在形式上满足需要。②先紧后松法、先松后紧法，例如，计算所得的周转时间为70min，有20辆车，如果以分钟为单位发车的话，应该有10个发车间隔为4min，10个为3min，那么就采取一种策略去分配这些发车间隔，举例说明一下，当前时间为高峰期，可以采用先发3min间隔，那么达到了高峰车次尽量多出的营运要求；而在运行的过程中，可能出现高峰和低谷交叉时段，那么先发3min间隔发车时间更能保证高峰车次。当前时间为低谷期，则采用发3min或4min间隔，可以取决于用户的需求，只要用户按照线路的具体情况进行配置，系统就能发挥出更大的效能。

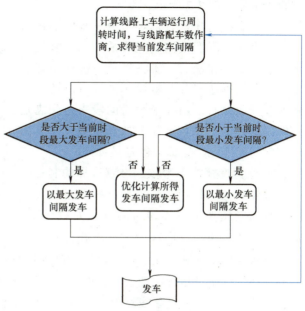

图7-6　均车调度逻辑分析

（5）智能调度模式对异常情况的处理 在实时调度过程中，经常出现车辆故障、驾驶员不能出勤等特殊情况，那么系统如何处理这些情况呢？分析所有这些现象，最终体现在车辆是否能够在线路上正常运行，即涉及车辆的入队和出队问题。

出队、入队处理：由于新的调度模式不是照搬原始行车计划发车时间，而是以时间间隔为基准进行车辆调度，同时依据均车实现逻辑，可以确保由于某辆车的出队、入队引发的发车间隔变大、变小分配到当圈运行的每一辆车上，继而达到有效均匀的目的，对公交营运调度产生的影响将最小化。

入队原则的设定：①依照班次法，这是目前常用的方法，如果车辆正好到达车站、恰是它的班次而且调度员将它发出，那么车辆的利用率还是能够达到最大化的；而通常由于驾驶员、调度员的人为因素干预，出现故意不及时到站、不发该车次等原因，造成车辆利用率不高。②随到随发法，该种方法可以提高入队车辆的利用率，而通常会打破原班次的执行，导致入队车辆后的局部发车车辆间隔变大，车辆入队后仍要进行均车逻辑实现。③人工干预，通过调度员的调度经验，可以人工干预出对车辆的入队发车。

（6）智能调度模式下交接班的处理 在高峰期，由于路面状况较复杂，通常车辆平均速度减慢，导致上下行时间增长；而当高峰过后，车辆的平均运行速度又增加，导致上下行运行时间减少，用环去描述这种状况。

理论上：如图 7-7 所示。

通常需要在高峰过后，对车辆发车间隔进行调整，以求最大限度地满足交班的要求。满足交班要求，不能放在最后一班去进行，那样不能有效实现，而是将这部分调整放到高峰过后的第一个班次就开始执行，用一个大时间段来达到满足交班时间的目的。并且这部分的调整放在主、副站停车时间间隔上，这部分也是最可控的。

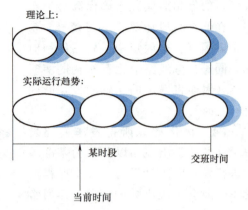

图 7-7　智能调度模式下交接班的处理

（7）新调度模式下考核、考察依据的制定

驾驶员准晚点的考核：在传统调度模式下，驾驶员的考核通常按照运行周转时间（相对较固定）采取快 1 慢 2 的模式，而这种考核方式通常导致以下运行状况：①驾驶员在上行阶段运行速度较快，而下行时速度放慢，以求得准点到达；②驾驶员在上行阶段运行速度放慢，而在下行的过程中不断加速，以求争取到更多的乘客，通常这种情况发生在一整条线路上。透过所有的现象分析发现，之所以无法对这些情况进行有效控制，是因为缺乏基础的数据支持和数据挖掘，在新的调度模式下，将积累更多的运行数据（运行速度、运行历程及运行时间等），通过对这些数据的分析整理，公交公司可以定制一套行之有效的考核管理办法。

调度员的考核：同样，调度员的考核，更需强大的数据支持。线路车辆运行均恒度、高峰车次数、高峰车辆停站时间都可以作为考核的依据。

（8）新调度模式下虚拟副站问题的思考　副站停站时间在有的线路相对较短，副站可以在到站乘客上车之后，直接发出；而对线路较长的，可以设定一定的副站停站时间来均衡车辆，而副站不再是原始意义的副站，副站将不再设立副站调度人员，形式上同其他的站间站点没有必然的区别。发车方式提供自动发车和人工干预的方式，可以进行配置。

第四节　公共交通服务系统

一、数据中心服务子系统

智能调度中心的数据通信子系统负责数据的采集和处理，是系统的重要组成部分。数据通信子系统是智能交通的重要组成部分，负责数据的接收、发送、计算、存储，在智能公交系统中，数据发送形式多样（无线、有线），数据量大。因为发送数据多样，所以稳定高效的通信服务器是系统成败的关键。数据通信服务子系统的组成包括车载机服务、站牌服务、短信中心及与其他系统接口四个部分。

1. 车载机服务

车载机的 GPS 定位数据和车载系统的其他数据包括收费数据、烟度、平稳度、客流等数据发送到数据通信服务子系统，系统进行实时的运算和判断以及存储。驾驶人发送的信息通过数据通信子系统发送到调度中心，调度信息通过数据通信子系统发送给车载机。

2. 站牌服务

数据通信服务子系统通过实时获得的车载终端信息，计算车辆位置和车辆预到站时间，并发送到站牌，供站牌显示。同时通过手动或自动方式，向电子站牌（图7-8）的显示设备发送车辆到站信息、天气信息、时间信息、道路信息、公益信息等，也可以根据业务需求，发送一些广告信息，并可以实现自动计费。

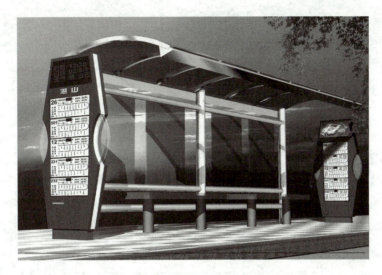

图7-8 电子站牌系统

3. 短信中心

记录发送短信的时间、发送方、接收方等信息，使短信发送可以追溯，如果不能发送到目的地，短信中心可以保存。

4. 与其他系统接口

中心实现与其他系统的实时接口，可以将数据实时发送到其他系统，供其他系统使用。

二、服务信息子系统

公交出行信息系统旨在为出行者在出行前或出行中选择交通方式和合适路径提供准确而及时的信息，无论在家里、办公室、交通控制中心和公交车站，还是在公交车上都可以获得这些信息。与自动车辆定位系统结合，出行信息系统还能提供公交系统的实时信息，如车辆到达时间、离开时间和延误时间等。出行者可通过不同的媒介经济地获得和利用这些信息。

服务信息子系统包括Web/WAP发布系统、电子站牌、车载查询终端、触摸屏、电话咨询中心等系统，提供多种公交信息供出行者查询。功能包括：

1. 出行前公交信息系统

出行前公交信息系统是提高公交方式出行可靠性的有效途径，同时也是引导交通需求均衡分布的有效手段。在乘客出行前为其提供准确和及时的信息，使乘客可以根据这些信息进行决策，选择出行路线和出行时间。出行前信息涵盖广泛，包括公交路线、地图、发车时间表、票价、停车换乘站的位置、线路实载率情况、途经重要地点和天气状况等各种信息，帮助查询者确定最满意的出行计划（图7-9）。

2. 停靠站/路边的公交信息

停靠站/路边乘客信息系统通过电子站牌、触摸屏等媒介为公交方式出行乘客提供信息，包括实时车辆到离信息、预到站信息、车辆实载率信息，也包括传统的静态服务信息。

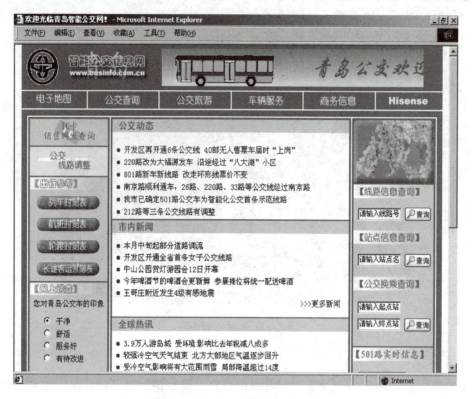

图 7-9 智能公交信息网站

3. 综合乘客信息系统

综合乘客信息系统的特点是集合一个或多个服务系统的实时或静态数据，并通过多种方式收集、合并、筛选、校正和传送这些信息。综合乘客信息系统还提供停车、乘车和共乘信息资料，数据（特别是空间数据）结构的一致性和兼容性，这是综合乘客信息系统成功与否的关键性因素。

三、网管子系统

智能公共交通信息网络设备种类多，接入方式复杂多样，所以需要提供功能完善的网管系统支持，方便维护和错误定位，了解系统的实时运行状况。网管系统是智能公交系统的保障。网管系统的功能如下：

1. 设备实时状态信息

查询设备的实时信息，图形显示。包括设备的运行情况，如车载机的位置、IP 地址、通信状况、实时状态。使设备管理员了解设备的实时信息。

2. 远程维护

设备远程重启，设备远程关机。远程升级软件。使设备管理员可以远程维护设备。

3. 远程调试

设备出现故障，如果通信正常，可以通过指令进行远程诊断。

4. 远程配置信息

设备的配置信息，可以通过网络发送到设备。

5. 设备运行日志

设备出现故障，可以发送到中心。如果通信故障，则记录下来，通信正常后发送到中心。提供设备故障频率等统计查询功能。管理员可以通过日志进行日常维护。

第五节 公交优先系统

授课视频

公交优先是指有利于公共交通系统发展的一切政策和措施；从狭义上讲，公交优先是指通过交通设施建设、交通管理及控制等措施，在通行空间和时间上赋予公共交通优先通行权。公交优先主要体现在"空间优先"和"时间优先"两方面。空间优先主要是通过公共汽车专用车道、交叉口公交专用进口车道和公交停靠站的优化设计来实现，时间优先则是指公交优先信号控制。

一、优先发展公共交通的政策

公交优先体现在城市和交通发展观念和意识，它要求法规、政策、规划、设施建设和运营管理等都在"公交优先"的目标下统一起来，作为一项社会系统工程来共同实施。优先发展公共交通的实施则需要在政策的支撑下完成，其政策包括内部政策和外部政策，优先发展公共交通的政策可以从保证公共交通良好运行自身环境和外部环境多方面展开。

1. 优先发展公共交通的外部政策

（1）扶持政策

1）财政扶持政策。由于公共交通具有明显的福利性和公益性，票价制定和调整由政策控制，不可能做到完全按市场需求和价值规律自由调整价格，由此产生的亏损属于政策亏损，不属于经营性亏损。因此，国家应适当地给予财政补贴，并为促进企业科技进步管理手段的现代化而给予财政支持，一般通过立法的形式加以确定和实施。

2）税收扶持政策。尽量减轻公交企业的税费负担或是实行专项税收政策，如开征企事业单位公共交通税、减免公交车燃油税。

3）投资政策。加大政府投资力度，完善政府投资方式，银行信贷应向城市公共交通倾斜，对城市公共交通场站建设和车辆购置项目，银行要在信贷和配套资产计划中优先安排，并保证资金及时到位。

4）票价政策。遵循社会效益、环境效益和经济效益统一的原则，在保证尽可能多地吸收市民乘坐前提下，制定合理的票价，并逐步建立促进城市公共交通良性发展的价格机制与价值补偿机制。

（2）限制政策 限制政策主要是对个体机动车实行交通需求管理。对私人小汽车使用的限制主要是运用价格手段进行控制：停车位控制，在市中心地区停车泊位少，且费用高；城市边缘地区设置较多停车位，便于公交换乘，且费用低或不收费。通过征收燃油税、通行费等限制交通紧张地区的车流量等。非价格手段则主要包括设置禁行区，禁止左、右转等。

对私人小汽车的限制还包括时间限制、牌照限制等。

2. 优先发展公共交通的内部政策

（1）**转变政府职能，实行政企分离** 有助于国家和企业分别从宏观和微观上对公交企业进行管理。

（2）**引入竞争机制** 公交企业竞争主要包括以下方面的竞争：打破原有公交企业垄断局面，允许其他产权形式的企业进入公交市场参与竞争；同一种交通方式在同一条线路上运行时的竞争，但这种竞争机制应该是在国家宏观调控下进行的，是一种不完全竞争。

（3）**机构改革** 由于公交企业内部冗员过多，使得企业负担加重，因此要对企业内部人员进行精简，明确责任。

（4）**提高企业的自生存性** 公交企业不能一味地依靠国家各种资金补贴来运行，还应适当地采取一些市场手段来维持公交的运行。

二、公交车辆优先运行机理

在公交优先技术中，在信号交叉口让公交车或轨道交通优先通行以及公交专用车道不被其他非公交车占用，可以保证其调度运行的准时性。为确保交通整体顺畅，可有选择地实施公交优先，如仅对偏离计划时间的公交车辆或特殊线路如快线实行优先。

1. 公交车辆优先运行子系统的组成和机理

系统由检测设备传感器、交通控制中心及显示设备组成。系统的运行机理：悬挂在公交车专用通道上方的普通车辆感应器，当普通车辆运行在公交专用通道时把信息传给调度中心，同时通知警告板，显示"公交专用车道禁止其他车辆通行"的警告。调度中心根据车辆的速度和车辆运行的时间，以及在ITS中心查询到的下一个路口红灯时间，建议车辆运行速度，可以连续通过几个交叉口的绿灯。如果不能通过，而公交车有误点可能，调度中心可以向交通信号中心申请公交优先信号（图7-10）。

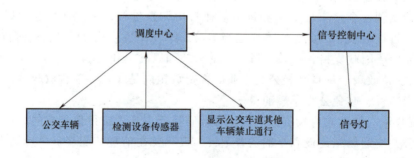

图7-10 公交车辆优先运行机理图

2. 公交专用车道监控

监视是否有非公交车辆进入专用通道，如有进入显示警告，同时通知调度中心和交通管理中心。

3. 公交车辆优先运行

调度中心和交通控制中心配合，实施公交车辆优先运行，包括计算正常通过红灯需要的速度和计算在特殊情况下公交优先运行信号。

三、空间优先

1. 公交专用车道

公交专用车道分为顺向式和对向式两种。顺向式是指在一种专为公交车开辟的车道上，公交车运行的方向与其他车辆运行的方向一致，而对向式是允许公交车的运行方向与其他车辆的运行方向相反。

公交专用车道是车行道的一部分，为了同其他车辆分离，常采用路面交通标示的方法，或在对向式公交专用车道上采用实物分隔的方法，使这种公交专用车道与其他车道严格分离，如图 7-11 所示。通过设置公交专用车道可以提高公交车的运行速度，提升出行效率。

2. 交叉口公交专用进口道

交叉口优先设计是为了协调交通流，降低公交车辆在交叉口的延误以及公交优先对社会车辆通行效益的影响。设公交专用进口道是指在交叉口进口道中设置一条或若干条专门供公交车行驶的车道，设置交叉口公交专用进口道是提高交叉口通过率、减少公交车交叉口延误的主要措施。

图 7-11　公交专用车道

3. 转弯优先

在某些交通拥挤的交叉口上，有禁止车辆左转的规定，但公交车可不受此限制，或者可设置公交车左（右）转弯专用线。此外，在单向交通道路上允许公交车双向行驶，在有些市中心区域的商业用地的道路上，只允许公交车行驶，禁止其他车辆进入；某些国家的城市道路，靠近路边可以停车，但公交行驶的线路不允许停车。

四、时间优先

时间优先主要是交通信号的优先控制，交通信号的优先控制可提高公交车的运行效率，降低公交车在交叉口的延误。公交优先控制策略主要分为被动优先和主动优先。

1. 被动优先

被动优先主要是在不设车辆检测器的情况下，通过收集公交车辆运行的历史数据（公交线路、乘客数、公交需求、公交运行时刻表、线路运行时间等），以预测需要的优先等级，预先进行交叉口的信号配时。主要是在制定基本控制方案时兼顾公交车的运行情况，通过相位相序方案、最佳周期、初始绿信比和离线协调方案的确定，满足以公交车流总体为对象的优先通行。

（1）实现方法　被动优先策略是通过固定信号配时来减少公交车辆延误的方法。该策略主要有以下实现方法：

1）调整绿信比为公交线路集中的车道增加有效绿灯时间。这种方式可以降低公交车到达时遇红灯的概率，减少公交车辆的等待时间。

2）缩短信号周期长度，减少公交车等待绿灯启亮的时间，但这种方式会以减小交叉口通行能力为代价，因为周期的缩短会造成信号损失时间的增加。如果交叉口已接近饱和，这种策略甚至会造成延误增加。通常缩短周期的方式在交叉口通行能力很富余的情况下效果较好。

3) 公交车所在道路绿灯相位分离策略。该方式在实现上类似于缩短周期。其原理是在周期长度不变的情况下，将公交车所在道路的绿灯相位分开，用相交道路相位插入其间的方法。

4) 绿波带设计中的公交优先考虑。该方法是在确定绿波带的时候，以公交车的路段平均运行速度代替一般车辆的平均运行速度作为线控参数确定的标准。由于公交车停靠的原因，会造成公交车辆运行速度不均匀且不易确定。这就决定了静态的协调方法在应用中的局限性。后面将对该策略的实现方法做具体研究。

（2）**被动优先策略的适用条件** 被动优先策略通常会使交叉口的总体运行效率降低，特别是公交车流量比不高的时候。因此，被动优先策略在一些时候并不适用，尤其是对饱和度较高的交叉口。这时采用缩短信号周期和增大公交车有效绿灯时间可能会加剧交叉口的拥堵，而造成实际运行效果不佳的情况。尽管被动优先策略有很多局限，但在很多时候却是唯一的选择，主要是因为这种控制方式不一定要有公交专用进口道的配合，并且是投资最为节省的一种方案。

2. 主动优先

主动优先主要依靠检测器对公交车辆运行情况进行识别分析，当检测到公交车即将到达交叉口时，采取延长、提前、增加或跳跃相位实时调整交叉口信号控制方案，从而实现公交车辆的优先通行。

（1）**主动优先策略** 主动优先策略包括绝对优先、完全优先和部分优先三种策略。

1) 绝对优先策略。绝对优先的公交信号控制类似于铁路列车通过交叉口时的独占式信号控制模式。在这种模式下，当安装在交叉口上游的入口检测器检测到有公交车辆到达时，交通信号控制器就会中断当前的信号相位，直接给予公交车辆通过信号；当交叉口下游的出口检测器检测到公交车辆已经通过交叉口后，再恢复原来的信号相位。这样当特定的公交车辆到达交叉口时就可以不减速直接通过。在绝对优先信号控制策略的实施中，公交车辆的检测是一个重要的因素，为保证控制系统的可靠运行，要求公交车辆检测器必须具有较高的准确性、灵敏性，不能误检和漏检公交车辆。目前国外公交优先控制系统常采用的车辆检测方式主要如下：

① 利用路旁架设的雷达或超声波检测器检测公交车辆位置。
② 利用公交专用道上设置的磁感应或光学装置检测公交车辆位置。
③ 利用车载无线电发射器和地面接收器检测公交车辆位置。

绝对优先控制策略可以确保公交车辆在通过交叉口时不受任何延滞，但对横向车流的影响非常严重。当交叉口的横向交通量较大时，这种控制策略很容易引起交通阻塞。因此，通常在交通流量较低的交叉口才采用这种控制策略。

2) 完全优先策略。与绝对优先类似，在完全优先控制策略中，也需要在交叉口设置车辆检测器，通过检测公交车辆的位置确定是否给予其优先信号。但与绝对优先不同的是，该策略并不是无条件地中断当前信号相位，而是通过调整一个信号周期内不同相位出现的时间来达到公交车辆优先通行的目的。公交车辆检测器的具体安装位置可根据公交车辆平均行驶速度、交叉口清理时间及安全制动距离确定，信号优先过程包括四个阶段：

第一阶段，即确定公交汽车位置。确定公交汽车到达的地点，以确定交叉口是否要进行信号优先。这一功能也提供位置数据给公交汽车上的处理器以确定汽车是否晚点。

第二阶段，即公交汽车向交叉口的信号机提出信号优先请求。由公交汽车上的处理器来执行，对汽车到达预定点后是否要提供信号优先做出决定。决定的因素包括目前公交汽车所在的位置、公交汽车行驶的方向、公交汽车是否晚点以及汽车上的乘客数等。

第三阶段，即交叉口的信号机同意公交汽车提出的信号优先请求。是否给予信号优先取决许多因素，如一天里的时间，手工强行使信号灯变绿的可能性，当地的交通状况，信号机的状况。一旦收到公交汽车优先的请求后，需要有实时的交通数据来确定到底如何行动。

第四阶段，即实施信号优先。根据公交汽车和前方交叉口的相对位置，通过信号机调整信号相位时间，使得信号灯提前变绿灯，或延长绿灯时间，以便公交汽车能够顺利地通过前方的交叉口。如果公交汽车到达时正好碰到绿灯，或者公交汽车没有晚点，那么信号灯相位保持不变。

3) 部分优先策略。在完全优先策略中，对每一辆公交车都试图提供优先通行条件。当公交车流量较大时，可能会造成信号相位的频繁调整，对同向车流和横向车流造成干扰。因此，一些城市的交通控制系统采取有选择地为公交车辆提供优先信号的策略，即部分优先策略。依据具体情况的不同，选择的标准可以是下列中的一种或几种：

① 对提前或准时的公交车辆不提供优先信号，仅对偏离时刻表的晚点车辆提供优先信号。

② 在高峰期为公交车辆提供优先信号，平时不提供优先信号。

③ 只对载客量超过一定数量的公交车提供优先信号。

④ 权衡公交车辆延误与机动车延误，确定是否为公交车提供优先信号。

与完全优先策略相比，部分优先策略的适用范围更广。但实现该策略需要信号控制系统提供额外的信息，以确定何种车辆在交叉口能得到优先通行权，因而系统的整体成本会有所增加。

(2) 主动优先策略控制方式

1) 绿灯延长，即延长相位绿灯时间。当公交车辆到达交叉口时，若该相位的绿灯信号即将结束，采用延长该相位的绿灯时间的方法，使公交车辆可以通过交叉口，公交车辆通过交叉口后，控制系统将恢复原有的信号配时。

2) 绿灯提前启亮，即缩短车辆等待绿灯信号的红灯时间，在公交车辆到达交叉口时，如果公交车辆通行方向所在的相位处于红灯状态，这时通过压缩非公交相位使公交相位提前激活达到公交优先的目的。在这种控制策略下，在周期长度不变的情况下，可以在后续执行相位相序方案中对前一相位进行绿灯补偿。通过绿灯延长和绿灯提前启亮这两种最常用的信号优先方式调整信号相位，可以为多数公交车提供优先通行条件，同时对横向车流的影响比绝对优先控制策略小很多。

3) 插入相位，即在信号配时正常的相位相序中为公交车辆增加一个特定的相位。当公交车辆到达交叉口，公交车辆通行方向为红灯信号时，如果交叉口当前相位的下一个执行相位仍不允许公交车辆通过，这种情况下要为公交车辆提供信号优先，必须在当前相位和下一相位之间插入一个公交专用相位。在这种控制策略下，对公交专用相位的前一相位和下一相位进行调整，必要时可以对后续相位进行调整。其中后续相位包括本周期或后续几个信号周期。

4）跳跃相位，即忽略某一相位的绿灯信号。当公交车辆到达交叉口时，公交车辆通行方向的为红灯信号，且交叉口当前相位的执行绿灯时间即将结束，而下一个执行相位仍不是公交车辆通行方向的相位，只有等到该相位执行完毕后，才能允许公交车辆通过。由于交叉口下一个执行相位等待通行的社会车辆较少，在权衡效益的基础上，跳过下一个执行相位，直接执行公交车辆通行方向的相位绿灯。从而使公交车辆以绿灯信号顺利通过交叉口。

5）相位旋转，即改变信号周期的相位相序。当公交车辆到达交叉口时，如果交叉口即将执行的相位并非公交车辆通行方向的相位，为使公交车辆能够顺利通过交叉口，可以通过调整即将执行的相位相序的方法，将公交车辆通行方向的相位提到最前执行，将原本即将执行的相位置于公交车辆通行相位之后。相位旋转与相位跳跃不同的是：相位跳跃不再执行当前相位的下一相位，而相位旋转将当前相位的下一相位替换为公交相位，同时原有被替换位置的相位将在组合后的新相序中被执行。

授课视频

第六节　快速公交系统

快速公交系统（bus rapid transit，BRT），是一种大运量交通方式，通常也被称为"地面上的地铁系统"。它是利用现代化公交技术配合智能交通和运营管理，开辟公交专用道路和建造新式公交车站，实现轨道交通模式的运营服务，达到轻轨服务水准的一种独特的城市客运系统。

一、系统组成

为充分体现快速公交系统的"快、准、捷、廉"，功能得到很好的发挥，快速公交系统则要有一个完整的系统装备，其由六部分组成。

1. 车辆

快速公交系统的营运车辆采用的是经过先进技术改良的公交车辆，其独特的外形设计充分展现出快速公交的先进性、现代化。车辆的地板结合站台设置，采用多门上下、水平上车，大大提高了乘客上下车的效率。另外，在客流量较大的快速公交走廊选用大容量铰接车辆可提高整个系统的运送能力，同时也降低了系统的运营成本。在环保方面，快速公交车辆都严格地符合环境标准，有效降低了沿线的交通污染排放。

2. 枢纽车站

快速公交系统的车站与枢纽设施应充分体现快速公交系统的交通功能以及与城市土地利用相结合的功能。交通功能主要体现在能为乘坐快速公交的乘客提供上下车并能够做到集中换乘，尽量缩短乘客的换乘距离和换乘时间。另外，快速公交系统的车站采用岛式站台，在站台上设置收费系统、信息管理服务系统等，这不仅方便乘客了解公交运营的实时情况，也节约了乘客的上车时间。

3. 道路空间

设置全时段、全封闭、形式多样的公交专用道，为快速公交车辆运行开辟专用路权，既保证了系统运营的速度，又避免了与社会车辆混行所带来的安全隐患，降低了公交车辆发生交通事故的概率。

4. 线路与乘客服务

线路规划是建设快速公交系统的关键环节和重要内容，而为乘客提供高品质的公交服务是快速公交系统建设的最终目的。采用直达线、大站快运、常规线、区间线和支线等灵活的运营组织方式可更好地满足乘客的出行需求。快速公交不可能像常规公交那样为乘客提供点对点的服务，乘客需通过其他的交通方式从出发地到达快速公交车站或是从快速公交车站到达目的地，这就要求快速公交车站具备完善的导乘系统设施以及提供便捷的换乘服务。

5. 运营管理保障体系

运营组织机构和运营保障设施共同构成了快速公交系统的运营保障体系，即形成智能化的运营管理系统。运用自动车辆定位、GPS自动报站、实时营运信息、交通信号优先、先进车辆调度，提高快速公交的营运水平。

6. 票制票价与收费系统

票制票价的主要内容包括票制、票价水平、特殊票价、运营收入分配机制、公共财政补贴机制等方面，其合理程度直接决定了快速公交对于出行者的吸引力以及运营的财务可持续性。收费系统大多采用站内收费，即在公交枢纽或是公交车站内设置收费系统设施完成收费，这种形式提高了乘客上下车的速度、系统的运营能力和效率。收费系统的设计应与快速公交系统的整体运营管理体制相协调。

二、BRT 的框架结构

BRT 的结构描述分为逻辑结构和物理结构两个体系。逻辑结构说明其功能层次，物理结构说明其工程实现。

1. 系统逻辑结构

系统逻辑结构如图 7-12 所示，图中描述了快速公交智能系统中各子系统的逻辑集成关系。各子系统都与智能集成管理平台有直接联系，并可通过其访问其他子系统。

2. 系统物理结构

系统物理结构如图 7-13 所示，智能系统包括网络传输子系统、运营调度子系统、车辆定位子系统、车载电子子系统、站台电子子系统、停车场管理子系统、信号优先控制子系统、场站视频监控子系统、企业管理信息子系统、智能集成管理平台等，为快速公交智能系统提供稳定、可靠的软、硬件支撑平台。

（1）**网络传输子系统** 网络传输子系统的作用是在站台、停车场、调度中心之间传输监控图像、运营管理和信息服务数据。通过在专用道沿线建设专用通信网络或租用公网，以各种通信方式（无线/有线）连接各站台、停车场和调度中心。

（2）**运营调度子系统** 运营调度子系统的主要功能包括：①运营计划编制和修改；②车辆和劳动排班计划的编制和修改；③司售人员签到和查班；④计算机辅助实时调度；⑤发布调度信息；⑥运营数据统计、分析、反馈等。

（3）**车辆定位子系统、车载电子子系统** 公交车辆是公共交通系统的重要组成部分，运营调度的主要对象就是运营车辆，实时掌握车辆、线路运行情况，及时与运营车辆交换信息，是智能运营调度不可或缺的需求。采用车辆自动定位（automatic vehicle location，AVL）

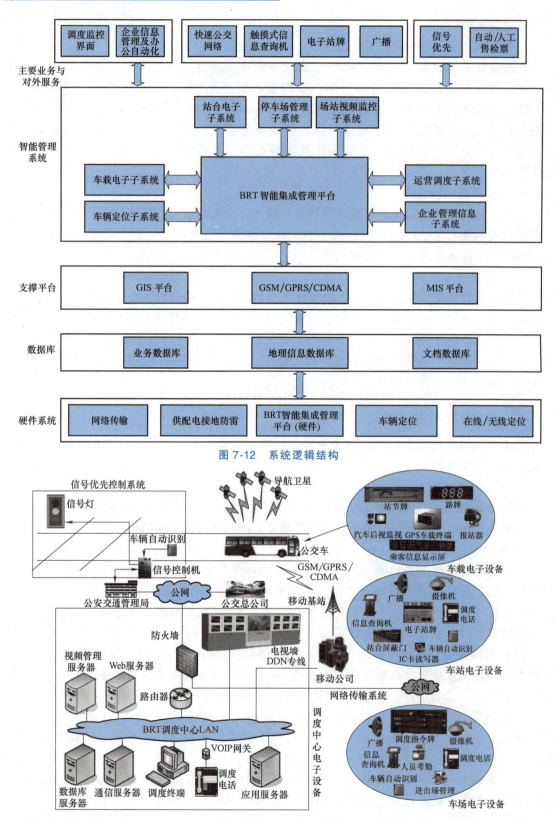

图 7-12　系统逻辑结构

图 7-13　系统物理结构

第七章 智能公共交通

技术、移动通信技术、车辆自动识别（automatic vehicle identification，AVI）技术、数据库（Database）技术及地理信息系统（geographic information system，GIS）技术，对运营车辆进行实时定位监控和信息沟通，为智能调度提供实时、准确的车辆和线路运行信息。

（4）**站台电子子系统** 站台电子子系统的主要功能包括：①电子售检票及票务管理；②站务管理及紧急事件处理；③乘客信息服务；④车辆精确进站导航及站台屏蔽门控制。

（5）**停车场管理子系统** 停车场管理的功能在于协助运营调度管理系统，停车场管理子系统应能够对车辆和人员信息进行管理，并对其进行调度，实现高效有序的停车管理。

（6）**信号优先控制子系统** 通过为快速公交车辆提供优先通行信号对其实现"信号优先"，使快速公交车辆通过道路交叉口时享有更大的通行权，以提高系统运行的可靠性和准时性。

（7）**场站视频监控子系统** 场站视频监控子系统能够使调度中心及时掌握车站、停车场、线路运行情况，并能够提供乘客集散、现场运营秩序及现场治安状况等图像信息。

（8）**企业管理信息子系统** 快速公交企业管理信息系统（management information system，MIS）与智能系统的其他子系统紧密结合，实现信息流共享、业务流程化、资金流的有效运转，并向其他子系统提供数据存储与统计分析，辅助决策支持等管理信息服务。

（9）**智能集成管理平台** 智能集成管理平台不仅要提供包括信息管理、数据管理等整个智能系统的基础功能，还要实现对其他系统的集中管理，包括电子站牌的显示，有线广播的播放，触摸式查询机的信息查询，快速公交网站维护更新等。

三、BRT 系统应用模式

BRT 在不同国家的应用模式是不同的，根据我国发展详情及地理特点，BRT 系统在我国的应用模式及其适应条件总结见表 7-1。

表 7-1 BRT 系统应用模式及适应条件

应用模式选择	适 应 条 件
与轨道交通混合使用	大城市中心区建设轨道交通,其他分区采用 BRT,共同组成城市快速公交网络,承担城市居民日常出行需求
作为轨道交通的过渡	在经济条件受限制的城市,财政不足以承担建设轨道交通时,可以采用 BRT 作为地面常规公交与轨道交通的过渡方式
作为轨道交通的延伸	大城市外围区、城市新区、郊区和其他卫星城镇或者是开发区,道路条件良好可以实现完整意义上的 BRT 系统
独立使用	中小城市或者是独立开发区的客流走廊上,且道路条件允许

第七节 公交智能优化评价系统

授课视频

公交智能化调度系统是一个综合、复杂、开放、动态的大系统，客观描述该系统的发展现状水平，是制定行业发展战略，调整产业技术政策，推动公交迅速发展的重要环节。智能公交评价子系统提供的城市公共交通系统综合评价子系统，根据城市公共交通系统综合评价模型，以设施水平、服务水平和效益水平为 3 个子目标，对 20 多个评价指标进行分析统计，得出城市公共交通系统的综合评价，从而为城市公共交通的持续、稳定、健康发展提供决策支持。智能公交调度系统提供的城市公共交通系统综合评价子系统以报表方式，评价的主要指标包括以下内容（图7-14）：

1）公交车辆拥有率（标台/万人）：公交企业服务区域内，每万人拥有的标准公交车台数。

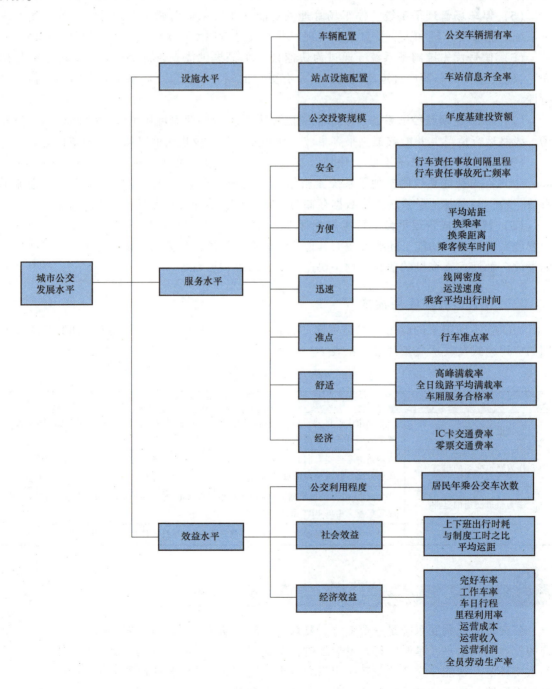

图7-14 公交评价子系统评价指标图

2）行车责任事故间隔里程（万km/次）：平均行驶多少公里发生一次事故。

3）行车准点率（%）：运营车辆在营业线路上准点行车次数与全部行车次数之比。

4）换乘率（%）：统计期内乘客一次出行，必须通过换乘才能到达目的地的人数与乘客总人数之比。

5）乘客候车时间：乘客到达公交车站至乘车的时间。

6）高峰满载率（%）：客运高峰期间车辆在主要线路的高单向、高断面载运乘客的平均满载程度。

7）居民年乘公交车次数（次/人）：公交企业服务区域内，平均每个居民一年内乘坐公交车的次数。

8）完好车率（%）：完好车日数与运营车日数之比。

9）工作车率（%）：工作车日数与运营车日数之比。

报表生成系统主要与公交公司的人员考核、利润核算挂钩，生成各种报表统计，为公司的总体统计提供依据和数据接口。包括发车记录统计查询模块，单车行车记录统计报表模块，人员出勤统计报表模块，违规操作分析统计报表模块，现场调度统计分析模块，单车核算统计模块。该系统能够对自动记录的数据进行统计，自动生成日报表。并可进行周、月、年报表生成和打印。按需要进行车辆运行时间，车辆运行次数，正点率，少发车次原因，线路运营事故发生的时间、长度、原因等分析，为公司的运营管理提供数据依据。

1）出场情况汇总表。

2）考勤表（驾驶员、乘务员、线路调度员、管理人员）。

3）车辆动态表。

4）进场修理的车辆故障登记表。

5）违章登记、汇总表。

6）行车定点计划（全套）。

7）包车任务单。

8）调派单。

9）线路班次汇总表。

10）线路车辆非正常间隔汇总表。

11）劳动力使用日报。

12）车辆行驶里程日报。

13）客流汇总表。

14）其他需要的报表。

15）线路各时段班次统计考核表。

16）线路上修复的车辆故障登记表。

17）行车登记表（班次、车号、到站时间、正点情况、发车时间）。

18）公里统计表（分驾驶员、车辆、线路）。

19）线路车辆非正常间隔登记表汇总表。

20）准点统计考核表。

21）线路运营汇总表。

22）行车定点计划。
23）线路客运日报（查询生产指标）。
24）网络硬件故障分析表。
25）系统数据流量分析表。

第八节 青岛市公交智能调度系统

授课视频

随着我国城市建设与管理现代化步伐的加快，城市公交系统管理现代化建设已成为紧迫课题，青岛市作为沿海开放城市，在向国际化大都市迈进的过程中，如何努力提高公交现代化管理水平，充分发挥公交这一城市客运主渠道作用，最大限度提高运输效率，已成为困扰城市整体服务功能实现的热点问题，采用现代通信技术、定位技术、传感技术、计算机技术，提高公交智能化调度管理水平，是现代城市公交实现现代化管理，体现城市服务功能的理想目标和手段。

青岛市公交智能调度管理系统的目标是建立集运营指挥调度、综合业务通信、乘客信息服务等为一体的智能化公交管理系统。系统建成后，在总公司调度指挥中心屏幕上能监视线路上公交车辆运营的动态情况，并通过综合业务通信网实现总公司、公司和区域调度中心的实时通信，区域调度中心能对运营车辆进行实时监控指挥，提高营运车辆的准点率。系统还可对运营质量进行检测，通过计算机网络中心数据库实现对IC智能卡系统、全球定位系统（GPS）数据的共享，为编制行车时刻表和合理配车提供准确的数据，提高车辆的满载率和周转率。系统还为乘客提供完善的公交信息服务。

一、公交智能调度系统总体设计

智能化公交调度系统网络结构如图7-15所示。该系统采用先进的地理信息技术，以电子地图为载体，通过对公交车辆、客流和道路信息的采集、传输和处理，实现对公交运营车辆的实时监控和调度，迅速调整公交车辆的运营状况，提高运营车辆的效率，使公交部门实现最佳分配和利用，达到运营的高效化。同时，系统通过与外部系统的接口来提升安全协调监控和紧急救援等服务水平。该系统实现了公交运营调度的智能化和运营管理的现代化，大大提高公交车的服务水平和公交企业的现代化管理水平。

系统的工作原理：首先获取车载终端传输过来的数据，对数据进行存储、解析，为前台提供可视化显示的数据支持，这时，线路调度员通过调度前台，看到线路上运行车辆的状况，通过软件提供的调度手段完成提高公交运效的调度。同时，可以从终端传输过来的信息中解析出考核司乘人员、统计运效的功能。终端定位信息传输系统将车载终端发送的信息传输到集团中央服务器，服务器将数据存储到基本信息库管理系统，同时将调度信息传输到可视化调度系统，供可视化调度系统应用，可视化调度系统将调度指令通过终端定位信息传输系统传输到车载终端，同时将调度指令传输到基本信息库管理系统进行存储，可视化调度系统在进行现场调度时要参照配车排班管理系统的信息，而配车排班管理系统的生成又取决于行车计划编制系统，配车排班管理系统、基本信息库管理系统、可视化调度系统又为营业统计与信息查询管理系统提供了参考数据。

第七章　智能公共交通

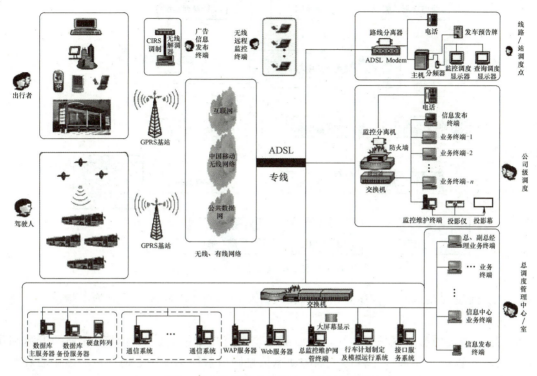

图 7-15　智能化公交调度系统网络结构

二、公交智能调度管理系统的功能和结构

（1）**系统功能**　公交智能调度系统将实现以下主要功能：

1）实现调度中心与营运车辆之间的双向信息传输。一是调度中心可以向营运车辆发布调度指令，如越站、加速、减速、等待等；二是营运车辆自动或人工向调度中心发送信息，如运行的位置、速度、满载率、路阻、故障、纠纷、事故、施救等。

2）在调度中心大屏幕实时跟踪显示营运状况。

3）在主要站点安装电子显示站牌。电子显示站牌可以清楚显示车辆运行位置，并能显示最前面车辆到达本站的时间，起到稳定和争取乘客的积极作用。

4）可以对车辆实施动态调度管理。

5）实现无纸化调度管理。

（2）**系统结构**　公交智能调度管理系统由监控调度中心、区域调度中心、车载单元、乘客信息系统、通信系统等组成，如图 7-16 所示。

（3）**各部分功能**

1）监控调度中心。监控调度中心的功能是接收车辆总站、区域调度中心传递的营运调度时刻表等信息，并经处理向车辆总站、区域调度中心发送并下达调整意见。中心是信息处理的中心，接收交通管理部门、道路管理部门、旅游部门、教育部门、气象部门等提供的公用信息和专业信息，并经过研究分析向区域调度中心和车载单元发送信息；同时向报修系统、车辆管理系统、线路规划系统和其他交通管理部门提供公交信息和所采集的其他数据，

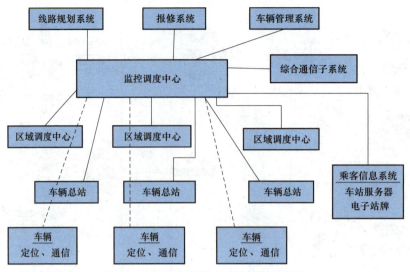

图 7-16 公交智能调度管理系统的结构

如从生产一线反馈获得的车辆运行信息、收入情况、车辆技术状况、乘客换乘情况、客流分布等信息。

2) 区域调度中心。区域调度中心是营运生产的直接指挥者，具体营运计划的下达和实施均由区域调度中心完成。而营运车辆的动态信息则由监控调度中心向区域调度中心和车辆总站提供。

3) 车载单元。其主要功能是定位和通信：能自动和手动向监控调度中心发送车辆运行状态信息，并能接收区域调度中心下达的指令和其他信息。向监控调度中心发送的信息包括定位数据、运行速度、方向、承载情况、特殊要求、事故报告、道路交通信息等。而接收的信息包括营运时刻表、包乘包租信息、最新的交通部门发布的路面交通情况、对该车的运行情况的调整意见、车辆报修计划、气象信息、最新转乘信息等。

定位系统包括标杆系统与 GPS，主要是向车载单元提供定位数据。

4) 乘客信息系统。包括车站服务器和电子站牌。车站服务器是沟通乘客与监控调度中心的服务平台，起导游与提供公共交通运行状况的作用，同时也反馈乘客对公共交通的建议与要求。这种服务器主要分布在客流较集中的车站和枢纽站。

电子站牌的主要功能是为乘客提供经过此站的线路下一班车的到站时间和其他一些简单信息，它不能向监控调度中心反馈乘客的建议与意见。

5) 通信系统。监控调度中心与区域调度中心、车辆总站及信息服务系统之间采用有线通信，区域调度中心和车辆总站与运营车辆间的通信则采用无线移动通信方式。

监控调度中心与区域调度中心、车辆总站内部建立不同类型的计算机网络，负责信息的查询、处理、指挥调度、传输、存储、交换与发布等。监控调度中心与区域调度中心的局域网络内配置有数据库，采用集中与分布式相结合的结构，建立客户机/服务器运用体系，合理选用平台与接口，达到有效可靠的信息服务需求。并可与公用交通信息平台联网。

第八章

智能交通安全保障系统

授课视频

第一节 系统概述

在影响交通事故的人、车、路、环境等因素中,人是最主要的方面,尤其是驾驶人。据研究结果发现,90%以上的交通事故是由驾驶人直接或间接引发的。在人车路闭环系统中,驾驶人是系统的信息处理和决策者,驾驶人通过自己的感觉通道和知识经验不断收集信息,并做出判断和决策,来操纵车辆运动,完成驾驶任务(图 8-1)。但是,由于驾驶人的心理以及生理的差异或局限性,造成驾驶行为的许多失误或不确定性,因而,驾驶人又是人车路闭环系统的薄弱环节。目前较好的做法是识别这些缺点,并试图通过一种方式来设计和管理这个系统从而最大限度地减少人为错误导致的风险和后果。

发达国家依靠长期积累的道路交通事故数据,对道路交通安全的各个因素进行了细致的分析。他们总结出由于驾驶人导致的交通事故大致可归为两种原因:①人的行为的非理性;②违背了人体的生理规律或超出了人体的生理心理能力。

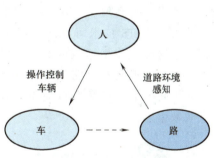

图 8-1 人车路闭环系统

根据危险因素控制理论和事故发生发展的变化规律,对事故发展过程中的危险因素进行系统性分析,研究建立涵盖道路交通事故全过程的分阶段事故预防措施,是预防道路交通事故的有效途径。从事故发展过程的角度考虑,可以将事故预防分为"事故源头预防、事故前危险探测、事故中降低伤害、事故后应急救援"四个关键环节(图 8-2)。

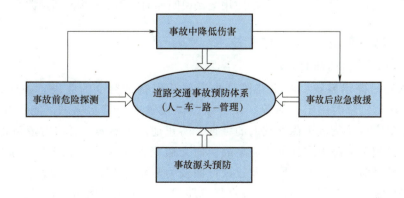

图 8-2 道路交通事故预防四环节

针对发生交通事故的主要致因和事故预防的四个环节，世界各国采取了各种措施减少交通事故的发生。这些措施包括交通系统的人、车、路各个方面。针对驾驶人的措施主要包括交通安全宣传教育和培训，旨在通过长期教育培训提高驾驶人的安全意识、改善交通参与者的行为，从源头降低事故发生的概率；针对道路基础设施的措施主要包括交通安全设施的改善，主要是减少驾驶人错误的产生和降低错误发生后的损害程度；针对车辆的措施主要包括车辆安全性能的提高，也是为降低事故发生后的损害程度。现在车辆还包括一系列的警告设备，如安全带警告，超速警告，以及在某些情况下酒精-点火互锁，防止酒后驾驶人起动车辆。必须承认这些措施在降低事故风险方面取得了一定的效果，但另一方面可以看到，世界上每年仍然有大量的交通事故发生。如果在这些措施的基础上，再提高道路交通安全性，只能从提前告知驾驶人危险存在和提前自动启动安全措施方面入手，需要提高事故前危险探测、事故中降低伤害以及事故后应急救援能力。而这恰恰是 ITS 技术的优势所在。ITS 技术通过在车上和道路上引入更多的信息采集设备和通信设备，将人、车、路通过信息技术集成为一个整体，形成稳定的闭环系统，如图 8-3 所示。

综上所述，ITS 在应对道路交通安全问题时拥有以下的主要优势：①ITS 技术有利于规范驾驶人行为，实现非接触式安全管理。②ITS 技术可以扩展人的感知范围，提高驾驶人对危险因素的提前感知和判断能力。③ITS 技术可以部分或全部替代驾驶操作，减小驾驶人发生错误的概率，提高人车路系统的可靠性。④提高对道路基础设施及环境的监测能力。⑤提高事故后应急救援效率。⑥有利于建立综合事故数据系统。

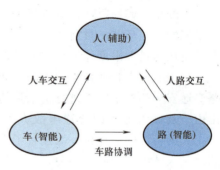

图 8-3 车路协调的闭环系统

授课视频

第二节 交通安全的 ITS 技术

根据 ITS 影响道路交通安全机理的不同，可以将 ITS 技术分为"直接影响驾驶行为的 ITS 技术""间接影响驾驶行为的 ITS 技术""与车辆操控相关的 ITS 技术"以及"事后信息系统"四个方面。本章将以实际的应用案例说明如何应用 ITS 来改善道路交通安全。

一、直接影响驾驶行为的 ITS 技术

1. 基于道路基础设施的 ITS 技术

（1）**特殊路段警示系统**　特殊路段是指道路几何特征突变的路段，如交叉口、坡道、弯道、桥梁、隧道、临时施工区域等。在特殊路段设置安全警示标志，能引起机动车驾驶人，特别是大型客运及货运车辆驾驶人的警觉，防止他们因麻痹大意或对道路条件或环境反应不及时而造成翻车、碰撞或其他交通事故。而交通警告灯和可变信息板（variable message signs，VMS）是目前在特殊路段警告及建议方面较为常用的 ITS 技术手段。

1）交通警告灯。交通警告灯是安装在特殊路段的上游用来警告道路使用者的一种警告装置，通常有单一的警告灯或与交通标志组合使用两种形式（图 8-4 和图 8-5）。

第八章 智能交通安全保障系统

图 8-4 服务区入口交通警告灯

图 8-5 学校附近的交通警告灯

交通警告灯适用于需要引导及警告车辆行驶的路段，大多选用黄闪灯，光线相比爆闪灯柔和，容易引起驾驶人或行人注意，又不会感到非常刺眼，能有效起到警告作用。驾驶人会注意到这种警示信息并注意观察周边环境，选择合适的行驶速度，从而减少交通事故的发生。

美国特殊路段预警系统应用案例

在美国，有两种方式可以加强预警，一种是增加路标，另一种就是利用驾驶人超速行车时感应线圈所发出的信号。当超速车辆驶向、驶入线圈时，该动态预警系统可使其减慢车速。当然，一个典型的动态预警系统是结合了闪光灯和可变信息标志的测速装置（如感应线圈或雷达）。该动态预警系统的工作原理是通过测量驶向、驶入感应范围的车辆的速度，向超速驾驶人发出减速信号，直到车速满足限速要求。该系统开发所利用的技术都是现成、成熟的。目前，在美国得到了较为广泛的应用，如图 8-6 所示。

图 8-6 美国特殊路段交通警告灯

在美国北加州，有关部门在一段 5 号州际公路的山区路段安装了 5 个急弯警告标志。安装后的评估研究发现，其中在两处急弯前（路面坡度大于 5%），大型货车在下坡时的速度有了明显下降。

陕西省爆闪警告灯应用案例

爆闪警告灯是一种交替闪烁的红蓝灯，用以提醒车辆、行人注意前方是交叉路口或者危险地段，要谨慎行驶，认真观望，安全通过。

陕西省爆闪交通警告灯主要应用在高速公路以及城市的城乡结合部位，并且以太阳能供电的新型信号灯为主，每个灯的价格大致为人民币 800~1500 元。目前，爆闪警告灯在陕西省的应用较为普遍（图 8-7）。

图 8-7　陕西省西汉高速安装的爆闪警告灯

从驾驶人的调查问卷中可知，70% 以上的驾驶人认为该设备有助于抑制超速行驶和疲劳驾驶。但同时，部分驾驶人反映这样的爆闪灯的灯光比较刺眼，有碍行车安全。

2）可变信息板（VMS）。可变信息板（VMS）通过可变的文字信息或图形符号等标志进行交通控制并向驾驶人和出行者提供信息。VMS 应用的最初目的主要是用于交通诱导以及路况信息的发布，但它能引起驾车者，尤其是大型客货运车辆驾驶人的警觉，防止他们因超速而造成翻车、驶出道路或其他交通事故（图 8-8）。

图 8-8　车辆触发式弯道和交叉口 VMS

山东省可变信息板应用案例

VMS 主要由显示板、支架、基础、控制器及监控平台组成，LED 显示板的价格为人民币 2.5 万~3 万元/m²，门架式可变信息板支架+基础价格为人民币 8 万~11 万元，悬臂式门架+基础价格为人民币 2 万~4 万元，控制器价格为人民币 0.5 万~0.8 万元（图 8-9）。

图 8-9　山东省高速公路上安装的可变信息板

山东省相关管理部门认为该设备在恶劣天气条件下限速信息的效果较为明显,如雾天限速警告路段,在设备安装后事故率会明显下降。山东省被调研的驾驶人中有28.3%的驾驶人会根据VMS设备的提示降低车速。

从现场测速数据可看出,在相似路段,VMS对各种类型车辆的车速都有影响,其中以小客车最为明显,山东省实测数据表明设有VMS路段的超速比例下降了14%。

(2) **不利气象条件多发路段警示系统** 公路交通对气象条件的高度敏感性决定了现代公路运输体系所追求的"高速、高效、安全、舒适"在很大程度上受其影响和制约。主要的不利气象条件包括降雨、冰雪、雾及大风等。而不利的气象条件对于道路交通安全的影响主要表现在降低能见度,降低路面摩擦系数以及车辆行驶过程中的稳定性等。因此,及时准确地了解和掌握气象信息进而采取必要的预防措施,是决定交通运输安全、健康运行的关键因素。

道路气象信息系统(road weather information system,RWIS)是一类为道路运营管理部门的决策制定提供道路气象信息的重要系统,可有效预防由气象原因导致的交通事故的发生,并使得公路养护管理部门及公路使用者能够及时获得公路气象信息,针对不同的公路气象状况采取相应的措施。目前世界上已有30多个国家和地区开发并应用该系统。

中国京珠北高速公路雾区预测预报与监控系统

京珠高速公路粤境北段,简称京珠北高速公路,海拔自200余米上升至800余米又下降到200余米,地形复杂、高程变化大。红云地区是粤北典型的雾区,一般每年从10月底开始至第二年的1月中旬是浓雾常发期,每次降雾持续时间一般在四五天,平均每年雾天有120多天。该雾区的气象特征是降雾范围比较固定,每次降雾持续时间长,雾浓度高,其能见度不足10m,雾区湿度大,温度低,冬季常结"黑冰"。这种气象特征对高速公路行车安全构成严重威胁,本路段是高速公路恶性交通事故多发区。

交通运输部公路局设计院、广东省高速公路公司和中国气象局广州热带海洋气象研究所合作建立了一套高速公路雾区预测预报与监控系统,主要包括气象监测器、车辆检测器、摄像机、透雾灯、可变信息板、可变限速标志和雾灯等外场设备(图8-10)。

图8-10 京珠北高速公路雾区预测预报与监控系统

雾区预测预报与监控系统能逐时滚动预报雾区路段未来24h能见度,雾的生成、持续、消散过程的预测预报准确率达到80%以上,在京珠北高速公路雾区段应用的两年内,虽然该路段出现雾的天数达100天以上,但没有发生一起因雾引起的交通事故,没有发生因雾关闭高速公路的交通事件。

北京地区道路气象信息服务系统

"北京地区道路气象信息服务系统"（图 8-11）利用地理信息的可视化查询、检索功能将影响道路车辆行驶安全有关的天气预报、实时气象信息及相关资料，采用 WebGIS 的方式进行展示和发布，使相关人员能预知道路恶劣天气情况和交通受影响路段，增强防范意识，同时提高管理部门的应急处理能力，完善道路交通安全，减少交通事件的发生并降低事故的损失。

图 8-11　系统的界面功能分区和查询界面

系统建立了相关气象信息同具有空间特征的高速路段等地理实体之间的关联，确立空间信息与气象信息的对应关系，具有以下功能：

1）基于 GIS 技术，可将省、市、县行政区域数据作为背景层，对高速公路、国道、城市道路现场天气进行监测，预报和预警服务重要查询可分层显示。

2）能够对气象信息、查询信息实时显示和统计。

3）预警提示系统，可在恶劣天气下指定路段自动报警。

4）采用 GIS 技术和气象灾害预防措施，可完成不同出行者服务产品智能配送的预测和预警。

5）使用管理权限，可实现不同出行者不同的浏览服务需求。

2. 交通信号控制系统

城市交通控制最重要的工具是信号控制，信号灯被部署在城市路网的关键地点以保障路网的安全和效率，并将有潜在冲突危险的道路使用者及时分开，而其中交叉口交通信号控制、行人过街交通信号控制以及匝道交通信号控制是交通信号控制中较为常见的类型。

（1）交叉口交通信号控制　据研究表明，在丁字路口，使用交通信号灯可以降低 15% 的事故总数；而在十字路口，这个数字是 30%。然而值得注意的是，在城市道路交叉口，实施交通信号控制以后可以降低穿行碰撞的可能，但是同时也会增加追尾事故的发生概率。在信号交叉口发生事故的可能性与交通流的复杂程度有很大关系，尤其是与转弯车辆有关。改善城市交通网络安全还可以采用交通信号与其他交通管理方式相结合的方式实现，如禁止转弯等，从而使交通流达到优化进而避免事故的发生。一项仿真研究表明，采用网络优化的方式管理城市交通流可以减少 12%~30% 的交通事故，但同时也会增加 10%~15% 的旅行时间。

（2）行人过街交通信号控制　行人在过街时会与机动车形成冲突点，如果绿灯时间较短，行人（特别是老人和小孩）在绿灯结束前还未通过人行横道，就会造成安全隐患。智能行人过街技术可以对等待穿行或是正在进行穿行的行人进行探测，并延长行人过街的绿灯时间或保证在行人通过以前绿灯不会熄灭，以改善易受伤害人群的交通安全。

英国智能的行人过街技术

图 8-12 所示为一种在英国使用的感应式行人过街系统,行人在过街时需要按信号灯柱上的按钮向信号灯提交自己的过街请求,之后,信号灯通过分析道路上的车辆交通流,适时向冲突车辆显示红灯停止信号,向等待行人提供绿灯通行信号,在行人过街过程中,对行人状态进行持续检测,直到行人完全过街或者行人绿灯时间达到最大,才重新允许冲突机动车通行。

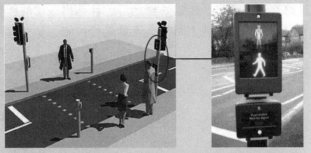

图 8-12 行人触发式交叉口设施

新加坡老年人过街信号控制系统(GMP)

新加坡专门为老年人设计了一套过街信号控制系统——green-man plus(GMP)(图 8-13),这一系统采用 RFID 技术及时地感应并发现持有专用 RFID 卡片的老年人的过街需求,并通过相应的交通信号控制系统延长行人绿灯时间,以照顾老年人的过街需求。这项 ITS 技术的应用将使道路设施对于老年人的出行变得更为友好,并将有助于提高老年人过街时的道路交通安全水平。

图 8-13 GMP 系统在新加坡的实际应用情况

目前,新加坡已在老年人居住较为集中的 5 个地点进行了 GMP 系统的示范应用,在这一示范项目中,GMP 系统专用过街卡主要提供给 60 岁以上的老年人,针对使用这一系统的老年人,为其每次过街延长 3~5s 的绿灯时间。

根据新加坡示范应用项目的调研发现,感觉过街时更为安全的老年人增加了 30%。

(3)匝道交通信号控制 匝道控制是在匝道上通过实施信号控制的手段控制车辆进入主路,以确保下游交通流的流畅,是交通流控制的一种。交通安全不仅可以通过对突发事件的快速反应得到改善,还可以通过使交通流更加缓和的方式来预防事故的发生,从而提高安全性。匝道控制系统主要通过以下途径改善道路安全:①分散进入高速路的车流;②减少车辆汇合处的波动。

匝道控制系统配置

典型的匝道控制系统的配置如图 8-14 所示。交通控制中心收集各种检测器所采集的道路交通流信息，经过处理之后，计算出最优的匝道流量，并通过匝道控制器和相关的信号灯对进入高速路主路的车流量进行控制，从而确保道路运行效率和安全。

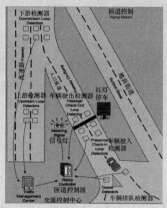

图 8-14 高速路匝道控制系统的配置

匝道控制系统应用案例

明尼苏达州的运输部（Mn/DOT）研究了大范围地关停明尼阿波利斯-圣保罗地区高速公路上的匝道控制系统 6 个星期的影响。这项研究选择 4 个测试路段作为该地区典型高速公路配置和环境的代表，并分析了从这 4 个路段采集的数据。结果表明，当明尼阿波利斯-圣保罗的高速公路匝道控制停用后，碰撞频率增加了 26%（图 8-15）。

图 8-15 美国匝道控制系统

英国格拉斯哥市在 M8 高速公路的入口匝道实施匝道控制，以解决下午高峰交通挤塞问题。研究结果表明，合流过早的车辆数目在执行入口匝道控制后从 35% 下降到 25%，在临近匝道的两车道变换车道的车辆数量似乎有所减少。在实施之前，在这个地区车辆更改行车道的百分比在 6%～15% 内变化，然而匝道控制开始后，数量在 1%～8% 内变化。

3. 区域性智能化管理系统

德国柏林公私结合的交通管理中心

德国柏林研究了一种可为交通管理带来革命性变化的方法。21 世纪初，两个全天运行、公私结合的交通管理中心开始投入运行，它对交通运输系统进行监控，处理返回信息，并将信息发布给柏林市民及商户。它免费提供一些基本服务并有偿地提供其他有附加值的服务。除了政府的少量津贴，柏林交通管理中心的私人运营商不得不通过自己的方法

第八章 智能交通安全保障系统

来提供商业信息服务,以补偿其运营成本。

柏林政府同戴姆勒-克莱斯勒公司和西门子公司组成的联合体签署了一项合同,授予其10年的建设和经营柏林交通管理中心的权力。柏林交通管理中心由柏林政府投资硬件和软件而设立。整个系统的所有权归属国家,而运营管理则由私有团体负责。在系统运营的前四年,私人团体也要支付少量的运营成本。

柏林交通管理中心对柏林的所有城市交通类型——私家车、公共交通、商用交通都做了详细的记录与评估,并将这些交通信息提供给个人及商业用户。柏林交通管理中心并不是通过交通信号系统对交通与运输系统进行及时主动的干预,而是通过提供适当的信息服务来影响交通需求方。

从2003年开始建设的交通管理信息系统的核心部分历经10余年已经完成,其通过200个红外传感器和50个摄像头,对交通流状况进行监控与观测。建筑站点和停车区域的地形状况以及由传感器传回的交通流信息对交通信息提供补充。在项目开发的后阶段,移动汽车数据将被加入以对固定监测网络中得到的数据进行补充,从而提供实时的交通状况信息。免费的团体服务以及交通拥挤信息、疏导信息和公共交通站点换乘方案都可以通过道路上的信息标志牌及因特网传递给人们。柏林交通管理中心提供的商业服务包括:允许车主通过因特网预定停车位及为车主提供路径选择的建议以避免交通堵塞。付费用户可以得到一份个人路径地图,该地图显示了当时交通状况下使用各种出行方式到达其目的地的最佳路径。用户可在出行前和出行中通过多种媒介获得该服务,这些媒介可以是车内的导航设备、手机、因特网、手机短信及其他一些传统媒介。

为了记录当前的交通状况,柏林交通管理中心提供柏林主干道网络交通情况的短期、中期和长期的预测,为公共交通提供实时信息服务、时刻表信息服务以及主要干扰对服务的预计影响。通过实时提供准确的出行方式、路径选择以及时间表的信息,可减少人们开车出行的需求,使其更倾向于选择好处更多的公共交通、步行和自行车等出行方式。

德国的其他城市及奥地利都计划开发一套同柏林类似的方法。

北京市公路路网管理与应急系统应用案例

北京市市域公路路网总里程已达到14453km,面对日益发展的公路交通要求,传统作业管理为主的管理方式已经越来越不适应工作要求,各区县公路分局的公路养护管理和路政管理信息化程度相对较弱,还没有建立一套系统采集、分析、处理路况信息的系统平台,对养护企业的养护建设和资源保障缺少支撑与监督;区县分局协调不了全市和本地的资源配置问题,需要市级统一支持与协调部署;面对突发事件,缺乏及时获取事件信息并进行高效应急处置的手段;无法向公众提供公路网运行的动态信息,公路信息服务几乎空白。在这种形势下,特别急需建立功能强大、覆盖全市路网范围、能在公路日常管理和应急事件中发挥作用并向公众提供出行信息服务的公路信息化管理和服务系统。从而实现北京市公路路网高水平的日常运行管理、高效的应急处置,为公众提供安全、便捷、畅通的公路出行服务,为全国省级公路路网管理与应急处置系统建设提供示范(图8-16)。

北京市公路路网管理与应急系统在我国率先实现了对市域范围内普通公路、主要国省道及重要旅游公路的动态信息检测,提升了公路管理和服务水平。

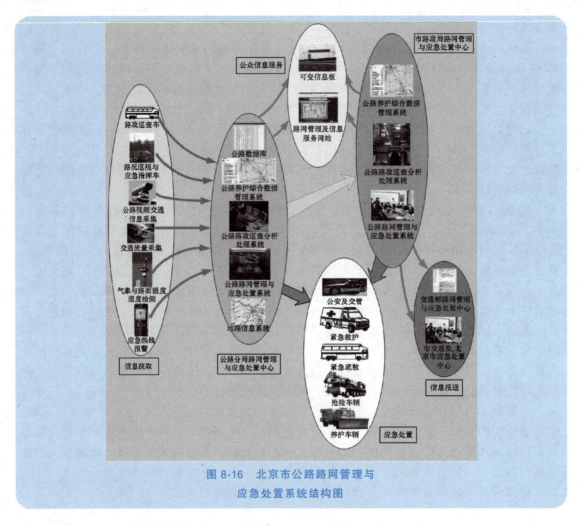

图 8-16 北京市公路路网管理与
应急处置系统结构图

二、间接影响驾驶行为的 ITS 技术

1. 执法

（1）**超速抓拍系统** 超速抓拍系统是一种非常有效的速度管理工具，它能够实现以统一的标准来执法，主要由车辆检测单元、图像采集单元、快速摄像单元、辅助照明单元、控制主机单元、前端控制软件、车牌模糊识别软件以及图像传输和中心控制单元等组成。该系统具备白天、夜晚和各种天气条件下工作的能力，能自动记录机动车超速行驶的违法行为（图 8-17）。

超速抓拍系统事故预防管理模式如图 8-18 所示。系统安装后，实时记录车辆违章超速数据，作为事后超速处罚的依据，同时部分超速抓拍系统辅以实时提醒超速驾驶人的可变信息屏，从而达到降低超速、减少事故的效果。公安交通管理

图 8-17 超速抓拍系统

部门可根据实际应用需要，调整系统设置（包括调整限速值或安装位置），以期达到更好的事故预防应用效果。

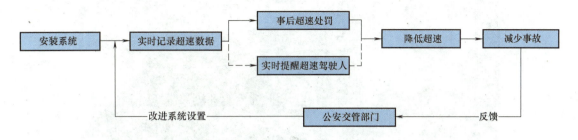

图 8-18　超速抓拍系统事故预防管理模式

南昌市迎宾大道超速抓拍系统应用案例

2018 年，南昌迎宾大道新增 8 处固定式交通技术监控设备进行超速抓拍，在车辆通过时，系统能准确拍摄车辆全景图像，包含车辆头部所有特征，能看清车辆类型、轮廓及前排司乘人员面部特征等，在监控区域内对 5~120km/h 行驶的车辆图像捕获率达到 99%以上。图像分辨率为 1600×1280，并将图像以 JPEG 格式存储，同时在图像中标明车辆通行数据，主要包括通行时间、卡口地点、车速、超速比例、行驶方向等。夜间采用高频窄脉冲侧面补光方式，既能够对车身补光，又不会对驾驶人的视觉造成影响保证行车安全。车辆图像捕获率不受雨、雪、雾等天气，环境光和相邻车道的影响，不会出现误记录。车辆捕获率不低于 97%。

系统具备超速抓拍（图 8-19a）功能，能够实时记录每辆车的通行速度，在车速小于 100km/h 时，误差为 -6~0km/h；车速大于 100km/h 时，误差为 -6%~0。测速的同时系统自动对车速进行分析，如图 8-19b 所示的图片上叠加信息清晰显示当前速度、限速值、超速比例，以此可作为违法证据。

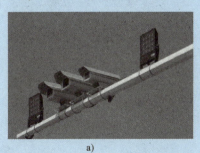
a)

b)

图 8-19　超速抓拍

系统能自动对目前在使用的所有车牌号码及颜色进行识别，号牌识别准确，白天识别率≥95%；夜间识别率≥90%；号牌捕获及识别时间不高于 100ms。

（2）闯红灯抓拍系统　闯红灯抓拍系统是当检测到在红灯状态下有车辆通过停车线时，检测器立即触发高清摄像头对违法车辆进行连续抓拍（图 8-20）。

图 8-20 闯红灯抓拍系统

美国加州闯红灯抓拍系统应用案例

在加州奥克斯纳德 125 个信号交叉口中有 11 个安装了闯红灯抓拍摄像机。据奥克斯纳德和三个邻近城市 29 个月之前和在奥克斯纳德实施后 29 个月内的碰撞事故统计,整个奥克斯纳德的闯红灯摄像机执法系统减少了信号交叉口的碰撞事故数量。在这些路的追尾和垂直碰撞事故分别减少了 7% 和 32%,有人受伤的追尾和垂直碰撞事故分别减少了 29% 和 68%。

(3)综合执法系统

英国综合执法系统应用案例

目前在伦敦塔桥(Tower Bridge)采用数字交通执法系统(digital traffic enforcement system,DTES),使用固定摄像机和车载 GPS 系统监控车辆的违章行为。对过往车辆进行载重、超速检测,一旦传感器发现违章行为,摄像机会对违章车辆进行跟踪,并通过车牌自动识别系统进行记录,经网络传输到执法中心。该系统减少了 74% 的超速车辆和 68% 的超重车辆。

2. 车队管理

(1)GPS 监控 车载 GPS 是一种基于 GPS/GPRS 的智能终端设备,它能够准确提供当前车辆的实时地理定位和实时车速等信息。车载 GPS 终端可将这些信息上传到指定的监控中心,并接收中心下达的指令。GPS 可实现以下功能:实时定位,全程跟踪,车辆行驶轨迹查看及行驶里程报表功能;具有超速报警及记录功能;具有超时(疲劳)报警及记录功能;具有偏离路线报警,

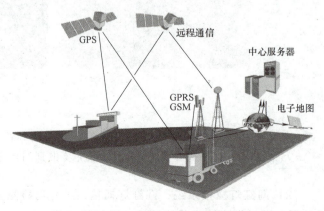

图 8-21 GPS 监控系统典型平台架构

超出区域报警功能。系统典型平台架构如图 8-21 所示。

山东省 GPS 应用案例

山东省交通运输厅要求对道路营运客车和危险货物运输车辆进行 GPS 联控，车辆范围包括客车、货车、危险品车辆、出租车和租用车辆。

山东交运集团的 2000 辆营运车辆已全部安装 GPS，并自建车辆监控中心；青岛市交通运输局管辖的营运车辆，按省运管局文件规定全部安装 GPS 设备，目前该平台下共有 3594 辆车辆，已纳入山东省 GPS 平台（图 8-22）。

目前，山东省营运车辆上每台车载 GPS 的初装费用为人民币 2500~4000 元，平台使用费加服务费为人民币 30~50 元/（车·月），营运车辆 GPS 监控中心的建设因中控室规格标准不同而有不同的价格。

图 8-22　山东省营运车上安装的 GPS

山东省交通运输管理部门人员都认为设备效果很好，超速现象明显减少。大部分运输企业管理人员认为系统的主要作用在于车队调度，对减少超速有一定的影响。据统计问卷统计结果显示，有 50%~80% 的营运车驾驶人认为 GPS 监控系统对于改善超速问题很有效，另外约有 43.2% 的驾驶人认为该设备对改善疲劳驾驶有作用。

（2）车辆与货物状态监视　车辆/驾驶人状态监视模块用于监视车辆、驾驶人以及货物/乘客的实时状态，特别是与车辆安全行驶有关的状态参数，如驾驶人疲劳程度、制动系统状态、轮胎压力、灯光系统状态、货物稳定性状态等。一旦发现异常状态，该类系统可以警告驾驶人及时采取措施，同时将异常状态信息传递给车队管理人员，以预防事故的发生。

山东省车载视频监控系统应用案例

目前，车载视频监控设备在山东省交运集团得到了应用，一期试点 200 台车，路线为山东省内，二期将辐射到由济南发往全国各地的客运车辆。山东省交运集团 3G 视频监控系统由安装在车辆上的摄像头和监控中心组成。（图 8-23）。一期和二期试点已经实现并结束。截至 2011 年 11 月 10 日，山东省交运集团为 400 多辆客车安装了 3G 视频监控。每辆加装 3G 设备的客车上都装有 4 个摄像头，分别监视驾驶人、乘客、车门和前方道路，可以对整个车辆实现无缝隙监控。

山东省交运集团车辆上每台车载设备的安装费用为人民币 6000~7000 元，平台使用费加通信费合计人民币 120~180 元/（车·月），监控中心的建设费用约为人民币 600 万元。

图 8-23 山东省交运集团应用的车载摄像头和监控平台

企业管理人员认为该设备对改善营运车超速问题的效果明显,超过半数的驾驶人认为该技术对控制超速有作用,同时大部分驾驶人表示对于实时视频监控的使用,会感觉行为受到约束。

(3) **驾驶员管理** 驾驶员管理是营运车车队管理系统的重要组成部分,主要包括下列功能:驾驶员资格和表现管理、安全驾驶行为认可、车辆调度和路径优化等。

1) 驾驶员资格和表现管理。研究表明,发生交通事故的一个重要原因就是驾驶员的疏忽或是不能胜任当时的驾驶任务,这个子系统的主要功能是通过雇佣合格的新驾驶员,以及考核现有驾驶员的表现来实现车队的安全运营。

山东省营运车驾驶员管理系统应用案例

山东省交运集团实行驾驶员实名制,驾驶员在上车前都要通过 IC 卡和指纹识别进行身份认证,图 8-24 所示为身份认证设备。通过身份识别设备可以确保驾驶员不会找人代替驾驶,也便于记录驾驶员的工作、违章和事故等信息。

图 8-24 营运车驾驶员 IC 卡和指纹身份认证设备

2) 安全驾驶行为认可。这个子系统的主要作用是鼓励驾驶员的安全驾驶行为和改善驾驶员对安全的认识程度。值得注意的是,几乎所有的碰撞警告系统,如追尾警告、车道偏离警告、并道警告等,都可以用来监视驾驶员的驾驶行为。虽然这些系统最初是被设计用来警告和避免碰撞危险的,但是它们也可以记录驾驶员在正常驾驶过程中的数据,以便为将来分析驾驶员的行为,避免交通事故的研究提供数据支持。安全驾驶行为认可应该成为正式的车队安全计划的一部分,通过对驾驶员良好的驾驶行为加以鼓励,改善他们的驾驶行为和对于道路交通安全的认识程度,从而提高商用车辆运输的安全性。

第八章　智能交通安全保障系统

3) 车辆调度和路径优化。这个子系统主要通过对车队调度以及行使路径的优化，来实现改善交通安全和提高运输效率的目的。因为这种优化可以减轻驾驶员的在途工作负担，使他们将更多的精力集中于驾驶行为本身。

3. 出行前交通安全相关信息服务

出行前交通安全相关信息服务是通过各种信息服务方式，为出行者提供及时的沿途交通气象、重特大交通事故、占路施工等重要的出行前信息服务，以帮助出行者改变其出行计划，降低交通事故发生的风险。为道路使用者提供全面便捷的出行前和在途信息服务，可以减轻出行者的旅途负担，可以让他们将更多的精力投入到驾驶行为本身，从而可以间接地改善道路交通安全。

全球第一家出行即服务（MaaS）平台——芬兰 Whim

出行即服务（Mobility-as-a-Service，MaaS）将各种交通方式的出行服务进行整合，在 MaaS 系统下，出行者把出行视为一种服务，不再需要购买交通工具，而是依据出行需求购买由不同运营商提供的出行服务。2014 年，在赫尔辛基欧盟 ITS 大会上首次提出 MaaS 概念。在随后的世界 ITS 大会上成立了 MaaS 联盟，旨在推动 MaaS 服务的全面部署。2017 年，MaaS 联盟提出了 MaaS 白皮书，进一步明确了 MaaS 的定义和概念，将多种交通运输服务集成到一个可以按需访问的单个服务终端，来减少人们平时在规划出行过程中的多次规划和多次支付的麻烦，提高了出行服务的质量。

芬兰 Whim 是全球第一家实现出行即服务的平台（图 8-25），它基于出行即服务（MaaS）概念，提出"一个 APP 走遍天下"的口号，打造的 MaaS 平台打通了火车、地铁、公交、出租车、共享汽车、共享单车等多种交通方式的壁垒，用一个 App 搞定所有交通方式的查询、下单和支付。

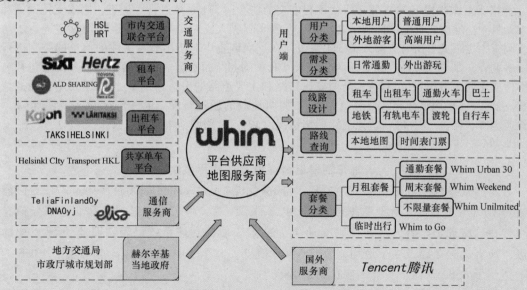

图 8-25　Whim 平台技术架构示意图

Whim 用户平台操作便捷，推出的套餐种类丰富，目前主要有三种套餐，分别针对公共交通为主的用户、仅周末有开车需求的用户和希望完全替代私家车出行的用户；提供的交通方式形式多样，含有公共交通（包括地铁、公交、有轨电车、火车、渡轮）、共享汽车、出租车、共享单车等，允许用户通过公共交通工具、出租车、自行车和共享汽车等随时随地旅行；付费灵活，用户可通过绑定银行卡和信用卡，或使用"Whim point"为出行付费，按月结付出行费用，无须提前锁定出行成本。Whim 在赫尔辛基市每月有 6 万名活跃用户，已累计服务 180 万人次。芬兰政府预期在 2025 年大幅减少私家车的使用，彻底改革公共交通网络。

2001 年，美国运输部开始资助州运输部门进行规划，至今共有 46 个州接受了资助。各州确定合理的商业模式，用于系统的经营，并为用户提供有价值的信息服务。

511 系统服务的内容包括：

1) 道路信息。从意外交通状况（如影响范围大的交通事件报告），到某一路段内的交通拥挤状况和行驶时间数据；通常都提前提供有关道路状况和道路施工方面的信息，并提供事件报告和事件最新发展状况报告。

2) 公共交通信息。用户可以根据语音提示，从城市一览表中获得任意城市的公共交通信息，最终获得有关公共交通经营者的情况和联系电话。

3) 天气信息。包括各个路段和地区目前和预报的天气状况、气温、路面温度、雨雪、结冰之类的信息等。预报的信息可提前 72h 向用户提供。

4) 预警信息。511 系统是发布橙色预警信息的一种有效途径。所有拨打 511 电话的用户，在进入其他信息服务项目之前，都可以听到橙色预警信息。

5) 出行信息。511 系统可将用户电话转给运输经营者，以提供有关旅游方面的信息，有的可以与旅游服务网站联系起来。同时，511 系统还与航空公司和铁路客运公司的服务电话相连接。

盖洛普组织曾经于 2001 年年底代表智能交通协会对 511 系统进行了调查，用以支持国家部署 511 服务，这次调查电话采访了 920 名私人汽车驾驶人，对 131 个商业运输经营者进行了访谈，调查中发现几乎所有人都知道 511 系统。在这次调查中对于出行者关注的信息的类别进行了一次调查，其中 40% 的受访者认为，与天气有关的和路面状况信息最受关注，其次还包括突发事件或交通事故报告（28%），新增高速公路和主要道路的更新（26%），高速公路交通拥堵水平（24%），平均旅行时间估算（23%），拥堵地段的通过时间（19%），行程规划（17%），其他运输方式咨询（15%），普通道路拥堵情况（17%），路网基本信息（11%）。

日本车辆信息和通信系统应用案例

日本的车辆信息和通信系统（vehicle information and communication system，VICS）能够通过 GPS 导航设备、无线数据传输、FM 广播系统等，将实时路况信息和交通诱导信息即时传达给交通出行者，从而使得交通更为高效、便捷。该系统已覆盖日本全国 80% 的地区，所有高速公路及主干道均能收到 VICS 信息。截至 2019 年底，日本安装了 VICS 的车辆达到了 6500 万辆，安装比例达到了 88% 左右。

在日本，VICS 的服务是免费的，使用者只需购买带有 VICS 的车载导航器，便可享受 VICS 提供的无偿服务，之后的日常使用中不再需要交其他的费用。交通管理者和道路管理者（道路公团等）无偿提供交通信息，经日本道路交通信息中心集中到 VICS 中心，然后这些信息再由 VICS 中心通过多种方法传送给驾驶人和车载装置。VICS 主要由

第八章 智能交通安全保障系统

信息采集、信息处理及编辑、信息提供和信息利用四部分组成。系统结构及应用如图 8-26 所示。

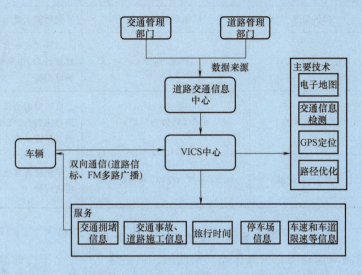

图 8-26 日本 VICS 系统结构及应用

2017 财政年度使用者问卷调查的结果显示，在调查车辆信息交换系统特别有效的区域时，大约 89% 的问卷回答者的答案是：该系统"使大脑保持清楚""使驾驶者明白去目的地的道路状况""能帮助发现新的行车路线以避免交通拥堵"。

三、与车辆操控相关的 ITS 技术

1. 智能速度适应

智能速度适应（intelligent speed adaptation，ISA）是通过路边标志信息或卫星定位信息以及车载数字地图进行车辆导航，并自动控制车辆的速度。

ISA 是实施速度控制的一种有效方式，该技术可以警告、控制或阻止驾驶人的超速行为。ISA 的工作原理如图 8-27 所示。车辆通过 GPS 和地图匹配得知自己的位置，然后将自身当前速度与车载道路限速地图进行比较，如果发现当前车辆已超速，ISA 将对驾驶人的超速行为发出警告，或采取直接干预的措施接管车辆的控制权，从而使车辆的速度降下来。

不同种类的 ISA 系统见表 8-1。

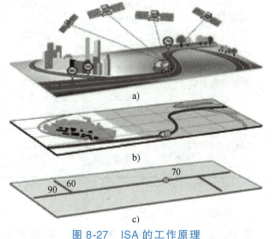

图 8-27 ISA 的工作原理

表 8-1 不同种类的 ISA 系统

支持程度		反馈类型	说明
信息型	提供信息	以视觉信号为主	向驾驶人显示和提醒当前限速
	警告(开放式)	视觉/听觉	以视觉或听觉信号提醒驾驶人的超速行为，由驾驶人决定是否采取相应措施
半自动控制型	干预(半开放式)	触觉(轻微力反馈)	以触觉的力反馈方式向驾驶人发出超速警告，驾驶人需要克服车辆的力反馈系统才能够继续超速行驶
强制自动控制型	自动控制(封闭式)	触觉(强烈力反馈)和锁定控制	车辆警告并强制阻止驾驶人继续超速行驶

> **英国智能速度适应系统应用案例**
>
> 在英国，道路限速地图在伦敦已经开始使用，但是建立一个全国性的道路限速数据库的进程还比较缓慢，当前，英国运输部正在努力设法开发一个适合的地图框架。此外，保持这种地图的更新也将是一大笔开销，单是伦敦每年就要更新 50000 处数据。今后的 ISA 发展也将考虑到当地的实际情况，如路况、天气状况等。
>
> 一项在英国的试验研究表明，ISA 在控制超速行驶方面具有显著效果，如果所有的车辆都装有 ISA 设备，那么致死的交通事故可以减少 42%。当然，对于 ISA 来说，公众对它是否接受还是不确定的，政府在近期也没有将它强制推广的计划。
>
> 2005 年一项美国的研究发现，ISA 可能会对道路交通安全产生如表 8-2 所示的主要影响。

表 8-2 ISA 类型与减少交通事故的关系

系统类型	限速类型	伤害性事故减少	致死性和严重事故减少	致死性事故减少
信息型	静态	10%	14%	18%
	可变	10%	14%	19%
	动态	13%	18%	24%
半自动控制型	静态	10%	15%	19%
	可变	11%	16%	20%
	动态	18%	26%	32%
强制自动控制型	静态	20%	29%	37%
	可变	22%	31%	39%
	动态	36%	48%	59%

2. 酒精-点火互锁系统

酒精-点火互锁系统（图 8-28）是安装在汽车的点火装置内以阻止驾车人在酒精浓

度超过安全标准时起动汽车的装置。该装置可以用来防止有酒后驾车记录的人再次犯错。

图 8-28 酒精-点火互锁系统

酒精-点火互锁系统的工作原理：在汽车起动前，驾驶人必须先向无线手持设备里呼气，而该手持设备将分析驾驶人呼出的气体，并通过无线信号把分析结果传送给汽车的电子控制系统。如果血液酒精浓度超过了 0.2g/L，发动机将不会起动。

沃尔沃酒精-点火互锁系统应用案例

从 2008 年起，任何购买沃尔沃 V70、XC70 和 S80 轿车的客户，只要再额外支付一些钱，就可配备沃尔沃公司自行生产的"酒精锁"（图 8-29）。沃尔沃公司将"酒精锁"的目标用户群定位在政府用车和出租车上。沃尔沃公司称，该公司研制的"酒精锁"快捷准确，可在 10s 内显示检测结果。当然，在现阶段，该系统的造价还比较昂贵，沃尔沃公司希望能够通过扩大销售来降低成本，使价格降到大众可以承受的水平。

图 8-29 沃尔沃酒精-点火互锁装置

3. 事后信息系统

事后信息系统可以减少紧急情况响应的时间，有效地联动不同部门参与事故的救援工作，提高事故后的救援效率，同时防止二次事故发生，有效挽救生命。此外，事后信息系统还可以通过路侧及车载传感器等 ITS 技术准确、客观地记载道路交通事故发生前后的人、车、路以及环境信息，为交通安全管理提供有力的数据支持，有利于从源头预防交通事故。

4. eCall

当驾驶人遇到交通事故后，eCall 系统可以通过自动或人工手段建立驾驶人与公共服务应答点（Public Service Answering Point，PSAP）之间的通信连接，然后由 PSAP 通知相应的紧急事件应急部门，以使其做出及时的反应，在这个通信过程中，PSAP 的服务人员会协助驾驶人向应急部门报告事故的相关情况，包括需要的医疗救助和故障现场清除需求等。eCall 系统的一个重要组成部分是 GPS，该定位系统可以快速地对事故发生地点进行定位，以期按最快的速度实施伤员救治，该系统的结构示意图如图 8-30 所示。

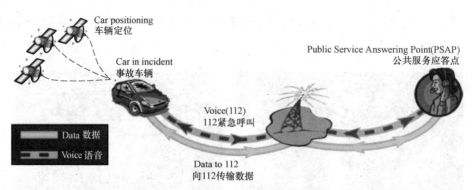

图 8-30 eCall 系统的结构示意图

通用 OnStar 系统应用案例

OnStar 是北美流行的信息远距离传送服务。截至 2018 年 9 月，其客户数量已超过 2000 万。通用汽车公司于 1996 年开始将 OnStar 作为一种汽车安全工具，一种使人们在紧急情况下能够轻松、迅速获得帮助的工具提供给用户，使用户在发生事故时，只需按下控制台上的按钮，即可与一位 OnStar 服务人员取得联系，服务人员可以查明用户的精确位置，并将用户的情况通知紧急救援服务机构。如果用户遭遇事故，用户的汽车可以自行"告知"OnStar，而无须用户做任何事情。OnStar 后视镜面板如图 8-31 所示。

为使车辆在遇到事故时能够发出呼叫，OnStar 使用了一个事件数据记录器（也称为撞车数据记录器）。通用汽车公司将整个流程称为高级自动撞车通报系统（advanced automatic collision notification, AACN）。它相当于汽车上的"黑匣子"，不同的是 AACN 仅在发生撞车时才开始记录并且只记录数据。

图 8-31 OnStar 后视镜面板

OnStar 有三种定制方案，每月费用在 17~70 美元之间。大部分 OnStar 用户都很喜欢其服务。除了记录气囊打开情况和撞击严重程度外，车辆通信和接口模块还会记录用户是否系好了安全带以及用户的行驶速度。它会将紧邻事故发生之前、过程中及之后的相关数据保留大约 45 天。呼叫中心会将接收的数据保留 1 年以上，以便保证服务质量并跟踪客户投诉。

欧盟 eCall 系统

eCall 是一款由欧盟推出的车载紧急呼叫系统。如果驾驶人在事故发生后无法寻求帮助，则自动紧急呼叫接管。早在十几年前，欧盟希望 2009 年欧盟国家销售的轻型车都配装 eCall 系统（2011 年欧盟通过决议改为强制安装），以最大限度减少道路交通事故中因救援迟缓造成的人员伤亡。由于种种原因，该项目被推迟实施。2014 年 4 月，欧洲议会的投票结果决定，自 2018 年 3 月 31 日起，所有机动车辆必须配备 eCall。

5. 行驶记录仪

行驶记录仪是安装在汽车上，记录、存储、显示、打印车辆运行速度、时间、里程以及有关车辆运行安全的其他状态信息的数字式电子记录装置，根据其功能不同可以分为单一型、事故型、管理型、综合管理型和多功能型。它一般由车载终端和后台软件管理系统两部分组成，如图 8-32 所示，具有车辆运行时和车辆停止时的两种工作状态，主要实现记录和管理两种功能。

图 8-32　数字式普通汽车行驶记录仪的车载设备和软件管理系统

汽车行驶记录仪事故预防管理模式如图 8-33 所示，它实时记录行驶过程中的各项运行数据和驾驶人的各种操作行为，既可以在行驶过程中实时提醒驾驶人的违章行为，又可以把记录反馈给运输企业安全管理人员。

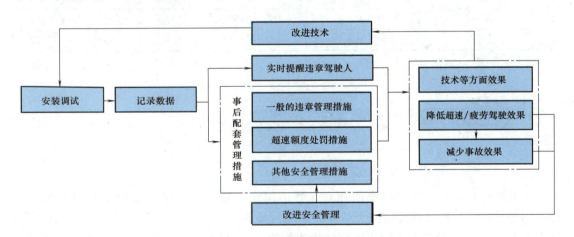

图 8-33　行驶记录仪事故预防管理模式

德国、比利时、荷兰的三家营运公司行驶记录仪使用效果

由德国 TTS、比利时 WESTBELGIUM 和荷兰 WKD 三家大型货运公司安装使用行驶记录仪前后的事故率统计表明，三家公司使用后与安装使用前相比，事故率的降幅均超过 50%，如图 8-34 所示。

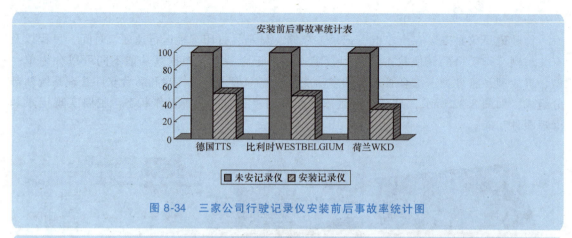

图 8-34　三家公司行驶记录仪安装前后事故率统计图

日本出租车行驶记录仪应用效果

根据日本国土交通省的统计资料，出租车安装汽车行驶记录仪后提高了驾驶人运输安全意识，降低了交通事故；记录资料使得交通管理部门对交通事故的实际情况有客观准确的把握。表 8-3 是警察厅提供的三家运输公司 515 辆出租车安装记录仪前后事故率的对比情况。

表 8-3　日本出租车安装记录仪前后的事故率对比

公司代码	安装情况		
	安装前（2003 年）	安装后（2004 年）	降低率（升+，降−）
A	0.167 次/（台·月）	0.157 次/（台·月）	−6.0%
B	0.075 次/（台·月）	0.066 次/（台·月）	−12.0%
C	0.063 次/（台·月）	0.036 次/（台·月）	−42.9%

第三节　政策与建议

一、道路交通安全问题

在那些有效减少道路交通事故死亡人数的国家，如英国、荷兰以及瑞典，自 20 世纪 50、60 年代以来，在道路交通安全管理方面先后经历了"关注驾驶人—关注道路系统（大范围干预）—关注特定的目标以及公共机构的领导—交通安全系统以及长期的交通事故死亡和严重伤害的消除"四个主要阶段。近年来，发达国家在运用传统交通工程方式改善道路交通安全水平的多年实践基础上，开始关注并积极制定和实施大规模的 ITS 应用战略以期进一步较大幅度地提高本国的道路交通安全水平。

从经济和社会发展水平的角度来看，我国在最近的数十年里国民经济持续快速增长，并出现了与发达国家 20 世纪 80 年代和 90 年代相类似的情况，持续的经济增长推动机动车快速进入家庭，机动车出行的需求也在持续增长。我国目前仍处于道路交通事故的高发期，道路交通安全形势不容乐观，道路交通事故死亡人数基数仍然较大。在造成道路交通事故的主

第八章 智能交通安全保障系统

要原因中,机动车驾驶人的违法行为一直占主导地位,而其中,未按规定让行、超速行驶、无证驾驶比例较高;行人死亡和受伤人数所占比例仍无明显的下降趋势;二、三级公路交通事故死亡人数所占比例逐年下降,但事故仍然高发。

因此,在进一步改善道路交通安全方面存在着很大的空间与需求。随着近年来信息技术、通信技术以及传感技术的飞速发展和广泛应用,ITS 技术已得到越来越广泛的应用和发展,这为进一步改善其道路交通安全水平提供了一个新的途径与选择。

二、应用 ITS 改善道路交通安全

ITS 技术对于道路交通安全可以产生积极的影响和作用,这是因为在影响交通事故的人、车、路、环境等因素中,人是最主要的方面,尤其是驾驶人。在人车路闭环系统中,驾驶人是系统的信息处理和决策者,驾驶人通过自己的感觉通道和知识经验不断收集信息,并做出判断和决策,从而操纵车辆运动,完成驾驶任务,但是,由于驾驶人的心理以及生理的差异或局限性,造成驾驶行为的许多失误或不确定性,因而,驾驶人又是人车路闭环系统的薄弱环节。然而,对驾驶人生理和心理特点的考虑以及对交通参与者偏好的理解和平衡,是 ITS 技术应用的基本出发点。ITS 技术通过在车上和道路上引入更多的信息采集设备和通信设备,将人、车、路通过信息技术集成为一个整体,形成稳定的闭环系统,从提前告知驾驶人危险存在和提前自动启动安全措施方面入手,提高事前危险探测、事故中降低伤害以及事后应急救援能力,从而提高道路交通系统的安全性。

ITS 在解决道路交通安全问题方面的优势主要体现在以下方面:

1) ITS 技术有利于规范驾驶人行为,实现非接触式安全管理。
2) ITS 技术可以扩展人的感知范围,提高驾驶人对危险因素的提前感知和判断能力。
3) ITS 技术可以部分或全部替代驾驶操作,减小驾驶人发生错误的概率,提高人车路系统的可靠性。
4) 提高对道路基础设施及环境的监测能力。
5) 提高事故后应急及救援效率。
6) 有利于建立综合事故数据系统。

不难看出,ITS 技术可以通过直接影响驾驶行为,间接影响驾驶行为,影响车辆操控以及事后信息响应与分析等方式,对不同的道路交通安全问题产生积极的影响,并已逐渐成为解决道路交通安全问题的重要选择和手段之一。

三、政策建议

1. 支持 ITS 技术向中小城市与城郊地区的推广

目前在我国的一些大城市,如北京、上海、广州、青岛等,ITS 技术已得到广泛的应用,可以发现许多应用于城市的 ITS 技术与设备对改善道路交通安全问题具有积极的效果,如交通信号灯、闯红灯抓拍系统、超速抓拍系统、城市交通管理与控制系统、营运车辆 GPS 监控系统等。

建议中小城市和城郊地区借鉴大城市的经验,推广经济适用的 ITS 技术与设备,同时加强宣传力度,并在资金与技术支持方面给予更大的关注和倾斜。

2. 重视 ITS 应用过程中相关法规以及管理制度的配套建设

在影响交通事故的人、车、路、环境等因素中，人是最主要的方面，尤其是驾驶人，而 ITS 技术在实际应用中始终密切关注并围绕着人的因素而展开。在实际应用过程中，ITS 技术与设备的应用如果能与执法相配合，或与用户单位严格的管理制度相配合，那么其在应对道路交通安全问题方面的效果将会大幅提升。

在今后推广应用 ITS 技术与设备时，应更加关注配套法律法规以及管理制度的建设与执行，以充分运用并发挥这些技术或设备的应用效果。同时，注重针对道路交通管理部门、执法部门、运输企业以及驾驶人开展有针对性的宣传与培训工作，增加各方对于应用 ITS 技术与设备的理解和支持。

3. 进一步提高营运车辆的安全技术水平

在影响交通事故的人、车、路、环境等因素中，驾驶人是最薄弱的环节和因素，这是由人的心理以及生理的局限性决定的，很难从根本上改变。另一方面，从系统的角度来看，驾驶人与车辆无疑构成了一个相互影响与配合的系统，不断提升营运车辆本身的安全技术水平，以弥补人的局限性和不足，对于提高系统的安全性具有重要意义。目前，车载 ITS 技术与设备在我国的营运车辆上已得到了应用，但是在 ITS 技术选择、ITS 设备技术水平、应用规模以及配套管理制度建设等方面，还存在着很大的发展空间和潜在需求。

在营运车辆上推广应用 ITS 技术，如碰撞预警、胎压异常预警、夜间视觉增强、车载视频监控、疲劳驾驶警告、车辆驾驶盲区危险警告等，进一步提升我国营运车辆的技术水平，以提高营运车道路交通安全水平。

4. 推广应用简单实用的低成本 ITS 技术

ITS 技术常常给人以高科技、高费用、难维护等印象，许多简单实用但成本较低的 ITS 设备对于改善道路交通安全问题是可以取得良好效果的，例如利用交通警告灯的危险路段警告系统，利用 VMS 的特殊路段速度警告系统，利用 GPS 的营运车辆动态监控系统等。

重视研究与开发功能简单、成本较低但应用效果较好的 ITS 设备，并加大在我国中西部地区以及中小城市的推广应用力度。

5. 重视新建公路 ITS 的配套建设与应用

目前，使我国约 70% 的交通事故死亡者失去生命的事故以及绝大部分群死群伤事故发生在城际公路上，其中高速公路事故严重程度高，致死率高，普通公路事故率和死亡人数比例大，山区公路的群死群伤恶性事故严重。因此，在新建高速公路和二、三级公路时，应同步配套安装 ITS 设备。

重视城际新建或改扩建公路 ITS 技术与设备的配套建设与应用，进一步提升我国城际公路的道路交通安全水平。

6. 利用信息技术手段推动道路交通安全领域的数据共享

充分借助信息技术的特点和优势，应用物联网、云计算以及大型数据库技术，建立跨部门、全国统一的道路交通安全基础数据交换共享平台，并注重 ITS 技术或设备应用效果的评价工作。

第九章 智能车路协同系统

授课视频

第一节 概述

车路协同系统（cooperative vehicle infrastructure system，CVIS）：基于无线通信、传感探测等技术进行车路信息获取，通过车车、车路信息交互和共享，并实现车辆和基础设施之间智能协同与配合，达到优化利用系统资源、提高道路交通安全水平、缓解交通拥堵的目标（图9-1）。

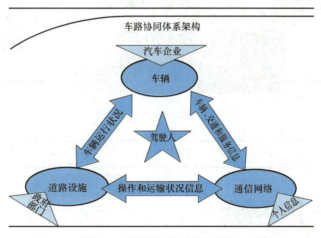

图9-1 车路协同系统体系框架

智能车路协同系统综合应用信息、通信、传感网络、新一代互联网、可信计算和计算仿真等领域的最新技术，实现车辆与道路设施的智能化和信息共享，在实时、可靠的全时空交通信息的基础上，结合车辆主动安全控制和道路协同控制技术，保证交通安全，提高通行效率，实现人-车-路的有效协同。系统通过提高车辆控制智能化水平以及人-车-路与交通环境之间的信息交互能力，实现车辆自主驾驶以及列队控制，通过提高车速、减小自治车队行驶过程中车间距离，将道路交通流调整到最佳状态，提高路网通行能力和道路安全性。其相关研究领域涉及先进的车辆控制和安全系统、车队协同驾驶系统结构、车车通信技术、车队协作策略以及相关交通仿真与试验技术等方面（图9-2、图9-3）。

智能车路协同系统集成了车辆、道路、信息等领域前沿技术，是智能交通和智能车辆领域的研究热点。系统包括智能车辆技术（车辆精准定位与高可靠通信技术、车辆行驶安全状态及环境感知技术、车载一体化系统集成技术）；智能路侧系统关键技术（多通道交通信息采集技术、多通道路面状态信息采集技术、路侧设备一体化集成技术）；车路/车车协同信息交互技术；车路协同系统集成与仿真测试技术等。

车路协同系统

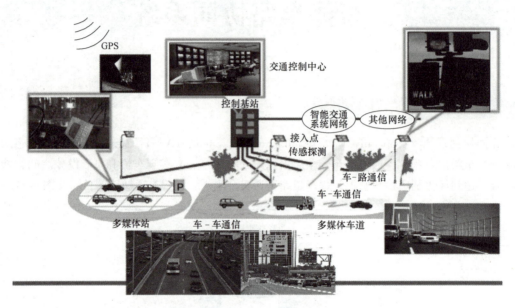

图 9-2 智能车路协同系统简介

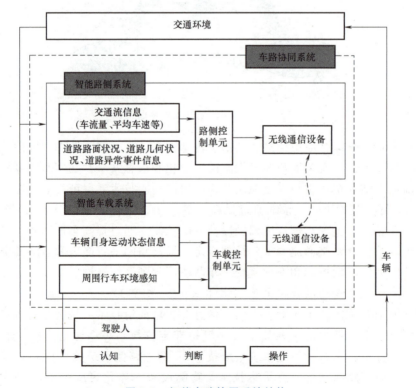

图 9-3 智能车路协同系统结构

第九章 智能车路协同系统

授课视频

第二节 车路协同系统功能与架构

对于交通流的研究目的在于缓解交通压力，解决城市频繁出现的交通拥堵现象。目前主要应用的方法有交通控制和交通诱导。两种方法都需要对城市道路交通信息进行实时的采集、准确的预测和有效的发布；或者说，只有建立了完善的交通信息服务系统，才能使交通控制和交通诱导得到充分发挥。

近年来，随着无线通信技术的发展，国内外学者开始逐步将传感器网络技术应用于交通系统，探讨移动环境下动态全时空交通信息采集、融合、分析及交通控制和诱导技术。车路协同系统应用而生，车路协同技术改变了传统的交通信息采集和交通控制方法，已经成为当今国际智能交通领域研究的技术热点和前沿，主要发达国家和地区都在致力于建立基于车路协作的智能人车路协调系统，以实现更高效、安全和环保的目标。

车路协同系统的定义就是基于无线通信、传感探测等技术进行车路信息获取，通过车车、车路信息交互和共享，并实现车辆和基础设施之间智能协同与配合，达到优化利用系统资源、提高道路交通安全水平、缓解交通拥堵的目标。

当交通流理论基于车路协同来研究时，其研究将进入新的层面，并且真正进入智能化交通的研究层面，将为人们的出行安全及交通安全带来前所未有的进步。

一、系统功能

车路协同系统的基本目标：确保在任何时刻、任何路段都能实时感知车路情况；确保在任何条件下都能提供必要的信息和便捷优质的交通综合服务；确保整体路网能够协调、畅通、安全、高效，最大限度地减少交通事故和交通拥堵的发生，从而达到提高道路通行能力的目的。为此，该系统的主要功能应该包括以下内容：

（1）**感知车辆、环境和道路信息** 实时感知车辆运行状态及驾驶行为，实时感知车外道路上其他运行的车辆、行人或周边的静止物体等信息，实时感知和准确采集全路网的车辆位置、速度、行程时间和交通流信息，实时感知或检测道路沿线的冰、雪、雨、雾、冻等气象与路况信息。

（2）**交通数据的传输** 车与车、车与路旁设备之间的短距离通信及数据传输，将采集到的交通数据或车载计算机处理后的交通异常信息实时、可靠地传送给交通监控中心，或将交通控制方案下传到控制设备，实现车路与监控中心之间的远距离数据传输。

（3）**数据处理与智能决策** 对上传后的海量交通数据，应能够实现快速、精确的分析与综合数据处理；根据上传的气象、交通数据，分析各路段和区域路网的交通状态，为制定科学合理的管理决策提供依据；根据车辆对车况、路况的感知信息，分析单车工况和运行状态，提供个性化服务和安全行驶服务。

（4）**交通状态显示和交通异常预警或报警** 在监控中心，实时分析和判定全路网各监测路段上所发生的交通异常或发现潜在的交通异常现象，及时发出预警或报警提示并在电子地图上显示有关目标和采取的管制方案；实时监控路网中特定车辆的行驶轨迹或判定其违章行为，及时发出预警信息。

（5）**信号控制与信息发布** 根据检测到的道路交通异常状况，及时启动控制预案，能够面向路网中的特定车辆实时发布有针对性的预警信息，规避交通隐患；面向特种车辆发布实时引导信息，指引其快速通行；面向路段或路网中的群体车辆实时发布道路交通信息、路况信息和交通控制与诱导信息。

二、系统构架

1. 系统的物理构架

车路协同系统总体上由车载感知子系统、路侧感知子系统、数据传输子系统、数据处理与预警子系统、交通控制与信息发布子系统5个部分组成。该系统的物理构架设计如图9-4所示。

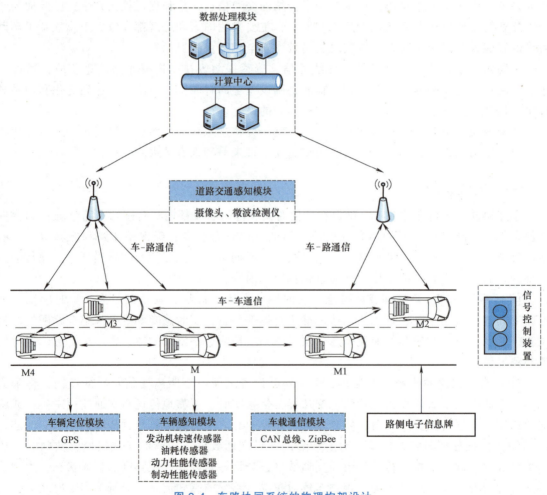

图 9-4　车路协同系统的物理构架设计

（1）**车载感知子系统**　车载感知子系统由安装在车辆上的各种车辆运行参数传感器、车载摄像头和雷达、GPS卫星定位装置以及车载微处理单元等组成。该子系统又分为车辆感知模块、环境感知模块和GPS定位模块3部分。车辆感知模块主要通过各种车载传感器实现对车辆自身发动机转速、油耗、动力性能、制动性能等一系列动态运行参数的采集，从而感知车辆自身的运行状态。车辆感知模块具有两大功用：第一，在车辆运行过程中，它会实时向驾驶人显示或报告车辆运转的工作状况,一旦出现车辆运转异常状况,系统会及时发出预警或报警信息提醒驾驶人员密切注意车辆自身运转情况并采取应急措施;第二,车辆感知模块也可以通过车载通信模块及车联网的其他通信设施,实现由监控中心对车辆各种工况的远程监测,并提供定期的维护与保养服务信息。

环境感知模块主要用于感知车辆在运行过程中的道路交通信息及路况信息,以确保行车的安全性和高效性;还可以通过车与车之间的相互感知,在较高的行驶速度下及在一定的距离范围内,及时对前后及周边的车辆进行识别、车速与车距判定,相互接收并发送部分周边交通环境信息,并由车载微处理单元根据这些信息做出简单的处理,将"决策"后的信息提供给驾驶人,作为建议性参考。

GPS 定位模块主要用于车辆运行位置、行车时间、行驶速度等数据的采集。车载接收机所获得的车辆位置与速度等数据,一方面直接经由车载计算机数据处理后,实现单车运行状态的监测,一旦发生单车交通异常,即刻通过 GPRS 方式将车辆运行异常信息及时传输给交通监控中心;另一方面,将采集的数据不经车载计算机数据处理,而是按一定的时间间隔,以同样的 GPRS 方式传输给交通监控中心,由监控中心进行全路网或各路段的宏观交通流监控和单车监控。此外,智能车载子系统还具有监测驾驶人行为等功能。

(2) **路侧感知子系统** 路侧感知子系统由安装在道路上的微波、视频检测器等组成。其主要通过各种道路交通检测器采集交通流量、速度、占有率、车头时距等交通流参数数据及车辆运行状况信息,也可以采集车辆的行程时间、行程速度等交通参数数据。其最主要的功能是通过获取道路上的交通流信息,实现对交通流的宏观监控。

(3) **数据传输子系统** 车载通信模块、路侧通信模块、移动通信基站以及其他通信设施共同组成了数据传输子系统,用于实现短距离无线通信及远距离有线或无线通信与数据传输。

车载通信模块主要用于车-车通信和车-路短距离通信与数据交换,路侧通信模块则主要用于车-路、路-路间的信息通信以及与基站间的数据传输。通过车-车通信可以将前车行驶状态的突变信息实时传送给后车,提醒后面的跟行车辆及时减速并保持安全距离。通过车-路通信可建立车辆与路侧装置之间的联系,首先便于实现车辆对前方道路交通与环境路况等信息的实时获知,即车辆能及时接收到路侧装置发送的前方路况信息;再次能够将车辆自身感知的交通环境信息有选择性地反馈给路侧装置。通过路-路通信可以实现将前方的交通与路况信息逐个向后方的路侧通信模块传递,继而显示在路侧信息发布装置上或传输给后方的其他车辆。通过路侧与基站间的通信,或车辆与基站间的直接通信,可将道路交通及路况信息上传至监控中心,或把监控中心的控制和诱导指令下发给路旁发布设施或道路上的行驶车辆。

移动通信基站是无线通信网络中的重要结点,其主要功能就是接收与发送无线信号以及将无线信号转换成易于传输的光/电信号。它既可以接收车载 GSM 或路侧通信模块的信号,将其传输给监控中心,也可以将监控中心传来的信号发送给路侧通信模块或车载 GSM,从而建立前端与中心之间的通信联系与数据交换。

(4) **数据处理与预警子系统** 在交通管理中心,各种信息处理设备及显示、报警装置等组成了数据处理与预警子系统。该子系统分为数据处理模块、预警与报警模块。数据处理模块主要用于海量交通数据的处理,通过云计算,综合分析交通与空间、气象与道路等信息以及与GIS匹配等，及时发现道路上的交通异常或潜在的交通危险，实现对道路交通状态的实时监测；通过对区域交通数据的综合分析，提出科学合理的交通组织与优化对策，实现对全路网交通的有效组织与疏导；通过对单个车辆运行轨迹和运行参数的分析，实现对个别违章车辆的预警或交通事故车辆的报警；通过对特定车辆监视及行驶参数的分析，实现最优路径的诱导；通过对气象条件与道路路况信息的综合分析，实现对道路路况条件与恶劣气象条件的预警；通过对交通数据存储、管理、编辑、检索、查询和分析等综合应用，实现各子系统间的信息协同、数据共享与互通，提高交通信息的综合利用度。

预警与报警模块主要用于对道路交通异常状态、单车运行异常状况、恶劣天气与路况异常变化等情况预警和实时报警，以便最大限度地减少交通异常所造成的损失。交通监控中心可根据监测目标数目的多少采用单屏多窗口或者多屏幕显示方式，分别监测不同的目标和区域。一旦发现或预测到可能发生的交通异常或交通危险，则以声光报警方式发出预报或报警信息，并锁定和显示报警目标，提示中心工作人员及时处理警情。

（5）**交通控制与信息发布子系统** 交通控制与信息发布子系统由安装在道路沿线的信号控制装置、可变信息板、路旁广播以及车载信息提示与发布装置等组成。该子系统能够通过通信装置自动接收来自监控中心的交通控制信息，实现对道路上车辆的交通信号实时控制；也可接收来自监控中心的各种预警、报警信息或交通诱导信息，实现对特定路段或特定区域的各种预警、报警和交通诱导信息的发布。信息发布的对象可以是该路段或区域内的群体车辆，也可以是指定车辆；信息可以通过路侧各种信息发布装置发布，也可以直接传送到车载信息发布装置上。

上述5个子系统紧密联系，相互协调，将人、车、路、环境和谐统一，从而实现车路协同系统的总体目标与功能。

2. 系统的逻辑构架

车路协同系统在逻辑上就是各个模块之间进行数据的交互，以达到数据的实时监测和共享。该系统的逻辑构架设计结构如图9-5所示。图中表明了该系统的主要功能、技术手段、各模块之间的信息交换方式及数据流方向。

三、系统关键技术

车路协同系统涉及多方面、多层次、多领域的技术应用。这里从应用的角度重点分析下关键技术。

1. 智能感知技术

智能感知技术分为智能车载感知技术和智能路侧感知技术。

（1）**智能车载感知技术** 智能车载感知技术包括车辆运动状态感知技术、车辆定位信息感知技术和行车环境信息感知技术等。

车辆运动状态感知技术主要表现在两个方面：一是利用各种加装的独立的传感技术获取车辆的发动机转速、油耗、车速、加速度、爬坡能力、转向角等运动状态和工作状态数据；二是通过CAN总线技术读取车辆中各种原装车载传感器的有关工作状态的信息和数据。

车辆定位信息感知技术包括绝对定位信息感知和相对定位信息感知。对于较高精度的车辆绝对定位信息，可以利用GPS及其差分基站以及加装在车辆上的陀螺仪、转向盘转角传感器、加速度传感器等设备与技术联合获取，并与GIS-T相匹配，确定车辆在道路上的准确

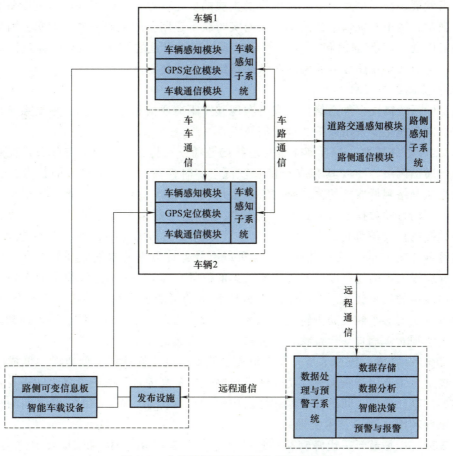

图 9-5 车路协同系统逻辑构架设计结构

位置，进而为车辆安全预警和控制、交通分析与诱导提供基础数据。对于精确的车辆相对定位信息，主要通过车载传感器进行检测，一类是距离传感器，如激光、雷达、声纳传感器等，用于测量车与车之间的距离和车与障碍物之间的距离；另一类是视觉传感器，主要用于车辆在车道上的位置识别。

行车环境信息感知技术主要用于道路线形、行人及非机动车、路面状态等信息的感知。道路线形感知可以利用具有详细线形信息的 GIS-T 查询获得，也可利用模式识别技术通过车载设备实现线形的在线识别。

此外，通过射频识别系统（radio frequency identification，RFID）可以实现对车辆的自动识别和远程监控。RFID 是利用感应、无线电波或微波进行非接触双向通信，从而实现特征识别及数据交换的自动识别技术。利用 RFID 可对车辆及道路环境进行基础交通信息采集，同时接收控制网络传来的控制信息，完成相应的执行动作。通过 RFID 可以实现对车辆的感知功能，既可向网络上传信息，又能接收网络的控制命令。

(2) **智能路侧感知技术**　路侧感知技术及交通信息采集技术。传统的道路交通信息采集技术有固定型采集技术和移动型采集技术。固定型采集技术又包括磁频采集技术、波频采集技术、视频采集技术；移动型采集技术包括基于 GPS 的交通数据采集技术、基于电子标签的交通数据采集技术和基于汽车牌照自动识别的交通数据采集技术。然而，随着车路协同技术的不断发展，交通信息采集方法也将发生质的变化。首先，可以利用路侧设备和车路通信技术实现对路网中车辆信息的采集，从而实时获得道路上的交通信息；其次，所采集到交通信息又可以通过车-路通信和车-车通信及时地传递给附近的车辆；最后，通过路侧设备和通信装置，可有效实现路段或路网的区域交通组织与优化。

2. 车路协同通信技术

车路协同系统需要多种通信技术支持实现其短距离通信和远程通信。根据系统功能的需求，车路协同系统主要采用以下3种通信技术：

（1）CAN总线技术　CAN属于现场总线的范畴，它是一种有效支持分布式控制或实时控制的串行通信网络。CAN具有成本相对较低、实时性高、可靠性良好的特点，其应用范围遍及从高速网络到低成本的多线路网络。选用汽车CAN总线技术，通过遍布车内的各种传感器，汽车的行驶数据会被发送到"总线"上，这些数据不会指定唯一的接收者，凡是需要这些数据的接收端都可以从"总线"上读取需要的信息。CAN总线传输数据非常快，可以达到每秒传输32bytes有效数据，这样可以有效保证数据的实效性和准确性。传统的车辆内都需要埋设大量的线束以传递传感器采集的信号，而Can-Bus总线技术的应用可以大量减少车体内线束的数量，从而有利于降低故障发生的可能性。在车路协同系统中利用CAN总线技术可以实现对车辆发动机转速、油耗、车速、动力性能、制动性能等系列动态参数的传输，从而实现对车辆自身运行状态的感知。

（2）ZigBee技术　该技术是一种近距离、低复杂度、低功耗、低速率、低成本的双向无线通信技术，主要用于距离短、功耗低且传输速率不高的各种电子设备之间进行数据传输以及典型的周期性数据、间歇性数据和低反应时间数据传输。车-车和车-路之间的短距离信息的交互主要利用ZigBee技术实现。

（3）5G　5G是最新一代蜂窝移动通信技术，也是继4G、3G和2G技术之后的延伸。5G的性能目标是高数据速率、减少延迟、节省能源、降低成本、提高系统容量和大规模设备连接。5G的发展将牵引新一轮技术融合创新，实现超低延时、超高可靠性与超高速率和人-车-路-云等协同互联。车路协同的工作原理就是通过专用的通信协议和特定频谱，实现一定区域、一定条件下车与数字化万物的互联互通。以数字化、智能化为依托，作为交通运输载体的智慧路网将成为下一代交通运输系统的重要支撑。

3. 智能信息处理技术

车路协同系统的重要任务之一就是对海量的感知信息进行汇总、共享和分析，并依据处理结果进行智能决策。然而，当今许多信息处理技术已经不能满足对大容量信息进行处理的需求，于是云计算便应运而生。云计算（cloud computing）是一种分布式计算技术，其基本工作流程是通过网络将庞大的需要分析处理的程序自动拆分成无数个较小的子程序，再经众多服务器所组成的庞大系统搜寻、计算分析，最后将处理结果返回给用户。云计算借助高速网络将各种计算能力联接起来，为交通信息提供了几乎无上限的可伸缩的计算能力。

云计算在车路协同系统中主要用于分析计算道路交通状态、大规模车辆诱导策略、智能交通调度等。云计算的应用，一方面，可以实现业务的快速部署，在短期内为交通用户提供系统的Telematics服务；另一方面，平台具有的强大运算能力、最新实时数据和广泛的服务支持，能够对综合交通服务起到强大的支撑作用，如基于云计算的"云导航"可以实现"实时智能导航"。云平台则可以根据用户的需求及道路交通的实际情况、异常交通因素等，进行大范围的交通数据的分析、计算与规划，从而实现宏观区域的交通组织与优化，并通过服务整合为路网中的车载终端提供更丰富、更富有价值的综合交通服务等。

多传感器信息融合也是车路协同系统关键技术之一。信息融合是利用计算机技术将来自多个传感器或多源的观测信息进行分析、综合处理，从而得出决策和估计任务所需的信息的处理过程。信息融合的基本原理是充分利用传感器资源。通过对各种传感器及人工观测信息的合理支配与使用，将各种传感器在空间和时间上的互补与冗余信息依据某种优化准则或算法组合起来，产生对观测对象的一致性解释和描述。车路协同系统需要处理大量的源自路网的各种车载感知信息和路侧感知信息，运用数据融合技术对其进行数据级融合、特征级融合以及决策级融合，有利于通过对信息的优化和组合从中获得更多的有效信息。

第三节 车路协同关键技术

授课视频

通过联合交通中不同的终端、网络、技术及服务，经协同安排后使整体的功能优于每个组成部分的功能之和，来让它们合作产生独立运作时并不具备的能力，这就是协同机理。通过协同技术，系统功能将大于各个组成部分的总和，能够发挥出异构终端或网络融合后的强大能力。随着国民经济的高速发展和城市化进程的加快，我国机动车拥有量急剧增加，人们对交通服务的需求量也在不断上升，单一技术无法满足用户的所有需求。因此，需要通过协同技术来综合调度交通中的各项资源，使用户收获更好的服务体验。

智能交通协同系统的研究主要包含以下两方面的内容：一是单一交通网络内部不同的车载终端、网络、服务器等之间的协同，以增强交通管理系统的性能和提供优质的服务；另一内容则是指异构车载网络之间的协同，使其拥有异构交通网络的无缝对接和个性化用户体验。

基于协同机理的交通系统的目标是联合现有车载终端和数据，防止出现交通网络信息孤岛，将所有结点有效地协调集成在一起，形成一个完整的智能车载信息系统，从而使得信息在不同车载终端间共享。系统通过建立协同的智能交通环境，改善信息交流的方式，减少或消除时间或空间上被分隔的问题，从而提高交通终端群体工作的效率。

协同系统必须正确地实现协作机制才能够支持协作活动。合作机制是交互式终端的协议，可以完成分配资源和并发进程处理等任务。设计协同机制要考虑的因素比较多，其中需要优先考虑的是：体现用户需求的差异性，响应实时高速并且准确，处理合作过程中的意外事件，整合各要素成为统一的有机体。

一、车路协同关键技术

1. 智能车载技术

智能车载技术如图9-6所示。

（1）车辆精准定位与高可靠通信技术

1）研究基于GPS、激光、雷达、图像数据、传感器网络等多种手段的环境感知技术，以及高精度多模式车载组合定位、惯性导航和航迹推算、高精度地图及

图9-6 智能车载技术

其匹配等技术，实现车辆的无缝全天候高可信精准定位，将是车辆精准定位技术发展的主流方向。

2）掌握多信道多收发器通信技术，基于自组织网络和双向数据通信技术，WLAN 通信技术，RFID、DSRC、WiFi、1X、5G 等无线传输技术，研究高可靠车载通信技术，实现车-路/车-车之间的稳定有效的数据实时通信与传输成为智能车辆发展的必然趋势。

（2）车辆行驶安全状态及环境感知技术

1）车辆制动、转向、侧倾等自身运行安全状态参数的实时获取和传输技术；驾驶人危险行为的在线监测技术；基于多传感器的行驶环境（其他车辆信息、障碍物检测等）检测技术。

2）实时监测、获取与感知复杂路况下的车辆危险状态信息、驾驶行为和行驶环境状态，从而更有效地评估潜在危险并优化智能车载信息终端的功能。

（3）车载一体化系统集成技术

1）基于本车传感器、临近车以及路侧传感器或控制中心的多种数据的处理和融合技术。

2）基于车载一体化终端和车辆总线的信息通信和数据共享技术等。

2. 智能路侧技术

智能路侧技术旨在利用道路设置的各种监测系统，向驾驶人提供道路状况、路面状况、交通堵塞、旅行时间等信息（图9-7）。

（1）多通道交通信息采集技术

主要采集的动态交通信息包括车流量、平均车速、车辆定位、行程时间等；采用的采集方式有感应线圈检测、微波检测、红外线检测、视频检测以及基于GPS定位的采集技术、基于蜂窝网络的采集技术、基于RFID的采集技术等。

（2）多通道路面状态信息采集技术　路面状态良好是保证车辆安全运行的基础条件之一，对于路面状态需要采集的信息主要包括：

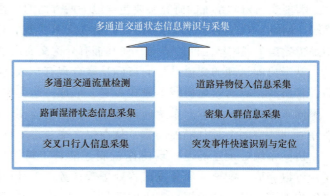

图 9-7　智能路侧技术

1）道路路面状况（积水、结冰、积雪等）。

2）道路几何状况（车道宽度、曲率、坡度等）。

3）道路异常事件信息（违章车辆、发生会车、碰撞事故、非法占有车道的障碍物）等。

单一的传感器无法满足多路面状态信息实时采集的要求，必须通过融合多传感器信息，如雷达、超声波、计算机视觉以及无线传感器网络等，实现车辆间、车路间的信息交换，才能实现道路路面状况信息的实时采集。

（3）路侧设备一体化集成技术　实现路侧设备无线通信和数据管理一体化功能，智能道路基础设施涉及：

1) 路况信息感知装置。
2) 道路标识电子化装置。
3) 基于道路的各种车路协调装置。
4) 信息传送终端。

3. 车-车/车-路通信技术

车-车/车-路通信技术如图 9-8 所示。

图 9-8　车-车/车-路通信技术

4. 车-车/车-路控制技术

主要分为两个方面（图 9-9）：

（1）面向效率　有基于车路协同信息的交叉口智能控制技术、基于车路协同信息的集群诱导技术、交通控制与交通诱导协同优化技术、动态协同专用车道技术和精确停车控制技术等。

（2）面向安全　有智能车速预警与控制、弯道侧滑/侧翻事故预警、无分隔带弯道安全会车、车间距离预警与控制、临时性障碍预警等。

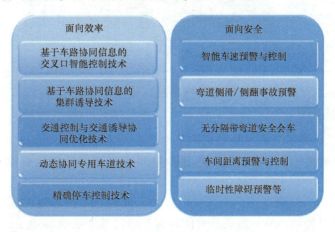

图 9-9　车-车/车-路控制技术

二、车载 ITS 技术

(1) **车道保持系统** 车道保持系统依靠数字摄像机记录车道标记,根据偏移量自动调整,通过行车计算机进行状态显示,主动提醒驾驶者做出修正。此类系统可以大幅度地减少会车时发生碰撞以及车辆冲出车道所产生的交通事故(图 9-10)。

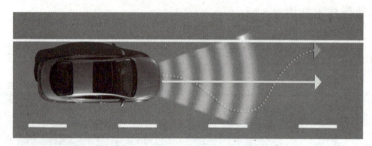

图 9-10 车道保持系统示意图

欧盟对车道保持系统的应用案例

欧盟研发的车道保持辅助系统称为 SAFELANE(即 lane keeping support system)。该系统自动探测驾驶人的车道保持情况,一旦发现异常情况,该系统会向驾驶人发出警告或是主动干预其驾驶行为。SAFELANE 的主要组成部分包括主动传感器(包含视频、雷达等检测方式)、车辆总线、数字道路地图、主动方向系统等。SAFELANE 的概念模型如图 9-11 所示,该系统可有效减少由于车辆偏离行驶路线所造成的交通事故。

图 9-11 SAFELANE 的概念模型

车道保持系统应用效果

2017 年的一份美国联邦公路局研究表明,车道保持系统有可能减少车道偏离事故,客运事故减少 22%,重型货车事故减少 37%。

(2) **车辆避撞系统** 本书所讨论的车辆避撞系统包括自适应巡航控制系统和碰撞前反应系统。

自适应巡航控制(adaptive cruise control,ACC)系统是一种对现有巡航控制系统的改进,通过空置发动机/动力传动系统和制动器来使目标车跟随前车并保持适当距离。在驾驶模拟器上的研究发现,自适应巡航控制系统可以减小行驶速度和超车次数,进而增加安全性。

碰撞前反应系统（pre-crash system）是一种在紧急情况下使用的ITS安全系统，其特点是：当碰撞事故几乎已经不可避免时（如事故发生的前几秒），通过某些措施尽量规避碰撞或是减轻碰撞的严重程度。该类系统在碰撞前采取的措施可以包括警告驾驶人，自动制动，准备弹出安全气囊及调整座椅位置，或是调整安全带松紧度等。此类系统相当于事故发生前的最后一道关卡，对于减轻事故损害和挽救驾驶人及乘客生命具有重要作用。

美国车辆避撞系统效果评估案例

2018年美国进行了车辆避撞系统评估，车辆避撞系统现场测试收集了12辆车，男女比例相等的三个年龄阶段（年轻人、中年人和老年人）72名驾驶人的测试数据。数据表明，正面碰撞报警和自动控速集成系统可以避免73%的追尾碰撞事故和22%~35%的侧面碰撞事故。

欧盟车辆避撞系统应用案例

欧盟研发了一种名为安全速度与距离支持系统（safe speed and safe distance support system，简称为SASPENCE）的车辆避撞系统，该系统通过分析路面情况、前车和本车状态等信息，辅助驾驶人进行决策，可以有效减少由于驾驶人超速和与前车距离过小所造成的交通事故。SASPENCE所使用的主要技术包括：①数据融合与驾驶场景重建；②计算机模拟车辆操作与驾驶人实际操作对比分析与校正；③驾驶人警告信息与主动车辆控制技术等，该系统工作的示意图如图9-12所示。

图9-12　车辆避撞系统工作的示意图

德国车辆避撞系统应用效果评估案例

在德国一项模拟研究调查了用纵向车辆控制来试图阻止事故的避撞系统的安全影响。模拟系统包括安装在车前部分的微波雷达和计算机视觉技术设备。系统使用从这些传感器收集来的信息，通过允许加速和制动控制来控制车辆速度。如果驾驶人没有应用制动，系统在最后时刻自动控制制动来避免碰撞。该研究发现，当有50%的车辆装备有碰撞躲避系统的制动控制装置时，由于前车制动导致的碰撞会减少45%~60%。

（3）胎压异常预警　轮胎压力监测系统（tire pressure monitoring system，TPMS），主要用于在汽车行驶时实时地对轮胎气压进行自动监测，对轮胎漏气和气压异常进行报警，以保障行车安全，如图9-13所示。轮胎压力监测系统主要分为两种类型：一种是直接式TPMS (pressure-sensor based TPMS, PSB TPMS), 另一种是间接式 TPMS (wheel-speed based TPMS, WSB TPMS)。直接测量感知气压的方法由于要保证其可靠性及耐久性, 成本较高。

图 9-13　轮胎压力监测系统示意图

（4）车辆驾驶盲区危险警告　在行驶和停车过程中, 由于汽车车身结构的遮挡, 即便是大尺寸的双曲率后视镜也无法避免驾驶者侧后方的盲区, 使驾驶人不能及时发现障碍, 易发生碰撞事故, 形成了安全隐患, 而能够提示侧向盲区的电子安全辅助系统则可以有效解决这一问题。

沃尔沃盲区信息系统应用案例

沃尔沃公司的盲区信息系统（BLIS）从 2005 年起率先在 XC70、V70 和 S60 等车型上得到了应用, 此后沃尔沃的全系车型都相继采用了这套系统。位于外后视镜根部的摄像头（图 9-14）会对宽 3m、长 9.5m 的一个扇形盲区进行 25 帧/s 的图像监控, 如果有速度大于 10km/h, 且与车辆本身速度差在 20~70km/h 之间的移动物体（车辆或者行人）进入该盲区, 系统对比每帧图像, 当系统认为目标进一步接近时, A 柱上的警告灯就会亮起（图 9-15）, 防止出现事故。

图 9-14　位于外后视镜根部的盲区传感器

图 9-15　A 柱上的 BLIS 警告灯

奔驰 Parktronic 系统应用案例

奔驰公司开发的 Parktronic 系统用于在停车过程中靠近障碍物时向驾驶人发出警告。这种系统也可在车前或车后有孩童存在时发出警告, 以免发生误伤。这种系统在前、后保险杠上装设超声波发射及接收器, 根据发出的信号回收时间, 可算出与障碍的距离。然后显示在仪表板的液晶显示屏上。这个显示屏只有在车速低于 16km/h 时才开启。当车辆距障碍 1m 就开始显示, 当保险杠距障碍约 250mm 时, 就会发出声响警告驾驶人（图 9-16）。

图 9-16　Parktronic 使用效果图

美国侧面碰撞检测在公交巴士上的应用案例

美国交通运输研究所研究在私家车和营运车上安装主动碰撞报警系统,包括用于侧面碰撞检测(side offencl detector system,SODS)的公交元件。侧面碰撞事故占公交巴士碰撞事故的49%,给公交公司造成了巨大的损失。有关机构对系统成本(采集、培训、维护费用)和侧面碰撞事故减少带来的效益进行了评估。评估证明 SODS 可以有效减少侧面碰撞事故。在两个公交公司的 257 辆公交巴士上安装侧视检测系统,每十万车公里侧碰事故率降低了 18.6%。

(5)驾驶人异常状态监视和警告 虽然大部分人都能够意识到,在身体出现异常状况的时候继续驾驶是极其危险的,但是在商用运输领域,驾驶人有时还是会忽略这一点而冒着发生事故的危险在身体不适的时候继续驾驶。因此,就有必要对驾驶人的状态进行检测,并对其异常状态发出警告,建议停止继续行使并采取相应的措施。该类系统不仅可以避免由于驾驶人的不适造成事故的风险,并且可以对驾驶人的驾驶行为产生良性的长期影响,鼓励其采取更加积极的生活和工作方式,从而间接改善交通安全。

面向安全的驾驶环境集成采集与重构系统

2009~2010 年中国交通运输部公路科学研究院开展了"面向安全的驾驶环境集成采集与重构系统"的研究工作,开发了人车路一体化的驾驶环境重构、集成采集系统,该系统通过记录和分析汽车驾驶人在实际驾驶过程中对路标、仪表板等目标的关注时间、状态等,以及路面状况对驾驶人注意力的影响,研究异常状态下(驾驶疲劳、注意力分散等)驾驶人的视觉行为特征及操作行为特征,建立异常状态下的驾驶行为典型特征库,并对行为特征数据进行分类研究,给出相应评判异常状态的指标及方法(图 9-17、图 9-18)。

图 9-17 系统采集装置样例

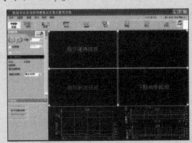

图 9-18 系统软件界面

该系统的工作原理是用一个集成在头盔上的微型红外摄像机捕捉驾驶人眼球的运动和视野的变化,并且同场景视频录像叠加,集中到一个高性能的 PC 工作站中,从而实现对

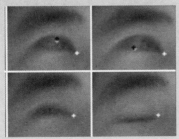

图 9-19 驾驶人面部特征点追踪样本

图 9-20 驾驶人视线注视点标注

车辆状态、道路环境（车辆周围的其他车辆情况）以及驾驶人的驾驶状态信息做同步的数据采集与现实环境的重构，建立典型场景的数据库系统，可有效地为很多重要的研究方向的分析提供技术支撑，如驾驶人对前方车辆危险认知的特性，发生事故和虚惊时人的因素，以及人车路相互作用机理对交通安全的影响等（图9-19、图9-20）。

驾驶人异常状态监视和警告系统应用案例

日本丰田公司通过检测车辆转向状态以及驾驶人的脉搏，来判断驾驶人是否开始瞌睡。若判断为轻度瞌睡，则发声并使警告灯闪烁以提醒驾驶人采取措施；如驾驶人未察觉仍继续瞌睡，则此装置会振动驾驶人的座椅，以唤醒驾驶人采取措施；如驾驶人仍然不醒，此装置会自动制动。据称，此装置对防止驾驶人瞌睡状态非常有效。

雷诺公司与西门子公司也共同研制了防止驾驶人瞌睡驾驶的装置。采用摄像机监视驾驶人，当发现有任何瞌睡征兆（如眼皮动作、头部摆动等），就及时发出警告。同时将空调开到最大制冷，并向驾驶人头部吹冷风。

（6）夜间视觉增强和智能汽车照明　夜间视觉增强技术和智能汽车照明技术能够很好地解决夜间能见度低和弯道驾驶盲区的问题，以改善夜间道路交通安全水平。

1）夜间视觉增强系统。通过非合作式自主方法来提高驾驶场景的能见度，在低于正常能见度的情况下为驾驶人提供直接视觉信息。

视野增强系统的重要技术之一是图像处理技术，车辆可以从多种不同的途径取得图像信息，包括视频、雷达或者基础设施等。视频摄像机可以被有计划地部署在车辆周围，为视野增强系统提供车辆周围全方位的环境图像信息，这些图像信息与其他数据一起，经过数据融合，可以为驾驶人提供视野增强辅助，为他们做出关键决策提供重要信息。图9-21所示为一种典型的车辆视野增强系统。

车辆使用的红外技术有两类：近红外技术（near infrared ray，NIR）和远红外技术（far infrared ray，FIR）。近红外技术利用物体发出和反射的光探测物体，显示的图像（虽然为单色）非常自然，许多驾驶人都说这非常像他们在远光灯里看到的景象（图9-22）。远红外线区使用热成像和显示技术，图像显示发热物体的形状，并与其周围的环境形成对比，但是几乎没有显示环境的情况（图9-23）。图9-22和图9-23显示在安装于中央控制台上的仪表显示屏，该技术也可以在抬头显示中配置。

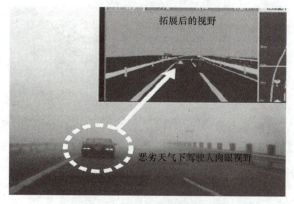

图9-21　一种典型的车辆视野增强系统示意图

2）智能汽车照明系统。随动转向控制前照灯（adaptive front-lighting system，AFS）技术可实现随着车辆的转向及倾斜度，车辆自动调节前照灯扩大夜间行驶时的视野，以提高安全性。其工作原理如图9-24所示。

目前，AFS主要有以下三种控制方式：

第九章 智能车路协同系统

图 9-22　奔驰车上的近红外显示系统

图 9-23　宝马车上的远红外显示系统

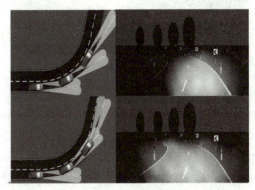

图 9-24　智能汽车照明系统示意图

① 转向前照灯形式的，就是前照灯内灯具可以左右旋转 8°~15°照明弯道死角。

② 利用独立弯道照明系统的，就是在灯具里有一个固定的灯泡照向弯道，转弯时自动点亮。

③ 利用左右雾灯进行弯道照明，转向时对应弯内侧雾灯亮起，照明弯道死角。

(7) **车-路通信系统**　车辆与道路基础设施的集成 (vehicle infrastructure integration, VII)，是通过一系列先进的技术使道路车辆与周围辅助设施能够直接通信连接的一项研究及应用，最初也是最主要的目的是改善道路安全。

VII 将在道路车辆和所有在界定的临近范围内的车辆之间建立直接的联系，车辆彼此之间能够进行通信，交换速度、方向，甚至可能包括驾驶人的反应和意图方面的数据。这将提高临近车辆间的安全性，同时提高 VII 系统的总体灵敏度，如能够更加有效地自动实施应急措施（转向、减速、制动）。此外，该系统设计与路边基础设施进行通信，完善整个实时交通信息网络，同时更好地进行拥堵管理和车辆信息的反馈。

欧盟 WILLWARN 系统简介

欧盟的无线局域危险警告（wireless local danger warning, WILLWARN）系统是一种采用 VII 技术的典型系统，其整体概览如图 9-25 所示。WILLWARN 为驾驶人辅助提供道路行驶的关键信息，基于这些信息，驾驶人可以时刻对自身周边的危险情况保持警惕，以期避免事故的发生。这些信息的采集、传输可以是基于基础设施的（如各种路旁设施、道路线圈设施等），也可以是基于在途行驶的各个车辆之间的通信的，如某辆车识别出潜在的危险，或者是已经发生事故之后，它可以将这些潜在的危险或者事故信息传递给周围的其他车辆，以提高其他车辆驾驶人在危险地段的警惕性。

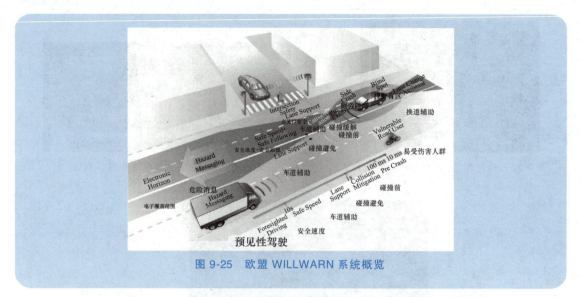

图 9-25 欧盟 WILLWARN 系统概览

（8）车-车通信系统　车辆与车辆之间的相互通信（vehicle-to-vehicle，V2V），是一种新兴的技术（图 9-26）。借助于 V2V 系统，道路上的车辆可以探测到 1mile（1mile = 1609.344m）范围之内的其他车辆的位置和运动情况。V2V 系统中的车辆装备有天线、计算机芯片和 GPS 等设备，它们之间可以进行互相通信，知道彼此的位置等信息，即使对于驾驶人来说是视觉盲区的位置也不是问题。这些车辆可以随时监视其周围的驾驶环境并对其做出即时反应，当可能发生危险时，车辆会通过警报声、视觉信号或是座椅的振动等信号对驾驶人进行预警。如果驾驶人对警告没有做出反应或处置措施，车辆可以自行停到路边安全的地方以防止事故的发生。

图 9-26　V2V 技术原理示意图

车-车通信应用案例

图 9-27 所示为一种使用 V2V 技术预防交通事故发生的典型应用，当前方有装用 V2V 设备的车辆发生事故时，系统会自动向上游靠近的车辆发送警示信息，上游装有 V2V 设备的车辆会收到发生事故的车辆发出的警示信息，事故信息会在装有 V2V 设备的车辆间

相互传递,从而达到预警的效果。

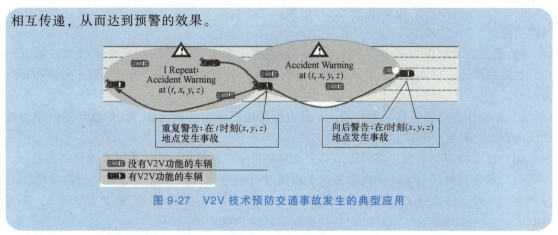

图9-27　V2V技术预防交通事故发生的典型应用

（9）车-路协同应用领域　车路协同技术应用领域如图9-28所示。

图9-28　车路协同技术应用领域

车路协同应用场景如下：

1）盲点警告。当驾驶人试图换道但盲点处有车辆时,盲点系统会给予驾驶人警告。

2）前撞预警。当前方车辆停车或者行驶缓慢而本车没有采取制动措施时,给予驾驶人警告。

3）电子紧急制动灯。当前方车辆由于某种原因紧急制动,而后方车辆因没有察觉而未采取制动措施时会给予驾驶人警告。

4）交叉口辅助驾驶。当车辆进入交叉口处于危险状态时给予驾驶人警告,如障碍物挡住驾驶人视线而无法看到对向车流。

5）禁行预警。在可通行区域,试图换道但对向车道有车辆行驶时给予驾驶人警告。

6）违反信号或停车标志警告。车辆处于即将闯红灯或停车线危险状态时,驾驶人会收到车载设备发来的视觉、触觉或者声音警告。

7）弯道车速预警。当车辆速度比弯道预设车速高时，系统会提示驾驶人减速或者采取避险措施。

8）道路交通状况提示。驾驶人会实时收到有关前方道路、天气和交通状况的最新信息，如道路事故、道路施工、路面湿滑程度、绕路行驶、交通拥堵、天气、停车限制和转向限制等。

9）车辆作为交通数据采集终端。车载设备传输信息给路侧设备，此信息经路侧设备处理变为有效、需要的数据。

10）匝道控制。根据主路和匝道的交通时变状况实时采集、传输数据来优化匝道控制。

11）信号配时。收集并分析交叉口车辆实际行驶速度及停车起步数据，使信号的实时控制更加有效。如果将实时数据处理时间提高10%，每年延误时间可减少170万h，节省110万USgal（1USgal=3.78541dm^3）汽油以及减少9600t CO_2排放。

12）专用通道管理。通过使用附近的或平行车道可平衡交通需求，也可使用控制策略，如当前方发生事故时可选择换向行驶；改变匝道配时方案；利用信息情报板发布信息，诱导驾驶人选择不同的路径。

13）交通系统状况预测。实时监测交通运输系统运行状况，为交通系统有效运行提供预测数据，包括旅行时间、停车时间、延误时间等；提供交通状况信息，包括道路控制信息、道路粗糙度、降雨预测、能见度和空气质量；提供交通需求信息，如车流量等。

三、车路协同技术应用

1. 交叉口车路协同技术应用

交叉口车路协同技术示意图如图9-29所示。

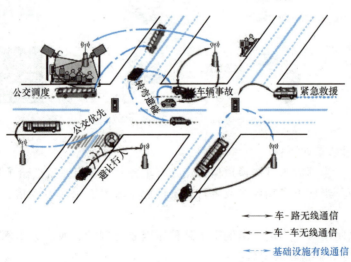

图9-29 交叉口车路协同技术示意图

（1）交通信号信息发布系统

1）通过车-路通信，向接近交叉口的车辆发布信号相位和配时信息，判断在剩余绿灯时间内是否能安全通过交叉口。

2）提醒驾驶人不要危险驾驶（如闯红灯），并协助驾驶人做出正确判断，避免车辆陷入交叉口的"两难区",防止信号交叉口的直角碰撞(right angle)事故。

(2) **盲点区域图像提供系统**

1) 通过车-路通信,向交叉口准备转弯或者准备在停止标志前停车的车辆提供盲点区域的图像信息。

2) 防止由转弯车辆视距不足引起的事故和无信号交叉口的直角碰撞事故。

(3) **过街行人检测系统** 通过车-路通信,向接近交叉口的车辆发布人行道及其周围的行人、自行车的位置信息,防止机动车和非机动车及行人之间的事故。

(4) **交叉口通行车辆启停信息服务**

1) 通过车-车通信,前车把启动信息及时传递给后车,减少后车起步等待时间,从而提升交叉口通行能力。

2) 在同向行驶中,前车把紧急制动信息快速传递给后车,避免追尾事故的发生。

(5) **先进的紧急救援体系**

1) 在车辆发生故障或交通事故时,自动向急救中心及管理机构发出有关事故地点、性质和严重程度等求助信息。

2) 通过车-路通信调度信号灯优先控制,让急救车辆先行,及时救援受伤人员。

2. 危险路段车路协同技术应用

危险路段车路协同技术示意图如图 9-30 所示。

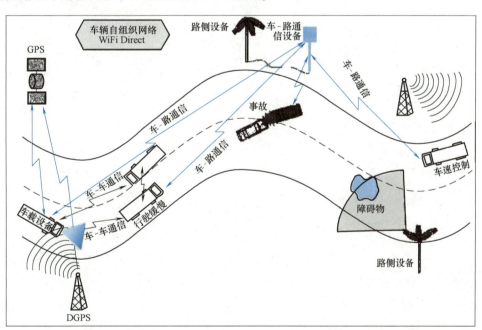

图 9-30 危险路段车路协同技术示意图

(1) **车辆安全辅助驾驶信息服务**

1) 路侧设置的多传感器检测前方道路转弯处或死角区域是否发生交通阻塞、突发事件或存在路面障碍物。

2) 通过车-路通信系统向驾驶者提供实时道路信息。

(2) **路面信息发布系统** 向接近转弯路段的车辆发布路面信息(如是否冰冻、积水、积雪），提醒驾驶人注意减速，防止追尾事故。

（3）**最优路径导航服务**　路侧设备检测到前方道路拥堵严重，通过车-路、车-车通信系统以及车载终端显示设备，提醒驾驶者避开拥堵道路，并为其选择以最短时间到达目的地的最佳路线。

（4）**前方障碍物碰撞预防系统**

1）通过车-路、车-车通信，向车辆传递危险信息（如障碍物的绝对位置、速度、行驶方向等）。

2）帮助避免发生车辆之间或车辆与其他障碍物之间的前撞、侧撞或后撞等。

3）避免与相邻车道上变更车道的车辆发生横向侧碰等。

（5）**弯道自适应车速控制**

1）向车辆传递前方弯路的相对距离、形状（曲率半径等）等信息。

2）车辆结合自身运动状态信息，给予驾驶人最优车速，避免车辆在转弯时发生侧滑或侧翻。

第十章 智能高速公路管理与服务系统

智能高速公路管理与服务系统是由多个子系统构成的复杂信息系统，一般至少包括表 10-1 所示的组成部分，其中决策支持等子系统称为信息增值服务系统。按照知识化、科学化管理要求，系统不仅需要完成各种事务性管理任务，而且需要逐步形成高速公路的"管理神经网络"，有效沟通各部门之间的信息联系，实现将数据组织成为信息，将信息提炼成为知识，将知识融入整个管理，全面支持事务管理、决策分析、制定战略过程的目标。

表 10-1　智能高速公路管理与服务系统的组成

系统名称	系统类型	对其他系统的依赖性
高速公路通信系统	事务管理	*
高速公路收费系统	事务管理	*
高速公路监控系统	事务管理	*
高速公路设计施工资料工程数据库	数据管理	*
高速公路养护管理系统	事务管理	* *
高速公路事故信息分析系统	决策支持	* * *
高速公路灾害应急管理系统	指挥系统	* *
高速公路公众信息服务系统	信息发布	* * *
高速公路网规划决策支持系统	决策支持	* * *
高速公路战略决策支持系统	决策支持	* * *

注：* 表示对其他系统的依赖性小；* * 表示对其他系统的依赖性中等；* * * 表示对其他系统的依赖性强。

第一节　高速公路通信系统理论及应用

授课视频

一、高速公路通信系统基本情况

1. 高速公路通信系统组成

高速公路通信系统是高速公路的重要组成部分，是高速公路管理、运营不可缺少的基础设施，是高速公路实现安全、畅通、舒适、经济和高效运营的必要手段。

高速公路通信由长途通信、地区通信、移动通信和紧急通信组成。高速公路通信设施主要包括光纤、管道干线、光传输设备、程控交换设备、无线电（或集群调度）通信设备、路侧紧急电话等。高速公路通信网络目前实现的业务有常规电话业务、移动调度通信业务、紧急电话业务、数据传输业务和图像传输业务等。

高速公路通信的主要任务是为公路紧急救援、抢险清障、监控管理、路况安全信息播发提供公益安全服务；为公路管理、路政管理、智能化管理提供行业管理通信服务；为公路收费联网、自动收费、账单拆分结算等经营性活动提供服务。

现在高速公路通信的建设已经形成系统化和规模化，在各地区高速公路的建设中，已注意到加强通信基础设施的建设，除建有通信管道外，基本建有传输交换、无线移动调度通信、紧急电话系统等通信设施。随着高速公路建设规模的扩大和通信技术的发展，现在一般都采用光缆作为传输线路，无线移动调度通信系统一般为群呼，部分道路使用了模拟集群调度通信系统，交换设施均采用数字程控交换机。

2. 高速公路通信的特点

高速公路通信是高速公路的辅助设施，是高速公路的重要组成部分，其网络构成任务有其独有的许多特点：

(1) **分散性**　高速公路线路遍布全国各地，连接的点多、面广、线长，呈带状离散分布。各管理部门在管理作业中需要经常进行协调和配合，要与高速公路沿线的地方机关和有关单位经常发生业务联系。因此，高速公路每天都有大量的信息交换。为实现信息交换，不仅有地区内的通信需求，还有跨地区的通信需求，这些需求不可能从公众通信中得到满足。

(2) **流动性**　高速公路的路政管理和收费征稽是保证高速公路长期正常运营的重要工作，对违章的人员要及时处罚，并采取强制的手段。此外，高速公路的管理部门依靠通信系统及时掌握、了解道路及其设施的使用和损坏情况，并及时处理、救援、排除路障，确保道路处于良好的运行状况。上述这些工作均需要管理人员在道路上流动作业，因此高速公路通信需要专门满足流动性的有调动功能的移动通信网。

(3) **实时性**　高速公路通信中重要的一部分是为安全、调度服务。道路上的各种信息要及时地传送到有关管理部门，管理部门对这些信息进行分析，并做出决策、信息发布和道路交通控制和管理。一旦发生事故，管理部门需要立即调度车辆和人员，赶赴现场进行指挥、抢险。因此高速公路通信需要先进的、完善的通信系统，以满足实时通信要求。

(4) **双重性**　高速公路通信主要是保障高速公路本身交通运行安全、满足路政管理和运输经营需求的专用通信。除满足高速公路内公益和经营通信需求外，高速公路通信线路和管道具有较大的富余容量，其通信网具有多种通信功能，在实现全国联网的条件下，能与公网接续，可以充分利用资源，提高经济效益。因此高速公路通信实质上和铁路通信一样，具有公益和经营双重性。

3. 高速公路通信的地位和作用

(1) **高速公路通信是公路运输行业的重要基础设施**　高速公路通信是服务于高速公路运输行业的专用通信，主要用于确保道路的安全通行和管理服务，提供运营的技术支持手段。在现代科学的公路运营管理中，它将监控、导航、自动收费、公路管理、抢险救助、交通诱导、安全驾驶、商用车辆运营信息等传输到中央控制室汇总，实时提供道路拥堵信息和通行信息，确保道路通畅；通过车辆之间的信息共享，进行交通诱导，减少发生危险的倾向；通过对业务用车提供公路交通信息和实现物流通中心的自动化、系统化，使集中与发送业务的效率得以提高；通过缓解交通拥堵来提高运营效率，节约能源并减轻对环境的污染。

(2) **高速公路通信是国家公网不可替代的专用通信**　高速公路通信网是为了解决高速公路的特殊需要而组成的网络，网络结构和通信设备是按高速公路运行的实际要求而配置的。高速公路的信息设备是沿高速公路设置的，工作覆盖范围包括高速公路的全部路段，并分散于道路沿线的路段管理单位、收费站口和交通监控点，相互之间直达通信的要求很高。高速公路的通信网络是同时提供语音、数据和图像业务的多业务平台，必须具有较宽的传输

第十章 智能高速公路管理与服务系统

带宽。根据高速公路的特点，移动通信系统应具备调度功能、脱网直通功能，应具有较快的接续时间，具有数据、静止图像、GPS、车辆定位、控制等多媒体传输业务和保密要求。高速公路安全保障使用的紧急电话系统、监控系统中的通信设施是高速公路专用的通信设施，具有与一般公用通信所不同的技术要求和标准。

面向全社会需求的国家公网，由于网络结构等原因，难以提供位于城市间沿高速公路的各分散站、点的各种直达通信线路。特别是在突发事件和重大的抢险救助时，蜂窝移动通信会出现信号阻塞，不能保证及时可靠的通信。而且，高速公路的有线电话系统需要具有的调度功能等业务是公网所不具备的。鉴于以上原因，国家公网无论如何先进与发达都不可能替代公路通信的功能和作用。

（3）**高速公路通信是高速公路管理的必要手段** 高速公路的管理不同于普通公路的传统管理方式，是一项技术密集的新型动态管理。因此，要对高速公路的各种信息进行综合分析处理，信息设施是各种信息有效、实时传输的保证。

（4）**高速公路通信是 ITS 重要的实施手段** ITS 重要的实施手段是通过信息系统向用户直接发布各种交通信息，核心技术是电子、信息、通信和系统工程，而通信系统是先决条件和基础资源。在 ITS 的运行中，需要掌握各种数据、图像信息，融合在统一的数字通信系统中，需要所有道路的相关设施连成完整的网络，需要提供足够带宽的系统容量，并形成区域性和全国范围的通信网络平台，这样的平台依靠路外独立的公众通信是难以实现的。

二、高速公路管理信息系统中的共用信息平台

我国高速公路管理信息系统的建设出现了值得关注的趋势：系统管理范围要求从单条路线扩展到整个高速公路网络；综合利用交通信息增强宏观决策和调控能力的意识增强；开始制定高速公路管理信息系统的总体规划，并以此作为分期实施的交通监控系统、收费系统、公众信息发布系统等的宏观指导方案。

共用信息平台首先是一种规划概念，在系统规划阶段明确逐步扩展的系统各部分之间相互衔接关系，确定接口和功能衔接要求；共用信息平台也是一种管理控制概念，在系统建设阶段明确的目标，可以通过投资建设要求等方式加以保证；共用信息平台又是一种技术概念，以此提供系统整合的技术依托。

1. 高速公路管理信息系统逐步递进的发展战略

由于需要一个积累经验、建立技术和管理基础的过程，不可能一下子建设一个功能完美的高速公路管理信息系统，同时，又必须尽可能避免子系统在分步开发过程中的反复修改，以保持系统开发的相对稳定性。逐步递进发展，是解决上述矛盾的一种有效方式。

逐步递进发展的方式是抓住总体功能控制性规划设计，确定子系统之间的接口衔接关系。当子系统的外部关联明确之后，再进入先期建设子系统的详细设计。称其为总体控制设计、分块详细设计、分期实施、递进发展的积木式建设方式。

2. 高速公路管理信息系统中的信息共享

为实现逐步递进发展的方式，需要预先分析高速公路管理信息系统各子系统之间的数据联系关系，这种关系具有以下特点：

（1）**基础数据采集的共享性** 整个管理信息系统运行依赖 4 个子系统提供基础数据，分别是监控系统——道路交通流量、车速等；收费系统——高速公路出入口 OD 数据等；设

计施工资料工程数据库——道路几何设计数据；养护管理系统——道路铺装情况等。

（2）现状数据与历史数据积累的需求差异 各子系统对数据的时间要求存在一定的需求差异，如监控系统关注的是现状数据，规划决策支持系统、事故信息分析系统等关注的是累积的历史数据和现状数据的结合。

（3）数据详细程度的需求差异 路网规划决策支持系统只要有路段年平均日交通流量就能够基本满足需要，而事故信息分析系统所需要的数据则要细致得多。应采用共用数据详细程度层次化方法，来满足不同的数据服务需求。

图10-1显示了各子系统之间的数据流通状态。图10-1中各数据流的具体构成情况见表10-2。

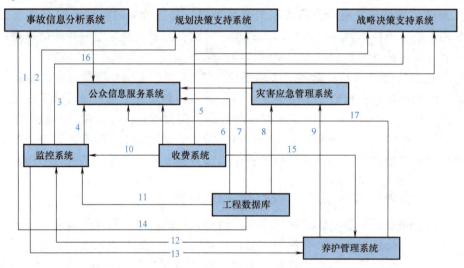

图10-1 各数据流的具体构成情况

表10-2 管理信息系统各子系统间数据流的内容

编号	数据流	数据内容
1	监控系统向事故信息分析系统所传送的数据	事故发生时，该路段的交通流量、交通流车速
2	监控系统向规划决策支持系统发送的数据	各路段（不包括立交匝道）的年平均日交通量、路段平均车速、路段5min流量与地点车速的抽样数据
3	监控系统向战略决策支持系统发送	各路段（不包括立交匝道）的年平均日交通量、路段平均车速
4	监控系统向公众信息服务系统发送	各路段及立交5min时段平均流量、路段车速情况和路段交通情况图像
5	收费系统向规划决策支持系统发送	年平均日OD交通量，各种时间不均匀系数，交通的车种构成（如客货构成、大小车型等）
6	工程数据库向公众信息服务系统发送	道路电子地图（数据更新时）
7	工程数据库向规划决策支持系统发送	道路交叉口坐标位置、互通式立交形式、道路路段里程及车道数（均仅在数据更新情况下或具有特殊查询要求时发送）
8	工程数据库向灾害应急管理系统发送	道路交叉口坐标位置、互通式立交形式、道路路段里程及车道数、道路各种桥梁基本设计图等（均在数据更新情况下发送）

第十章　智能高速公路管理与服务系统

（续）

编号	数据流	数据内容
9	养护管理系统向灾害应急管理系统发送	桥梁维修情况和道路设施完好状态评估情况
10	收费系统向监控系统发送	动态 OD 数据以及车型构成信息
11	工程数据库向监控系统发送	道路路段及立交几何设计参数（当数据更新时）
12	养护管理系统向监控系统发送	道路路面状态数据
13	监控系统向养护管理系统发送	各路段年平均日交通量
14	工程数据库向事故信息分析系统传送	道路几何设计参数（包括路段及立交）
15	收费系统向养护管理系统发送	年平均 OD 交通量，按照车辆轴重分类的车辆构成抽样调查数据
16	事故信息分析系统向公众信息服务系统发送	交通事故分析报告信息
17	养护管理系统向公众信息服务系统发送	道路施工养护信息

3. 共用信息平台

共用信息平台的确切含义是对整个高速公路管理信息系统共用数据组织结构和传输形式的一种规范化定义，以及一个对共用数据进行组织、存储、查询、通信等管理服务的数据仓库系统。共用信息平台的功能主要如下：

1）提取各子系统中的共享数据，并对多来源渠道、相互不一致的数据进行数据融合处理。

2）组织实时数据和历史数据，保证数据间关系的正确性、可理解性，避免数据冗余。

3）根据服务请求和查询权限对客户系统提供信息服务，对于自身存放的数据直接加以组织输出，对于其他子系统存放的细节数据由共用信息平台提供查询通道。

从实现形式上看，共用信息平台具有分布式数据仓库的特征。各子系统经常使用的数据存储在共用信息平台自身的数据库中，而一些偶然使用的细节数据则仅在共用信息平台中记录存放位置、更新时间、数据结构等信息，遇到查询请求时共用信息平台首先从相应子系统中提取数据，而后转送给等待服务的客户。图 10-2 所示为公用信息平台的结构。

4. 面向用户的共用数据组织关系

面向用户的共用数据组织关系描述，是为各子系统进行数据查询时提供可理解的数据间关系说明。这种数据关系包括有关数据在空间位置及时间上的联系、数据的确切含义等。共用信息平台通过共用数据规范保障对外服务的信息透明度，其中涉及如下与用户查询密切相关的基本概念：参照系、数据类型、数据粒度。

（1）路网参照系　由于交通信息系统涉及的各种事件（点事件，如交通事故、地点车速等；区域事件，如路段行驶车速等），需要在具有空间位置表现能力的系统（如 GIS-T）中定位，因而需要为整个高速公路管理信息系统建立统一参照系作为空间信息组织框架。

路网参照系采用一种类似里程桩号的方式定义各种交通事件的发生位置，构成交通信息空间组织框架。为了适应不同的数据详细程度要求，路网参照系采用了能够从细致向粗略变换的 3 套参照系，即基本路网参照系、中观路网参照系和宏观路网参照系，如图 10-3 所示。

基本路网参照系提供了道路路段以及立交的几何数据详细描述，利用它能够精确确定交

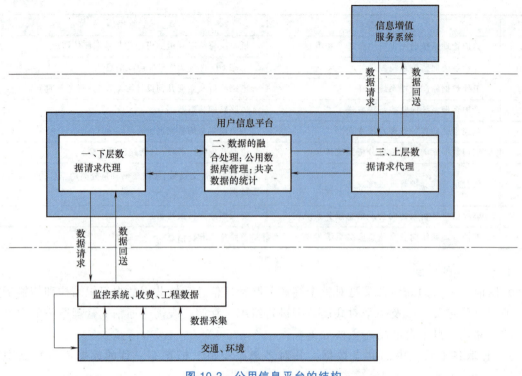

图 10-2　公用信息平台的结构

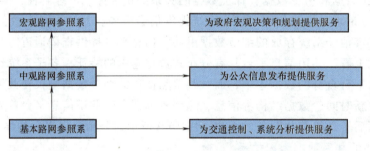

图 10-3　三种路网参照系之间的关系

通事件的空间位置。基本路网参照系采用图 (X, A) 来描述路网拓扑关系，其中 X 为结点的集合，而 A 为有向边的集合。结点对应于高速公路的交叉点，采用平面坐标值描述其空间位置，采用结点编码与其他数据之间建立联系；边对应于两个结点之间的高速公路路段，采用两端结点编号定义在路网中的拓扑关系，采用几何样条曲线描述边的平面位置关系，采用直线和圆曲线描述边的纵断面线形。在基本路网参照系中有一种特殊的边——连接边，用于描述立交的连接匝道几何参数。

中观路网参照系描述了路网结点的空间位置、路网结点之间的道路连接情况、连接路段的长度，以及连接路段的空间位置情况。与基本路网参照系相比，中观路网参照系省略了道路互通式立交的连接方式，以及出入口的细致情况。

宏观路网参照系用于说明路网的宏观情况，描述了路网结点的空间位置、路网结点之间的道路连接情况，以及连接路段的长度。与基本路网参照系相比，宏观路网参照系省略了道路的连接方式（互通式立交的详细情况）、路线的详细空间位置以及出入口的情况。

（2）**共用数据类型**　道路技术数据包括道路几何参数（平面线形参数、纵断面线形参数、横断面线形参数）及路面铺装数据。道路几何参数由高速公路设计施工资料工程数据库提供，道路铺装数据由高速公路设计施工资料工程数据库提供原始数据，由高速公路养护管理系统提供更新数据。

交通流特征数据定义在路网参照系之上，其数据具有车种构成、数量、数据粒度等方面的特征。OD 数据，确切地讲是高速公路出入口 OD 数据，它定义在空间结点对参照系之上，其数据具有数量、车种构成和粒度等特征。

（3）**数据粒度层次**　信息粒度是反映信息详细程度的概念。为适应不同子系统信息需求的详细程度不同，共用信息平台采用信息粒度层次对数据进行必要的组织。道路技术数据的粒度是通过路网参照系 3 层结构体系来提供的，参照系之间的变换通过抽象运算来完成，即从下层参照系数据中略去部分细节数据，获得高一层次的参照系。

交通流特征数据粒度反映了交通流数据在时间和空间上的细致程度。按照时间轴划分为 5min 交通流特征（合计流量、平均车速、平均密度）、小时交通流特征（合计流量、平均车速、平均密度）、日交通流特征（合计流量、平均车速、平均密度）、月平均交通流特征（月平均日交通量、平均车速、平均密度）、年平均交通流特征（年平均日交通量、平均车速、平均密度）；按空间轴划分为道路分段（网络中边的一段）、路段（两个交叉点之间的路段）、路线（如 104 国道）上的交通流特征。

OD 数据粒度反映了时间上的细致程度。OD 数据划分为日 OD 量、周平均日 OD 量、月平均日 OD 量、年平均日 OD 量。

5. **共用信息平台所提供的信息服务方式**

（1）**依据共用数据规范的数据查询**　根据路网参照系确定空间范围（如济青高速公路 K100+325 至 K120+383 或二分公司管辖等）后，选择数据类型（道路技术数据、交通流数据、OD 数据），确定时间范围，定义输出格式，进行数据查询。

（2）**主题查询**　主题查询是根据某种事先设计好的数据组织结构进行查询的方式，如道路几何线形与交通事故之间的关系、道路交通与社会经济发展之间的关系等。对于各种主题，系统提供事先设计的主体内容索引将相关图表、数据组织在一起。

（3）**提供共用信息底图**　共用信息底图是共用信息平台中最为基本的共用数据。它的实际表现形式为地理信息系统中的电子地图。在高速公路管理信息系统中，信息底图按照信息的粒度，分别采用宏观参照系、中观参照系及基本参照系三种方式支持不同决策分析。在该数字地图上辅以相应粒度的交通流数据，便构成了共用信息平台的信息底图。

三、高速公路信息传输技术

1. **光纤通信传输 DWDM 技术**

密集波分复用（dense wavelength division multiplexing，DWDM）技术是利用单模光纤低损耗区的带宽，将不同频率（波长）的光信号通过合波器合成一束光后发射进同一根光纤进行传输，在接收端通过分波器区分开不同频率（波长）的信号并进行相应数字处理还原出原信号的复用技术。

密集波分复用技术可以充分利用光纤的巨大带宽资源，使一根光纤的传输容量比单波长传输增加几十倍甚至上百倍，从而节约大量光纤和投资，在目前已建高速公路 SDH 光纤通信传输系统上不做较大的改动就可以比较方便地采用 DWDM 技术进行系统扩容。

目前，从国内大多数高速公路通信系统光缆（芯数）及通信管道的实际出租业务情况来看，由于光缆或通信管道租用方与出租方之间存在系统管理及系统维护工作交叉等非常困难和现实的问题，租用光纤（芯数）的情况较少，又由于长距离通信管道的租用总费用较高，加之高速公路通过的许多地区经济还不是很发达，网络发展的需求不如经济发达地区强烈，投资网络建设收回成本并产生效益的周期较长且存在一定程度的风险，这些客观存在的因素都影响着计划租用高速公路通信管道或光缆的租用方的投资积极性。因此，在满足高速公路通信专网近期及远期发展对带宽的需求，考虑到尽快收回投资并产生效益的同时，在大容量光纤通信传输系统的设计中应尽量采用成熟、已成功工程化应用的新技术（如密集波分复用技术），以提高所建设通信系统的性价比，同时减少一些不必要的投资，缓解建设资金紧张的压力，使建设的高速公路通信系统既能满足高速公路通信专网在近期及今后若干年内对通信带宽的需求，又能在一定程度上服务于社会，回收投资并产生效益。以电时分复用（ETDM）为基础的 SDH 设备，目前商用化速率已达 10Gbit/s，速率超过 10Gbit/s 的 SDH 网络结点设备实现难度已变得很大而且网络运行成本很高，这些因素都极大地限制了 SDH 传输系统在高速、大容量传输网络中的应用，客观上促进了 DWDM 等新技术的发展和应用，采用 DWDM 技术的通信网络具有通信容量大、网络接口标准、网络可重构并易于升级换代、网络运行成本可不断降低等特点，而且 DWDM 传输系统传输体制与信号速率无关，因此可方便地引入宽带、数据等新业务，兼容不同体制、不同厂家的设备。由于 DWDM 传输系统具有许多 SDH 传输系统所不具有的优点，自 1995 年以来，DWDM 技术已在国内通信干线上得到越来越多的应用。

2. 无线局域网技术

当光缆、电缆等有线通信网发生通信障碍时，高速公路的通信又将如何实现？无线局域网的补充、备用或局部替代功能可以让运营者从容面对。

计算机局域网是把分布在几米至几公里内的位于不同物理位置的计算机通过电缆或光缆等传输媒体连在一起，在网络软件的支持下，实现互相通信和资源共享的目的的网络系统，这种计算机网络通常称为局域网并已得到广泛应用。这种局域网始终存在两个不尽如人意的地方：①受地理环境的限制，不能使网络延伸到任何想要到达的地方；②网络中的各站点不能移动。由此，作为一种补充手段，近年来无线局域网得到了迅速的发展。它首先用来解决某些特殊区域无法布线的问题，如受保护的建筑物、广场、河对岸、无权敷设线路的地方等；其次对经常需要变动网络布线结构和用户需要更大范围移动计算机的地方，使用无线局域网可以克服线缆限制引起的不便性，如办公机构和人员经常调整、职员经常需要带着便携式计算机在办公楼不同的地方工作；对于时间紧、需要迅速建立通信而使用有线网架设不便、成本高或耗时长的情况也可使用无线局域网；此外，无线局域网也被用作一般目的的网络连接。

（1）**无线局域网概述** 一般来说，凡是采用无线传输方式代替电缆或光缆实现的计算机局域网都可称作无线局域网（wireless）。但在实际应用中，并不是所有的无线传输方式都能够获得良好的传输效果并满足无线局域网对通信信道的要求。无线传输方式涉及无线局域网采用的传输媒体、对媒体的调制方式及选择的频段。

在传输媒体方面：目前真正能够实际应用于无线局域网的传输媒体主要有两种，即红外线和微波。以波长小于 1μm 的红外线为传输媒体构成的红外线局域网，这种传输方式的最大优点是不受无线电干扰，且使用时不受国家无线电监测中心限制，但由于红外线具有很高的背景噪声，受日光、环境、照明等影响较大，对非透明物体的透过性极差，因而，仅适用于近距离的无线传输；采用微波作为传输媒体构成的无线局域网可用于远距离传输。

在调制方式方面：采用微波作为传输媒体构成的无线局域网依调制方式的不同，又可以分为窄带调制方式和扩展频谱方式。这两种不同的调制方式所获得的传输质量也有较大差别。

1) 采用窄调制方式也就是传统的微波传输方式时，数据基带信号的频谱被直接搬移到射频发射出去。这种调制方式的优点是占用频带少，频带利用率高，但它的抗干扰能力差，一般需要选用专用频段并必须经过国家无线电管理部门的许可。当然也可以选用免去向无线电管理委员会申请的 ISM 频段，但带来的问题是，当临近的仪器设备或通信设备也使用这一频段时，会严重影响通信质量，在这种情况下通信的可靠性无法得到保证。由此可见，窄带通信并不理想。

2) 采用扩展频谱方式时，用来传输信息的数据基带信号的频谱被扩展至几倍到几十倍后再被搬移到射频发射出去。如一个二进制数据流的速率为 64kbit/s，其基带带宽只有 64kHz，但用扩频技术传输时，它的带宽可以被扩展到 4MHz、26MHz、120MHz 或更宽，这种做法虽然牺牲了频带带宽，却提高了通信系统的抗干扰能力和安全性，且由于单位频带内的功率降低，对其他电子设备的干扰也减小了，从而获得优良的传输质量。扩频通信方式的出现是通信技术上的一次重大突破，它能够使传输中的信噪比提高 30~50dB，而此前其他所有的无线电波传输方式要改善信噪比很困难，如能将信噪比提高 2~3dB，已是不小的进步了。扩频技术除了信噪比方面的巨大改善之外，还带来了其他方面的突破，如抗噪声能力极强；抗干扰能力极强；抗衰落能力强；抗多径干扰能力强；可以采用码分多址（code division multiple access，CDMA）实现多址通信；易于多媒体通信组网；具有良好的安全通信能力；不干扰同类的其他系统。

正是由于扩频通信在可靠性、抗干扰等方面具备了常规有线通信无法提供的优势，为计算机无线联网提供良好的通信信道，目前多数无线局域网都采用扩频通信方式，又因为微波扩频通信产品的价格已大幅降低，使得无线局域网进入民用实用阶段成为可能。

在工作频段方面：从国家无线电监测中心对 2000MHz 频段地面无线电业务使用频率的重新规划情况来看，扩频数据通信的工作频段是 2400~2483.5MHz（相应地，美国无线电监测中心规定 902MHz、2.4GHz、5GHz 频段用于扩频数据通信），同时无线电监测中心还规定 2400~2500MHz 频段是工业、科学、医疗设备无线电磁波辐射频段，简称 ISM 频段，这一频段是公共频段，无须申请批准即可使用，而扩频数据通信的工作频段恰好落在 ISM 频段，也就是说，只要扩频数据通信设备的发射功率及带外辐射能满足无线电管理委员会的要求，则用户无须向无线电监测中心提出专门的申请和付无线电管理费用即可使用这些频段。

目前使用的无线局域网是以微波作为传输媒体、利用扩频数据通信技术并工作在 2.4GHz 的免费频段的一种计算机局域网。它具有良好的网络特性，是一种值得信赖的组网方式。

(2) 无线局域网的典型应用 由于无线局域网本身具有诸多优势，加之微波扩频通信技术得以良好实现，可以预期无线局域网不久就会获得迅速的发展和广泛的应用。虽然几乎所有的高速公路在建设时已敷设了光缆、电缆，并已构成了有线通信网，但作为一种补充、后备或局部替代，无线局域网在高速公路领域的一些方面仍将得到应用。

1）实现办公自动化网络。多数高速公路在建设时只安装配置了收费、监控、通信三大系统，并未考虑到预留办公自动化的布线问题。随着企业管理水平的不断提高，建立企业内部管理网的需求日渐显露，而此时要给办公大楼布线已较困难，费用也高，故可以根据实际情况适当将有线和无线产品进行组合构成既经济又有效的企业网。

2）新增交通监控功能。当在高速公路主干线上新增加车流量检测、交通闭路电视、可变信息板、可变限速标志等交通监控设施时（当前多数高速公路没有配齐这些设施），这些设备产生的图像、数据信息可利用无线局域网产品方便地就近传送到收费站后并入主干传输网中，而不需新敷设管道或布线。

3）应急处理。当光缆、电缆因意外发生中断时，可利用无线局域网组网迅速的特点，先搭建无线网保证重要数据、图像和语音的传送，再同时组织恢复有线网的通信；当高速公路上发生交通事故或交通堵塞时，可通过安装在路政车上的无线局域网系统进行通话，其中指挥车还可具有群呼功能。

4）对特殊收费点的联网。对位于特殊地点的不便于敷设管线的收费站点，可利用无线局域网实现该点与主通信网的联网。

3. 紧急电话系统

紧急电话系统（emergency telephone system，ETS）是高速公路上特有的标志性设施，是专门为过往的车辆在发生事故和需要援助时，向有关部门传递呼救信息的专用设备。同时，紧急电话也是高速公路运营和管理的一个对外窗口，是体现高速公路管理水平和服务质量的重要组成部分。

4. 高速公路信息管理与服务系统应用——德国高速公路通信信息管理系统

（1）**德国高速公路通信信息管理体制**　德国的公路系统由联邦远程公路、州级公路、县市级公路和乡镇级公路组成，公路总里程约65万km，公路面积约占国土面积的4.8%，其中约1.97%为高速公路，高速公路总里程超过1.28万km。德国是世界上最早修建高速公路的国家，于1932年修建了世界上第一条从波恩至科隆的高速公路。目前，它拥有仅次于中国、美国、俄罗斯、加拿大和西班牙的世界最发达的高速公路网络。

德国的联邦政府交通主管部门原为联邦交通部，1998年10月机构改革为联邦交通、建设与住房部，下设13个专业管理局，包括公路建设和管理的联邦公路建设管理局，其职能包括：联邦远程公路建设预算、规划和有关法律事务，地方公路发展的综合协调，公路建设技术和养护管理，公路交通的监督检查等事务。各州交通主管部门设在各州政府的交通与公路建设局，主要职责为公路建设和公路交通管理，目的是改善交通条件，提高机动性，减少环境污染。联邦交通主管部门与各州政府交通主管部门的业务关系集中体现在两个方面：一是联邦委托各州实施联邦建设项目；二是各州可向联邦申请财政资助。

德国高速公路通信信息管理系统分为五部分：一是专用通信网络；二是紧急电话系统；三是信息采集系统；四是信息显示和发布系统；五是监控管理中心。专用通信网络和紧急电话系统都由联邦交通主管部门建设和管理，所有通信信息设施可直接接入，全国统一标准，紧急电话在汉堡设全国总中心。高速公路上的信息采集、信息处理、交通分析和信息发布以及交通信息化等设施由各州政府交通主管部门建设、管理和维护，公共信息对外发布，做到信息共享。监控管理中心由公路交通主管部门负责，公路交通主管部门负责交通的诱导、疏散和信息发布等交通管理，而警察署负责道路安全及监督检查等，两者信息分享、互相交换信息。德国目前在高速公路上未建任何收费设施，对车辆收取的通行费包含在燃油费和养路费中。

(2) 高速公路通信信息技术应用

1) 紧急电话系统。德国在全国所有高速公路上均设置紧急电话系统，由德国电气工程师协会（Verband Deutscher Elektrotechniker，VDE）制定设备和系统设计的技术标准，由从事交通产品的企业（如西门子等）生产，沿高速公路每2km安装一对，有的路段甚至每1km安装一对，并有标志牌提示相应的距离。路侧紧急电话机非常简洁，位置不高（仅120cm左右），并有黄色警示灯闪烁提醒过往车辆，有的路段在路侧紧急电话机旁靠近路侧设置隔声设施，在隧道内设置紧急电话室，并有门和灯光照明，非常实用。在德国汉堡设一个全国紧急电话呼叫总中心，所有紧急电话呼叫均接入总中心，由总中心将紧急呼叫信息传达到各州的安全、急救等部门，进行相应的救援和帮助。

2) 路况广播系统。德国的路况广播系统相当完备、先进。对于1999年以前生产的汽车，各州通过固定的无线交通广播频道报告路况信息，如98.5MHz、103MHz等频率。各联邦州内的高速公路路况信息（如天气、事故、交通流等）既可通过无线交通广播频道传给道路使用者，也可通过设置在道路上的可变信息标志或公共网络（Internet）传给道路使用者。在高速公路两侧，均设有该区段无线交通广播频率的标志牌。

对于1999年以后生产的汽车，在有紧急的路况信息需要广播时，开启的汽车收音机将自动跳到该区段的无线交通广播频率上，具有强插功能。道路使用者可以在第一时间内立即获得这一路段的重要路况信息（如天气、事故、交通流等），使道路使用者采取必要措施（如减速、绕行等），保证交通安全，提高道路使用效率。

3) 道路信息采集系统。为了提高高速公路的使用效率，使道路使用者在高速公路上真正体验到安全、舒适和高效，并使道路管理者提高管理水平、正确决策，还可不断改进车辆的性能，必须取得相关道路交通信息，为信息处理、分析、计算、信息发布和相关基础研究提供原始数据。

德国的道路信息采集系统包括线圈式、雷达和红外线车辆检测器，视频图像（VI）设备，气象检测设备，隧道环境检测设备，车辆超限管理（称重）系统等。车辆检测器可采集车辆行驶速度、车辆类型、车辆长度、行驶方向和车流量；VI设备可采集车辆及路况真实的图像信息；气象检测设备可采集路段温度、湿度、雨量、风向、风速、能见度、结冰情况等；隧道环境检测设备可采集隧道内CO浓度、火灾、能见度、视频图像、照度等有关信息；称重系统可采集车辆轴载、车速等信息。所有采集的信息通过光电缆或无线电传输到各高速公路信息管理中心进行处理。

4) 道路信息发布及提供系统。道路信息由各州高速公路信息管理中心通过所辖路段的可变信息标志、路况广播等设施提供给道路使用者。

主线交通信息：如德国A9（9号）高速公路上每2km就设置一个门架式（大型）可变信息标志，在危险、事故多发地段的布设密度达到每千米1处。可变信息标志显示牌灵活、实用，显示内容与目前的交通状况、天气状况相适用，可分车道显示不同的限速值、交通标志和警告信息等，如在慕尼黑中环高速公路上设置了机械式可翻转信息牌和LED、LCD结合的混合式大型信息标志；如在慕尼黑机场高速公路上开发的在路侧或中间隔离带设置的示警桩技术，可根据闪光方向、亮度、频率来提供相关交通信息。

交通诱导信息：在道路交叉、联网的区段，几公里前就设置相应的大型可变信息标志，实时向道路使用者提供前方道路交通状况信息、推荐行驶路线等。

匝道控制信息：在高速公路入口匝道处，主路、匝道上分别设置可变信息标志或红绿灯。可变信息标志或红绿灯根据主路上所设置的车辆检测器检测到的交通流量情况，显示相应的禁行、停车让行或通行指示等信息（图10-4）。

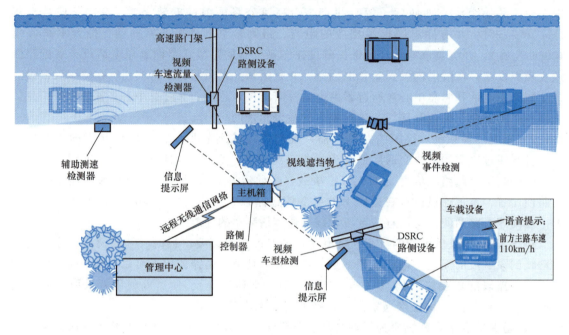

图10-4　高速公路匝道控制

(3) 高速公路通信信息化发展趋势　德国高速公路通信信息化的发展趋势就是人、车、路融为一体，一是一切以人为中心，以人为本，个人信息化，驾驶人无论何时何地均能获取任何信息，人在出行前能获取道路的任何信息，人在车上能获取道路及其他任何信息，并提供相关信息，其他人能获取行车人及车辆的有关信息；二是汽车智能化，车变成了流动办公室，成为提供信息和发布信息的重要工具；三是路变为综合信息平台，适应人的需求，交通管理水平完全智能化，人、车、路成为交通信息化的重要组成部分，推动经济的良性发展。

1) 通信信息系统是交通管理的基础、手段，必不可少。高速公路的管理离不开通信信息系统，高速公路的安全和交通量的提高必须依靠先进的手段来实现，而通信信息系统是交通管理的基础和必要手段，交通专用通信网必不可少。虽然德国、比利时、荷兰的高速公路不收费，也就是无收费设施及收费系统，但非常重视通信系统及信息系统的建设，并广泛应用在公路的规划、设计、建设、养护、运输等环节中，发挥着巨大作用，社会经济效益显著。在欧洲，虽然公众网非常发达，高速公路路边的公用电话也很多，并分布在服务区、停车区及加油站等，但紧急电话系统仍然每2km一对建设，全国统一标准、统一联网，并与急救、求援、安全等部门联网，及时处理紧急事件。有线通信和无线通信将沿线监控及信息设备、收费站等连为一体,满足交通管理的需要,如闭路电视系统、车辆检测系统、信息发布系统等,提高了高速公路管理水平和管理手段,使高速公路真正发挥社会效益。

2)智能交通的重点在于交通信息化的建设。智能交通系统的发展归根结底就是交通信息化。高速公路形成了网络,要发挥最大的社会效益,最终手段就是靠交通信息化,只有信息化才能使之智能化,达到人、车、路融为一体,以人为本,个人信息化,无论何时何地均能获取任何信息、与任何一方通信,车变成了一个流动办公室,路变为综合信息平台,信息无处不在。随着新技术的发展和应用,如地理信息系统(GIS),全球定位系统(GPS),车辆自动识别系统,车辆自动防碰撞系统,自动驾驶系统,辅助驾驶系统,多媒体宽带通信系统等,人对交通信息的要求越来越高,依赖性也越来越强,交通信息化是发展的必然趋势。

3)高速公路通信信息系统是信息化的基础。高速公路通信信息系统的建设应是重中之重。通信系统是其他机电设施的基础,是高速公路安全、高速、高效的保障,它为驾驶人提供了紧急通信手段,为交通监控系统、收费系统提供了传输手段,为车-路通信提供了联络方式,如紧急电话、光缆、电缆、无线通信、不停车短程通信、车和路信息采集通信等,没有通信系统,其他设施就变成了孤岛;只有打好基础,建设好交通专用通信信息系统,交通信息化才能发展。

4)通信信息系统的建设应以人为本,按需求建设。通信与信息已密不可分。通信系统传输的就是信息,不管是模拟信息还是数字信息,信息只有通过通信系统传输才真正变成有用信息,通信与信息系统的建设应同步统筹规划和实施。

交通管理的决策取决于人的需求。政府、研究部门、企业等应以人为本,一切为人服务。交通手段和工具的智能化,必然导致交通管理的服务性转化,通信信息系统的建设也应以需求为导向,统一规划,统一标准,集中管理,分散服务。交通基础设施的分段建设,开放标准和接口,以技术促发展,联网是大势所趋。通信联网,才能监控联网、收费联网;区域联网,才能省际联网,最终全国联网。

授课视频

第二节 高速公路收费系统理论及应用

1. 按收费形式分类

高速公路收费系统的收费方式有很多,按收费形式可分为均一式系统、开放式系统、封闭式系统与混合式系统,如图10-5所示。

(1)**均一式收费系统** 如图10-5a所示,均一式收费系统的收费站建在高速公路所有入口匝道上,运行车辆只需要经过一个收费站停车交费,各个入口收费站均用同一收费标准,与里程无关。

(2)**开放式收费系统** 如图10-5b所示,开放式收费系统的收费站建在主干线上,视距离长短决定建收费站的数目,车辆可自由出入。其出入口不受控制。入口一次交费。长途车辆可能经过多个收费站,需多次交费。这种收费方式应用于道路距离较短或互通立交较少的场合。

(3)**封闭式收费系统** 如图10-5c所示,封闭式收费系统的收费站建在各互通立交出入匝道上,也可以建在主干道上。车辆进出高速公路都受到控制。封闭式收费系统通常是入口发票(卡),出口收费。但目前也有采用入口收费,出口验票的方式。

(4)**混合式收费系统** 如图10-5d所示,混合式收费系统是上述三种收费系统的组合,

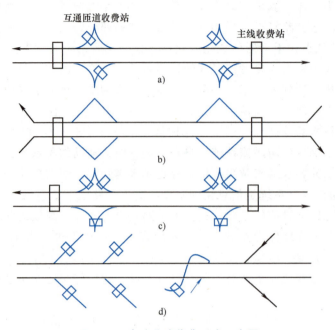

图 10-5 高速公路收费形式示意图
a) 均一式　b) 开放式　c) 封闭式　d) 混合式

诸如开放式系统与封闭式系统的混合，或者均一式与封闭式系统的混合等。

高速公路的建设往往是分段进行的，因此通常在主干线上先建一个收费站，形成开放式收费系统。随着公路的继续修建延长，再增建主线收费站，形成了开放式与封闭式相混合的收费系统形式。

2. 按在收费系统中人工参与收费程度分类

如果按照在收费系统中人工参与收费程度，又可分为人工收费、半自动收费及全自动收费。

（1）**人工收费**　人工收费方式是目前仍然广泛使用的一种收费方式。这种方式基本上不用计算机，在每个收费亭设置收费员，对通过收费站车辆的车型进行识别，通行费收取、收据发放以及车辆放行等收费操作全部由收费员手工完成。

（2）**半自动收费**　半自动收费是目前最适合我国国情的一种收费方式。它由人工和计算机共同完成收费工作。人工（或仪器）识别车型，人工收费（或计算机收费），而利用计算机打印票据与汇总数据等。

（3）**全自动收费**　全自动收费就是全部收费过程不需要人工参与，完全自动地不停车完成。

收费系统还可按通行卡方式等分类。也有人把目前的收费方式除人工收费外概括为自动收费和全自动收费两大类，具体地分为计算机管理收费、磁卡（IC 卡）收费、投币式收费、动态称重收费、红外收费与不停车收费 6 种。

一、概述

高速公路收费系统的产生与发展的历史虽然不长，但随着电子技术、计算机技术、通信技术、自动控制技术等的快速发展，收费系统已经经历了人工收费，半自动收费和全自动收费的历程。我国早期高速公路收费系统（由人工判别车型，人工收费，人工发放收据，人工放行车辆等）全部操作过程均由人工完成。这种收费方式虽然投资少，应用较广，但是弊端不少，有待于更新。

随着电子技术的发展，在手工收费的基础上，新的高速公路收费方式——开放式半自动收费系统产生了。该系统由人判车型或仪器判车型，由人工收费，而汇总、统计及管理均由计算机完成。半自动收费较好地解决了管理上的一些问题，是目前广泛应用的一种收费系统，如首都机场高速公路收费系统、沪宁高速公路收费系统等。

随着高新技术的快速发展，全自动收费系统应运而生。自动收费系统也称不停车收费系统，或称电子收费系统（electronic toll collection system）。通常该系统包含一套读出或读出/写入微波通信线路，在车道旁装有发射器，同时，运行车辆上也装有一个无线电波发射器（应答器），当车辆通过时，不需在收费站前停车交费，一切均用电子的方式自动完成。这种自动收费系统虽然设备复杂，投资大，但颇具发展前景。

二、自动化收费系统

高速公路收费系统涉及计算机网络、数据库系统、计算机软件以及计算机对很多外设的自动控制等很多领域的综合多功能的智能化系统。下面介绍系统功能及适合我国国情的半自动收费系统和国内外广泛关注的正在开发应用中的自动化收费系统。

1. 系统的功能要求

1）保证正确收费和精确登记异常收费，以便每辆车的收费都能准确记录。

2）杜绝作弊行为，提高经济效益。

3）及时、准确统计收费口的车流量、车型识别、收费金额及票据等，并对此定时做出分析对比和预测。

4）提高高速公路道口的通行能力和综合自动化管理水平。减轻收费员的劳动强度。提高工作效率和社会效益。

5）保证收费系统运行安全、可靠，并具有防止人为和自然事故危害系统的能力，具有系统故障后备功能。

6）收费系统具有可扩性，具有硬件扩充和软件扩充特性。

7）收费系统具有互换性。系统采用国际标准设备、国家标准产品。

8）收费通道之间的硬件与软件均有互换性。

9）收费系统具备较高的实时处理速度，在最大交通量情况下能满足实时相应的要求。

10）收费系统支持多种收费方式：现金、非接触式 IC 卡与不停车收费方式。

11）收费系统及时提供各种正确的统计报表，满足规范化、现代化管理的要求。

2. 收费系统

半自动收费系统具有抑制收费作弊、提高管理水平、降低运营成本等特点，是很适合我国当前国情的一种收费系统。根据不同的收费方式，半自动收费系统需配置的设备也不完全相同。

高速公路半自动收费系统由收费车道系统、中心计算机系统、分中心计算机系统和收费站计算机系统组成。

对于不同方式的半自动收费系统，中心计算机系统、分中心计算机系统和收费站计算机系统几乎不变，只有收费车道系统有所变化。

1) 中心计算机系统。中心计算机系统主要用于对所有分中心计算机的数据收集、通信、处理、统计，打印所有统计数据与报表等内容进行管理。对系统进行综合管理控制及调度等。

2) 分中心计算机系统。分中心计算机系统主要用于收费系统所管辖的所有收费站的数据收集、通信、处理、统计，打印有关数据与统计报表。

3) 收费站计算机系统。收费站计算机系统主要对本站各收费道口的设备进行管理和监督，用于采集、处理、统计、分析本站所有收费数据与交通量数据，存储、打印有关的统计报表，实现同管理处计算机的通信。

4) 收费车道系统。收费车道系统是收费系统的最基本单元，由收费亭外设备（车型识别仪、栏杆、雨棚信号灯、雾灯等）、出口车道系统（包括摄像机，其余与入口车道相同）、报警网络系统、内部对讲系统等部分组成。用来采集每条收费道口的收费数据与交通量数据，并加工处理，对进出口车辆进行控制，收取车辆通行费，并与收费站计算机系统进行数据通信。若收费站计算机系统发生故障，收费车道系统应有一定时间的数据存储功能。

这种半自动收费系统的主要结构是一个计算机网络系统，收费中心与分中心以及收费站与收费道口之间可采用光缆或微波及有线电缆进行通信。

三、全自动收费系统（电子收费系统 ETC）

全自动收费系统又称不停车收费系统或电子收费系统、车辆自动鉴别系统。电子收费系统于 20 世纪七八十年代开始应用研究，到 80 年代末 90 年代初步入成熟商用阶段，诸如美国的 autopass 不停车收费等，已在欧美及亚洲等多个领域中应用。

1. 电子收费系统的基本定义

电子收费系统（electronic toll collection System，ETC 系统），广泛地采用了现代的高新技术，尤其是电子方面的技术，包括无线电通信、计算机、自动控制等多个领域。在收费过程中流通的也不是传统的纸币现金，而是电子货币。由此可见，采用高新技术实现收费电子化，是电子收费系统的一个重要特征，也是它得名的主要根据。

电子收费系统的另一个重要特征，是实现了公路的不停车收费。这一点是实现系统电子化的结果。电子技术的使用实现了收费操作的完全自动化，再加上电子货币式的交费方式，使得使用系统的车辆只需要按照限速要求直接驶过收费道口，收费过程就可以通过无线通信和机器操作自动完成，不必像以往一样在收费亭前停靠、付款。

总体来说，电子收费系统的完整概念，应该包含上面两个重要特征。因此，可以认为，电子收费系统是以采用现代通信、计算机、自动控制等高新技术为主要特点，实现公路不停车收费的新型收费系统。

2. 电子收费系统的体系结构

电子收费系统的基本原理是使安装在车辆上的专门装置（车上单元）通过无线信号与安装在收费口上的天线进行信息交换，根据该专门装置中保存的与收费相关的数据，可以即时算出并征收通行费用。费用征收不用现金，而使用电子货币式的系统（IC 卡）。一套完整的电子收费系统是由识别、通信等多个子系统和设备构成的。

在电子收费系统中,有两大类付费方式可供用户选择。一类是预付方式,用户预先交纳一定金额的通行费。每当进行收费操作时,从中扣除相应的款项,这就像现在的一些储值卡;另一类是事后支付方式,用户申请一个账号,每当收费时,凭这个账号进行记账,然后定期或不定期地结账付款,这就像日常交纳电话费一样。

整个电子收费运行的大致过程如下:首先用户前往发行安装部门,申请安装车上单元,预交通行费或设立事后付费账户,然后该车便可上路。在进入收费站时,车辆按规定限速通过电子收费车道,识别子系统识别出该车辆所属的类型,报告控制单元,通信子系统通过天线与车上单元进行双向通信,收费操作在通信的过程中同步完成,控制单元将收费的相关信息递交给收费站的计算机,同时,事后付款方式的收费数据将定时传送给中央处理系统,以便生成转账清单向金融机构请求支付,如图10-6、图10-7所示。

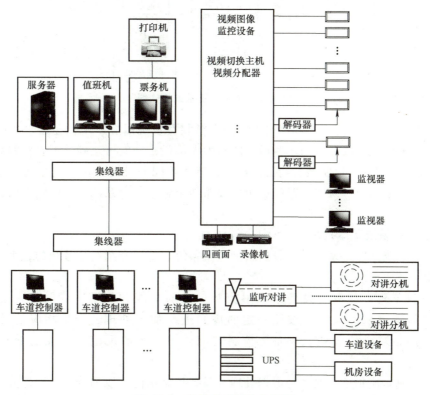

图 10-6 收费系统结构示意图

3. 电子收费系统的优点

电子收费系统与传统的收费系统相比,具有很多优点,主要包括以下方面:

1)极大地提高了收费工作的效率,同时杜绝了工作中贪污、作弊、乱收费等现象。由机器进行收费,可减少收费过程中人为因素的影响,收费标准能够得到更严格的执行,乱收费等现象可以得到有效的遏制。

2)电子收费系统还大大方便了驾乘人员,减少了无谓的消耗和污染。采用电子收费系统以后,实现了路桥通行费征收的不停车操作,这极大地方便了车辆驾乘人员。对于车辆而言,这意味着不必频繁地起动、制动,此外,车辆排放的废气也会因为不必减速等待而得以减少,这对环境的保护是有益的。

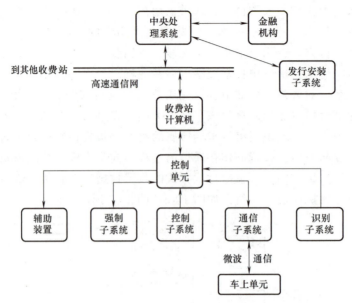

图 10-7　电子收费系统结构图

3）减少了公路的交通堵塞和拥挤。采用电子收费系统以后，车辆经过收费站时只需稍作减速，不必再停车，收费口的车辆通行能力大大增强，一般可达到手工收费的数倍。

4）提高交通效率。道路通行能力的提高，意味着同一段道路在一定时间内可以通过的车辆更多，每一车辆通过所需的时间更短，公路乃至整个交通系统的运输效率由此得到显著提高。

4. 电子收费系统基本技术

电子收费系统是应用现代高科技的新型收费系统。下面介绍组成系统的各个模块的基本原理、功能及其实现。

(1) 控制单元　在电子收费系统中控制单元的功能和作用，概括起来说，是接收其他子系统传递过来的信息，按照一定的规则进行加工处理，产生相应的动作指令和数据，再传递给对应的装置、设备，控制它们做出必要的反应，完成电子收费系统的现场控制功能。

更具体地说，控制单元的各种数据处理和设备控制功能可以划分为不同部分。第一部分包括电子化收费的各种内容，如费额计算、车道-车辆通信控制等；另一部分功能主要是车道的控制与管理，包括车型识别、强制系统（栏杆、摄像机等）控制、信号灯控制等，这些功能不仅存在于电子收费系统中，在传统收费系统中也有体现。

(2) 车上单元　车上单元示意图如图 10-8 所示。

在电子收费系统中，使用电子货币式的付费方式，因此，用户必须有一个电子钱包，同时由于收费过程在车辆行驶的状态下进行，这个电子钱包必须具有通信功能。此外，这个钱包还应该具有一定的人机交互功能，使用户能够了解支付情况等信息。

在车上单元的结构组成中，微处理器是其中的核心，它对其他部分的工作起着指挥、控制的作用。微处理器在运行时需要一定的存储器以存放程序指令、操作数据等内容，这由内部存储器来提供。专用集成电路是具有相对独立功能的模块，它在微处理器控制下，使用其

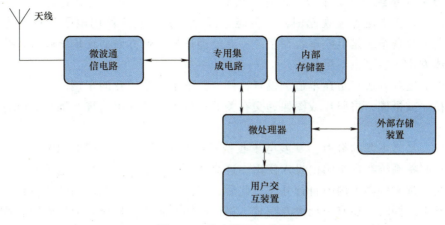

图 10-8　车上单元示意图

内部集成的专门算法,对输入的数据进行特定的加工,通常是加密、编码等。微波通信电路直接与天线相连,它们共同实现车上单元的通信功能。对用户交互装置来说,其主要功能是以声、光等媒介向用户提供必要的信息,如当前处理结果等,如图 10-9 所示。

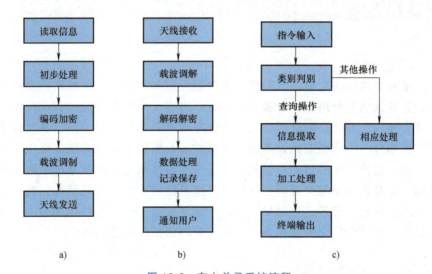

图 10-9　车上单元系统流程
a）信息发送流程　b）信息接收流程　c）用户操作流程

（3）**通信子系统**　在电子收费系统中,通信的双方是站上设备和车上单元,它们各有一套通信装置。由于电子收费过程中的通信是双向的,既有站上设备发送给车上单元的信息,也有车上单元发送给站上设备的信息。因此,无论是站上设备方,还是车上单元方,都同时具有发送信息和接收信息的功能。

（4）**车型识别系统**　在电子收费系统中,由于收费过程实现自动化,车辆直接驶过收费站而不停车,因此对车型判定提出了更高要求,要求真正统一标准,准确迅速地识别、归类。

常见的车辆识别方法有轮廓扫描和车轴计数等。

（5）强制子系统 在电子收费的应用过程中，会出现车辆不正常交费的情况，这既可能是因为预付余额不足等客观原因，也可能是因为驾驶人非法使用电子收费系统等主观原因。由于电子收费系统是不停车收费系统，在处理违规车辆方面要比传统收费系统更难，所采用的具体方法、手段也不尽相同。

最基本的处理方法，是在车道上设置栏杆，拦下不正常付费的车辆。更常用的手段是对违规车辆拍照或摄像，将照片或图像递交有关处理机关，辨认出违规车辆及其所有者后进行处理。

在我国，经过不懈的努力，发展电子收费系统也有了一定的基础。1995年初，国内第一套不停车收费系统在广东佛山投入使用。这套从美国引进的系统采用电子收费系统的硬件设备，系统管理软件则由国内自行开发。此后，多套国产或进口系统陆续装备到各地的一些高等级公路上。同时，还有一批大专院校、科研机构及企业等积极致力于电子收费系统的研究、开发与实施。随着经济水平的提高，全社会对交通的需求不断增长。国家在扩大投资建设公路运输网络的同时，也开始考虑推广电子收费系统等高新技术，并着手制定相应的标准和规范。

授课视频

第三节 高速公路监控系统理论及应用

一、概述

交通监控是对高速公路交通的运行状态及交通设施和交通环境的监测以及对交通流行为的控制。交通监控设施是公路机电设施的一项重要内容。高速公路是一种现代化高速交通设施，具有高速、高效、安全、舒适的功能。为保障高速公路功能的实现，其监控系统是不可缺少的重要组成部分。由外场监控设备和各级监控中心组成的监控系统是实现高速公路运营管理的主要手段。监控系统的目标是保证行车安全和道路畅通，在此基础上再实现高速、环保等其他目标。监控系统根据交通流、气候、路况及随时发生的意外情况，对车流进行适时指挥、及时检测，发现、疏导、处理异常事件和缓解交通拥挤。这些作用是人工管理和手工操作难以实现的，因而现代化的监控系统是高速公路的指挥系统。

二、高速公路监控系统的组成

高速公路监控系统可以分为以下七个子系统，即交通控制子系统、闭路电视监视子系统、信息采集子系统、信息处理子系统、信息发布子系统、紧急电话子系统和调度电话子系统。

1. 交通控制子系统

交通控制子系统主要负责接收外场设备采集到的交通量、车速、占有率、车头时距、道路状况、能见度参数等信息和数据，进行数据处理，并以此为依据制定相应的控制方案，从而控制外场可变信息标志设备显示限速、警告、交通拥堵等相关信息，进行道路速度控制和路径诱导，调解交通流，并组织事故处理和救援。

2. 闭路电视监视子系统

闭路电视监视子系统用以直观、及时地观测互通区域及重点路段交通运行情况和事故现场,对特殊事件进行确认,为救灾抢险提供一手信息。闭路电视监视子系统主要是通过设在互通区域及重点路段的监控摄像机,将路段实际情况实时反映到管理部门,使管理者对路段情况有一个直观的了解,便于对全路段进行全面管理。

3. 信息采集子系统

信息采集子系统的功能是通过车辆检测器、气象监测器、环境监测器和视频监控系统来获取交通信息及沿线状况信息的原始数据。车辆检测器主要有环形线圈检测器、视频检测器、超声波车辆检测器、地磁式车辆检测器、红外式车辆检测器和雷达式车辆检测器等,其中因环形线圈检测器具有功能全面、性能稳定、数据准确、灵敏度高等优点,目前广泛应用于城市道路和高等公路交通量检测中;气象监测器主要有温度监测器、湿度监测器、风速风向监测器和雨量监测器,根据气象条件可知能见度、温度、风速等对交通有较大的影响,因此监测这些参数对高速公路交通管理具有积极作用;环境监测器主要包括废气监测器、能见度监测器、火灾监测器等,它们主要应用于长大隧道中;视频监控系统一般用电缆或光缆在特定的有限范围内进行点对点的视频信号传输,通常称为闭路电视系统,其主要作用是能够将现场数据传到监控室,使监控人员看到监控地点的全面情况,从而对交通事件进行确认。

4. 信息处理子系统

信息处理子系统主要是各级监控中心,对于高速公路监控信息的处理基本都是在各级监控中心完成的。监控中心的功能应有交通事件处理,事故自动检测,交通控制方案自动选择、显示、统计、查询,图像监视,系统设备监测和协调处理系统内部交通管理业务等,为实现以上功能,监控中心需配置中心计算机及其外设、通信控制器、综合控制台、电视监视器、地图板或大屏幕投影仪等相应的硬件设备和软件。

5. 信息发布子系统

信息发布子系统包括可变信息标志、匝道信号机、路旁无线广播、电子引导系统和车载诱导信息系统等。车载诱导信息系统是近年来发达国家争相研究开发的热门方向之一,它又可以分为自主路线诱导系统和基于路侧设施的诱导系统,目前发达国家正在研究一种双模式线路诱导系统。这种系统仍分为两个系统:一部分称为简化的车辆子系统,另一部分是路侧设施系统,同时它还有一套控制软件对该系统的各个子系统的优先级进行控制并监视两系统输出的一致性,从而保证从一个子系统过渡到另一个子系统的平滑性,避免给驾驶人提供模棱两可和互相矛盾的诱导指令。

6. 紧急电话子系统

紧急电话子系统是驾驶人及维护人员进行紧急呼救求援的主要手段,可进行事故、车辆故障等信息的收集。本子系统由道路沿线紧急电话、监控所紧急电话控制设备以及相应的传输通道组成。紧急电话子系统为专用呼救系统。

7. 调度电话子系统

调度电话子系统包括指令电话、业务电话等,主要用于交通管理养护及调度人员的指令传达和事故处理、救援等业务联系。

此外,设有隧道的公路还有隧道监控子系统。其中包括自动报警子系统、隧道通风控制子系统、隧道照明控制子系统、交通控制子系统、闭路电视监视子系统、紧急电话子系统、调度电话子系统及有线广播子系统。

交通监控子系统之间既相互独立又相互联系。各逻辑构成一般相对独立，在系统构成上则合在一起，便于各子系统的建立；各子系统之间又都相互联系，既避免由于某些子系统出现故障而影响其他子系统的运行，又可保证整个系统的联动运行。

三、监控系统软件

主计算机采取的操作系统为广泛使用的 UNIX 多任务操作系统，应用软件采用了流行的高级 C 语言和 DBASE 数据库语言，人机操作界面为 Windows 图形界面，网络通信协议采用 TCP/IP。主计算机负责计算机与计算机之间、计算机与其他设备的通信，并监视监控中心的通过以太网连接起来的整个计算机系统的工作状况。

交通控制计算机的操作系统和使用的编程语言、通信协议同主计算机。系统的输入为从车辆检测器来的交通参数、从气象监测器来的气象参数、事故与事件输入、外场设备的工作状态、收费站传来的交通信息等；系统输出为根据需要将整个公路及各个出、入口的信息进行显示和打印。在此基础上，应用软件实现以下功能。

1）通信控制模块：与主计算机通信，并通过主计算机与地图板通信、与紧急电话中心通信、与 CCTV 控制系统通信、与外场设备通信。

2）显示模块：将所有设备的信息和运行状况、报警与故障等在屏幕和地图板上实时显示出来。

3）事件记录模块：对设备的任何操作、系统所发生的任何故障和变化、对事故的处理等都被记录和存贮。

4）数据的存贮：对所有系统和设备的信息可根据需要进行存贮。

5）与紧急电话系统的通信：将紧急电话系统所有电话的运行状况实时地收集和显示、记录。

6）与 CCTV 系统的连接：可显示、记录所有摄像机的运行状况，并可预先设置摄像机的位置、角度等。

7）报表的产生：可打印各种交通状况的报表、收费信息的报表、气象信息的报表、设备工作状况的报表。

紧急电话系统控制中心软件的操作平台也是 UNIX 多任务操作系统。利用 X-Windows 提供了一整套具有友好用户界面的软件包，按功能，应用软件可分为以下不同模块。

1）通信驱动模块：用来控制计算机的 RS-232 接口与紧急电话前向或后向通信，起到通信协议媒介的作用。

2）事件记录模块：对系统工作时发生的所有事件进行记录，在需要时可在屏幕上显示（在 Windows 状态）或者打印出来。

3）信息预处理模块：这是一个辅助功能模块，根据从路边紧急电话收到的信息，可用此功能模块来修改紧急电话的状态。

4）系统管理模块：这是主要操作单元，负责对紧急电话系统的所有操作控制进行管理。

5）单个紧急电话控制程序：操作员可随时对任何一个紧急电话进行全面控制。

6）系统操作人员数据库管理模块：运用此模块可增加、删除或修改紧急电话系统的操作人员名单，指定每个操作人员的密码和相应的功能。

7）数据库管理：系统内安装的所有电话均在此程序注册，可掌握每个紧急电话的设置与其他数据信息。

8）记录处理模块：可对所有操作予以记录，记录文件中记录的操作均按时间顺序显示。

远端站的软件主要以汇编语言为主，汇编语言速度快、对硬件的控制功能强。

软件的功能可分为以下部分。

1）通信控制模块：负责与监控中心和外场设备的通信功能。

2）数据管理模块：一方面对外场设备传来的数据加以整理、统计；另一方面将中心传来的控制命令加以分析和执行，以控制外场设备。

3）自检模块：周期性地或按要求检查自身与所控制设备的状态。

四、山东省高速公路机电工程案例

山东省高速公路部分路段监控系统升级改造项目：

山东省高速公路部分路段监控系统升级改造项目主要由路段监控分中心、外场设备、图像数据传输系统、外场设备供电等部分组成。本项目工程内容主要是对高速公路监控系统进行改造和整合，将全省各高速公路路段监控视频图像上传至省厅应急指挥调度中心，满足紧急情况下全省高速公路应急指挥、调度的需要。

1. 公路机电信息管理系统解决方案

某公路机电信息管理系统基于标准开放的操作系统、软件平台和开发工具，由收费、通信、监控三大系统组成，数据、语音、图像三网合一。整个系统在统一的标准和规划下进行设计和实施，不仅满足收费、监控、通信需要，还为办公自动化、物流系统、视频会议等应用提供了通道、接口和共用信息平台，进而可实现与金融、电信系统的衔接、数据交换和业务结算。

（1）收费系统　收费系统既支持高速公路网的统一收费，又支持普通路桥开放式收费，可处理正常车、免费车、紧急车、违章车、无足够现金车、IC卡损坏车、"U"形车等各种车辆收费情况，以按路段合理准确地进行结算和账务分割。系统提供了监控、查询和统计分析功能，可定时生成汇总数据和各类报表，便于统计分析和车流量控制。

（2）通信系统　光纤传输系统是整个通信系统的基础和核心，通信系统具有传输语音、数据和图像等业务功能，可满足收费系统、监控系统的带宽和传输模式要求，并为交通专用通信网提供服务。

（3）监控系统　监控系统通过各种外场设备，对交通流量分布、气象情况、交通事件等监控信息进行采集，通过服务器、录像机、监控屏等设备，对整个路网全程实时监控，以对有关交通情况进行及时响应。整个监控系统具有采集和监视高速公路交通运行状况、匝道控制、紧急电话系统控制管理、监视外场设备的工作状态、显示查阅、生成和显示各种报表及安全保障等多项功能。

网络拓扑结构如图 10-10 所示。

2. 效果评价

实现了省厅应急指挥调度中心—区域监控中心—监控分中心三级监控调度管理，建成了畅通的信息上传下达渠道，形成了全路网快速联动的指挥调度管理机制。

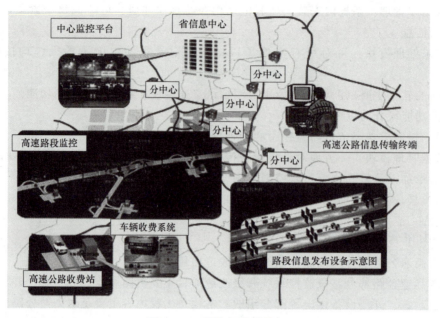

图 10-10　网络拓扑结构图

授课视频

第四节　高速公路信息服务系统

国外在路网运行监测和信息服务方面也做了大量工作，并且取得了显著的成就，特别是以欧、美、日为代表的发达国家及地区，就很多做法值得借鉴。例如美国各个州也有监控中心，但是与国内监控中心的大型化和以大屏为主体的建设不一样，其监控中心更强调桌面的管理和调度的能力。

一、美国

美国交通信息服务的代表是 511 交通信息服务系统和 INRIX 公司。

1. 511 交通信息服务系统

511 交通信息服务系统是由美国政府部门牵头组建的，通过电话、网站、手机等媒介向交通出行者提供实时的、可视化的道路交通运行、公共交通、拼车、自行车出行、停车等信息服务的系统。511 系统可以为交通出行者提供实时的道路交通诱导和实用的交通信息服务，出行者可根据系统发布的交通信息确定最佳的出行方式和行程路线。511 系统的数据来源主要包括联邦运输部、公路巡警部门、交通运输机构，另外还有当地的司法机构以及一些私人企业公司，如利用 INRIX 公司的数据提供交通信息服务。数据主要通过设置在道路、机动车、换乘站、停车场以及气象中心的检测器、传感器和传输设备获取。数据处理由交通信息中心完成，符合美国 ITS 标准。

2. INRIX 交通信息服务

INRIX 公司是一家总部位于美国的全球领先的交通信息服务提供商，INRIX 具有成熟的交通数据挖掘及数据分析解决方案，已在四十多个国家开展交通信息服务，合作伙伴主要包括汽车厂商、移动互联网企业、政府部门、物流还有媒体等。INRIX 公司通过汽车和移动电话 GPS 装置上的信号和数据，采集道路上的车速数据，然后实时向交通管理部门警示道路上的路况险情，同时向驾驶人的车载 GPS 装置或移动电话发送警示信息来提醒驾驶人注意路况险情。

当用户打开手机上的 INRIX 软件时，该软件就会显示出用户所处位置附近的道路交通地图信息，并会以图标方式标注用户所在的具体位置。INRIX 可以为用户清晰地标识出附近的道路状况，使用绿、黄、红三种颜色显示出附近的事故和施工路段情况，使用户能够提前选择更加通畅的道路通行，如图 10-11 所示。INRIX 的交通信息覆盖范围非常广，如果把北美 100 万 mile（1mile=1609.344m）的公路和欧洲 28 个国家 100 万 km 的公路累计起来，长度足以环绕地球 64 圈。

图 10-11　INRIX 系统界面

INRIX 有近一亿台车辆和设备来收集实时数据资源，而这一亿的用户实际上也充当了 INRIX 传感器的角色，INRIX 会收集每个用户的实时信息，包括他们现时在哪里，准备要到哪里去，他们的行进速度如何。可以说，INRIX 实际上是以规模取胜的，通过大规模的出租车、运输车、货车等渠道得到实时的路况信息，包括了理想的交通路线指引、行驶时间预计、路况提醒以及其他实时的应用等。提供实时交通信息并不是 INRIX 的核心价值，利用大数据预判未来交通信息与路况才是其核心价值所在。为此，INRIX 交通智能平台收录了每条具体路线的交通影响因素，如日历、季节、节假日、当前和未来天气数据、交通事故以及道路建设情况，甚至还有学校活动、运动会、音乐会等信息，这些都能让 INRIX 在基于当前和未来的动态基础上更好地预测路况信息，帮助驾驶人节省时间、降低油耗和避免不必要的延误。

INRIX 利用安装在公路上的数十万个接收器每小时能收集数百万条数据，这些数据综合起来后能为当前甚至未来的交通状况提供一个完整的模式图，可以出售给 GPS 生产商和交通规划部门等，就能帮助政府建立综合性立体的交通信息体系，更好地管理其辖区范围内路网的交通拥堵状况。

在举办奥运会期间，英国政府曾利用免费的 INRIX 应用软件和在线服务确保交通顺畅。事实上英国的城市规划部门也购买了 INRIX 的数据库，不少城市规划的决策是基于 INRIX 的数据产生的，如公共汽车的上落站点的设置，停车场的选址以及公共设备的布点情况等，目的是使政府部门的工作更符合人们的实际需求。不仅是英国，美国已经有超过 25 个州的交通部使用了 INRIX 交通速度数据技术，来辅助交通管理，以实现智能交通管理目标。美国俄亥俄州的交通部（ODOT）就曾充分利用 INRIX 的云计算分析以及所提供的交通信息，在暴风雪淹没了其 400 多条关键路线后，3h 内顺利实现了清理道路状况的目标。

二、欧盟

1. 交通信息频道 TMC

TMC（traffic message channel，交通信息频道）是利用无线通信技术（包括 GSM/GPRS 网络、FM 无线调频系统、数字广播等）来播报实时交通消息的一种通信应用。一个城市建立 TMC 后，由交通管理部门及其他的交通信息服务提供商将实时的交通信息收集起来并进行相应的处理，然后通过手机 GPRS 或 FM 广播等方式将信息发送给用户；用户的导航系统借助于 TMC 接收设备（可以是专门的车载导航系统，也可以是手机、PDA 等支持 GPRS 的数码产品）以语音或图形文字向用户提供实时的道路状况，如前面道路发生堵车或者正在修路等信息，然后导航系统可以帮助用户随时修正行驶路线并推算出一条备选路线，从而尽可能避免拥堵和事故。如果单从指路功能而言，TMC 和目前流行的 GPS 并没有什么区别，但是 TMC 对于道路状况的实时播报和对于行车路线的实时调整是 GPS 无法做到的，因此可以说 TMC 是对于 GPS 应用的一种延伸，如图 10-12 所示。

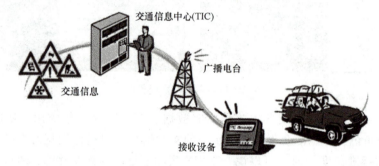

图 10-12 TMC 工作原理图

2. 欧盟 EasyWay 项目

在发展方向上，欧洲 ITS 协会提出将道路、车辆、卫星和信息通信系统进行集成，将欧洲各国独立的系统逐步转变为车与车、车与路、车与人的合作系统，实现人和物的移动信息交互。今后短期计划实现的服务主要包括路侧紧急呼叫、车内和路侧速度提示、通过浮动车和蜂窝电话监测交通状态、危险货物车辆和被盗车辆跟踪等。另外，欧盟十分注重服务，期望在欧盟的框架下，建立一致性的道路交通信息系统。

为了能够加速智能交通系统（ITS）在欧洲的普及，欧盟在欧洲范围内进行道路交通信息服务的统一设计，让 ITS 能够在欧洲各国间互通有无，形成更高的效益。

EasyWay 是欧洲各国在交通信息服务、交通管理和货物运输物流方面采用兼容统一的 ITS 技术和服务，它是欧洲范围道路网最大的 ITS 合作项目，使将近 30 个欧洲国家的 150 个运营商以及相关的合作商多年来共同协作致力于该实际平台的建设，目前该项目已通过各成员国的认证，正在欧洲范围内实施。EasyWay 由 TEN-T（trans-european network for transport）项目支持，其主要目标是增强安全性、减少拥挤、降低对环境的影响，通过应用共享一致的实时信息、交通管理和货运物流服务，促进地区及欧洲 ITS 服务的连续性。在避免拥挤、方便出行和提高机动性方面，EasyWay 通过采用可靠的、高质量的交通信息和交通管理系统增加道路网的有效性，其目标是至2020年在欧洲目标路网（TEN）内交通拥挤降低25%；在挽救生命、增强道路安全性方面，EasyWay在国家及欧洲层面具有同一个目标，即通过数据采集和处理、信息发布使道路事件显著降低，其目标为至2020年在欧洲目标路网（TEN）内致命的和严重的伤亡事件降低25%；在减少CO_2排放、保护环境方面，广泛地优化道路设施及其使用，其目标为至2020年在欧洲目标路网（TEN）内CO_2排放减少25%。

3. 国家交通信息中心

欧洲还有国家交通信息中心的建设，包括英国、荷兰都建有国家级的交通控制中心，其中英国的信息中心引入了私营的机制，由高速公路管理局通过合同的方式授权给私营机构进行日常的运维和处置。

2006年3月，伯明翰城郊的国家交通控制中心（National Traffic Control Center，NTCC）正式投入使用，为英国的道路使用者提供高质量的实时交通信息。该中心投资1.6亿英镑，利用700台CCTV摄像机、4000个道路传感器以及1000台自动数字识别摄像机等先进的交通监控设备收集路况信息，同时通过各地区政府和数千名交通执法人员，完成数据的采集、分析，以及交通信息的发布。该控制中心目前有4000300个VMS站点，另外有1400个安全标志可用于在发生事故和紧急情况时管理本地交通。路网长度5130英里（1英里=1609.344m），占所有道路的2%，但承载了三分之一的交通量和三分之二的货运量。控制中心（NTCC）利用现有的VMS网络，试图通过简单地警告驾驶人和提供替代方案来转移事故和拥挤区域周围的交通。NTCC的使用极大地提高了旅行时间的可靠性，减少了车辆运行晚点，有利于提供线路咨询以及紧急事件管理等服务。

三、日本

日本特别重视智能交通的开发利用，率先实行了全国高速公路联网运行，实现了高速公路的联网运行，实现了高速公路联网不停车收费与清分结算、路网运行监测、信息采集、统计、分析、出行信息服务等各个方面的目标。各部门、各单位在信息传输和共享方面密切配合，如首都高速监控中心、警视厅交通管控系统、JARTIC、VICS中心等系统联网进行数据交换和处理，做到了真正的资源共享。

日本路网运行监测与信息服务最重要的两大机构，是日本道路交通信息中心（Japan Road Traffic Information Center，JARTIC）和道路交通信息通信系统中心（Vehicle Information and Communication System Center，VICS中心）。

1. 日本道路交通信息中心（JARTIC）

JARTIC由国土交通省、总务省、警视厅联合推动组建，属于公益财团法人，主要业务就是负责日本全国道路交通信息的收集汇总与发布。日本政府出台强制制度，规定各高速公路公司、地方运输局、整备局和警视厅必须无偿向JARTIC提供道路交通信息。有了国家强制政策，日本所有交通管理者（都道府县警察本部）、道路管理者（国土交通省、道府县土木部、高速道路会社等）都必须按照规定执行。道路交通信息经由JARTIC汇总、处理和编辑后，通过广播电台、电视、网络等多渠道向公众发布。因此JARTIC就相当于日本道路交通信息的一个汇集和处理中心。JARTIC道路交通信息服务网站如图10-13所示。

其基础信息包括各地实时传输的交通拥堵信息、行程时间信息及交通事件信息等。这些数据全部来自于布设在高速公路、国道、城市道路的车辆检测器（超声波车检器、线圈车

图 10-13　JARTIC 道路交通信息服务网站

检器)、巡逻车、紧急电话以及道路监控摄像头等。数据采集、处理、发布全部采用统一的标准。原始数据在 133 个地区分所进行处理后，在分所所在区域进行发布。同时将处理后的数据（文本格式、简图格式以及编码 VICS 格式）存储在每个分所的前置机上，JARTIC 从前置机收集各所的数据。

除了从日本高速公路公司、地方运输局、整备局和警视厅获得数据外，也有一部分数据通过全国路况信息管理系统人工报送，这一部分主要是施工养护、交通事故信息等文本信息，弥补了自动化检测数据的不足。

收集到交通信息后，经过汇总、处理，通过媒体发布。信息发布形式广泛，如客服热线电话、广播、电视、网站、报纸杂志、服务区信息屏等，处理后的信息通过 VICS 中心的二次加工后还可推送至 VICS 车载导航系统上。

2. 道路交通信息通信系统（VICS）中心

VICS 是日本在智能交通领域的一套应用产品，都道府县的警察机构和道路管理者先把有关的道路交通信息传送到道路交通信息中心，然后再传送到 VICS 中心（24h 全天候工作），其他方面的信息也被汇集到 VICS 中心，由 VICS 中心处理加工成便于利用的形式提供给用户。该系统通过 GPS 导航设备、无线数据传输、FM 广播系统等，将实时路况信息和交通诱导信息即时传达给交通出行者，从而使得交通更为高效便捷。该系统已覆盖日本全国 80% 的地区，所有高速公路及主干道均能收到 VICS 信息报道。

VICS 发布信息方式主要有电波信标、光信标和 FM 多路广播三种，三种方式的发射塔分别如图 10-14、图 10-15 和图 10-16 所示。其中，电波信标用于高速公路，可以为驾驶人提供 200km 范围的道路信息；光信标主要用于交通主干道，可以覆盖行驶前方 30km 的范围；FM 多路广播以某个特定区域为对象进行大范围的服务。用户通常可以得到三种形式的信息：文字显示、简易图形显示和地图显示。

在日本 VICS 的服务是免费的，使用者只需购买带有 VICS 的车载导航器，便可享受 VICS 提供的无偿服务，之后的日常使用中不再需要交其他的费用。VICS 是日本 ITS 应用的一部分，交通管理者和道路管理者（道路公团等）无偿提供交通信息，经日本道路交通信

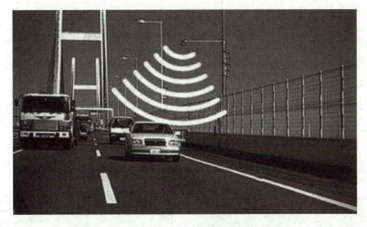

图 10-14 电波信标发射塔

息中心集中到 VICS 中心，然后这些信息再由 VICS 中心通过多种方法传送给驾驶人和车载装置。

图 10-15 光信标发射塔　　　　　　　图 10-16 FM 多路广播发射塔

第五节　中国路网交通信息服务体系

进入 21 世纪以来，我国开始积极推进公路信息服务体系建设。交通运输部于 2012 年 7 月组建了交通运输部路网监测与应急处置中心（以下简称"部路网中心"），专职从事全国路网运行监测、应急处置调度和出行信息服务工作。路网运行监测、路况信息发布、公路应急保障、出行服务、ETC 系统联网等工作全面推开。

各省市区积极推进省级公路网运行管理机构、运行机制建设。北京、江西等省（市）设立了交通运行监测或应急处置中心，天津、河北、陕西等 16 省（市）在省厅或公路管理机构下设高速公路联网监控（收费结算）中心，浙江、江苏等 7 省（市）在省高速公路集团下设高速公路联网监控（收费结算）中心，部分省厅下属的交通信息（通信）中心承担了部分路网运行信息监测职能，初步形成了路网运行管理省级及省级以下组织运行体系。

一、路网监测体系

2012年1月,交通运输部发布了《公路网运行监测与服务暂行技术要求》,规定公路网运行监测与服务系统主要包括部级公路网运行监测与服务平台、省级公路网运行监测与服务平台、国家级和省级路网监测点外场设施及相关支撑系统。公路网运行监测与服务系统的主要应用范围为全国高速公路和国省干线公路组成的全国干线公路网。

2008年,交通运输部初步建成并运行路网视频会商室,实时采集路况信息,开展路网运行监测、突发事件应急处置与出行信息服务等工作,如图10-17所示。目前,全国高速公路交通流量监测体系正在建设完善中,基本实现了路网可测化的目标,如图10-18所示。

图10-17 交通运输部路网中心视频会商室

图10-18 高速公路监控与应急处置中心

交通信息采集是路网监测的重要组成部分,它是掌握路网运行状态,实施管理和提供服务的基础。传统的道路交通信息采集方式主要有三种:交通流检测器、人工采集和浮动车,但随着移动互联网的发展和智能手机的普及,基于移动通信定位技术的交通信息采集以其实时性、便捷性和经济性迅速成为路网监测的重要手段。

1. 交通流检测器

传统的路网监测最主要的方式就是在道路上安装交通流检测器,包括线圈、微波、视频等自动检测器,然后将这些交通流采集数据回传到后台进行路网路况分析和判断。目前我国自动路网监测网络体系已经初步建立,交通量观测站、公路气象观测点以及路网监测点等已基本覆盖重要通道、易堵路段等重要结点。根据前瞻网《2018年中国视频监控设备行业现状和发展前景分析》,在我国摄像头密度覆盖较高城市,每千人配备摄像头数量不足40套,其中17%应用在交通领域。截至2020年底,全国新开通高速公路达16.95万km,对视频监控设备需求增长迅速。2020年4月,广西壮族自治区印发《关于加强道路交通安全若干措施的通知》,提出完善高速公路视频监控网建设,2020年国家高速公路每2km设置一对高清视频监控设备,其他省县道重要路段安装视频监控设备;2021年在其他高速公路每4km设置一对高清视频监控设备。高速公路视频监测设施已基本覆盖互通立交、服务区等重点部位,部分高速公路基本实现全程监控,一些交通量较大的路段已基本实现全程监控。通过建设交通流检测器,初步形成了全国路网交通流信息的自动化采集。这种方式投资成本比较高(含设备采购安装、网络租用、系统维护等),设备精度差,受天气影响程度高,遭破坏概率较大,且因网络回传原因导致数据实时性较差。

2. 人工采集

除了安装电子化的交通流检测器以外，路网信息采集最常用最普遍的方式就是人工收集。路况信息的收集主要依托各个路段监控中心的工作人员进行上报，信息上报主要通过 QQ 群、OA 系统等网络通信方式。由于上传的路况信息众多，没有分类和格式化，状态更新和共享都比较烦琐，因此给信息的统计、分析和发布都带来了诸多不便。

3. 浮动车

GPS 浮动车方式主要是通过在浮动车辆上加装 GPS 车载设备来进行交通信息的采集。由于需要在浮动车上安装车载 GPS，初期投资较高，定位精度受天气状况、地形状况、卫星轨道误差、时钟同步误差及信号传播误差等因素的影响，且需要大量的 GPS 浮动车样本来实现 GPS 浮动车数据采集，才能准确计算各条道路的交通信息状况，目前实现大规模的海量浮动车交通信息采集还存在一定的难度，限制了该技术的进一步应用。交通信息数据采集常采用路侧固定检测器及浮动车的方法。路侧固定检测器一般部署在关键路段和主要路口，但存在大量的信息盲点；基于浮动车的交通信息系统，成本低且效率高，具有实时性强，覆盖范围大的特点，其最大问题在于浮动车的占比问题，实际交通系统中很难接入占比大于 10% 的浮动车，因此很难反映某个路口的交通状况，直接导致了原始数据的获取可信度较低。

4. 基于移动通信定位技术的交通信息采集

基于移动通信定位采集交通信息的基本原理是利用蜂窝结构的移动通信网络对移动终端进行位置初定，利用数据挖掘技术和路径搜索算法提高定位精度，再整合地图匹配技术和交通信息提取技术，得到实时路网的行程速度来推算交通流状况等，从而获取相应的交通信息，为交通出行提供诱导信息服务，此项技术将是交通数据采集的一个重要的发展趋势。三大电信运营商和以百度、高德、滴滴为代表的互联网公司都已经开始利用移动通信定位技术进行路网运行监测和服务，既提升了路网监测的能力又发展了自身的业务。同传统的固定静态与 GPS 浮动车采集技术相比，基于移动通信定位的城市道路交通信息采集不需要安装额外设备，无维护和管理费用，不需要对移动设备进行改造升级，具有资金投入少、信号覆盖范围广、数据规模大等特点。此外，通过该技术采集的交通信息不局限于特定的地点而是遍及整个路网。对于中国这样的发展中国家而言具有非常特殊的意义（图 10-19）。

二、路网运行分析与预测

交通运输部路网中心利用路况报送系统上报信息，结合路段采集的实时交通状态数据，进行定性与定量分析，据此定期发布全国公路网运行分析简报。并且编制年度全国干线公路网运行分析报告和年度中国公路网运行蓝皮书，对路网运行状况进行及时评估分析。

2012 年 7 月 18 日，交通运输部路网监测与应急处置中心挂牌成立，承担路网运行监测、应急处置管理、公路交通出行服务、路桥隧道技术状况监测、养护造价及运营服务成本分析与评估、ETC 联网运营等职责。中心与社会机构合作，主持开发建设了基于手机信令路网运行信息分析决策系统、全国高速公路视频调用系统、全国高速公路电子不停车收费清分结算中心系统，升级以 GIS 地图为基础的全国公路出行服务系统，完善建设了全国高速公路视频监测、交通流量监测、公路气象观测等设施设备，构建了一张实时监测全国公路网、特大桥梁、长大隧道路况运行信息的网络。中心成立至今已经完成对全国 40% 以上的干线公路及重要桥梁、隧道的技术状况检测及对全国 31 个省（市、区）国家普通国道路网技术

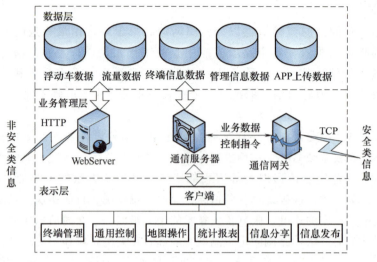

图 10-19 交通信息采集及融合处理系统

状况的年度检测，累计完成路况抽检 23 万 km，监测重点桥梁 280 座，监测重点隧道 31 座，完成 5000km 普通国道安全设施风险评估，并形成比较完整的数据体系。

三、信息发布

目前，我国公路交通系统主要通过公路指示牌、可变信息板、热线电话、短信、网站和移动终端等介质传递路况信息，同时还通过广播、电视、报纸、网络等公共媒体发布预警信息，如图 10-20 所示。但是这些发布方式和内容仍然不能满足公众对于交通信息实时性和个性化的需求，因此，交通行业也在不断探索更加多样化的信息发布手段和更加丰富、实时的信息内容。

图 10-20 百度地图实时路况

第十章 智能高速公路管理与服务系统

1. 高速公路交通广播

目前，全国交通广播领域的局面是地方交通广播遍地开花，但覆盖仅限于中心城市或所辖区域，没有形成整体的信息网络，服务信息不能全面互通共享。2009年3月12日，交通运输部与中央人民广播电台签署战略合作协议，双方将建立信息互通、合作互动、重大报道先期策划、交通运输新闻定期直播发布、交通运输突发事件新闻应急反应等合作机制，并逐步建立健全覆盖全国的交通运输信息传播服务网络，打造全国性、专业化交通广播频率，培育交通广播品牌。2012年6月26日，由交通运输部和中央人民广播电台联合打造的国家级交通广播"中国高速公路交通广播"开播。

中国高速公路交通广播采用大功率广电发射台基站与公路沿线小功率广播基站相结合的方式建设，按照"平时服务、突发应急"的原则建设，是国家应急广播体系的重要组成部分。在日常状态下，中国高速公路交通广播为行驶在高速公路上的驾驶人、乘客提供实时路况、天气、资讯、娱乐等信息服务。同时交通运输部还与中央电视台合作发布路况信息，每逢重大自然灾害或者灾害天气、重大节假日小型客车免费通行政策实施期间，进行实时路况现场直播。除了传统广播媒体基本功能外，还具有紧急广播和数据推送功能，可以实现基于位置的智能差异化交通信息服务，全面提升现有公路网络的信息服务水平和效率，提高应对公路突发事件和应急处置能力。

中国高速公路交通广播主要包括部级交通广播设备及信息管理系统、省级交通广播设备及信息管理系统、公路沿线广播信号的覆盖系统、数据采集和接收系统四个层次，通过建立部级具有直播功能、省级具有分控功能、路段级具有插播功能的高速公路交通广播三级管理体系，可实现基于智能位置信息的推送式、差异化交通信息服务，总体架构如图10-21所示。

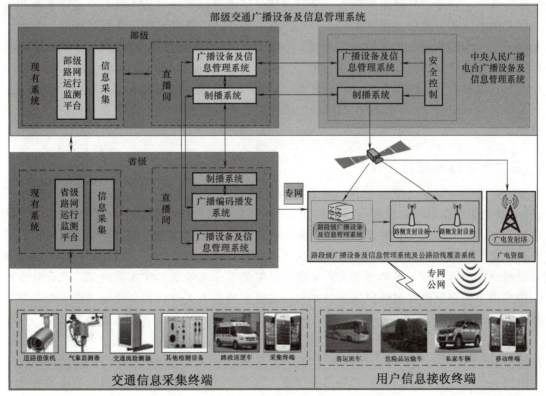

图10-21 中国高速公路交通广播系统建设整体框架图

273

目前,中国高速公路交通广播已经在北京、天津、河北、湖南、湖北、宁夏、甘肃、新疆、吉林9省(市、自治区)开播,为高速公路出行者提供了一种实时性强、权威性高和伴随性好的信息获取方式。今后,中国高速公路交通广播将逐步覆盖全国,突破路况信息的地域限制,连接交通运输部路网中心、国家应急办,形成全国"一张网",填补全国性交通广播空白,增强国家应急信息传播能力。

2. 基于移动互联网的交通信息发布

在移动互联网,特别是5G网络技术日臻成熟,智能手机用户快速扩张的今天,交通信息发布模式变成了以支持iOS、Android、Windows Phone等主流操作系统的移动应用为主,广播电台、互联网站、可变信息板、车载导航终端、手持式导航仪等手段为辅。特别是智能手机、平板电脑等具备移动通信接入功能的终端,极大地丰富了交通信息的移动发布功能,实现了随时、随地可以掌握实时交通信息的功能。

基于移动互联网技术和智能终端的交通信息发布平台可以提供的交通信息包括实时的动态交通流量信息、图形交通信息、实时交通视频、交通事故信息、交通管制信息、道路施工信息、旅行时间信息、停车场信息等。这些信息可以通过视频、图片、语音播报以及文字等方式展示给用户。

四、交通运输应急体系建设

交通运输应急体系是处置现代交通运输的突发公共事件的资源、组织、制度、行为的统一,主要包括应急预案体系与设施体系、应急保障法律法规体系、应急保障体制和机制、应急保障措施和创新等。经过多年建设,全行业建立了由公路养护、施工队伍、运输车队和武警交通部队组成的公路应急保障队伍,形成了部、省、市、县联动的应急保障体系,陆续出台和优化了《公路交通突发事件应急预案》、《水路交通突发事件应急预案》、《关于道路运输应急保障车队建设的指导意见》等文件。目前,我国交通运输应急体系已经形成区别于农业农村、市场监管、城市管理、环境生态、公安海关等部门的一套系统的应急标准,成为降低交通运输单位和个人的安全生产风险,提升处置突发事件能力,保护人身和财产安全的指导性规范。

五、气象监测与服务体系

交通运输部与国家气象局合作,联合开展公路气象预报预警,双方联合制定并发布了《公路交通气象观测站网建设暂行技术要求》。各有关省区据此建设了一批公路气象监测站和监测系统。利用实时气象数据与卫星云图生成公路气象预报地图与报告;与国家气象局建立专线,交互共享数据。部路网中心与国家气象局公共气象服务中心华风气象频道开展气象视频播报合作。针对秋冬季影响较大的雾霾、低温雨雪冰冻等气象灾害,两部门联合公安部共同印发关于做好公路交通气象灾害防御和应急处置的相关文件,提高交通气象灾害监测预警能力。

六、公路收费服务及ETC全国联网

为提高公路通行效率,筹集公路建养资金,从20世纪80年代起,我国开始建设收费公路。收费公路大大提升了全社会物流、客流通行效率,在土地节约、节能减排,促进经济社会文化交流、促进就业、拉动经济增长等方面发挥了积极作用，同时也大大缓解了国家财政压力。为支持"三农"建设和城市"菜篮子"建设及节假日群众出行等，开通收费公路"绿色通道"，减免鲜活农产品收费，重大节假日减免7座及7座以下小客车通行费，2014年全年收费公路减免车辆通行费合计达473.7亿元。

2014年3月7日，交通运输部下发《关于开展全国高速公路电子不停车收费联网工作的通知》，正式启动全国高速公路ETC（电子不停车收费）系统联网工作。联网工作分为四个阶段实施，第一阶段为2014年6月底前，由交通运输部路网监测与应急处置中心（简称部路网中心）会同各省级交通运输主管部门及相关单位成立管委会。由部路网中心牵头制定完成全国ETC联网技术实施方案。启动全国ETC联网结算中心系统建设。各省（市、区）制定完成本地实施方案。第二阶段为2014年12月底前，北京、天津、河北、山西、辽宁、上海、江苏、浙江、安徽、江西、福建、山东、陕西ETC联网开通。全国ETC门户网站开通运行。第三阶段为2015年9月底前，尚未实现ETC联网的其他省（市、区）联网开通。第四阶段为2015年12月底前，基本实现全国ETC联网，主线收费站ETC覆盖率达到100%，全国ETC用户数量达到2000万户，客车使用率不低于25%，非现金支付使用率达到20%，主线收费站系统覆盖率达到100%，客服网点覆盖到县（区）级行政区，并实现军车、武警车辆使用系统全国联网运行，建立完善地全国ETC联网运行标准及检测体系，初步建立全国收费公路联网数据服务系统。

在高速公路上，经常是离收费站好远，车辆就开始排队，一辆一辆交费、抬杆、缓慢通行。而在收费站最边上的ETC通道，则是另外一番景象：车辆鱼贯穿过，几乎没有停留，如图10-22所示。实践证明，一条ETC车道相当于5条人工收费车道。通过收费站的平均时间由14s降低到3s。对缓解高速公路拥堵，提高通行效率作用明显。交通运输部路网中心ETC中心调研表明：如果一辆车减少约10s的通行时间，那100辆就可以减少约16min，1000辆就是2.5h。尤其

图10-22　高速公路电子不停车收费（ETC）系统

对于车流量较大的收费站来讲，缓解拥堵的作用就更加明显。就像最早全国实行节假日高速公路免费时，过站车辆还要发卡，成为高速公路收费站拥堵的原因之一。此后，收费站免费道口实行不发卡抬杆放行，拥堵大为缓解，其实就相当于ETC系统的过站效率。日本ETC交易量占所有高速公路通行交易量的90%，过100辆车有90辆是通过ETC完成的，因而效率很高。而我国只有7%~8%，发达省份在30%左右，差距仍然较大。

除了提高通行能力、节省通行时间外，ETC还可以显著降低人们的出行成本，以及全社会的物流成本，实现节能减排。与传统的人工收费模式相比，ETC可以节约近87%的收费站扩建费用，降低约20%的人工与服务成本。同时，对车辆的燃油消耗平均可以降低20%；二氧化碳排放减少约50%，一氧化碳减少约70%。此外，随着法律法规和货运市场的完善，ETC如果应用到货车上，将大大提高物流运输的效率。根据公安部交管局的统计，截至2020年6月，全国机动车保有量已超过3.6亿辆、机动车驾驶人数量接近4.4亿人，

今后仍将持续快速增长。如果按上述数字计算,3.6亿辆机动车每年的节能减排不是一个小数字。当然,对于经常跑高速的驾车族来说,使用ETC卡过站通行的高速收费一般会有折扣,也会在一定程度上降低出行成本。

在ETC系统较为发达的日本,为鼓励人们使用ETC,日本政府会向装配电子不停车收费系统车载器车辆的用户提供补贴,减轻用户的额外负担。其次,高速公路管理公司制定了多种通行费优惠措施,给用户带来实惠。据悉,日本规定用户利用ETC缴费,不仅可以得到3%~8%的优惠,在不同时间段和不同路段还能享受不同幅度的折扣,有些时间段的折扣幅度甚至达到了50%。

2019年8月,交通运输部、财政部、发改委发布《关于切实做好货车通行费计费方式调整有关工作的通知》,要求加快货车ETC车载装置安装。各省级交通运输主管部门组织发行机构,按照新的车型分类标准,为货车免费安装ETC车载装置。2019年11月18日,央行、银保监会公布《关于金融服务支持收费公路制度改革的指导意见》,支持电子不停车收费(ETC)系统推广应用。截至2019年12月18日,全国ETC客户累计达到19223.44万人次,完成发行总目标19085.56万人次的100.72%。截至2020年底,全国建设收费站7500多个,建设ETC车道3万余条,全国ETC车道建设总投资达到90亿~120亿元,每个电子标签(on board unit,OBU)按300元计算,OBU总投资约为600亿元。

七、高速服务区建设和服务工作

我国从沈大高速公路第一个高速公路服务区建设起,在以后的高速公路建设中全部建设了公路服务区,到2019年年底,全国高速公路服务区的数量已达2900对。服务区的间距一般为50~60km,一些地方在服务区之间建设了一批停车区。服务区提供停车、加油、就餐、客房、购物、如厕、汽车修理等服务,部分服务区还提供特产售卖、休闲娱乐等服务,部分地区还开展了长途客运接驳、旅游信息咨询等服务。服务区管理模式主要有自管、承包租赁、企业化运行等方式,服务质量和成效不一。

随着车流量的增加,服务区接待的出行者越来越多,为提升服务区的服务能力和形象,一些流量较大的高速公路开始建设"五星级服务区",除了传统服务区具有的功能之外,广场上设置独立儿童娱乐区,户外纳凉区配备了喷雾降温系统,公共卫生间设计绿化中庭,提供24h免费WiFi,累了还可以在淋浴房冲凉,如图10-23所示。

图10-23 高速公路"五星级服务区"

第六节 交通服务体系问题分析与展望

授课视频

一、问题和困难

1. 监测体系不完善、缺少顶层设计和统一规划

全路网监测设施可视、可测比例约为 1:10,尚未达到全路网监测需求,更达不到动态、实时评估路网区域运行状态,以及分析、预测、研判路网运行趋势及预警突发事件的能力。缺少像日本 JARTIC 那样的高效协同和 VICS 等那样的顶层设计。公路运行信息分别为交警、路政、高速公路公司等不同部门掌握,信息采集、共享机制差,信息分割较严重。路况信息仍以人工系统报送为主,迟报、漏报,甚至瞒报问题突出。

2. 体制机制上下衔接不统一、运行不顺畅

现有路网管理模式不统一、事权主体责任模糊、职能定位不清晰、机构设置重复交叉、应急指挥调度能力不强、公共服务水平不高。省级机构路网运行机构隶属不同部门,信息采集、报送、发布不统一,执行责任难落实。不同区域、不同层次路网管理衔接不畅、标准不一致,路网的整体性、系统作用发挥不足。

3. 突发事件应急处置能力不足

自然灾害频发,公众出行频次增加和人、车、路、环境的复杂性,使公路应急工作形势严峻。灾害信息收集与评判能力弱,应急装备现代化程度不高,与社会各界的协调配合衔接不顺畅。跨区域公路网一体化应急处置与指挥调度欠缺,路网协同能力较弱。相关部门、相邻省份间协调沟通机制与信息交互渠道缺乏,跨区域、跨部门、跨层级应急处置效果欠佳。

4. 出行服务群众满意度低

公路信息采集、处理、整合和利用水平较低,信息服务内容质量不高,信息发布不及时;信息发布渠道较少,公路出行信息整体服务水平不高。服务区管理体制多元,服务质量总体不高。部分服务区只重视经济效益而忽视公益服务,管理混乱,脏乱差现象突出。各地对服务区功能和定位认识不到位,服务区规划建设不合理。一些地方把服务区单纯作为公路附属设施,对服务区在服务群众出行方面的潜力挖掘不足。有些服务区建设规模偏小,功能缺失。同时,服务区功能拓展不适应经济社会发展需要。

5. ETC 系统尚未适应发展需求

ETC 系统建设的主要问题是,ETC 系统尚属于低速率(匝道)和安全性较低的阶段,需要向高速率(自由流)和高可靠性迈进,从单车道向混合车道应用发展。在融合应用推广方面还不足,ETC 数据的开发应用尚未全面开展。

二、发展趋势

1. 发展思路

(1) 构建新型路网管理体制机制 结合公路事权改革和公路养护体制改革要求,理顺路网运行监测管理体制机制,统一归并公路路网管理机构,形成上下一致、衔接统一、运转高效的管理体制机制。加快健全省级路网中心,尽快整合业务系统资源,实现系统业务的有序衔接配合、数据资源归集共享,建设统一业务处理平台,将数据库建设与业务系统建设、

平台建设有机结合起来。建立部省联动、区域互动的应急协调机制，积极推进路警联合办公、跨区定期会商等机制，实现高速公路和重要干线公路跨区域、跨部门联动协调管理。

（2）**提升路网运行管理智能化水平** 要突破传统的土木工程管理思维，树立网络化、信息化、系统化思维，特别是互联网思维，既要抓好传统的公路建设、养护、路政、收费及机电系统维护等，又要运用大数据、云计算、移动互联等技术加强路网监测、运行管理，改进公路管理和服务。按照"互联网+"要求，研究通过互联网为重点的现代信息技术改进，提升路网运行管理和公路治理，实现路网运行管理和服务智能化，打造中国的"智慧路网"。

2. 具体措施

（1）**加强监测体系建设** 一是加快路网运行监测体系建设。整合现有监测设施系统，统筹国道、省道及地方公路交通流需求和运行管理要求，按照先干线后支线、先高速公路后地方道路、先重点路段后次要路段的原则分步完善监测设施，有计划、分阶段稳步推进。二是建立信息采集报送队伍和机制。依托公路路政、养护、收费、服务等人员建立路况信息采集报送队伍，积极借助市场化力量采集公路运行数据信息，丰富信息来源。三是加强系统整合和数据融合，加快部省路网管理平台联网。开展部级平台顶层设计与全国公路网数据中心建设，加快全国公路网 GIS-T 开发应用。推进省级路网监测平台建设，并逐步实现部省联网运行和统一指挥调度功能。实现数据融合、系统与业务融合，大力开展数据挖掘和分析研究。对系统报送的各类动态信息、ETC 数据、气象数据以及交通等信息采集设备收集的数据，进行多层次分析。四是加强横向合作。加强与气象、国土、地震及公安交管、交通广播等部门的联系，建立多部门、跨区域、省际公路网运行信息共享机制，提高路网运行信息整合能力。积极推动移动互联网、物联网、大数据、云计算等新一代信息技术在出行信息服务领域的深度应用，推进综合运输体系下的公路交通信息资源共享及交互，建设全天候、全覆盖的公路交通出行信息服务体系。

（2）**加强应急体系建设** 按照国家"一案三制"框架，建立以部路网中心为协调联络枢纽，以 13 个国家区域性应急物资储备中心及青、新、藏 3 个省级中心为依托的全国公路应急及救援体系，形成"综合调度、分级处置、快速响应"联动机制。完善智能运行监测及应急指挥平台，构建公路网预警监测体系，集成应急信息资源，打造全路联动、互为协同、标准统一的路网应急指挥体系。推进对收费站、服务区、枢纽互通、桥梁、危险路段等重点区域进行全天候、全方位监控；逐步实现对重点路段、桥梁等基础设施进行实时监测，全面掌握交通运输基础设施运行状态，提高安全生产保障能力。加强应急队伍建设，采用现代化抢险救援装备，采用无人机、高分卫星图像信息采集等新型技术，提升公路灾害预估和评判，缩短紧急救援对策的响应时间，提高救援的有效性和可靠性。

（3）**加强路网信息发布** 努力提高出行信息服务质量，拓展信息服务发布渠道。一是继续加强与广播、电视、报纸等传统媒体合作，扩大信息覆盖面。继续建设和推广中国高速公路交通广播。二是继续发挥好电子情报板、短信平台、客服电话及行业网站、微博、微信等渠道发布权威实时信息。三是建设基于大数据、云计算的综合信息服务发布平台，借助移动客户端、车辆导航等为公众提供多样化、个性化的公路出行信息服务，促进信息服务与车辆自动驾驶等的融合。四是丰富出行信息服务内容，为百姓在出行前和出行中提供完善的道路交通基础设施、出行天气、路网运行状况以及服务区、加油站等信息，努力做到便于接收、方便查询、信息有用。

（4）**提升服务区服务水平和管理** 贯彻《交通运输部关于进一步提升高速公路服务区服务质量的意见》精神，全面改进和优化服务区功能，改进和提升服务质量和水平，按照市场化思路、法制化精神，对服务区实行市场化特许经营，通过公开招标等方式，引进有实力的企业对服务区客房、餐饮以及汽车修理等实行连锁化、品牌化经营。完善服务功能和渠道，推进服务区加气站和充电桩建设，增强便民利民设施建设。近年来，我国部分服务区全面升级，开设司乘之家、母婴室、图书馆、旅店、现代化商场、物流中转站等多功能人性化的设施；未来，较为落后地区的高速公路服务区将往人性化建设趋势发展。目前，我国部分成熟的高速服务区进行文化产业升级，形成了一批文化特色鲜明的交通旅游产品，"交通+旅游+文化"大融合，成为一个明显趋势；未来较为成熟的高速公路服务区将往文旅化建设趋势发展。随着智能化升级，较成熟的服务区加快信息化进程，率先实现信息化参与到未来的智能交通网络中，对未来车联网、基础设施互联等创造可行性基础。物联网已经助力了众多网红服务区的建设，为高速服务区实现智能化升级提供了助力。未来较为成熟的高速公路服务区将往智能化建设趋势发展。

（5）**进一步做好 ETC 系统升级、服务系统优化** 积极推进 ETC 的推广应用，探索 ETC 卡融入互联网金融，使 ETC 卡具备信用卡消费功能、加油站及服务区刷卡消费等功能。推动 ETC 在智能停车场管理、路内停车管理、城市拥堵收费管理、城市年票制和进京证电子化管理、客货运场站智能调度管理、运营车辆驾驶安全监管、基础交通信息采集与城市出行信息服务，以及其他城市交通卡、车辆管理卡等多卡合一的应用融合与拓展，以卡为媒，为智能交通领域中城市与城际的打通、多种运输方式的打通、条条与块块的打通、在途与源头（两端）的打通以及云与端的融合、线下与线上的融合、传统 IT 和移动互联的融合，提供强有力的技术保障，如图 10-24 所示。同时，按照"互联网+"的思路，以 ETC 电子标签为切入点，与汽车厂商联合，介入车辆前装市场，实现 ETC 与车辆导航、车载广播等的融合。

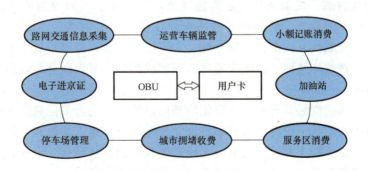

图 10-24　ETC 拓展应用

3. 政策建议

（1）**低成本 ITS 技术推广应用** 建议在中国西部地区，设立低成本 ITS 技术推广应用示范项目，以加快应用 ITS 改善道路交通安全的理念以及相关 ITS 技术装备在我国西部地区的推广与应用，为进一步改善西部地区的道路交通安全状况，提升西部地区道路交通行业的管理水平与服务水平提供有力的支撑，为 ITS 在中国的持续发展与广泛应用奠定良好的基础。

面向中国西部地区"低成本ITS技术推广应用示范项目"可以考虑以下主要ITS技术的推广应用：①危险路段警告系统——交通警告灯、可变信息板（VMS）等。②交通执法系统——超速抓拍、闯红灯抓拍等。③不利气象条件多发路段警示系统——基于VMS或交通广播的不利交通气象条件警告系统。

（2）营运车辆动态监控与安全保障技术　设立并深入开展"两客一危"营运车辆动态监控与安全保障技术推广示范应用项目，为切实加强中国道路运输车辆动态监管，实时监控运输车辆驾驶人超速行驶、疲劳驾驶等违法行为，预防和减少营运车辆道路交通事故，并有效遏制重特大事故提供科学、有效的手段和支撑。

采用符合相关技术标准的车辆动态监控与安全保障成套技术与设备，包括卫星定位装置、行驶记录仪、车载视频监控系统、胎压异常预警以及碰撞预警等。同时，应开展营运车辆动态监控与安全保障技术应用相关配套监管制度的示范性建设，包括营运车辆动态监控与安全保障装置的安装使用规定及定期检查制度，营运车辆行驶动态监控制度，营运车辆超速、疲劳驾驶等违法驾驶行为的处罚制度等。

（3）公路网运行监管与应急处置系统示范　面向国家公路网全网、全时的可视、可测和可控监管的战略需求，实现对省域范围内主要国道、省道及重要旅游公路的动态信息检测，公路网管理与应急处置，并能够为出行者提供全面便捷的公路出行前和在途信息服务，特别是提供及时的沿途交通气象、重特大交通事故、占路施工、交通拥堵等重要的信息服务，以帮助出行者改变其出行计划，降低交通事故发生的风险，减轻出行者的旅途负担，可以让他们将更多的精力投入到驾驶行为本身，从而可以间接地改善道路交通安全。

三、新一代国家智能交通运行网

新一代国家交通控制网是由道路基础设施、车辆和支撑运行与服务系统组成的一个边界开放的复杂系统，各单元、各部分、各子系统间可实时交换数据，系统、子系统和车载系统可以根据实时交通状态、气象条件、客流趋势进行各种调节，如控制策略、限制和诱导措施、运行方式、服务协调等，使交通运输系统处在依据实时数据的动态调整和寻优的过程中，并具有较高的可靠性、应变性和安全性，它可以支撑实现路网承载能力和交通出行需求之间的平衡，实现对整体路网各层级交通流的调度或控制，最大限度发挥路网使用功能和运输系统的服务功能。

新一代国家交通控制网具备功能专业化的基础设施和更完善的信息化设施，将在道路设施的交通承载功能和形式上进行创新，如将设立自动驾驶车道、集散和常规驾驶车道、专用远程货运车道等；还要把土木工程设施与无线通信及传感系统结合，形成新一代道路信息基础设置环境，这些都是从前的道路交通体系没有或者薄弱的环节。

此外，在新一代控制网内，随着汽车产业的发展，具备互联功能的智能汽车、电动汽车和自动驾驶汽车的比例将逐步增加，城市快速路和高速公路将存在自动驾驶汽车与人工驾驶汽车混合车流状态，自动驾驶车辆组成的受控车队也可能在道路上出现。可以预见，联网和智能控制的汽车之间以及车与路之间将在控制系统的帮助下得到安全、节能、便捷、舒心等方面的服务，而没有联网的汽车也会从路网运行的改善中得到好处。

"开放、共享、协同"也是新一代控制网的重要特点。该系统支持各种交通服务的人性化和定制化，应变能力和可靠性高；支持具备车载控制功能的车辆实现控制环境下的自主运行、支持具备信息诱导的人驾驶车辆高效运行、支持轨道交通组织化程度高和道路交通灵活性高的双模式公交系统，还可以支持智能车辆在队列控制和自由行驶功能间自如切换，以及分时租赁和共享汽车的商业化运行。

可以说，新一代国家交通控制网给社会和百姓描绘了未来通信、未来汽车、未来道路组成的新图景，其核心就是使未来的道路交通系统更加安全、更加人性化、更加绿色。

第十一章

智能交通系统评价

授课视频

第一节 智能交通系统评价概述

智能交通系统与传统的交通运输基础设施建设项目不同，绝大多数ITS项目属于新兴事物，无太多经验可循，其技术的可行性及对经济、社会和环境带来的影响尚难以预料，其实施所需的费用和风险也难以确定。目前还没有形成类似传统交通运输项目评价方法的ITS项目评价方法。与此同时，世界范围内ITS的多个领域已从概念和试验阶段开始转向实施，投资规模也迅速增长。因此，对ITS项目实施的影响进行深入研究和分析是十分必要的。

智能交通系统评价是指对智能交通系统项目的经济合理性、技术可行性、社会效益、环境影响和项目风险进行评估，为项目的可行性研究、方案的比选和优化、目标决策提供科学依据。

一、评价的原则

ITS项目不同于传统的交通运输基础设施建设项目，具有新颖性、广泛性、开放性、动态性、复杂性等新的特性，因此在对ITS项目进行评价时应掌握以下原则：

1. 科学性原则

效益评价指标体系应能够科学地反映ITS经济、社会、环境效益的各方面因素。经济效益评价是分析建设项目实施的经济可行性，各指标必须具备科学性及可操作性；社会和环境效益评价中的各指标应具有概念严密准确、含义确切、计算范围明确的特性。

2. 系统性原则

ITS项目是一个复杂的系统工程，ITS建设项目效益评价应考虑各种因素的相关性、整体性和目标性。

3. 综合性原则

坚持综合效益为主的原则，既要考虑经济效益，又要考虑社会效益、环境影响和可持续发展，进行综合全面的效益评价分析。

4. 定性与定量分析相结合原则

对ITS建设项目进行效益评价时，既要考虑影响评价的定性因素，又要考虑影响评价的定量因素。经济效益大部分可以量化，而社会和环境效益大部分只能定性化。因此，应坚持定性与定量相结合的原则，保证效益评价的完整性。

5. 宏观与微观分析相结合原则

对ITS建设项目进行效益评价时，既要考虑影响评价的宏观因素，又要考虑影响评价的微观因素，采用宏观与微观相结合的分析方法进行综合效益分析，保证效益评价的客观公正。

二、评价的内容

智能交通系统的评价涉及很多内容,本书重点从技术评价、经济评价、社会和环境评价三个角度进行探讨。

1. 技术评价

技术评价是从技术的角度出发,通过对项目中采用的系统各技术指标的分析和测算,从系统功能和技术层面对 ITS 项目进行评价,考查项目是否达到设计的技术目标。ITS 项目技术评价是实施 ITS 项目评价的前提。

2. 经济评价

ITS 建设项目的经济评价就是从经济角度,分析计算 ITS 项目所需投入的费用和获得的收益,以及 ITS 发展对国民经济产生的影响。经济评价通常包括国民经济评价和财务评价。国民经济评价是从国家整体的角度研究 ITS 项目对国民经济的净贡献,以判断 ITS 建设的合理性。财务评价是从 ITS 项目的财务角度,分析测算 ITS 项目的财务盈利能力和清偿能力,对 ITS 项目的财务可行性进行评价。

经济评价指标体系见表 11-1。

表 11-1 经济评价指标体系

经济评价	国民经济评价	经济内部收益率
		经济净现值
		经济净现值率
		投资净增值率
		投资净收益率
	财务评价	财务内部收益率
		投资回收期
		财务净现值

3. 社会和环境评价

ITS 建设项目的社会评价是分析拟建项目对当地的影响以及社会条件对 ITS 项目的适应性和可接受程度,评价项目的社会可行性。ITS 项目的环境影响评价是在某特定环境区域内,对由于某项 ITS 项目的建设和运行,打破环境的原有构成,对该区域环境质量带来的影响所进行的分析、预测和评估。ITS 项目的环境影响评价既包括项目对环境的负作用效果评价,也包括项目对环境带来的正效益的评价两个方面内容。ITS 项目的社会评价以经济评价为基础,又有别于经济评价,其区别包括分析角度与目的两方面,ITS 项目社会评价与经济评价的区别见表 11-2。

表 11-2 ITS 项目社会评价与经济评价的区别

ITS 项目	社会评价	经济评价	
		财务评价	国民经济评价
分析角度	社会角度	项目角度	国民经济角度
分析目的	社会、经济与生态协调发展为目的	盈利为目的	资源最佳配置为目的

授课视频

第二节 技术评价

ITS 项目的技术评价是实施 ITS 项目评价的前提。首先，应确定 ITS 项目实施的技术方案，然后从技术的系统性能和运行性能两个方面出发，建立 ITS 项目的技术性能评价指标，对可以量化的指标进行量化，对不易量化的指标进行定性分析以确定其能达到项目实施要求，并确定各评价指标对 ITS 项目技术实施的影响程度。

技术性能评价是 ITS 项目技术评价的核心。ITS 项目的技术性能评价就是以技术先进性、技术适用性和技术可靠性为前提，从仅取决于系统结构的系统性能和基于系统设计的运行性能两个方面对技术的可行性进行评价。系统性能的评价主要是了解系统的科学性、合理性、兼容性、可扩展性，是否能包容现有的系统和设施并与其协调；而对系统运行性能评价的主要目的是了解系统功能的实现程度。

以评价指标建立的科学性、可测性、协调性、可比性、全面和综合性为原则，为技术的系统性能和运行性能建立技术评价指标体系，如图 11-1 所示。

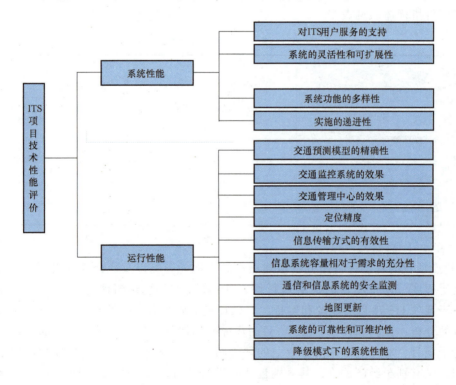

图 11-1 技术评价指标体系

1. 系统性能指标描述

1）对 ITS 用户服务的支持：该指标主要评价 ITS 体系结构的系统功能是否满足不同用户的需求。

2）系统的灵活性和可扩展性：主要指系统体系结构在技术上是否具有灵活性和可扩展性。

3）系统功能的多样性：该指标是指结构对每一市场包内和不同市场包之间不同功能的支持。

4）实施的递进性：该指标是指随着ITS相关技术的进步，ITS体系结构的可发展性。

2. 运行性能指标描述

1）交通预测模型的精确性：ITS的目标之一是更好地理解交通模式，以便更好地预测交通流量和拥挤条件。

2）交通监控系统的效果：该指标主要包括两个子指标，即数据的收集和实时传输能力，数据实时处理能力。

3）交通管理中心的效果：该指标是指交通管理中心和其他相关管理中心的协调和协作水平。

4）定位精度：该指标主要指各种技术对车辆定位的准确性。

5）信息传输方式的有效性：主要指无线通信，对无线通信的评价主要是总流量、线路平均流量、线路延误统计。

6）信息系统容量相对于需求的充分性：此指标主要用于预测需求评价。

7）通信和信息系统的安全监测：主要包含通信安全和数据库、信息安全。

8）地图更新：用户通过一些方式定期进行地图更新的便利性和快捷性。

9）系统的可靠性和可维护性：该指标是指ITS体系结构中是否会出现一些风险，导致服务和系统性能的不稳定性。

10）降级模式下的系统性能：指系统实施过程中降级服务的能力。

在ITS技术评价过程中，并非要对每一个技术性能指标都进行详细评价，对于不同的ITS项目，按照评价的目的及指标体系确定的原则和方法对其进行具体评价指标的确定。

3. 技术评价方法——层次分析法

层次分析法（the analytic hierarchy process，AHP）是一种多目标、多准则的决策评价方法，将AHP的一些成熟成果引入到ITS项目的技术评价中。AHP的基本原理：首先对评价涉及的因素进行分类，然后构造各因素相互联接的层次结构模型，接着自上而下对各层次诸评价因素两两比较判定各层次诸元素的重要性，最后综合这些判断，计算单准则排序和层次总排序，从而确定诸因素在决策中的重要性。AHP是一种定性与定量评价相结合的方法，特别适用于评价因素难以量化且结构复杂的评价问题。下面简要介绍AHP应用于ITS项目评价的流程。

（1）建立递阶层次结构　首先将复杂问题分解，使问题层次化、条理化，并构造层次分明的结构模型。模型中分解后的各组成部分称为元素，按照元素属性将其分成若干组，从而形成不同的层次。一般可分为三层：

1）目标层，即问题的预定目标或理想结果。

2）准则层，即实现目标所必须考虑的中间环节，可由若干层次组成。

3）方案层，也称措施层，是实现目标所采取的措施或决策方案。若支配元素过多，则两两比较判断将会比较困难，因此每一层所支配的元素一般应少于9个。

层次分析法递阶层次结构如图11-2所示。

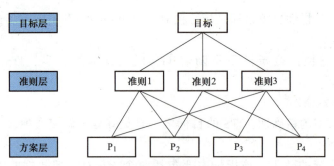

图 11-2 层次分析法递阶层次结构图

（2）**构造判断矩阵** 层次分析法主要是通过引入合适的标度来判断各层次中各个因素的相对重要性。

设有 n 个元素，可构造判断矩阵 $A=(a_{ij})_{n\times n}$，其中 a_{ij} 表示因素 i 与因素 j 相对于目标的重要值。其形式如下：

$$A=\begin{pmatrix} a_{11} & \cdots & a_{1n} \\ \vdots & a_{ij} & \vdots \\ a_{n1} & \cdots & a_{nn} \end{pmatrix}$$

矩阵 A 具有下列性质：

1) $a_{ij}>0$。
2) $a_{ji}=1/a_{ij}$ （$i,j=1,2,\cdots,n$）。
3) $a_{ii}=1$ （$i=1,2,\cdots,n$）。

在层次分析法中，为了标出各个指标对于上层各元素的相对重要性，引入了 1~9 标度法，形成上述数值判断矩阵。元素两两对比时的重要性等级及其赋值见表 11-3。

表 11-3 层次分析法中各标度的含义

序号	重要性等级	C_{ij} 赋值
1	i,j 两元素同等重要	1
2	i 元素比 j 元素稍重要	3
3	i 元素比 j 元素明显重要	5
4	i 元素比 j 元素强烈重要	7
5	i 元素比 j 元素极端重要	9
6	i 元素比 j 元素稍不重要	1/3
7	i 元素比 j 元素明显不重要	1/5
8	i 元素比 j 元素强烈不重要	1/7
9	i 元素比 j 元素极端不重要	1/9

注：C_{ij} 赋值 =（2,4,6,8,1/2,1/4,1/6,1/8）表示重要性等级介于 C_{ij} 赋值 =（1,3,5,7,9,1/3,1/5,1/7,1/9）。

通过判断矩阵的建立，使判断思维数学化，有助于决策者检查并保持判断思维的一致性。

（3）**层次单排序及一致性检验** 层次单排序是一种计算某一层次因素对上一层次某一因素的相对重要性的排序计算方法。其中，计算判断矩阵的最大特征根和特征向量是层次单排序的主要计算内容。

根据判断矩阵 $A = (a_{ij})_{n\times n}$ 对每一层次元素的相对权重进行单排序计算，并求出对上一层的相对权重向量 $w = (w_1, \cdots, w_n)^T$ 做一致性检验。确定权重一般采用几何平均法，计算步骤分析如下：

1) 计算判断矩阵每一行元素的乘积 M，即

$$M_i = \prod_{j=1}^{n} a_{ij}, i = 1, 2, 3, \cdots, n \tag{11-1}$$

计算 M_i 的 n 次方根 $\overline{W}_i$，即

$$\overline{W}_i = \sqrt[n]{M_i} \tag{11-2}$$

2) 对向量 $\overline{W}_i$ 进行规范化，即为所求的特征向量

$$W_i = \frac{\overline{W}_i}{\sum_{j=1}^{n} \overline{W}_i} \tag{11-3}$$

则 $W = [W_1 \quad W_2 \quad \cdots \quad W_n]^T$ 即为所求的特征向量。

3) 计算判断矩阵 A 的最大特征根 $\lambda_{\max}$，即

$$\lambda_{\max} = \frac{1}{n} \sum_{i=1}^{n} \frac{(AW)_i}{W_i} \tag{11-4}$$

4) 对判断矩阵做一致性检验。

① 计算一致性指标 CI，即

$$CI = \frac{\lambda_{\max} - n}{n - 1} \tag{11-5}$$

由上式可知，CI 指标越小，表明一致性越好；CI 指标越大，表明一致性越差。

② 查找相应的平均随机一致性指标 RI。对 $n = 1, 2, \cdots, 9$，Saaty 给出了 RI 的值，见表 11-4。

表 11-4 RI 取值表

n	1	2	3	4	5	6	7	8	9
RI	0	0	0.58	0.90	1.12	1.24	1.32	1.41	1.45

③ 计算一致性比例 CR，即

$$CR = \frac{CI}{RI} \tag{11-6}$$

当 $CR < 0.01$ 时，就可认为判断矩阵的一致性是可接受的，否则需要重新进行两两比较判断。

④ 层次总排序及一致性检验。

上述只得到某一层因素对上一层某元素的一组权重向量，而检验需要得到各因素对其上一层元素的权重向量进行比较，尤其是最底层的方案对目标层因素的排序权重，以便于最佳方案的选取。最终的总排序权重需要按照自下而上的顺序对单准则下的权重进行整合。

设上一层次（A 层）包含 $A_1, \cdots, A_m$ 共 m 个因素，其层次总排序权重分别为 $a_1, \cdots, a_m$。又设其后的下一层次（B 层）包含 n 个因素 $B_1, \cdots, B_n$，它们关于 A_j 的层次单排序权

重分别为 b_{1j}，…，b_{nj}（当 B_i 与 A_i 无关联时，$b_{ij}=0$）。对 B 层中各因素相对于总目标的权重进行求解，即求 B 层各因素的层次总排序权重 b_1，…，b_n，其计算公式见表 11-5，即 $b_i = \sum_{j=1}^{m} b_{ij} a_j$，$i=1，2，…，n$，层次总排序见表 11-5。

表 11-5 层次总排序

层 B	层 A				B 层总排序权值
	A_1 a_1	A_2 a_2	…	A_m a_m	
B_1	b_{11}	b_{12}	…	b_{1m}	$\sum_{j=1}^{m} b_{1j} a_j$
B_2	b_{21}	b_{22}	…	b_{2m}	$\sum_{j=1}^{m} b_{2j} a_j$
⋮	⋮	⋮		⋮	⋮
B_n	b_{n1}	b_{n2}	…	b_{nm}	$\sum_{j=1}^{m} b_{nj} a_j$

做层次总排序时同样需要由高层到低层逐层进行一致性检验，虽然各层次因素均已经通过层次单排序一致性检验，但各层次的一致性累加时可能会导致最终结果较为严重的非一致性。

设通过对 B 层中与 A 相关因素的成对比较判断矩阵进行一致性检验，求得单排序一致性指标为 CR，相应的平均随机一致性指标为 $RI(j)$ [$CI(j)$、$RI(j)$ 已在层次单排序时求得]（$j=1，…，m$），则 B 层总排序随机一致性比例为

$$CR = \frac{\sum_{j=1}^{m} CI(j) a_j}{\sum_{j=1}^{m} RI(j) a_j} \tag{11-7}$$

当 $CR < 0.10$ 时，可认为层次总排序结果较为满意，可接受。

第三节 经济评价

授课视频

对 ITS 项目的经济评价可以从几个层次上进行。首先，政府作为投资主体应考虑的问题是：ITS 产业的发展对国民经济的发展能产生哪些影响。其次，企业作为投资主体应考虑的问题是：ITS 项目的投资是否能回收，回收期多长，收益率有多大等。最后，ITS 的另外一个投资主体是个人，即车主。个人投资效果的评价与企业投资评价类似。

国民经济评价是按照资源合理配置的原则，从国家整体角度考虑项目的效益和费用，用相关经济参数分析计算项目对国民经济的净贡献，评价项目的经济合理性。国民经济评价主要包括 ITS 项目对相关产业的波及效果分析，ITS 项目对国民收入、税收、工资等指标的倍增作用，综合就业分析等。

财务评价是根据国家现行财税制度和价格体系，分析计算投资者或项目直接发生的财务效益和费用，编制财务报表，计算评价指标，考察项目的盈利能力、清偿能力以及外汇平衡

等财务状况，据以判别项目的财务和商业上的可行性。

ITS 项目财务评价的主要内容包括经济效益分析和清偿能力分析两个方面：经济效益分析包括静态指标和动态指标。静态指标有投资回收期、投资利润率、投资利税率、资本金利润率等；动态指标有财务内部收益率、财务净现值。清偿能力分析有借款偿还期、资产负债率、流动比率、速动比率等指标。

1. 经济评价的费用与效益

ITS 项目的费用可分为直接费用和间接费用。直接费用是对交通服务提供者和用户而言的内部费用，直接费用包括系统设计费用，设备费用，设备安装费用，系统通信费用，程序管理费用以及技术支持、公共信息、系统管理费用等。间接费用是由于项目实施的负面外部影响造成的，这些负面影响包括车辆尾气排放和噪声等环境污染，由于这些费用被用户个人视为外部的，而是由政府和社会支付，因此又被称为外部费用或社会费用。费用识别的基础是物理框架中所定义的子系统和设备包，首先要确定每个设备包的单价和数量，其次计算出不同时期、不同区域内所花的费用。费用分析主要是提供成本计算方法和不同 ITS 用户服务领域的单价范围，而不是仅计算最低费用。对于 ITS 建设项目费用估算来说，国民经济评价和财务评价的费用基本相同。ITS 项目效益的估算通常采用"有无对比法"，国民经济评价和财务评价中的效益估算范围有所不同，国民经济评价是从总体考虑问题，因此，它的效益包括直接效益和间接效益。而财务评价是指考虑项目投资的直接受益情况。

ITS 项目效益的受益者主要有三类：用户、提供商和研究区域内的非用户团体/社会。用户的主要效益是关于安全性和时间节省，交通服务商的主要效益是关于交通网络效率提高、生产力和运营效率的提高，团体/社会的效益是关于车辆排放和交通拥挤降低以及社会服务安全和环境的改善。ITS 项目的效益可以分为以下 7 类：

（1）**运行效率和通行能力的提高**　ITS 可通过增加交通系统的有效容量将现有设施的效率最优化，降低对道路基础设施改建与扩容的需求。具体表现在行车速度和效益的提高、货运满载率提高及相对节约路网费用等方面。

（2）**费用的节省**　ITS 的应用可以降低劳动力和设备的需要，因而节省劳动力和首期投资的费用，ITS 的用户和提供商由于信息和交通基础设施服务的改进，节省了劳动力和消耗性材料的费用。因此，用户和 ITS 服务提供商都是费用节省的直接受益者。

（3）**系统机动性的提高**　许多 ITS 组分的主要目的就是减少出行时间，降低延误。ITS 项目的建设将改善道路通行服务能力，从而降低车辆行驶延误，节省了用户的出行时间。

（4）**经济生产力的增长**　经济生产力的增长包括人力和其他商业费用的节省，这些费用的节省是由生产活动相关的时间的节省和资源的有效利用带来的，这笔节省的费用可用于新的生产活动从而创造新的就业机会和税收，因而间接提高了社会生产力。商业用户是经济生产力提高的主要受益者；交通服务提供商通过信息、服务的配套和综合，降低了首期和运营的费用，也从 ITS 服务中受益。

（5）**安全水平的提高和环境的改善**　安全水平的提高是指交通事故数量和严重程度的降低，环境的改善是指车辆尾气和其他污染物排放的降低。交通用户是安全水平提高的直接受益者，同时也是环境改善的受益者。交通服务提供商也节省了处理事故损害和降低污染的费用。

（6）**个人可达性的提高**　个人可达性的提高表现在由于提供了 ITS 服务，个人的出行方便性和舒适度提高了，同时降低了费用和出行对个人的压力。交通用户是个人可达性提高的直接受益者。

（7）**为 ITS 的发展创造外部环境** 主要表现在 ITS 软硬件的销售额的提高，ITS 用户缴费额的提高。

ITS 项目费用和效益是国民经济评价和财务评价的主要依据，因此，对费用和效益的估计应尽可能全面、准确。

2. 经济评价的方法模型

费用效益分析法是项目的经济评价常用方法之一，其分析过程一般可分为确定备选方案、计算费用和效益、评价三个阶段。效益的分析计算通常采用"有无对比法"，即在有项目情况下和无项目情况分析项目所能创造的效益，然后通过分析总效益与总费用的差值计算出效益费用比（benifit cost ration，BCR）、净现值（net present value，NPV）、内部收益率（internal rate of return，IRR）及投资回收期（payback period，PBP）等相关评价指标。国民经济评价中分析 ITS 建设项目的收益情况，对独立方案而言，若经济净现值（economic net present value，ENPV）大于零或经济内部收益率（economic internal rate of return，EIRR）大于社会折现率（i），则 ITS 建设项目在经济上可行；对多方案而言，采用增量效益费用比来确定最优方案。

（1）**财务评价指标** 财务评价指标不需要细分投资资金的来源，以全部的投资编制的全部投资现金流量表，可计算全部投资所得税前及税后的财务内部收益率、财务净现值及投资回报期等评价指标，考察项目全部投资的盈利能力，为各投资方案比较建立共同基础。其主要指标计算模型如下：

1）财务内部收益率（financial internal rate of return，FIRR）。指项目在整个计算期内各年净现金流量限值累计为 0 时的折现率，是考察项目盈利能力的主要动态评价指标。

$$\sum_{t=0}^{n}(CI-CO)_t(1+FIRR)^{-t}=0 \qquad (11-8)$$

式中 CI——现金流入量；

CO——现金流出量；

$(CI-CO)_t$——第 t 期的净现金流量；

n——计算期。

将求出的财务内部收益率（FIRR）与行业的基准收益率或设定的折现率（i）比较，当 FIRR≥i 时，即认为 ITS 项目盈利能力已满足最低要求，在财务上值得进一步研究。

2）投资回收期（PBP）。指以 ITS 项目的净收益抵偿全部投资所需要的时间，是考察 ITS 项目在财务上的投资回收能力的主要静态评价指标。投资回收期是指从项目的投建之日起，用项目所得的净收益偿还原始投资所需要的年限，其计算公式如下：

$$PBP = P_t - P_0 \frac{M_{P_t}}{M^t_{P_t}} \qquad (11-9)$$

式中 P_t——借款偿还后开始出现盈余的年份；

P_0——开始借款年份；

M_{P_t}——借款偿还后开始出现盈余的年份；

$M^t_{P_t}$——借款偿还后开始出现盈余年份的可用于还款的资金额。

3) 财务净现值 (financial net present value, FNPV)。指按基准收益率或设定的折现率，将 ITS 项目计算期内各年净现金流量折现到建设期初的现值之和。其计算公式为

$$\text{FNPV} = \sum_{t=0}^{n} (CI - CO)_t (1 + i) \tag{11-10}$$

当 FNPV≥0 时，认为 ITS 项目盈利能力已满足最低要求，在财务上值得进一步研究。

(2) 国民经济评价指标 国民经济评价指标包括经济净现值、经济内部收益率、经济效益费用比等指标，费用和效益的计算涉及所采用的相关参数（影子价格、影子汇率、影子工资等），从国民经济整体角度出发考察 ITS 项目给国民经济带来的净贡献，即对国民经济盈利能力等进行评价。其主要指标计算模型如下：

1) 经济净现值 (ENPV)。经济净现值是指项目按照社会折现率将计算期内各年的经济净效益流量折现到建设期初的现值之和，其计算公式为

$$\text{ENPV} = \sum_{t=1}^{n} (B - C)_t (1 + i)^{-t} \tag{11-11}$$

式中 B——经济效益流量；
C——经济费用流量；
$(B-C)_t$——第 t 期的经济净效益流量；
i——社会折现率；
n——项目计算期。

经济效益分析评价中，如果 ENPV≥0，表明项目可以达到社会折现率的效率水平，认为该项目从经济资源配置的角度可以接受。

2) 经济内部收益率 (EIRR)。经济内部收益率是指项目在计算期内经济净效益流量的现值累计等于 0 时的折现率，其计算公式为

$$\sum_{t=1}^{n} (B - C)_t (1 + \text{EIRR})^{-t} = 0 \tag{11-12}$$

如果 EIRR≥i，表明项目资源配置的经济效益达到了可以被接受的水平。

3) 经济效益费用比 (EBCR)。经济效益费用比是指项目在计算期内效益流量的现值与费用流量的现值之比，其计算公式为

$$\text{EBCR} = \frac{\sum_{t=1}^{n} B_t (1 + i)^{-t}}{\sum_{t=1}^{n} C_t (1 + i)^{-t}} \tag{11-13}$$

式中 B_t——第 t 期经济效益；
C_t——第 t 期经济费用。

如果 EBCR≥1，表明项目资源配置的经济效率达到了可以被接受的水平。

4) 投资净增值率。指 ITS 项目达到正常生产能力规模年份所带来的国民经济净增值与 ITS 项目的总投资额之比，是衡量 ITS 项目单位投资所能获得国民收入净增值的静态效益评价指标，用于 ITS 项目的初选阶段。其计算公式为

$$\text{投资净增值率} = \text{国民收入的净增值} / \text{项目的总投资额} \tag{11-14}$$

5) 投资净收益率。指 ITS 项目达到正常生产规模年份所获得的社会净收益与 ITS 项目

的总投资额之比,也是进行 ITS 项目评价与初选排队时常用的静态指标。其计算公式为

$$投资净收益率 = 社会净收益/项目的总投资额 \qquad (11-15)$$

第四节 社会和环境评价

授课视频

ITS 项目社会和环境评价中有部分指标难以量化,这是由于这些评价指标具有模糊性,这种情况可以采用基于 AHP 的模糊综合评价来进行评价。与常规模糊综合评价不同,这里采用层次分析法(AHP)确定各因素权重,克服了以往直接制定权重带来的主观随意性,从而使评价更加客观。

一、社会与环境效益评价的指标体系建立

社会效益主要是以宏观的角度分析交通环境改善后对交通运输系统及交通参与者的社会生活所带来的成果和利益,社会效益分为直接社会效益和间接社会效益。环境效益主要是以宏观的角度分析交通环境改善后对周边环境所产生的影响及带来的各种直接和间接的效益。

1. 直接社会环境效益

直接社会环境效益是指通过 ITS 项目给交通运输系统和城市环境带来的实际成果和利益,主要是从交通环境改善后交通参与者个体的角度来衡量的经济效益和直接的环境的改善。其具体体现在降低行车成本、减少出行时间、提高车辆利用效率、延长车辆使用寿命、提高路网通行能力、减少交通事故损失、减少交通能源消耗、减少尾气污染、降低交通噪声污染、节约土地资源、降低危险品运输风险等方面。

(1) **降低行车成本** 智能交通系统能够提高车辆运行效率,减小行车速度变化频率,降低燃油消耗,从而降低行车成本。

(2) **减少出行时间** 建设 ITS 项目,可以改善道路交通环境,减少交通参与者的出行时间。

(3) **提高车辆利用效率** 道路交通系统改善以后,由于车辆运行速度提高,使得完成同样车公里数所耗用的车小时数减少。所节约的车小时数可视为一种储备,用于满足未来的运输需求。这样就可以节约相当数量的车辆购置费及运营费,也就是节约与时间有关的车辆运营成本,提高了车辆利用效率。

(4) **延长车辆使用寿命** 统计资料表明,车辆在低速行驶、频繁起步、停车和速度变化阶段磨损最为严重。因此,在 ITS 项目实施后,交通环境得到改善,可以减少行驶车辆的停车次数,提高车辆的行驶速度,同时会减缓车辆的磨损,从而延长了车辆的使用寿命。

(5) **提高路网通行能力** 在实施 ITS 项目后,可以有效提高车辆在收费处及交通信号控制路口的行车速度,减少车辆行车延误,提高受控区域的道路服务水平,进而提高现有路网的通行能力。

(6) **减少交通事故损失** 在实施 ITS 项目后,车辆的行驶会更加安全,同时对交通参与者的交通行为的监管力度得到加强,可以减少交通参与者的违章行为,进而有效降低交通事故发生率。同时,ITS 也会提高对交通事故处理和援助能力,减少因事故造成的直接损失和间接损失。

(7) **减少交通能源消耗** 由于 ITS 能够避免车辆在收费处或交通信号控制路口的频繁

停车和起动，使单车的能源消耗减少，也使交通出行整体对能源的需求减少，为社会节约能源资源。

(8) **减少尾气污染** 道路交通对大气的污染主要是由汽车尾气排放造成的，这些尾气污染物主要有一氧化碳（CO）、氮氧化物（NO_x）、碳氢化合物（HC）、空气悬浮物（TSP）等。汽车尾气的排放与车况密切相关，在车况近似的前提下，与行车速度和行驶时间相关。实施ITS后，由于行车速度提高，行驶时间减少，会降低因汽车造成的空气污染，进而减少污染治理所需要的费用。

(9) **降低交通噪声污染** 汽车起动、制动时产生的噪声比平时正常行驶时高出7倍，由汽车所产生的交通噪声占城市环境噪声的70%，交通噪声已成为城市噪声的主要来源。实施ITS项目后，可以明显减小车辆的速度变化频率和停车次数，进而降低因汽车造成的噪声污染。

(10) **节约土地资源** 智能交通系统使现有道路的实际通行能力得到充分发挥，路网的利用率提高，相对减少路网规划中新建、扩建的道路的数量，从而节省修建道路所占用的土地资源。

(11) **降低危险品运输风险** 通过对运输危险品的特殊车辆进行管理和各种自动、安全驾驶技术的应用，可以减少危险品运输车辆交通事故的发生，控制违反危险品运输规定的行为，减少运输途中发生爆炸、燃烧、污染等事故的可能性，降低了由此所造成的对道路及周边地区空气、土壤、水资源的恶性污染，使危险品的运输更加安全可靠。

2. 间接社会环境效益

间接社会环境效益是从社会经济系统的角度，考察通过ITS项目改善交通环境，对促进城市建设和发展，促进经济繁荣等方面所产生的效益。它一方面包括一些间接的经济效益，如带动相关信息产业的发展，从而间接地促进城市的经济发展；另一方面，包括社会、环境效益，更重要的是包括了许多无形效益。所谓无形效益是指由于道路交通环境的改善而给社会带来的无法用经济尺度来计量或者难计量的效益，这些效益指标大多是一些定性指标，如增强科技管理意识、改善出行结构、提高城市功能、提高交通参与者的守法意识等。其主要包括以下方面：

(1) **调整城市结构布局** 虽然城市结构布局的合理性是由城市规划直接决定，但通过ITS项目的实施，可以提高路网的通畅性和土地的可达性，从而保证城市结构布局合理性的实现。

(2) **满足出行者的需求** ITS项目的实施，改善了道路交通环境，缓解了交通运输的拥堵程度，人们出行更加方便，更加容易满足人们出行的需求。主要从改善交通出行结构、提高交通参与者出行的舒适性、提高交通参与者出行的安全性和提高交通参与者出行的便利性等方面加以考虑。

(3) **提高国民素质** 人才的培养是ITS实施的基础，同时ITS又会对国民素质的提高起到积极的作用。主要体现在ITS促进各学科高水平人才的培养、ITS促进交通参与者守法意识的提高和提高人们对高新技术的认知水平等方面。

(4) **提高交通管理服务水平** ITS涉及交通组织和管理的各个方面，交通管理的智能化是ITS的重要组成部分，随着ITS的实施，交通管理现代化的水平必然显著提高。ITS对交通管理的影响不仅在于提高其现代化水平，更主要的是将促进交通管理从目前单纯的被动管理型向主动管理服务型转变。

（5）**推动相关产业经济发展** ITS 作为一个新兴产业，以汽车制造、通信、信息技术、计算机等相关产业为依托，ITS 的发展也离不开相关产业的参与，可以为这些行业或企业带来直接的经济效益。同时，ITS 的建立将会带来周边地区交通环境的整体改善，对该地区经济的全面发展起到一定的推动和促进作用。

（6）**促进旅游业的发展** 道路的畅通，通行能力的提高，为推动周边地区各种旅游资源的开发创造条件，提高抵达各旅游景点的快捷性和便利性，增加对游客的吸引力。

（7）**促进科学技术进步** ITS 是现代高新技术在交通领域的集成和应用，不仅使交通领域的现代化水平不断提高，同时也要求相关产业为 ITS 提供更先进的技术、产品和更高水平的服务，从而促进相关产业技术、服务水平的提高，使各产业之间的联系更加紧密，进而改善产业结构，推动全社会科技进步。

（8）**影响社会就业水平** ITS 的建立会引发劳动力在不同产业之间的重新分配，影响社会的就业水平。一方面，可能会增加相关领域中从事 ITS 产品生产、提供技术、信息服务的行业和企业的就业机会；另一方面，可能会减少对直接参与交通运营和管理的人员的需求，减少就业机会。

社会与环境效益评价指标体系如图 11-3 所示。

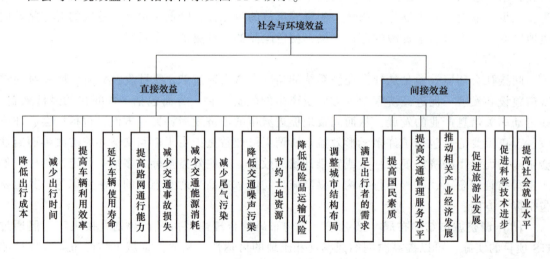

图 11-3　社会与环境效益评价指标体系

由于不同的 ITS 项目或子系统的功能、目标不同，对社会环境影响的方式、侧重点和程度各有不同，往往只对社会环境的某些方面发生作用，这就要求进行评价时，根据项目或子系统的最终目标及其在整个 ITS 中的地位和作用，确定评价中不同指标的重要程度，对某些与该项目或子系统不相关的社会环境指标可不去考虑，简化评价的过程。因此，在对具体的 ITS 进行评价时，应当从评价的指标体系中选择一组与本项目相关的指标作为评价目标。

二、社会与环境效益评价的方法模型

多层次模糊综合评价法是在模糊的环境中，综合考虑多种因素的影响，通过构造等级模糊子集把被评事物的模糊指标进行量化（即确定隶属度），然后利用模糊变换原理对各指标

进行综合判断或决策的方法，该方法可有效处理模糊信息。因此，本书采用多层次模糊综合评价方法对ITS项目的社会与环境效益进行分析评价。多层次模糊综合评价主要分为两个部分：第一部分是按每个指标因素单独进行评判；第二部分是按所有因素综合评判。本书重点介绍三级模糊综合评价方法，下面简介其基本方法和步骤。

1. 建立模糊评价指标因素集

评价因素集是评价指标的集合，即

$$U = \{u_1, u_2, u_3, u_4, \cdots, u_n\} \tag{11-16}$$

也就是确定评价指标体系，解决用哪些指标从哪些方面来评价客观对象的问题。多层次模糊综合评价需建立多层次的评价因素集。

2. 确定评语等级论域

$$V = \{v_1, v_2, v_3, v_4, \cdots, v_n\} \tag{11-17}$$

即建立综合评价的方案集合，集合中的每一个元素代表一个评价方案，可以是语言形式，例如｛好，较好，一般，较差，差｝，也可以是数量性的，如一个项目的综合打分｛1.5，2.0，2.5，2.1｝也可构成一个评价集。

3. 进行单因素评价，建立模糊关系矩阵

$$\boldsymbol{R} = \begin{pmatrix} r_{11} & r_{12} & \cdots & r_{1j} \\ r_{21} & r_{22} & \cdots & r_{2j} \\ \vdots & \vdots & \vdots & \vdots \\ r_{i1} & r_{i2} & \cdots & r_{ij} \end{pmatrix} \quad (i=1, 2, \cdots, n; j=1, 2, \cdots, m) \tag{11-18}$$

其中，与方案 j 对应的因素指标值向量为 $\boldsymbol{r}_j = (r_{1j}, r_{2j}, r_{3j}, \cdots, r_{ij})$，$r_{ij}$ 称为 U 中的因素 u_i 对应 V 中等级 v_j 的隶属关系，即从因素 u_i 着眼，被评价对象被评为 v_j 等级的隶属关系。因此，r_{ij} 是第 i 个因素 u_i 对该事物的单因素评价，由此构成了模糊综合评价的基础。

4. 确定评价因素的权重向量 A

$$\boldsymbol{A} = (a_1, a_2, a_3, \cdots, a_n) \tag{11-19}$$

采用第二节介绍的层次分析法确定权重的分配。

5. 选择合成算子，通过广义合成运算将 A 与 R 合成得 B

$$\boldsymbol{B} = \boldsymbol{A} \otimes \boldsymbol{R} \tag{11-20}$$

式中 $\otimes$——合成算子。

上式表明，评价因素与被评价事物的模糊关系 $\boldsymbol{A}$，就是通过模糊变换器 $\boldsymbol{R}$，形成了被评价事物与评价等级之间的模糊关系 $\boldsymbol{B}$。

$\boldsymbol{B}$ 中的各元素 b_i 定义为

$$b_i = (a_1 \otimes r_{1j}) \oplus (a_2 \otimes r_{2j}) \oplus \cdots \oplus (a_n \otimes r_{nj}) \tag{11-21}$$

其中，$\otimes$ 为广义模糊的乘法运算；$\oplus$ 为广义模糊的加法运算。

理论上，广义模糊合成运算有许多种，但在实际应用中，经常采用以下三种具体模型：

(1) **模型1** 主指标决定型，即

$$b_j = \bigvee_{i=1}^{n} (a_i \wedge r_{ij}) \quad (j=1,2,3,\cdots,m) \tag{11-22}$$

该模型中，是将 a_i 与 r_{ij} 比较后取小者 $a_i \wedge r_{ij}$，实际上是用 a_i 限制或者修正 r_{ij}。然后对所有的 $a_i \wedge r_{ij}$ 取最大者，实际上只考虑了最突出的因素，其他因素并不真正起作用。

（2）**模型 2** 主指标突出型，即

$$b_j = \bigvee_{i=1}^{n} (a_i r_{ij}) \quad (j = 1, 2, 3, \cdots, m) \tag{11-23}$$

这里，虽然相乘运算 $a_i r_{ij}$ 不会丢失任何信息，但取大运算 $\vee$ 仍将丢失部分有用信息，但能较好地反映单因素评价的结果和因素的重要程度。

（3）**模型 3** 加权平均来计算 b_j，即

$$b_j = \sum_{i=1}^{m} (a_i r_{ij}) \quad (j = 1, 2, \cdots, n) \tag{11-24}$$

实际上是依据对各个因素进行权重分配，该模型不仅考虑了所有因素的影响，而且保留了单因素评价的全部信息。

6. 对模糊关系 **B** 进行分析处理

$$F = BV^{\mathrm{T}} \tag{11-25}$$

式中 F——方案的评价值，评价值越高，说明方案越好。

第五节 智能公交系统实施效果评价

授课视频

一、评价概述

中山市智能公交系统评价工作由同济大学承担完成。为了对实施的效果进行客观、公正的评价，并为后续项目的建设提供借鉴和指导，特立项对其实施效果进行评价。

进行系统评价必须明确评价主体，这对于评价内容和指标的确定都有直接的影响，从该系统涉及的范围及实施的全过程来看，该系统的评价主体主要有以下方面：

（1）**政府机构** 政府机构包括各级公共交通管理部门，主要是从宏观管理、规划、协调公交企业、社会公众管理等方面考虑系统的效益，即评价系统能够使交通信息的掌握程度和利用程度提高多少，为行政管理提供多少强有力的信息和技术支持。

（2）**运营企业** 运营企业主要从管理水平、决策科学性、资源配置优化等方面考虑系统的利益，即评价系统使企业对交通信息的了解提高了多少，人力、物力和财力最佳改善了多少，决策科学性提高了多少。

（3）**社会公众** 社会公众主要从行车计划和运行线路、换乘站点、站场及周边信息、票价、票额信息以及道路交通状况、交通事故、道路施工、某一线路上的车速情况、重点活动安排及气象信息提供和公共交通系统的改善等方面考虑系统的效益，即评价系统能够使公众获得各种信息的水平提高了多少，信息利用率提高了多少，公共交通系统改善了多少。

根据对系统评价主体的分析，可以确定该系统的评价内容主要包括三个方面，即技术评价、经济评价以及综合评价，见表 11-6。

表 11-6　系统的评价内容

评价内容	说　　明
技术评价	从技术角度出发,评价系统的结构和技术性能
经济评价	评价系统产生的经济效益,包括国民经济评价与财务评价
综合评价	从技术、经济和社会等各方面对系统进行综合评价

二、技术评价

技术评价的目的是明确系统满足技术需求和达到预期目标的程度。评价方法可以采用对比法。在这种情况下,技术评价的目的是确定这种方案或系统是否很好地满足了技术需求并达到预期目标。一般来讲,技术评价与其他几种类型评价相比,具有较强的独立性。同时,技术评价的结果将对决策者是否进行更进一步的评价产生影响。技术评价是本项目评价的基本内容之一,中山市智能公交系统项目的新颖性和复杂性等特点决定了技术评价在 ITS 项目中的特殊地位。因此,基于公安部技术研究计划《基于智能交通管理系统运行数据系统效益后评价方法研究》中的相关理论基础（图 11-4）。

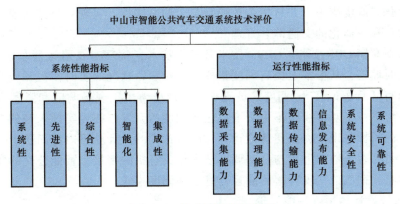

图 11-4　技术评价指标体系

1. 基于体系结构各部分特征的系统性能评价

（1）**系统性**　本系统的各项技术构成基本实现了集成,并且形成了一个有机和完整的系统。首先这些技术手段本身满足中山市 ITS 总体规划、分期建设的需求,有助于实现系统的功能;另外,系统的技术与技术之间预留了良好的与其他 ITS 接口,便于升级、扩展,避免由于技术的发展、网络的变化而带来的影响,能通过整合实现系统的总体功能和目标。电子站牌的设计考虑了一定的扩展性,智能车载终端预留了接口、软件系统的设计考虑了扩容的需要等都体现了一定的扩展性。

（2）**先进性**　系统的技术基础是迅速发展的信息技术,如计算机、网络、通信、控制等技术。本系统成功地应用了 GPS 技术、GPRS 技术、GIS 技术、光纤宽带网络技术、ORACLE 数据库、可视调度计算机信息处理等先进技术。其中,由于 GPS 技术已基本成熟,差分定位精度可以在 10m 以内,完全可以满足公交调度对定位精度的要求,而且随着电子技术和通信技术的发展,公交车辆与分调度中心双向通信的可靠性也是可以保证的。另外,智能公交系统提供了远程维护子系统,解决了公交智能调度系统涉及的设备种类多、设备数量多、分布分散、维护难度大、工作量大这个难题。通过网络管理系统可以实现远程升级、点对点升级、远程调试、远程重启、远程查看设备的运行情况，为网络管理提供方便。

（3）**综合性** 系统是信息技术、通信技术、自动控制技术、计算机技术及网络技术等的综合运用。系统包括 7 大组成部分：智能车载终端及客流检测设备、无线与有线通信网络、数据中心系统、监控调度中心、停车场网络的接入、电子站牌及信息墙，各部分间保持着较好的分工协作，并且这些技术是被综合利用，体现了系统的综合性。

（4）**智能化** "智能"是人类区别于其他生物、事物的本质特征。所谓智能，是知识与智力的结合。具有高度智能，意味着对周围环境和现状具有感知、记忆和思维能力，具有自我调节、适应环境和学习能力，具有决策能力以及创造性。系统在设计过程中，成功地运用了远程维护等智能化技术，使得系统具有自我调控的能力。但是根据对本系统试行期间的调研发现，车辆紧急情况的发生通常还是采用驾驶人直接通过手机联系调度中心的方式进行的，即智能公交系统的补偿方案未能得以利用，未能充分体现智能公交应用的强大功能。

（5）**集成性** 本系统涉及信息采集、信息传输、信息处理、信息服务以及采取调度措施等各项技术手段，这些技术手段以信息为纽带联系在一起，通过对信息的处理加工和优化算法，提出优化和调度措施，并将指令传递到各个调度终端，实现对公共交通的调度，并且实施信息的共享和一体化的交通综合管理。

本系统借助车辆 GPS 技术、GPRS 技术及 GIS 技术，实现对线路运营车辆、机动车辆、检修车辆的实时监控，从根本上提高调度指挥系统对运营状况的实时掌握和应变能力；取消现行的手工填写"行车记录"，调度人员真正可能把精力用于现场调度和紧急突发情况的处理；同时，系统进行了对多线路集中调度或区域调度的开发，按照实现未来的多线路集中调度或区域调度的目标来设计，按照理论计算，经过这样的设计就可以精简至少一半的线路调度室和调度人员。客流数据采集与公交调度技术形成有机的衔接，智能公交的实时调度技术可充分发挥优势，彻底改变现行落后的运营管理和调度模式。

2. 基于系统设计的运行性能评价

系统运行性能评价即评定系统在实施过程中，系统功能的实现情况以及各项性能指标是否达到既定的要求。系统运行性能评价主要从以下方面进行：数据采集能力与处理技术；数据传输能力；信息发布能力；系统安全性；系统可靠性。

（1）**数据采集能力** 公交车安装了车载终端和客流检测设备，系统的数据采集借助车载终端设备内的 GPRS 模块、GPS 模块、核心控制模块、车内设备的检测和控制模块等进行。客流检测设备可以检测前后门上车和下车客流情况；车载终端把客流情况、车辆位置、速度、时间等信息通过 GPRS 设备实现车辆与中心机房的通信处理系统、监控调度中心进行实时在线的数据通信和语音通信（电话）。另外，GPS 技术已基本成熟，差分定位精度可以在 10m 以内。

（2）**数据处理能力** 实施智能公共交通系统需要用到大量静态和动态交通数据，本系统支持大容量通信的数据服务中心。系统借助先进的数据融合技术将这些数据有效融合，由于涉及的数据源多、数据量大，数据服务中心采用先进的网络 I/O 模型解决。动态预测的车辆到达的准确性为：2min 中内到达预测准确性为 97%。GPRS 数据接入的并发处理能力考虑到有其他数据的接入和实际使用带宽，能同时满足 5000 台车辆数据处理的要求；如果车量大于 5000 台，还可以另外开辟一个数据接入通道。

（3）**数据传输能力**　系统中网络运营商与中心机房采用 2MB 光纤的专线数据接入方式，保证后端与无线前端的稳定可靠的数据通信；中心机房内部、监控调度中心内部、中心机房与监控调度中心，采用有线以太网的接入方式，保证数据通信的稳定；停车场与中心机房交互数据，采用光纤的方式进行数据通信，充分考虑到了未来的发展。由此可见，数据传输系统根据各个子系统的技术要求分别进行了设计，不仅保证了其传输能力，还充分地体现了投资策略，具有一定的前瞻性。

（4）**信息发布能力**　系统提供的电子地图在满足车辆监控需要的同时，还为整个公交线路的路网优化提供参考依据。另外，针对公交需要，还增加了公交线路的各站位置、站名、线路名称。

公交电子站牌通过内置其中的控制设备和 GPRS 方式与中心机房的站牌服务处理系统、信息发布系统、监控调度系统进行实时通信。电子站牌采用模块化的设计结构，可容纳 7 块电子线路站牌，显示剩余时间、剩余里程、车上拥挤程度信息（包括有座、有位、满载），同时还显示道路、天气、交通信息及时间信息。

公交总公司附近富华总站的室外设置了公交电子信息墙，信息墙通过 GPRS 网络与后台的监控调度中心进行实时的数据通信，接收监控中心发送来的指令，并显示到 4m×3m 的 LED 屏上。在信息墙上设计了 4m×3m 的全中山市的公交线网静态图（信息可更换），用指示灯标志出全市所有的公交站点的位置；动态信息包括道路、天气、实时线路变更信息；同时显示 1 路实时信息：当前离富华总站最近车辆到达富华总站的实时信息。

电子信息墙以及 14 处公交电子站牌使得公交到达时间以及车内状况得以良好地发布，是中山市智能公共汽车交通系统实施的最重要体现。

（5）**系统安全性**　系统由于运用了很多网络技术，存在网络安全问题，如 E-Mail 服务系统、WWW 服务系统，系统会受到网络黑客和病毒的攻击；此外，还有内部人员带来的病毒、恶意攻击等。本系统对公网的数据出口采用硬件防火墙；在整个网络内部，采用网络版防病毒软件；同时设置了权限监控及管理等。这些措施的采用，保证了系统的安全性。

（6）**系统可靠性**　系统的可靠性是评价中最为重要的因素之一。本系统采用了 GPS 信号的补偿与 GPRS 通信信号补偿功能。GPS 信号的补偿功能是为避免由于天气、建筑物等相关因素的影响，使得 GPS 信号可能无效或者出现数据错误，系统设计中当 GPS 的信号无效或两次定位数据间相差非常大时，调用以往历史准确数据来代替。同时，自动报站自动切换到手动报站状态，并通过声音提醒驾驶员需要手动报站。

GPRS 通信信号补偿功能是当 GPRS 无线通信存在短暂的中断或停顿时，将采取以下措施：提高车载机天线的增益分贝，增强信号的发射强度；当通信信号中断或停顿时，暂时在车载终端内保留要发送的信息，待信号正常时把保留的数据发送出去。这些措施的采用，使得整个系统的可靠性得到了保障。

综上所述，中山市智能公共汽车交通系统的设计与建设基本参照《中山市公共汽车智能交通系统规划》的总体要求进行；遵循了集中管理、统一规划、统一标准、统一设计、逐步实施的原则；整个系统的性能达到了技术先进实用、安全可靠、经济适用、兼容性强、易扩展升级、便于管理维护，充分考虑节省投资；其系统的数据采集、处理、传输能力以及系统安全性与可靠性也基本达到了预期的效果。系统的整体结构性能及其运行性能等符合APTS的系统技术评价的基本要求，主要技术指标见表11-7。系统中仍然存在着诸多不足，需要对系统进行进一步的研究以使之更加完善。

表 11-7 系统各主要技术指标的情况

项目	技术要求	系统实际实施情况	备注
GPS 车辆定位准确率	≤10m	≤10m	数据及材料来自《中山市智能公共汽车交通系统实验工程招标文件》和《工程监理报告》
客流量统计准确率	≥85%	上车精确率达到91.4%，下车精确率达到93.8%	
动态预测的车辆到达的准确性	时间误差≤1min	3~5min，误差小于1min	
电子站牌无故障概率	≥95%	94%	
网络安全性要求	通过物理层的安全加以保证	访问互联网和后台局域网有物理防火墙，并且进行了安全机制的处理；访问GPRS网络，都经过了带有防火墙功能的路由器	
数据库系统安全要求	选用高可靠的商业数据库管理系统，对数据库中的关键数据进行加密，限制用户权限，非必要不能以管理员用户登记	正版的数据库和操作系统；配备了正版的网络版的防病毒软件；计算机的访问都设置了口令；整个业务网络的数据通信的数据都经过专用的处理，防止内部人为恶意破坏	—

三、经济评价

系统的经济评价是加强对智能公共交通项目成本和效益的进一步认识，将项目的投入和所产生的效益及其影响进行综合，以鼓励创新技术，并为各城市提供参考。项目的经济评价有国民经济评价和财务评价两种，这两种评价都要对项目的成本和效益进行估算、比较和分析，并从经济总体上考虑成本和效益的关系，来对项目进行综合的评价，以判断项目从国民经济角度和财务角度考虑的净效益。中山市智能公共汽车交通系统属于ITS项目，对该项目的评价要以国民经济评价为主，采用"有无对比法"进行评价。

1. 国民经济评价

国民经济评价是从国家整体角度考虑项目的效益和费用，用影子价格、影子工资、影子汇率和社会折现率，计算和分析项目给国民经济带来的净效益，即项目需要国家付出的代价和对国家所做出的贡献，据以评价项目经济上的合理性。

本项目的计划建设期为1年，计划使用期为10年，因此本项目的评价年限为11年。采用的评价参数：社会折现率为12%；贸易费用率为6%；影子汇率换算系数为1.08（影子汇率按照国家外汇牌价乘以影子汇率换算系数）。

通过对项目成本（包括事前投资、事中投资和事后投资）分析，费用调整预算以及项目的效益分析，得到如下计算结果：系统的效益费用比为 1.80 > 1，经济净现值为3 372 349.15元 > 0，经济内部收益率为35.16% > 12%，静态投资回收期为2.91年，动态投资回收期为3.66年。各项指标均大于基准值，由此可见该智能公共汽车交通系统具有比较客观的国民经济效益。

2. 财务评价

财务评价同样是建设项目经济评价必不可少的一部分，它与国民经济评价共同构成了项目的经济评价。财务评价是根据国家现行的财税制度和价格体系，分析计算项目直接发生的财务效益和费用，计算评价指标，考察项目本身的盈利能力和清偿能力，还要进行不确定性分析，以判别项目财务上的可行性。

经计算，本项目的财务净现值为 286 588.45 元>0，财务效益费用比为 1.07>1，财务内部收益率为 14.22%>5.6%（银行贷款利率），且财务内部收益率 14.22%>12%（社会折现率），动态投资回收期为 8.75 年，静态投资回收期为 5.37 年。各项指标均在基准指标之上，表明本项目在财务上是有效益的。

四、综合评价

综合评价就是对系统进行技术、经济、社会等各方面的全面评价，一个完整的综合评价体系包括：技术评价，评价智能公交技术的可靠性、合理性等；经济评价，从智能公交项目的投资、经营成本、经济效益等方面进行评价；社会评价，从智能公交系统是否满足社会需求，促进经济发展、社会进步、环境保护等方面进行评价。

综合评价涉及众多的评价指标，由于有些定性指标不能给出精确的评价值，可采用模糊语言给出不同程度的评估，再对这些评价进行量化，下面采用模糊综合评价法进行评价。模糊综合评价法是利用模糊集理论进行评价的一种方法，适用于复杂的无法用精确语言描述的问题的判断。评价者从考虑问题的各种因素出发，参照有关的数据和情况，根据判断对复杂问题做出不同程度的模糊评价，然后通过模糊数学提供的方法进行运算，得到定量的综合评价结果，为正确决策提供依据。

对于中山市智能公交系统的综合评价，按以下步骤进行。

步骤1：设定因素集 D。

因素集 $D = \{d_i (i=1,2,3,\cdots,12)\}$

其中 d_i 为各评价指标，在这里选用 12 个指标，详述如下：

d_1——信息利用率提高指标；

d_2——救援反应时间减少指标；

d_3——准点率提高指标；

d_4——出行时间减少指标；

d_5——出行成本减少指标；

d_6——运行成本降低指标；

d_7——百车公里收入增加指标；

d_8——车辆利用率提高指标；

d_9——与城市发展协调程度；

d_{10}——公交出行量增加；

d_{11}——带动相关产业的发展指标；

d_{12}——降低污染指标。

步骤2：设置评价集 V。

评价集 $V = \{优,良,中,劣\}$

步骤3：确定各项指标的评价标准。

借鉴国外已建系统的评价结果。

步骤4：确定评价指标的权重集 α。

对选取的12项评价指标进行权重分配，采用专家和市民的调查结果来确定各指标的权重系数，具体结果见表11-8。

表11-8 各指标的权重系数（%）

指标	d_1	d_2	d_3	d_4	d_5	d_6	d_7	d_8	d_9	d_{10}	d_{11}	d_{12}
α_i	6.3	7.6	11.9	10.6	8.5	8.8	6.4	6.7	8.1	9.3	5.8	10.0

步骤5：得到各指标的评价结果，见表11-9。

表11-9 调查评价结果

指标		d_1	d_2	d_3	d_4	d_5	d_6	d_7	d_8	d_9	d_{10}	d_{11}	d_{12}
评价结果	优	0.5	0.2	0.6	0.2	0.2	0.4	0.2	0.1	0.6	0.4	0.2	0.2
	良	0.2	0.3	0.2	0.3	0.4	0.3	0.4	0.2	0.1	0.4	0.4	0.3
	中	0.2	0.4	0.2	0.3	0.2	0.2	0.2	0.6	0.2	0.1	0.3	0.3
	劣	0.1	0.1	0.0	0.2	0.2	0.1	0.2	0.1	0.1	0.1	0.1	0.2

步骤6：建立评价矩阵

$$R = \begin{pmatrix} 0.5 & 0.2 & 0.2 & 0.1 \\ 0.2 & 0.3 & 0.4 & 0.1 \\ 0.6 & 0.2 & 0.2 & 0.0 \\ 0.2 & 0.3 & 0.3 & 0.2 \\ 0.2 & 0.4 & 0.2 & 0.2 \\ 0.4 & 0.3 & 0.2 & 0.1 \\ 0.2 & 0.4 & 0.2 & 0.2 \\ 0.1 & 0.2 & 0.6 & 0.1 \\ 0.6 & 0.1 & 0.2 & 0.1 \\ 0.4 & 0.4 & 0.1 & 0.1 \\ 0.2 & 0.4 & 0.2 & 0.1 \\ 0.2 & 0.3 & 0.3 & 0.2 \end{pmatrix}$$

步骤7：综合评价。根据各指标权重和评价矩阵，归一化处理得

$b = (0.39, 0.31, 0.20, 0.10)$

由以上结果可以推出如下结论：中山市智能公共汽车交通系统实施方案评优的比率为39%，评为良的比率为31%，评为可行的比率为20%，评为劣的只占10%，因此项目的实施效果较好。

第十二章

智能交通系统的标准化

第一节 智能交通系统标准化的功能

标准化，是指通过标准的制定和认证，把放任自由的、复杂的、无秩序的规格和事项，通过有关者取得一致同意，使之少数化、简单化、有序地工作。"标准"分为国际标准、国家标准以及各个企业、行业团体制定的民间标准，相互之间有着紧密的联系。其功能有：与经济活动密切相关的功能；作为达到社会目的手段的功能；促进相互理解作为行动规则的功能。

智能交通系统（ITS）是信息科学、控制科学、环境科学、交通运输科学以及系统工程科学的理论、方法和成果综合运用的产物，为此必须在一定的规范下进行发展和建设，必须实现标准化。标准化主要有以下功能：

1. 推动全国智能交通系统的整体协调发展

智能交通系统的基本特点是不同地域和不同部门间的信息共享，为了达到互联互通的目的，必须对智能交通系统体系框架中不同系统间交换的信息进行标准化，适应各种信息交换的特殊需求，做到协调一致。只有这样才能逐步实现全国、地区和行业的衔接，如果设备没有统一的标准和规格，则势必造成各个系统不能互连，不能形成整体系统。通过智能交通系统的标准化，才能实现系统的合成。

2. 推动国家智能交通系统与国际智能系统的统一

统一的原则是功能等效，从一组对象中选择确定一致规范，应能包含被取代对象所具备的必要功能。只有智能交通系统主要相关设备的技术标准与国际标准相对应，才能使国内智能交通系统的发展与国际智能交通系统的发展协调一致。另外，还必须实行统一的安全模块体系，重视设施运行的安全，并确保系统安全。

3. 推动智能交通系统企业生产经营的合理发展

智能交通系统的设备涉及通信产品、电子产品、控制产品、信号产品以及相关软件等，如果这些设备、产品的规范和规格由各生产企业自行决定，则势必造成设备产品不能实现共用和互换，不能适应智能交通设备和产品市场的培育。

4. 推动设备的适应性

便于智能交通系统设备和产品的全面互换，相关设备生产的专业化，避免造成资源的浪费。

总之，标准化是智能交通系统建设发展的必要条件，是组织专业化生产的前提，是科学管理的重要组成部分，是提高产品质量的技术保证，也是合理利用资源、保证运输安全的重要途径。智能交通系统是由信息技术、通信技术、电子技术、系统工程等相结合的重要产物，可以说，没有标准化，就不能实现全国协调的智能交通系统。

智能交通系统的标准化不仅仅覆盖系统的基本结构和装置以及产品的各种技术要素，重要的是为了确保彼此协作性、各种交通系统不同阶段模式间的互换性，特别是接口，而使系统本身标准化。

ITS 的标准化需要把通过市场机制及民间技术开发导致的事实标准（de facto standard）和设定应有状态而编制的法律标准（de jure standard）两种思路达到平衡。也就是说，在适应导航技术、自动驾驶技术、自动收费技术等新技术进步的同时，必须与汽车安全性、交通管理等各国强制法规形成的社会体系的制度相融合，以推进标准化。

第二节　国际上制定智能交通系统标准的组织

1. 国际标准化组织

1992 年国际标准化组织 ISO 设置了 204 技术委员会（TC204），即交通信息与控制系统（TICS）技术委员会，全面负责智能交通系统领域的标准化工作。2001 年 4 月在夏威夷召开的全体会议上，一致通过将 TC204 的名称更改为智能交通系统（ITS）技术委员会。目前国际上与 ITS 有关的标准化组织如图 12-1 所示。

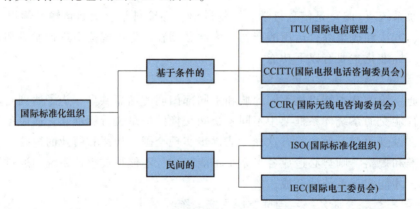

图 12-1　国际标准化组织分类图

图 12-1 中最主要的是 ISO、国际电工委员会（IEC）和国际电信联盟（ITU）。ISO（International Organization for Standardization）的机构简图如图 12-2 所示，技术委员会（TC）中涉及 ITS 的有 TC204、TC211、TC22 等。图 12-3 显示了 ISO 与交通相关的技术委员会。TC204 是成立于 1993 年 4 月的 ISO 的一个新技术委员会，专门组织 TICS（transportation information and control system）领域的国际标准化活动，是实质上的 ITS 国际标准化组织，它的工作组划分情况、工作内容和牵头国家见表 12-1。TC22 是包括 ITS 安全、人为因素等领域标准活动的委员会。TC211 是涉及电子地图信息系统标准的委员会。TC177、TC31、TC70 是与汽车有关的技术委员会。TC204 现有 29 个参加成员国和 36 个观察成员国。

除 ISO 外，IEC（International Electrotechnical Commission）和 ITU（International Telecommunication Union）也是对 ITS 的国际标准化起推进作用的重要组织。IEC 成立于 1908 年，现有 173 个成员国，约 90 个专门委员会。IEC 和 ISO 的联合专门委员会 JTC1（Joint Technical Committee 1）成立于 1987 年 11 月，是从事信息技术标准化工作的联合国机构，其前身是成立于 1865 年的万国电气通信联合会，现有 180 个以上成员国。因为 ITS 中通信技术占有很大比例，所以 ITU 在 ITS 国际标准化中也起着重要的作用。ITU 是以向成员国推荐的方式发布其工作结果，但实质上这些结果就是标准。美、日等各国积极向 ITU 的研究组（study group）提出系统方案，以便使之成为标准。

表 12-1 TC204 的工作组

组号	主要研究内容	领导国家
WG1	框架研究	英国
WG2	质量与可靠性	美国
WG3	TICS 数据库技术	日本
WG4	车辆自动识别	1993 年并入 WG1
WG5	自动收费	荷兰
WG6	货物运输管理	美国
WG7	车辆运行管理	加拿大
WG8	公共运输	美国
WG9	综合交通信息管理	澳大利亚
WG10	旅行者信息系统	英国
WG11	引导与导航	德国
WG12	停车管理(休会)	
WG13	人为因素与人机界面	美国
WG14	车辆制动	日本
WG15	TICS 之间小范围通信用	德国
WG16	广域网通信协议与界面	美国

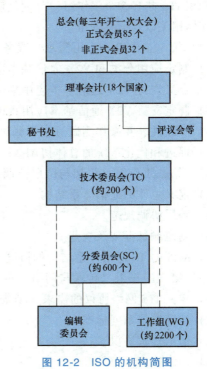

图 12-2 ISO 的机构简图

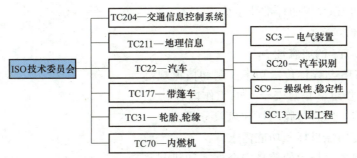

图 12-3 ISO 与交通相关的技术委员会（TC）

由于在 ITS 的发展中，受经济、技术等条件的制约，形成了美、欧、日三驾马车的局面。因而美、欧、日也是 ITS 标准化开展得最好的地区，三方均有不少的机构从事 ITS 标准化工作，都是 ISO 的重要成员国。

2. 欧洲电信标准学会（ETSI）智能交通系统技术委员会

欧洲电信标准学会主要从事电信、信息技术、声音电视广播等领域的预标准化和标准化活动并制定电信领域的标准，其提出的全球移动通信系统 GSM 标准成为全球性的标准。2011 年，ETSI 成立了"智能交通系统标准化技术委员会"，从事合作式道路安全、合作式交通效率和合作式本地服务及全球互联服务等标准化活动。重点制定的标准领域包括协作式感知辅助驾驶、浮动车数据采集路侧应用、事件驱动道路安全风险预警、基于车车通信的交通管理、合作式出行者辅助系统等。

ETSI ITS 共有 5 个工作组，分别是应用需求与服务、框架与跨层协调、传输与网络、媒体与媒体相关以及信息安全。

(1) 第一工作组（应用需求与服务）的工作内容
1) 制定应用分类和 V2X 通信基本应用集规范。
2) 定义支持 V2X 通信基本应用集的功能、服务和接口。
3) 制定支持 V2X 通信基本应用集的应用协议和信息规范。
4) 一致性、互操作测试过程和测试套件。
5) 促进和优化系统的总体协调。

(2) 第二工作组（框架与跨层协调）的工作内容
1) 定义总体的通信体系结构。
2) 跨层协调规范。
3) 制定测试框架及规范。
4) 欧洲的 TS 通信体系结构的协同点。

(3) 第三工作组（传输与网络）的工作内容
1) 定义 ITS 网络协议的需求、场景、框架。
2) 地理网络系列标准。
3) 通信传输协议。
4) 网络管理。
5) 互联网集成。

(4) 第四工作组（媒体与媒体相关）的工作内容
1) 物理层和 MAC 层的标准化工作。
2) 欧洲标准规范。
3) 与 DSRC ITS 的兼容性。
4) 兼容性 ITS 与媒体传输功率控制和信道规范。

(5) 第五工作组（信息安全）的工作内容
1) 信息安全：威胁与脆弱性和风险分析。
2) 威胁与脆弱性目标和功能需求。
3) 威胁与脆弱性技术的信息安全框架和机制。
4) 跟踪全球和 ITS 相关的信息安全发展动向。

值得一提的是，ETSI 的成员主要都是大型电信、汽车生产企业，其制定的标准更加注重产业化，比 ISO 的标准更实用。

第三节　美、日、欧智能交通标准化的进展

1. 美国 ITS 标准化的进展

在美国交通部（USDOT）的组织下，美国历时 3 年于 1996 年 7 月完成了"国家 ITS 体

授课视频

系结构"的开发，该项目的主要目的之一就是实现 ITS 的互操作性、节约投资、扩大市场等，当然也就必须建立全国性的甚至全球性的 ITS 标准。该项目最终涉及 ITS 标准化的论述可分三类：

（1）**白皮书**（white papers） 其中主要论述了标准化的需求、标准化发展的程序、示范工程要求以及系统结构参考模型等。

（2）**标准化需求文档**（standards requirement document） 该类系统接口的确定、标准化发展中的优先项目等。

（3）**标准化实施计划 SIP**（standards implementation plan） 该计划节描述了需求发展的标准、勾画了标准发展的时间表，并确定了发展过程中的标志性内容等。

由于美国各界均十分重视标准化工作，其标准化工作开展得比较好，参与标准化工作的组织类别也十分复杂。为了保证标准化的发展能在 ITS 业界集思广益，在业界达成最广泛的一致，以及最大程度地受益于 ITS 标准化，USDOT 并不是由上而下强行确定标准。相反，它主要通过民间组织 SDO（Standards Development Organization）制定标准，并给以原则性指导和资金扶持。USDOT 选定 5 个标准化组织并资助它们进行 ITS 领域的标准化研究工作，见表 12-2。然而需要制定的 ITS 标准众多，资金、人力、物力、时间等条件都不允许，也没必要同时、同步开展所有的 ITS 标准化研究，因此 ITS 标准化的研究必须有先后、轻重、缓急之分。由 ITS America 进行了广泛的调查，最后由 ITS America 及 USDOT ITS 联合办公室 JPO（Joint Program Office）共同确定了各研究的优先级。

表 12-2 美国交通部选定的 5 个 ITS 领域标准化组织

序号	组织名称	研究领域
1	汽车工程师协会（SAE）	车内和旅行者信息服务
2	运输工程师协会（ITE）	交通管理与运输规划系统
3	电子与电气工程师协会（IEEE）	电子和通信标准化及协议
4	美国各州公路和运输工作者协会（AASHTO）	路侧基础设施
5	美国材料试验协会（ASTM）	专用短程通信

1996 年 1 月，USDOT 宣布了运行时间节约计划项目，此项目的一个国家目标是建设一个集成的智能运输基础设施（ITI），即都市 ITS 基础设施。都市 ITS 基础设施由九个分量构成，分别是公共交通管理、交通信号控制、高速公路管理、地铁管理、事故管理、电子付费、铁路与道路交叉、紧急救援管理服务和区域多模式旅行者信息服务。许多地区早已配置了一个或多个这些分量，但大多数分量之间不能通信。节约运行时间就要集成这些分量，使之彼此间能够通信和信息交换，最终减少运营费用和时间，改善机动性和安全。ITS JPO 制定了一个旨在加强与促进 ITS 成功配置而加快标准开发的长期计划，着重于都市 ITS 基础设施的有关标准。

这个计划的目标包括：

1）促进部门、地区、国家之间的互操作性。
2）当用户想获得产品和服务时，能有多个零售商或服务商提供选择。
3）促进 ITS 的广泛配置。
4）保证旅行安全。

5）提供有利于创建 ITS 市场的环境。

优先支持的标准化活动有：

1）促进国家互操作性和支持都市 ITS 基础设施项目的标准化开发活动，如报文集开发、ITS 特别通信。

2）支持 ITS 一般开发和覆盖国家 ITS 体系结构中多个服务接口的基础标准，如数据字典、定位参考和安全的标准。

3）支持 DSRC 和 EDI 活动的 CVO 标准。

4）支持都市 ITS 基础设施项目的标准化需求文档的维护。

经过几年的发展，美国制定了不少 ITS 的相关标准。与交通信息系统及服务相关的标准主要包括：数据通信（data communication）、数据字典（Data dictionary）、数据输入（Data input）、数据交换（Data interchange）、数据查询（Data queries）、电子地图（Digital maps）和信息传输（information transfer）。其中，数据字典（Data dictionary）包括数据元素的基本特征、国家名代码、数据元素字典、数据元素命名与识别原则、数据元素标准化规范、数量与单位（第一部分：空间与时间）、数据定义的指导原则、公路数据库的数据字典等。

美国的智能交通系统标准化系统性比较强。以智能交通系统体系框架为基础，从分析体系框架中的逻辑框架、物理框架所定义的用户需要、接口及数据流出发，对体系框架重叠的数据流接口进行简化，分析提出了按技术领域划分的 11 个标准需求包，以指导后续标准的制定工作。

2. 日本 ITS 标准化的进展

在日本，智能交通系统的名称是 1990 年由井口雅一先生提出的，以道路交通为中心的交通运输系统的智能化工作正迅速展开。尽管国家 ITS 体系结构的制定相对较晚，但 ITS 标准工作并不落后。例如，国家警示厅建立了关于交通信号、交通信号控制、可变信息标志和车辆检测器的标准，并通过了 ATMS 和 ATIS 的开发和配置，建立通信协议。

日本在其工业标准调查会之下，新设置了 TC204 国内对策委员会，该委员会下设多个分委会，汇总有关团体、企业、学会等的意见。委员会设在日本汽车学会，在各专业团体设置了与 TC204 的各 WG 对口分委会秘书处。其国内对策委员会有：

1）日本汽车工程师协会（WG2，WG11，WG13，WG14）。

2）自动驾驶车辆交通及技术控制（WG1）。

3）日本电子机械工业协会（WG15，WG16）。

4）新交通系统推进委员会（WG9，WG10）。

5）日本电子地图协会（WG3）。

6）道路新产业开发机构（WG5，WG6）。

7）道路维护技术研究协会（WG7）。

8）日本开发技术研究协会（WG8）。

对应于 ISO、TC204/TICS，日本汽车工程师协会建立了 ISO/TC204 的日本国家委员会，其下设立了 14 个子委员会，其名称和任务分别是体系结构/管理和入口控制、一般车队管理、商用部门货物运输、公共运输/紧急救援、集成运输信息管理和控制、旅行者信息系统、路径诱导和导航系统、人为因素和人机接口、车/路预警和控制系统、TICS 应用的 DRSC、广域通信/协议和接口。

日本积极开展国际合作和在国内推行标准化，极力使自己的标准发展为国际标准，其发展 ITS 电子产品的国际市场的目标是显而易见的。日本参与标准制定工作组的中坚力量主要是各大相关企业，这些企业为了通过国际标准迅速占领国际市场，很积极地参与国际标准的制定。

3. 欧洲 ITS 标准化的进展

由于欧盟各国有着不同的文化背景和法律，在智能交通系统实施方面要求更高，他们认为美国的智能交通系统体系结构太简单，不符合欧洲要求，而复杂的体系和国情使欧洲智能交通系统中的标准化问题尤为突出。但欧洲国家更重视 ITS 标准的国际化，他们强调建立一个开放的、柔性的标准化体系结构，保证全欧范围不同系统之间的互操作性。

欧洲标准化委员会（comite europeen de normalisation，CEN）负责并积极推进欧洲智能交通系统的标准化工作，于 1990 年设立了 CEN/TC278 技术委员会，负责道路交通和运输的信息化（road traffic and transport telematics），分 14 个工作组进行技术规范及术语、具体应用领域、数据交换及参照定位、通信技术及接口四个大项的研究。其主要工作组有：

1) WG1 自动收费和通行控制。
2) WG2 货运管理系统。
3) WG3 公共运输。
4) WG4 交通和旅行者信息。
5) WG5 交通控制。
6) WG6 停车管理。
7) WG7 地理数据库。
8) WG8 道路交通数据的描述、储存和分布。
9) WG9 开放的短域通信。
10) WG10 人机接口。
11) WG11 子系统和内部系统接口。
12) WG12 自动车辆和设备识别。
13) WG13 体系结构和术语。

在欧洲，除了 CEN/TC278 外，还有其他的 CEN 技术委员会，欧洲远程通信标准协会（european telecommunications standards institute，ETSI）和欧洲电子技术标准委员会（european committee for electrotechmical Standardization，CENELEC）也从事 ITS 标准研究工作，其中最主要的有 CEN/TC224、CEN/TC225 和 CENELEC/TC206。

为推动欧洲标准走向世界，CEN/TC278 与国际标准化组织签订了 Vienna 协议，在智能运输领域，CEN 的标准直接进入同等的 ISO 标准制定程序。

第四节 中国 ITS 标准化体系研究

授课视频

我国从 20 世纪 80 年代初开始引入 ITS，通过多年来交通科技界和工程界的不断努力，在基础设施建设的带动下，我国在智能交通系统的开发和应用方面取得了相当大的进步。20 世纪 90 年代以来，发达国家面对越来越严重的交通、环境和财政压力，抓住电子信息技术飞跃发展的时机，将通信、控制和计算机技术大量应用于交通运输系统，形成了交通运输系统的一场革命，带动了一个新兴产业，这就是智能交通系统大范围的应用。另外标准化工作的开展还将大大促进智能交通系统的实施，因此标准化是实施ITS项目的基础。

为搞好智能交通系统标准化工作，1999年10月，我国在科技部和国家质量监督检验检疫总局（原国家技术质量监督局）的统一安排下，国家智能交通系统工程技术研究中心和ISO/TC204中国秘书处承担了"中国智能交通系统标准体系的研究"由于智能交通系统涉及国内诸多行业和企业，参加这一工作的专家来自政府部门、研究所、大学和企业。目前该研究的主要内容已经完成，提出的标准体系表按不同层次覆盖了信息定义和编码、专用短程信息、数字地图及定位、电子收费、交通管理与紧急事件管理、信息服务、自动公路与车辆辅助驾驶系统等领域，有200多项标准。

一、智能交通系统体系框架与标准体系

智能交通系统体系框架，描述了ITS所包含的各个子系统为实现用户服务功能、满足用户需求所具备的功能，以及各个子系统之间的相互关系和集成方式，因此，体系框架决定了系统构成，确定了功能模块以及模块之间的通信协议和接口，它包含实现用户服务功能的全部子系统的设计。通过集成若干ITS子系统的功能，可以实现一个或多个用户服务功能。但是必须注意，体系框架不是一个简单的设计文档，也不是一个技术性的说明，更不是ITS本身的研究发展过程。除了对ITS完整的描述之外，它还是一个贯穿于ITS结构标准研究制定过程的标准要求，提供了一个检查标准遗漏、重叠和不一致的依据。基于逻辑框架和物理框架的标准需求，提出了标准制定的出发点和衡量结果的工具。

根据体系框架的研究，个人和货物是运输系统中被移动的要素，个人和货物的移动伴随着信息的流动。智能交通系统强调的是信息技术的运用和信息的充分共享，从而提高运输系统的效率，按照信息的采集、传递、处理和利用过程，可将智能交通系统划分为四个层次：物理层、传输层、处理层、服务层，这四个层次实际上也是服务功能实现过程的四个层次（图12-4）。

根据当前通信和信息产品发展与应用的一般经验和智能交通系统所提供的服务特点，通过对体系结构的分析，可以认为，智能交通系统的标准既要保证大范围的统一和兼容，又要支持和鼓励技术的进步和服务的竞争，因此对智能交通系统的标准制定考虑如下：

智能交通系统标准化的重点是物理层中所定义的接口、物理层中的部分实体和传输层，而对于传输层中涉及的通信技术的标准则尽量采用国际通用标准和国家已有的标准，但一些具有显著ITS色彩的通信技术和路-车之间的短程通信标准等，则需要做许多工作。处理层和服务层难以标准化，这也正好给ITS实施者预留了充分发挥其主观能动性的空间，在这两层，可以提出一些大的原则供ITS实施者和用户参考。

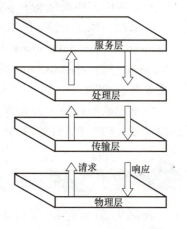

图12-4 服务功能实现过程的四个层次

二、智能交通系统标准体系的确定

1. 智能交通系统标准覆盖的范围

智能交通系统作为一个新兴的高技术产业,在国内的发展表现出明显的不均衡性。针对智能交通系统发展不平衡的特点,应在满足智能交通系统标准要求的前提下,尽量减少标准化工作带来的风险,只对智能交通系统有需求的领域制定标准。根据体系框架的研究成果和以上原则,确定智能交通系统标准包括以下部分:

(1) **基础标准** 包括 ITS 术语(基本术语和概念模型)、数据单元词典。

(2) **有全国兼容要求及部分有区域兼容要求的接口标准** 所谓"有全国兼容要求的接口"是指子系统及其接口分属不同的所有者和使用者的子系统的接口。例如,由于同一辆车或个人信息接收装置在全国漫游,需要不同地区的有关基础结构提供智能交通系统服务,因此应对车辆子系统和个人信息接收系统的接口制定标准。

(3) **产品标准** 对较成熟的专用产品制定标准,如停车设备、交通控制设备、电子收费设备。

(4) **方法标准** 如 ETC 系统车载单元和路侧设备的测试过程、人机界面的评价等。

(5) **服务标准** 如出行者信息服务、车辆安全与辅助驾驶、综合运输服务、紧急事件和安全服务、自动公路用户服务等。

智能交通系统标准体系只包括国家标准和行业标准,不包括地方标准和企业标准。

2. 确定智能交通系统标准体系的框架

国外在制定智能交通系统标准时,一般以 ITS 体系框架为基础,分析标准需求,形成标准需求包。

以美国为例,标准需求包共有 11 个,每个包的内容包括:本包的内容和目的、信息交换、接口分析、有关限制、数据字典要素定义和类型。标准需求包如下:

1) 专用短程通信。
2) 数字地图数据及位置说明。
3) 用于商业车辆运营的中心间数据交换。
4) 个人、运输和紧急求救信号。
5) 交通管理中心到其他中心(除了紧急事件管理)。
6) 交通管理中心与路侧设备和排放监控、管理。
7) 运输紧急车辆的信号优先。
8) 紧急事件管理中心与其他中心。
9) 信息服务提供者与其他中心(除了紧急事件管理和交通管理系统)。
10) 运输管理中心与运输车辆。
11) 信息服务提供者的无线接口。

根据标准需求包,确定标准体系的总体结构,如果根据上面列出的 11 个需求包,按子系统的性质,智能交通系统标准体系由基础标准、出行者子系统、中心子系统、路侧子系统和车辆子系统及各子系统间的接口标准组成,如图 12-5、表 12-3 所示。

但是中国的现实情况有所不同,需要既以我国智能交通系统的体系框架为基础,保证智能交通系统的完整性,又必须考虑目前管理体制的情况,从而保证其可操作性和可实现性。

因此，中国智能交通系统的体系框架将智能交通系统的标准体系划分为两层，上层为智能交通系统的通用标准，下层为分系统标准，如图12-6所示。通用标准层包括术语及定义、基础信息编码、数字地图及定位三部分。分系统标准包括六部分：专用通信、信息服务、交通管理与紧急事件管理、电子收费、综合运输及运输管理、自动公路与车辆辅助驾驶。

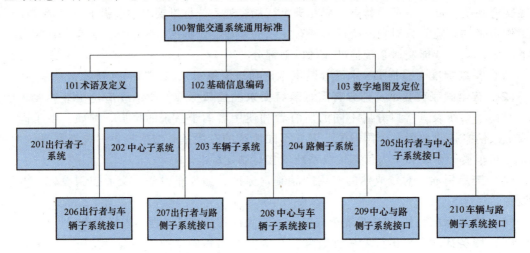

图 12-5　接口标准组成示意图

表 12-3　美国智能交通系统标准体系总结构

分类代码	分体系名称
100	智能交通系统通用标准
101	术语及定义
102	基础信息编码
103	数字地图及定位
201	出行者子系统
202	中心子系统
203	车辆子系统
204	路侧子系统
205	出行者与中心子系统接口
206	出行者与车辆子系统接口
207	出行者与路侧子系统接口
208	中心与车辆子系统接口
209	中心与路侧子系统接口
210	车辆与路侧子系统接口

三、智能交通系统标准体系简介

智能交通系统标准体系明细表包括序号、标准名称、标准代码和编号、拟定级别、采用国际标准的程度、采用的或相应的国际标准号等内容。

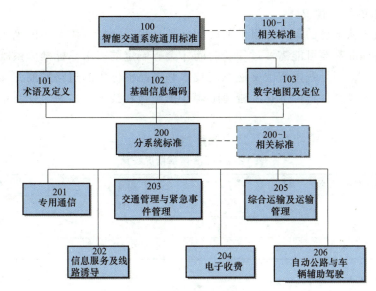

图 12-6 我国接口标准组成示意图

1. 标准级别划分

智能交通系统标准体系中的标准分为两级：国家标准和行业标准。本标准体系中，对需要在全国范围内统一的下列技术要求制定国家标准。

1) 保证全国互操作性的接口。
2) 通用技术语言要求。
3) 保障人体健康和人身、财产安全的技术要求。
4) 通用的试验、检验方法。
5) 通用的各类技术要求。
6) 工程建设的重要技术要求。

对没有国家标准又需要在全国交通运输行业范围内统一的技术，可制定行业标准。

2. 与国内外标准的协调

智能交通系统的标准是涉及多个行业的综合性标准体系。根据国家对综合标准体系表的有关要求，智能交通系统标准体系表重点突出行业、专业间的配套标准，凡已纳入产品、过程、服务、管理所属的行业、专业标准表内的通用标准，在智能交通系统标准体系表中不再标出或从简标出。智能交通系统标准体系表与有关行业、专业标准纵横配合，组成一个整体。

智能交通系统中某一对象的安全、卫生、环境，以及试验方法、检验方法、计算方法等，已有国家或行业标准的，采用国家或行业标准。对已有的相关术语及定义、符号、代号等国家通用性技术标准，为保持基本概念的统一，采用国家标准。

国际和国外先进标准一般都反映了世界上较先进的技术水平，采用国际标准和国外先进标准，从某种意义上来说是一种既经济又有用的技术引进方法。为保证智能交通系统的健康发展，提高我国有关产品的质量和技术水平，适应发展社会主义市场经济和国际贸易的需求，本标准体系对国际标准或国外先进标准的内容，进行了分析研究，不同程度地转化为我国的国家标准和行业标准。

3. 标准体系的统计情况

智能交通系统从概念的提出到目前的时间并不是很长，标准体系中的绝大部分标准都无既定标准，有的标准甚至可能需要过很长时间才会有制定的需求。标准体系既要做到保障全国范围内的兼容性，引导我国智能交通系统技术和产品沿健康的道路发展，又要注意防止在市场混乱的情况下过度促进标准化，避免阻碍技术革新和技术的发展、抑制市场竞争的情况出现。

标准体系共计约有 250 个标准，其中统计情况见表 12-4。

表 12-4 标准体系情况统计

标准类型	应有数	现有数	现有数/应有数
国家标准	213	15	7.04%
行业标准	36	3	8.33%
共计	249	18	7.23%

4. 标准明细表的主要内容

（1）100 智能交通系统通用标准　包括通用标准有关报告的编制方法、审查规程、通用试验条件和试验方法。

（2）101 术语及定义　包括 ITS 术语、缩略语、符号、标志。

（3）102 基础信息编码　包括 ITS 信息、出行者、交通运输基础设施、交通运输运营管理部门、车辆、运输路线、交通运输管理与控制等的分类、代码、编码、编码规则及数据词典。

（4）103 数字地图及定位

1）数字地图信息分类、编码、数据格式、数据交换、数据更新。

2）车辆定位技术要求、定位信息交换、定位设施技术条件。

（5）201 专用通信

1）短程通信：应用层、数据链路层。

2）电子收费、停车、信号优先控制、车辆间专用短程通信技术条件和信息交换。

3）交通运输专用集群通信系统技术条件。

4）车内显示设备、交通监控等设备通信接口。

（6）202 信息服务及线路诱导

1）信息服务（包括路线诱导、公交、停车、交通状况、多式联运、紧急事件等服务）的定义、编码、数据词典、数据格式。

2）设备技术要求。

（7）203 交通管理与紧急事件管理

1）交通紧急事件、交通违章、事故、交通管理设备等的分类、代码、编码。

2）外场设备、交通管理中心、交通事故、紧急事件、停车管理、排放、交通需求等信息交换。

3）交通管理外部设备的技术条件。

4）交通规划规范。

（8）204 电子收费　电子收费信息交换、安全管理、设备技术条件、测试及管理规程、电子收费清算。

（9）205 综合运输及运输管理

1）货运电子数据交换（EDI），危险物品运输、货运、客运、多式联运信息交换，车辆与管理中心间的信息交换、管理中心与外界系统间的信息交换。

2）车辆调度、多式联运服务规范。

3）车辆和货物自动识别设备、电子站牌等设备的技术条件。

（10）206 自动公路与车辆辅助驾驶

1）自动公路技术条件、管理维护规范。

2）车辆辅助驾驶及自动驾驶的安全、技术条件、信息交换、操作规范。

3）车辆被盗后系统的信息交换。

第五节 智能交通系统标准化需求分析

授课视频

智能交通系统大范围应用的基础是标准化，标准化工作的开展又将大大促进智能交通系统的实施。智能交通系统体系结构物理层中的物理实体存在许多接口，接口的标准化可保证接口的互联性，从而实现全国范围内的兼容性。例如，车辆与道路之间的短程通信接口一旦标准化，符合此接口标准的终端将能在全国范围内轻松接收路边设施所发出的信息。在生产领域，标准化有助于拓展 ITS 相关产品的提供渠道，创造更大的市场空间。

智能交通系统是一项庞大的系统工程，通常其每项服务功能都不是单个设备所能完成的，接口设备的互联性对系统集成至关重要，在实际工程中，这对缩短工期、降低造价、提高系统的可靠性相当重要。标准化有利于减轻风险，保护投资，企业按照标准生产的产品不会由于接口不匹配的原因受消费者冷落。消费者也不会因购买的产品不标准或无标准而无法在系统中使用，根据标准提供某种产品或服务的企业不会独此一家，消费者有选择的余地，不会由于某种产品的特殊性而不得不终生依赖该产品的生产商。

然而，标准化工作并非有百利而无一弊。例如，给本不需要统一的接口制定标准，可能会阻碍技术革新和新技术的发展；不顾市场调节作用而过分强制执行标准，可能会抑制市场竞争。标准体系的建立，应在满足智能交通系统标准需求的前提下，尽量减少标准化工作带来的风险，只对智能交通系统有需求的领域制定标准，仔细合理地制定标准体系的结构、标准明细表及标准制定的规划。

智能交通系统涉及内容广泛，从静态的交通安全设施到动态的监控技术，从城市和高速公路的交通管理、信息管理到过路过桥收费管理，从高速公路专用有线通信系统到移动通信，从通用技术到专用高新技术。而资源的共享是智能交通系最重要的特征之一，为了保证智能交通系统健康、协调和统一地发展，必须实现全国范围的兼容性。智能交通系统各子系统对互操作性的要求可分为以下类别。

1）全国互操作性：一般是子系统及其接口分属不同所有者和使用者的可移动子系统的接口。例如，由于同一辆车或个人信息接收装置可能在全国漫游，需要不同地区的有关基础结构提供智能交通系统服务，因此，有必要对包括车辆子系统和个人信息接收系统在内的有全国互操作性要求的接口制定标准。

2）区域（或地方）互操作性：区域互操作性只要求在某一地区范围内具备可互操作性，而不需要在全国范围内都可互操作。例如，山东省的交通管理子系统在山东省范围内要能互操作，而一般没有必要和广东省的交通管理子系统协调。

3）产品互操作性：一般来说，由单一的公司或单位操作和维护的子系统，其产品间的接口不需要全国的兼容性。但为了规范产品的质量，扩大产品市场，为用户提供可相互替代的产品以减少投资风险，在某些情况下，国家标准依然是有益的。

4）不需要互操作性：在许多情况下，子系统间的接口不需要标准。

智能交通系统标准体系覆盖了需要全国兼容的接口，部分有区域兼容要求的接口，以及目前较成熟的关键产品标准。

第六节 中国 ITS 标准化工作重点

授课视频

综合分析我国 ITS 发展状况及需求，同时对标国际标准、国外和区域先进标准，梳理标准体系表所列标准规范，找出存在的问题和差距，ITS 标准委员会确定未来我国智能交通系统标准化工作将主要围绕两个方向展开。

方向一：研究制定我国现实 ITS 领域建设及营运中急需的标准。

运输智能化：随着出行需求的不断增加，可供人们选择的交通方式也越来越多样化，空间紧密、时间紧凑、收费优惠的换乘系统将有助于使各种交通方式有效转换，多模式客货运输联运协调运行数据交换和信息服务标准化，包括货物多式联运、客货运枢纽信息化，将成为推动综合运输智能化的基础之一。

电子不停车收费扩展应用：电子不停车收费在全国大范围推广应用，形成了 ETC 为核心的车载设备、路测设备、管理信息系统及通信系统体系，这个体系的建立和扩展，为其他的扩展服务奠定了良好的基础。利用现有 ETC 系统，还可以实现城市拥堵收费、路径识别、停车场门禁管理、交通情况调查、交通信息播报、车辆信息稽查和汽车电子标识等。然而，现有的 ETC 相关标准，并未考虑上述应用。基于电子收费专用短程通信的扩展应用系列标准主要包括现有电子不停车收费在总体技术要求、路侧单元、车载单元、初始化设备及一致性要求与测试方法标准等方面的修订。

交通运输信息安全：随着现代交通运输行业的飞速发展和信息化建设工作的不断深入和开展，各类为满足业务应用需求的信息系统应运而生，为提高交通运输行业服务和管理水平做出了巨大贡献。但由于建设年代、投资费用不同等原因，导致各类业务应用系统在信息安全认证技术的应用水平方面存在较大差异，其中大多数信息系统对信息安全的重视程度严重不足，如只是采用了简单的用户名、口令验证的认证方式，或是采用了一些存在安全隐患的技术产品。

发达国家在交通运输领域对信息安全一直比较重视，如在美国纽约遭遇恐怖袭击后，就开始对民航客机和远洋船舶的安全机制和安全管理进行升级；交通领域信息安全的工作也是欧洲各方面关注的内容，欧盟委员会对交通信息系统中的安全问题，特别是合作式系统端到端的安全问题给予了高度关注，并且联合美国和澳大利亚开展了国际合作，目标是在国际上能够实施相互谐调的交通信息系统安全服务。

根据交通信息系统建设、应用的现状及发展趋势，交通运输信息安全标准的工作重点主要集中在数据安全服务，数字证书格式及其应用接口规范，信息安全密码应用技术规范，内河航运船舶识别 PSAM 卡、OBE-SAM 数据格式和数据技术要求及其安全认证流程，合作式智能交通系统信息安全接入控制及可信服务等方面。

在交通运输部的"三定"方案中，经营性机动车制造及管理也是交通运输部的职责之一，经营性机动车辆的智能化监测，也是今后ITS标准化工作的重点之一。

方向二：瞄准未来ITS发展的新技术领域，占领标准的高地，推动具有我国自主知识产权的新技术应用。

合作式智能交通系统：合作式智能交通系统通过人、车、路信息交互，实现车辆与基础设施、车辆与车辆、车辆与人之间的智能协同与配合。由于涉及行驶安全的车-路、车-车通信，低延时的通信是关键，因此用于智能交通系统领域车-车通信和车-路通信的技术及标准，是欧洲、美国和日本发展迅速和竞争激烈的领域之一。特别是美国，在世界各地宣传其IEEE802.11p1609标准（简称WAVE标准）体系，并联合多个跨国公司在中国利用赠送和赞助等手段吸引国内一些大学和企业开发基于该标准体系的应用。欧洲的物理层采用的IEEE802.11p，应用层、数据链路层及物理层采用的是欧洲电信标准协会（ETSI）的系列标准，与美国不一致；日本采用的是由原来日本电子不停车收费T75标准扩展而来的T88标准，与欧洲和美国都不一样。

在交通运输部和国家标准委员会的支持下，ITS标准委员会已制定发布《合作式智能交通系统 专用短程通信》系列标准的第1部分：总体技术要求（GB/T 31024.1—2014）、第2部分：媒体访问控制层和物理层规范（GB/T 31024.2—2014）。然而，涉及相关的信息安全、服务、测试及综合移动通信等标准尚未研究制定，有大量的缺口。因此，进一步建立和完善合作式智能交通系统系列标准，是占领未来ITS重大技术及市场制高点的重要步骤之一。合作式智能交通系统相关标准研究制定的重点包括：合作式智能交通系统信息安全、服务数据结构及数据集、数据传输及测试技术要求、多方式移动通信应用及合作式智能交通系统专用短程通信测试规范。

相关研究表明，车辆安全辅助驾驶可使交通事故死亡人数减少40%，由驾驶人引发的事故明显减少，车流更畅通。车辆安全辅助驾驶也是国际标准化组织智能交通系统标准化技术委员会标准化工作的热点之一。我国相关研究及标准制定工作相对落后，将针对技术相对成熟而应用需求较高的以下领域，开展标准的研究制定工作：低速运行的辅助操纵、低速跟随系统、向前车辆碰撞减轻系统、车辆后方范围扩展辅助系统等的性能和检测技术要求。

参考文献

[1] MASAKI I. A Brief History of ITS [D]. Cambridge: Masachusetts Institute of Technology, 1999.
[2] US Department of Transportation, ITS Joint Program Office. The National ITS Architecture: A Framework for Integrated Transportation into the 21st Century [Z]. Washington D. C.: US Department of Transportation. 2001.
[3] SCHUMAN-R. Developing a system architecture that no one owns: The USA Approach to System Architecture [C] //Proceedings of the 1st world congress on ITS. French. 1994.
[4] National Intelligent Transportation Systems Program Plan: A Ten-Year Vision [M] //The Intelligent Transportation, 2002.
[5] "九五"国家重点科技攻关项目《中国智能交通系统体系框架》专题组. 中国智能交通系统体系框架 [M]. 北京: 人民交通出版社, 2003: 11-15.
[6] Http://europa.cu.int/comm/transport/themes/network/english/its/html/. vision_ policy. html.
[7] 陈桂香. 国外智能交通系统的发展情况 [J]. 中国安防, 2012 (6): 103-108.
[8] 张可, 齐彤岩, 等. 中国智能交通系统（ITS）体系框架研究进展 [J]. 交通运输系统工程与信息, 2005, 5 (5): 6-11.
[9] 赵娜, 袁家斌, 徐晗. 智能交通系统综述 [J]. 计算机科学, 2014 (11): 7-11, 45.
[10] 肖娜. 黑龙江省公路智能交通体系框架及规划研究 [D]. 长春: 吉林大学, 2011.
[11] 杨冰, 等. 智能交通系统 [M]. 北京: 中国铁道出版社, 2000.
[12] 杨兆升. 智能交通系统概论 [M]. 北京: 人民交通出版社, 2003.
[13] 万俊希. 成都智能交通系统体系框架研究 [D]. 成都: 西南交通大学, 2009.
[14] 迟铁军, 高鹏. 国外智能交通系统发展状况分析及对我国的启示 [J]. 黑龙江交通科技, 2009 (2): 111-112, 114.
[15] 元海英, 刘福海, 张可. 我国智能交通系统（ITS）体系框架开发的关键技术 [J]. 交通科技与经济, 2008 (4): 88-90.
[16] 刘冬梅. 智能交通系统（ITS）体系框架开发方法研究 [D]. 北京: 北京工业大学, 2004.
[17] 孟海华, 江洪波, 汤天波. 全球自动驾驶发展现状与趋势 [J]. 华东科技, 2014 (9): 66-67.
[18] 宋振伟. 基于FPGA的车辆自动驾驶系统的研究与仿真设计 [D]. 哈尔滨: 哈尔滨理工大学, 2014.
[19] CHAPMAN G J, SCALLY A, BUCKLETY J G, et al. Importance of binocular vision in foot placement accuracy when stepping onto a floor-based target during gait initiation [J]. Experimental Brain Research, 2012, 216 (1): 1-10.
[20] 姚新春. 多传感器集成定位技术在汽车导航中的应用 [D]. 武汉: 武汉大学, 2004.
[21] 郝杰. 车流运行动态特性及其模型研究 [D]. 青岛: 青岛理工大学, 2014.
[22] 孙晓亮. 城市道路交通状态评价和预测方法及应用研究 [D]. 北京: 北京交通大学, 2013.
[23] 李琳. 高速公路网交通流运行态势评估技术研究 [D]. 西安: 长安大学, 2011.
[24] 戢晓峰. 城市道路交通状态分析方法 [J]. 道路交通与安全, 2008, 8 (3): 12-13.
[25] KERNER B S, REHBORN H. Experimental properties of phase transitions in traffic flow [J]. Phys. Rev. Lett., 1997 (79): 4030-4033.
[26] BASSAN S, FAGHRI A. Experimental investigation of spatial breakdown evolution on congested freeways [C] //The 84th TRB annual meeting, Washington D. C., January 2005.

[27] Vehicle Information and Communication System Center. Introduction of VICS Ver. 2010 [R]. Tokyo：Vehicle Information and Communication System Center，2010.

[28] 李宏海，刘冬梅，王晶. 日本 VICS 系统的发展介绍 [J]. 交通标准化，2011（15）：107-113.

[29] 袁理. ATIS 出行者信息系统相关问题研究 [D]. 成都：西南交通大学，2010.

[30] 马永锋，陆键，项乔君，等. 省域公路出行者信息系统规划方法研究 [J]. 公路交通科技，2008（02）：127-133.

[31] 袁振洲，魏丽英，谷远利. 道路交通管理与控制 [M]. 北京：人民交通出版社，2007.

[32] 杨兆升. 城市交通流诱导系统理论与模型 [M]. 北京：人民出版社，2000.

[33] 曲大义，管德永，陈秀锋，等. 数据仓库在智能公交系统中的应用 [J]. 青岛理工大学学报，2007，28（4）：94-98.

[34] 于德新. 车辆诱导系统理论模型和关键技术研究 [D]. 长春：吉林大学，2006.

[35] 曹守明. 智能交通系统的共用信息平台的研究 [D]. 重庆：重庆交通大学，2008.

[36] 黄卫，路小波. 智能交通运输系统（ITS）概论 [M]. 北京：人民交通出版社，2008.

[37] 李庆利，陈曙，刘允才. 基于 ITS 的智能公共交通管理系统 [J]. 电子技术，2003，30（8）36-37.

[38] 王炜. 交通规划 [M]. 北京：人民交通出版社，2007.

[39] 蔡国良. 面向公交优先的单点控制策略研究 [D]. 青岛：青岛理工大学，2010.

[40] 王少飞. 快速公交（BRT）智能系统研究 [D]. 西安：长安大学，2008.

[41] 庞京城，张利. 快速公交在青岛经济技术开发区的适用性分析 [J]. 华东公路，2015，211（1）：14-15.

[42] 韩艺. 城市公共交通智能化调度系统开发的理论与方法研究 [D]. 北京：北京交通大学，2003.

[43] 吴建洪. 车载导航系统的研究与实现 [D]. 长沙：湖南大学，2007.

[44] ABBOTT E，D POWELL D. Land-vehicle NavigationUsing GPS [J]. Proceedings of the IEEE，1999，87（1）：145-162.

[45] 管素清，刘捷，冷青. 嵌入式车载导航系统的设计 [J]. 计算机工程与设计，2005，26（5）：1319-1321.

[46] 曹晓航. GPS 车载导航系统技术趋势浅谈 [J]. 现代测绘，2006，29（1）：14-15.

[47] 常青，杨东凯，寇艳红，等. 车辆导航定位方法及应用 [M]. 北京：机械工业出版社，2005.

[48] 富立，范耀祖. 车辆定位导航系统 [M]. 北京：中国铁道出版社，2004.

[49] 宋诗斌，钱军琪. 基于北斗导航的智能交通系统设计 [C] //第三届卫星导航学术年会电子文集——S01 北斗/GNSS 导航应用，2012.

[50] 张泉，张舒白. 北斗定位导航系统的特点及在指挥控制系统中的应用 [J]. 信息与电脑：理论版，2011（3）：25-27.

[51] 赵学洋，王金林，李海红，等. 4G 云导航在船联网中的应用研究 [J]. 新技术新工艺，2013（8）：107-108.

[52] 罗桑. 基于 3G 的智能公交车载信息传输终端的设计与实现 [D]. 长沙：湖南大学，2013.

[53] 王茜，王岩. 无线城域网 WiMAX 技术及其应用 [J]. 电信科学，2004，20（8）：27-30.

[54] 郝才勇. 基于 GPRS 的智能公交无线传输终端设计与实现 [D]. 长沙：湖南大学，2010.

[55] 夏绍伟，杨家本，杨振斌. 系统工程概论 [M]. 北京：清华大学出版社，1995.

[56] 王众托. 系统工程 [M]. 北京：北京大学出版社，2010.

[57] 张国伍. 智能交通系统工程导论 [M]. 北京：电子工业出版社，2003.

[58] 朱茵，王军利，周彤梅. 智能交通系统导论 [M]. 北京：中国人民公安大学出版社，2007.

[59] 杨佩昆. 智能交通运输系统体系结构 [M]. 上海：同济大学出版社，2001.

[60] 李卫平. 智能交通技术应用 [M]. 北京：人民交通出版社，2006.

［61］ 曲大义. 智能化公交调度系统结构及功能设计［J］. 交通与计算机，2008，26（1）：116-120.

［62］ 曲大义. 城市混合交通信号控制系统分析及设计［C］. 北京：中国民航出版社，2007：675-680.

［63］ 张云丽，黎新华. 智能交通系统是城市交通可持续发展的关键［J］. 湖南交通科技，2000（1）：60-62.

［64］ 陆华普. 智能交通系统概论［M］. 北京：中国铁道出版社，2004.

［65］ 胡振文，孙玉梅，李仁杰. 地理信息系统原理与应用［M］. 北京：中国铁道出版社，2010.

［66］ DAYI Q，YANFENG J，TAO W，et al. Research on coordinated control of vehicle's speed in new mixed traffic flow［J］. Journal of Intelligent Transportation Systems，2021：1-13.

［67］ 杨淇，王笑京，等. 智能交通系统标准体系原理与方法［M］. 北京：中国铁道出版社，2003.

［68］ 徐吉谦. 交通工程总论［M］. 北京：人民交通出版社，2002.

［69］ 杨佩昆，吴兵. 交通管理与控制［M］. 北京：人民交通出版社，2004：94-152.

［70］ 文国玮. 城市交通与道路系统规划［M］. 北京：清华大学出版社，2001.

［71］ 邵春福. 交通规划原理［M］. 北京：中国铁道出版社，2004.

［72］ 黄卫，陈里得. 智能交通系统概论［M］. 北京：人民交通出版社，2000.

［73］ 曲大义，朱中. 基于无线网络技术的远程分布式交通信号控制系统架构［C］. 2007第三届中国智能交通年会，2008.

［74］ ROTHERY R W. Car following and steady state flow［J］. Traffic Guidance System，2006：99-108.

［75］ 肖业伟. 城市智能交通信号控制系统的研究［D］. 湘潭：湘潭大学，2004.

［76］ 程海燕. 智能交通信号协调控制系统研究［D］. 西安：西北工业大学，2006.

［77］ 曲大义，杨建，张晓靖，等. 面向出行者的综合信息服务系统设计［J］. 交通标准化，2010，218（4）：9-16.

［78］ 臧利林. 城市交通信号优化控制算法研究［D］. 济南：山东大学，2007.

［79］ PARLOS A G. An accelerated learning algorithm for multiplayer perception network［J］. IEEE Trans on Neural Network，1994，5（3）：493-495.

［80］ 姚荣涵. 车辆排队模型研究［D］. 长春：吉林大学，2007.

［81］ 王殿海. 交通流理论［M］. 北京：人民交通出版社，2002.

［82］ 曲大义，管德永，刘志刚，等. 中国城市混合交通流特性研究［J］. 青岛理工大学学报，2007，28（3）：81-86.

［83］ 江洪涛. 道路交通控制的发展趋势研究［J］. 吉林师范大学学报：自然科学版，2003，24（4）：60-62.

［84］ 王炜，过秀成. 交通工程学［M］. 南京：东南大学出版社，2000：80-125.

［85］ 高华. 城市道路条件及环境对交通安全的影响研究［D］. 成都：西南交通大学，2007.

［86］ 李群祖，夏清国，巴明春，等. 城市交通信号控制系统现状与发展［J］. 科学技术与工程，2009（24）：24-34.

［87］ 裴玉龙，程国柱. 高速公路车速离散性与交通事故的关系及车速管理研究［J］. 中国公路学报，2004，17（1）：74-78.

［88］ 宋现敏. 城市交叉口信号协调控制方法研究［D］. 长春：吉林大学，2008.

［89］ 栗红强. 城市交通控制信号配时参数优化方法研究［D］. 长春：吉林大学，2004.

策划编辑◎宋学敏 / 封面设计◎张静

定价：65.00元

ISBN 978-7-111-69387-1